《大型土木工程设计施工图册》系列丛书·3·

道 路 工 程

主　编：李世华　陈念斯　李新科
副主编：程培城　古伟强　李全照
　　　　陈　洋　罗小斌　王应翠
　　　　刘放青　肖新沙　曹伟军

中国建筑工业出版社

图书在版编目(CIP)数据

道路工程/李世华等主编.—北京:中国建筑工业出版社,2006
(大型土木工程设计施工图册系列丛书·3·)
ISBN 7-112-08012-6

Ⅰ.道… Ⅱ.大… Ⅲ.道路工程 Ⅳ.U41

中国版本图书馆 CIP 数据核字(2006)第 004856 号

本图册主要包括:道路路线、道路路基工程、道路路面工程、道路工程的附属设施等。本图册以我国现行的设计与施工规范、验收标准为主要的依据,结合编审人员多年丰富的实践经验,以图文形式编写而成,具有很强的实用性、广泛性和可操作性。

本图册可供从事土木工程规划、设计、施工、维护、验收、材料等专业人员使用,也是非专业人员了解和学习本专业知识的重要参考资料。

* * *

责任编辑:常 燕

《大型土木工程设计施工图册》系列丛书·3·
道路工程

主 编:李世华 陈念斯 李新科
副主编:程培城 古伟强 李全照
　　　　陈 洋 罗小斌 王应翠
　　　　刘放青 肖新沙 曹伟军

*

中国建筑工业出版社出版、发行(北京西郊百万庄)
新 华 书 店 经 销
广州市一丰印刷有限公司印刷

*

开本:787×1092 毫米 横 1/16 印张:30½ 字数:742 千字
2006 年 7 月第一版 2006 年 7 月第一次印刷
印数:1—4000 册 定价:**56.00** 元
ISBN 7-112-08012-6
(13965)

版权所有 翻印必究
如有印装质量问题,可寄本社退换
(邮政编码 100037)

本社网址:http://www.china-abp.com.cn
网上书店:http://www.china-building.com.cn

《大型土木工程设计施工图册》系列丛书
编审委员会

主　任：邓化亭

副主任：陈思平　周美新　刘新民　耿良民　伍曙光　李翠芳　杨玉衡　孙培明

编　委：陈念斯　徐有栋　谢　郁　林鸿辉　杨石军　高　岩　吕洪德　任学典

　　　　李爱华　李亦斌　许有玲　刘映翀　吴全科　牟洁琼　赵甲荐　卢丽燕

　　　　欧阳梅　张淑芬　吴智勇　余若丹　邓曼适　田敬学　李新科　伍慎奇

　　　　刘兴荣　黄春燕　李伟昆　杨兆祥　黄永泰　陆婉章　李世华　欧阳秀明

《大型土木工程设计施工图册》出版说明

　　随着我国国民经济的高速发展,土木工程建设步入了史无前例的黄金时代。为了提高土木工程设计、施工的整体水平,为广大从事土木工程建设设计、施工、验收的技术与管理人员提供方便,中国建筑工业出版社组织土木工程方面的有关专家学者,编写了本套《大型土木工程设计施工图册》(1~20册)。

　　本套图册主要以现行的土木工程设计、施工与验收规范、规程、标准等为依据,结合一批资深土木工程设计、施工技术人员的实践经验,以图文形式介绍测量工程、基础工程、道路工程、桥梁工程、隧道工程、轻轨工程、给水排水工程、污水处理工程、房屋工程、装饰工程、防水工程、防洪工程、设备安装工程、电气工程、弱电工程、管线工程、园林景观工程、地下工程、消防工程、燃气热力工程等的设计与施工方法。本图册中所涉及到的设计与施工方法,既有传统的方法,又有目前正在推广使用的新技术新方法。整套图册的内容全面、简明新颖、通俗易懂,具有广泛性、实用性和可操作性。是从事土木工程设计、施工、验收的工程技术人员必备的工具书,同时也是土木工程的项目经理、施工员、工长、班组长等管理人员重要的参考书籍。

　　《大型土木工程设计施工图册》的每册编号由汉语拼音第一个字母组成,其具体名称与编号如下:

1. 测量工程(CL)
2. 基础工程(JC)
3. 道路工程(DL)
4. 桥梁工程(QL)
5. 隧道工程(SD)
6. 轻轨工程(QG)
7. 给水排水工程(JS-PS)
8. 污水处理工程(WS)
9. 房屋工程(FW)
10. 装饰工程(ZS)
11. 防水工程(FS)
12. 防洪工程(FH)
13. 设备安装工程(SH-AZ)
14. 电气工程(DQ)
15. 弱电工程(RD)
16. 管线工程(GX)
17. 园林景观工程(YL-JG)
18. 地下工程(DX)
19. 消防工程(XF)
20. 燃气热力工程(RQ-RL)

前　言

随着国民经济的飞跃发展,我国的土木工程建设步入了史无前例的黄金时期。应出版社的要求,我们组织编写《大型土木工程设计施工图册》系列丛书,供从事土木工程设计、施工、管理人员工作中使用。

《道路工程》是这套大型丛书中的一本分册,是奉献给广大从事土木工程建设者的一本实用性强、极具有参考价值的土木工程中常见的设计、施工示范性图册。本图册较严格地按照我国土木工程系列设计标准、施工规范、质量检验评定标准等要求,结合一批资深工程设计、施工技术人员的实践经验,以图文形式编写而成。《道路工程》图册主要介绍道路路线、道路路基工程、道路路面工程、道路工程的附属设施等内容。

本图册由广州大学市政技术学院李世华、广州市隧道开发公司陈念斯、广州同诚工程造价咨询有限公司李新科任主编,程培城、古伟强、李全照、陈洋、罗小斌、王应翠、刘放青、肖新沙、曹伟军任副主编。其中陈念斯承担了第 1 章"道路路线"中的"道路平面图"、"平面交叉口"、"立体交叉口"等内容的编写;李新科承担了第 2 章"道路路基工程"中的"特殊路基的设计与施工"及"路基填方施工工艺"、"路基挖方施工工艺"等内容的编写;广东省佛山市鼎耀建设监理咨询有限公司程培城承担了第 1 章"道路路线"中的"绪论"、"道路交通基础"、"道路断面图"等内容的编写;广东南海建筑设计院有限公司古伟强承担了第 2 章"道路路基工程"中的"一般道路路基的设计"等内容的编写;广东省江门市新会区宏图规划建筑设计院有限公司李全照承担了第 2 章"道路路基工程"中的"概述"、第 3 章"道路路面工程"中的"稳定土路面设计与施工"等内容的编写;广州市市政建设学校陈洋承担了第 3 章"道路路面工程"中的"刚性路面设计与施工"等内容的编写;广东省佛山市鼎耀建设监理咨询有限公司罗小斌承担了第 1 章"道路路线"中的"高速公路"、第 2 章"道路道路基工程"中的"路基机械化施工工艺"等内容的编写;广州市市政建设学校王应翠承担了第 1 章"道路路线"和第 2 章"道路路基工程"的描图工作;广州市市政建设学校刘放青承担了第 3 章"道路路面工程"中的"柔性路面的设计与施工"等内容的编写;湖南有色金属工业技工学校肖新沙承担了第 2 章"道路路基工程"中的"路基施工机械"、"路基施工机械的外貌图与合理选择"等内容的编写;广州市政集团有限公司曹伟军承担了第 3 章"道路路面工程"中的"概述"和第 4 章"道路工程的附属设施"中的"道路护栏与隔离设施"等内容的编写。同时,广州市市政建设学校 05 市政专业伍海、05 园林专业杨波分别承担了第 3 章"道路路面工程"和第 4 章"道路工程的附属设施"的描图工作。其余部分的编写工作由李世华完成。

本图册在编写过程中得到了广东省交通厅、广州市高速公路总公司、广州市政集团有限公司、广州市政园林管理局、广州市隧道开发公司、广州大学市政技术学院、广州市市政建设学校等单位的领导和工程技术人员的大力支持;同时也参考了同行们的许多著作、文献等宝贵资料。在此,一并致谢。

限于编者的水平,加之编写时间仓促,书中难免存有着错误和不足之处,敬请广大读者批评指教。

目 录

1 道路路线

1.1 绪论 ··· 3

1.1.1 道路运输的特点与功能 ·················· 3
DL1-1(一)　道路运输的特点与功能(一) ········· 3
DL1-1(二)　道路运输的特点与功能(二) ········· 4

1.1.2 我国城市道路现状和发展目标 ············ 5
DL1-2　公路和城市道路建设的现状和发展 ········ 5

1.1.3 我国道路的等级与工程图例 ·············· 5
DL1-3(一)　道路的分类与等级(一) ············· 6
DL1-3(二)　道路的分类与等级(二) ············· 7
DL1-4(一)　道路路线设计主要技术指标汇总表(一) ········ 8
DL1-4(二)　道路路线设计主要技术指标汇总表(二) ········ 9
DL1-5(一)　道路工程常用图例(一) ············ 10
DL1-5(二)　道路工程常用图例(二) ············ 11
DL1-5(三)　道路工程常用图例(三) ············ 12

1.2 道路交通基础 ·································· 13
DL1-6　行驶在道路上的车辆外廓尺寸 ············ 13
DL1-7　几种国产载重汽车和汽车技术性能 ········ 14
DL1-8　交叉路口的交通量与进出流量 ············ 15
DL1-9　道路交叉口交通流量统计及实例 ·········· 16
DL1-10　道路车辆流量流向汇总表 ··············· 17

1.3 道路断面图 ···································· 18

1.3.1 道路路基断面设计图 ····················· 18
DL1-11(一)　道路路基断面设计图(一) ········· 18
DL1-11(二)　道路路基断面设计图(二) ········· 19
DL1-11(三)　道路路基断面设计图(三) ········· 20
DL1-11(四)　道路路基断面设计图(四) ········· 21

1.3.2 城市道路横断面设计图 ··················· 22
DL1-12(一)　城市道路横断面设计图(一) ········ 22
DL1-12(二)　城市道路横断面设计图(二) ········ 23
DL1-12(三)　城市道路横断面设计图(三) ········ 24
DL1-12(四)　城市道路横断面设计图(四) ········ 25
DL1-12(五)　城市道路横断面设计图(五) ········ 26
DL1-13　道路横断面的形式及特点 ··············· 27

1.3.3 城市道路、公路路线纵断面设计图 ········ 28
DL1-14(一)　城市道路纵断面设计图(一) ········ 28
DL1-14(二)　城市道路纵断面设计图(二) ········ 29
DL1-14(三)　城市道路纵断面设计图(三) ········ 30
DL1-14(四)　城市道路纵断面设计图(四) ········ 31
DL1-14(五)　城市道路纵断面设计图(五) ········ 32
DL1-15　公路路线纵断面设计断面图 ············· 33

1.4 道路平面图 ···································· 34

1.4.1 道路平面图图例 ··························· 34

| DL1-16(一) | 道路平面图图例(一) | 34 |
| DL1-16(二) | 道路平面图图例(二) | 35 |

1.4.2 道路平面线形 ……………………………… 36
DL1-17(一)	道路平面线形的组成(一)	36
DL1-17(二)	道路平面线形的组成(二)	37
DL1-17(三)	道路平面线形的组成(三)	38
DL1-17(四)	道路平面线形的组成(四)	39
DL1-17(五)	道路平面线形的组成(五)	40
DL1-17(六)	道路平面线形的组成(六)	41
DL1-17(七)	道路平面线形的组成(七)	42
DL1-17(八)	道路平面线形的组成(八)	43
DL1-17(九)	道路平面线形的组成(九)	44
DL1-18	道路圆曲线半径与超高值	45

1.4.3 道路线路平面设计图 ……………………… 46
DL1-19(一)	道路线路平面设计图(一)	46
DL1-19(二)	道路线路平面设计图(二)	47
DL1-19(三)	道路线路平面设计图(三)	48
DL1-19(四)	道路线路平面设计图(四)	49
DL1-19(五)	道路线路平面设计图(五)	50
DL1-19(六)	道路线路平面设计图(六)	51
DL1-19(七)	道路线路平面设计图(七)	52
DL1-19(八)	道路线路平面设计图(八)	53
DL1-19(九)	道路线路平面设计图(九)	54
DL1-19(十)	道路线路平面设计图(十)	55
DL1-19(十一)	道路线路平面设计图(十一)	56
DL1-19(十二)	道路线路平下面设计图(十二)	57

1.5 平面交叉口 …………………………………… 58
1.5.1 平面交叉口的分类与设计原则 …………… 58
DL1-20(一)	平面交叉口形式的分类(一)	58
DL1-20(二)	平面交叉口形式的分类(二)	59
DL1-20(三)	平面交叉口形式的分类(三)	60
DL1-21(一)	平面交叉口的交通组织与设计原则(一)	61
DL1-21(二)	平面交叉口的交通组织与设计原则(二)	62
DL1-21(三)	平面交叉口的交通组织与设计原则(三)	63

1.5.2 十字形交叉口的交通分析与设计 ………… 64
DL1-22(一)	十字形交叉口的交通分析与设计(一)	64
DL1-22(二)	十字形交叉口的交通分析与设计(二)	65
DL1-22(三)	十字形交叉口的交通分析与设计(三)	66
DL1-22(四)	十字形交叉口的交通分析与设计(四)	67
DL1-22(五)	十字形交叉口的交通分析与设计(五)	68
DL1-22(六)	十字形交叉口的交通分析与设计(六)	69
DL1-22(七)	十字形交叉口的交通分析与设计(七)	70
DL1-22(八)	十字形交叉口的交通分析与设计(八)	71
DL1-22(九)	十字形交叉口的交通分析与设计(九)	72
DL1-22(十)	十字形交叉 U 的交通分析与设计(十)	73

1.5.3 X形交叉口的交通分析与设计 …………… 74
| DL1-23 | X形交叉口的交通分析与设计 | 74 |

1.5.4 错位交叉口的交通分析与设计 …………… 75
| DL1-24(一) | 错位交叉口的交通分析与设计(一) | 75 |
| DL1-24(二) | 错位交叉口的交通分析与设计(二) | 76 |

1.5.5 T形交叉口的交通分析与设计 …………… 77
DL1-25(一)	T形交叉口的交通分析与设计(一)	77
DL1-25(二)	T形交叉口的交通分析与设计(二)	78
DL1-25(三)	T形交叉口的交通分析与设计(三)	79

1.5.6 Y形交叉口的交通分析与设计 …………… 80
| DL1-26(一) | Y形交叉口的交通分析与设计(一) | 80 |

DL1-26(二)	Y形交叉口的交通分析与设计(二)	81
DL1-26(三)	Y形交叉口的交通分析与设计(三)	82
DL1-26(四)	Y形交叉口的交通分析与设计(四)	83

1.5.7 复式交叉口的交通分析与设计 ……84
- DL1-27(一) 复式交叉口的交通分析与设计(一) ……84
- DL1-27(二) 复式交叉口的交通分析与设计(二) ……85

1.5.8 环形交叉口的交通分析与设计 ……86
- DL1-28(一) 环形交叉口的交通分析与设计(一) ……86
- DL1-28(二) 环形交叉口的交通分析与设计(二) ……87
- DL1-28(三) 环形交叉口的交通分析与设计(三) ……88

1.6 立体交叉口 ……89

1.6.1 立体交叉口的概述 ……89
- DL1-29 立体交叉口的形式与特点 ……89

1.6.2 全苜蓿形立体交叉口 ……90
- DL1-30(一) 全苜蓿形立体交叉口的设计(一) ……90
- DL1-30(二) 全苜蓿形立体交叉口的设计(二) ……91
- DL1-30(三) 全苜蓿形立体交叉口的设计(三) ……92
- DL1-30(四) 全苜蓿形立体交叉口的设计(四) ……93
- DL1-30(五) 全苜蓿形立体交叉口的设计(五) ……94
- DL1-30(六) 全苜蓿形立体交叉口的设计(六) ……95
- DL1-31(一) 全苜蓿形立体交叉口的设计实例(一) ……96
- DL1-31(二) 全苜蓿形立体交叉口的设计实例(二) ……97
- DL1-31(三) 全苜蓿形立体交叉口的设计实例(三) ……98
- DL1-31(四) 全苜蓿形立体交叉口的设计实例(四) ……99

1.6.3 定向型立体交叉口 ……100
- DL1-32(一) 定向型立体交叉口的设计(一) ……100
- DL1-32(二) 定向型立体交叉口的设计(二) ……101
- DL1-32(三) 定向型立体交叉口的设计(三) ……102
- DL1-32(四) 定向型立体交叉口的设计(四) ……103
- DL1-32(五) 定向型立体交叉口的设计(五) ……104
- DL1-32(六) 定向型立体交叉口的设计(六) ……105

1.6.4 环形立体交叉口 ……106
- DL1-33(一) 环形立体交叉口的设计(一) ……106
- DL1-33(二) 环形立体交叉口的设计(二) ……107
- DL1-33(三) 环形立体交叉口的设计(三) ……108
- DL1-33(四) 环形立体交叉口的设计(四) ……109
- DL1-33(五) 环形立体交叉口的设计(五) ……110

1.6.5 其他形立体交叉口 ……111
- DL1-34(一) 部分苜蓿形立体交叉口的设计(一) ……111
- DL1-34(二) 部分苜蓿形立体交叉口的设计(二) ……112
- DL1-35 菱形立体交叉口的设计 ……113
- DL1-36 菱形立体交叉口其他形式的设计 ……114
- DL1-37(一) 分离式立体交叉口的设计(一) ……115
- DL1-37(二) 分离式立体交叉口的设计(二) ……116
- DL1-38 迂回式立体交叉口的设计 ……117
- DL1-39(一) 喇叭形立体交叉口的设计(一) ……118
- DL1-39(二) 喇叭形立体交叉口的设计(二) ……119
- DL1-39(三) 喇叭形立体交叉口的设计(三) ……120
- DL1-40(一) 立体交叉群的设计(一) ……121
- DL1-40(二) 立体交叉群的设计(二) ……122

1.7 高架路 ……123

1.7.1 概述 ……123
- DL1-41(一) 城市高架路的特点与技术标准(一) ……123
- DL1-41(二) 城市高架路的特点与技术标准(二) ……124
- DL1-41(三) 城市高架路的特点与技术标准(三) ……125
- DL1-41(四) 城市高架路的特点与技术标准(四) ……126

1.7.2	高架路的设置条件与原则	127
DL1-42(一)	高架路设置条件与原则(一)	127
DL1-42(二)	高架路设置条件与原则(二)	128
DL1-42(三)	高架路设置条件与原则(三)	129
DL1-42(四)	高架路设置条件与原则(四)	130
DL1-42(五)	高架路设置条件与原则(五)	131
1.7.3	高架路横断面的设计	132
DL1-43(一)	高架路横断面的设计(一)	132
DL1-43(二)	高架路横断面的设计(二)	133
DL1-43(三)	高架路横断面的设计(三)	134
DL1-43(四)	高架路横断面的设计(四)	135
DL1-43(五)	高架路横断面的设计(五)	136
DL1-43(六)	高架路横断面的设计(六)	137
1.7.4	高架路的平面设计	138
DL1-44(一)	高架路平面的设计(一)	138
DL1-44(二)	高架路平面的设计(二)	139
DL1-44(三)	高架路平面的设计(三)	140

1.8 高速公路 … 141

1.8.1	概述	141
DL1-45	高速公路的功能与特点	141
1.8.2	高速公路的发展情况	142
DL1-46(一)	高速公路的发展(一)	142
DL1-46(二)	高速公路的发展(二)	143
DL1-46(三)	高速公路的发展(三)	144
DL1-46(四)	高速公路的发展(四)	145
DL1-46(五)	高速公路的发展(五)	146
1.8.3	高速公路交通量的预测与效益评价	147
DL1-47(一)	高速公路交通量的预测与效益评价(一)	147
DL1-47(二)	高速公路交通量的预测与效益评价(二)	148
1.8.4	高速公路几何线形的设计	149
DL1-48(一)	高速公路几何线形的设计(一)	149
DL1-48(二)	高速公路几何线形的设计(二)	150
DL1-48(三)	高速公路几何线形的设计(三)	151
DL1-48(四)	高速公路几何线形的设计(四)	152
DL1-48(五)	高速公路几何线形的设计(五)	153

2 道路路基工程

2.1 概述 … 157

2.1.1	路基受力与工作区深度	157
2.1.2	路基强度与稳定性	157
DL2-1	路基工作区强度与稳定性	157
2.1.3	公路自然区别	158
DL2-2(一)	公路自然区划(一)	158
DL2-2(二)	公路自然区划(二)	159
DL2-2(三)	公路自然区划(三)	160
DL2-2(四)	公路自然区划(四)	161
DL2-2(五)	公路自然区划(五)	162
2.1.4	路基土的分类	163
DL2-3(一)	路基土的分类(一)	163
DL2-3(二)	路基土的分类(二)	164
DL2-3(三)	路基土的分类(三)	165
DL2-4	土壤物理技术性能表	166
DL2-5	路基土的野外鉴定方法	167

2.2 一般道路路基的设计 … 168

2.2.1	路基设计原则	168

DL2-6	道路路基的设计原则 … 168	DL2-19(三)	加筋挡土墙(三) … 190

- **2.2.2 路基结构和典型横断面** … 169
  - DL2-7(一) 路基典型横断形式(一) … 169
  - DL2-7(二) 路基典型横断形式(二) … 170
- **2.2.3 路基破坏的现象与原因** … 171
  - DL2-8 道路路基破坏的现象与原因 … 171
- **2.2.4 土路基材料的选择与压实** … 172
  - DL2-9 土路基材料的选择 … 172
  - DL2-10 土路基材料的压实 … 173
- **2.2.5 粉煤灰路堤与路基边坡的设计** … 174
  - DL2-11 粉煤灰路堤的设计与结构 … 174
  - DL2-12(一) 路基边坡防护设计与结构(一) … 175
  - DL2-12(二) 路基边坡防护设计与结构(二) … 176
  - DL2-12(三) 路基边坡防护设计与结构(三) … 177
  - DL2-12(四) 路基边坡防护设计与结构(四) … 178
  - DL2-12(五) 路基边坡防护设计与结构(五) … 179
  - DL2-13 岩土边坡坡度及岩石风化碾碎程度分级 … 180
- **2.2.6 边坡处理和边沟加固** … 181
  - DL2-14 边坡处理要求与施工示意图 … 181
  - DL2-15(一) 路基边沟出口泄水槽施工示意图(一) … 182
  - DL2-15(二) 路基边沟出口泄水槽施工示意图(二) … 183
  - DL2-16(一) 路基边沟加固施工示意图(一) … 184
  - DL2-16(二) 路基边沟加固施工示意图(二) … 185
- **2.2.7 道路路基挡土墙** … 186
  - DL2-17 挡土墙的设置原则与类型 … 186
  - DL2-18 路基挡土墙的形式分类 … 187
  - DL2-19(一) 加筋挡土墙(一) … 188
  - DL2-19(二) 加筋挡土墙(二) … 189
  - DL2-19(四) 加筋挡土墙(四) … 191
  - DL2-19(五) 加筋挡土墙(五) … 192
  - DL2-19(六) 加筋挡土墙(六) … 193
  - DL2-20(一) 锚杆挡土墙(一) … 194
  - DL2-20(二) 锚杆挡土墙(二) … 195
  - DL2-20(三) 锚杆挡土墙(三) … 196

2.3 特殊路基的设计与施工 … 197

- **2.3.1 过湿地段和浸水地段设计与施工** … 197
  - DL2-21(一) 过湿地段和浸水地段设计与施工(一) … 197
  - DL2-21(二) 过湿地段和浸水地段设计与施工(二) … 198
  - DL2-21(三) 过湿地段和浸水地段设计与施工(三) … 199
  - DL2-21(四) 过湿地段和浸水地段设计与施工(四) … 200
  - DL2-21(五) 过湿地段和浸水地段设计与施工(五) … 201
  - DL2-21(六) 过湿地段和浸水地段设计与施工(六) … 202
  - DL2-21(七) 过湿地段和浸水地段设计与施工(七) … 203
  - DL2-21(八) 过湿地段和浸水地段设计与施工(八) … 204
- **2.3.2 软土地区路基的设计与施工** … 205
  - DL2-22 软土的类型与特征 … 205
  - DL2-23(一) 软基处理常用方法与加固原理(一) … 206
  - DL2-23(二) 软基处理常用方法与加固原理(二) … 207
  - DL2-24(一) 软土地区路基的设计与施工(一) … 208
  - DL2-24(二) 软土地区路基的设计与施工(二) … 209
  - DL2-24(三) 软土地区路基的设计与施工(三) … 210
  - DL2-24(四) 软土地区路基的设计与施工(四) … 211
  - DL2-24(五) 软土地区路基的设计与施工(五) … 212
  - DL2-24(六) 软土地区路基的设计与施工(六) … 213
  - DL2-24(七) 软土地区路基的设计与施工(七) … 214

DL2-24(八) 软土地区路基的设计与施工(八)……215	DL2-33(二) 平地机的主要技术性能(二)……239
DL2-24(九) 软土地区路基的设计与施工(九)……216	DL2-34(一) 压路机的主要技术性能(一)……240
DL2-24(十) 软土地区路基的设计与施工(十)……217	DL2-34(二) 压路机的主要技术性能(二)……241
2.3.3 黄土地区路基的设计与施工……218	DL2-34(三) 压路机的主要技术性能(三)……242
DL2-25(一) 黄土地区路基的设计与施工(一)……218	**2.4.2 路基施工机械的外貌图与合理选择**……243
DL2-25(二) 黄土地区路基的设计与施工(二)……219	DL2-35(一) 路基施工机械的外貌图(一)……243
DL2-25(三) 黄土地区路基的设计与施工(三)……220	DL2-35(二) 路基施工机械的外貌图(二)……244
DL2-25(四) 黄土地区路基的设计与施工(四)……221	DL2-35(三) 路基施工机械的外貌图(三)……245
2.3.4 盐渍土地区路基的设计与施工……222	DL2-35(四) 路基施工机械的外貌图(四)……246
DL2-26(一) 盐渍土地区路基的设计与施工(一)……222	DL2-35(五) 路基施工机械的外貌图(五)……247
DL2-26(二) 盐渍土地区路基的设计与施工(二)……223	DL2-35(六) 路基施工机械的外貌图(六)……248
DL2-26(三) 盐渍土地区路基的设计与施工(三)……224	DL2-35(七) 路基施工机械的外貌图(七)……249
DL2-26(四) 盐渍土地区路基的设计与施工(四)……225	DL2-35(八) 路基施工机械的外貌图(八)……250
2.4 道路路基施工……226	DL2-36(一) 道路施工机械的合理选择(一)……251
2.4.1 路基施工机械……226	DL2-36(二) 道路施工机械的合理选择(二)……252
DL2-27 路基施工机械的型号编制……226	**2.4.3 路基机械化施工工艺**……253
DL2-28 路基施工机械的使用条件……227	DL2-37(一) 推土机施工工艺(一)……253
DL2-29(一) 路基施工机械的使用范围(一)……228	DL2-37(二) 推土机施工工艺(二)……254
DL2-29(二) 路基施工机械的使用范围(二)……229	DL2-38(一) 装载机施工工艺(一)……255
DL2-30(一) 推土机的主要技术性能(一)……230	DL2-38(二) 装载机施工工艺(二)……256
DL2-30(二) 推土机的主要技术性能(二)……231	DL2-39(一) 铲运机施工工艺(一)……257
DL2-30(三) 推土机的主要技术性能(三)……232	DL2-39(二) 铲运机施工工艺(二)……258
DL2-31(一) 挖掘机的主要技术性能(一)……233	DL2-39(三) 铲运机施工工艺(三)……259
DL2-31(二) 挖掘机的主要技术性能(二)……234	DL2-39(四) 铲运机施工工艺(四)……260
DL2-31(三) 挖掘机的主要技术性能(三)……235	DL2-39(五) 铲运机施工工艺(五)……261
DL2-31(四) 挖掘机的主要技术性能(四)……236	DL2-40(一) 挖掘机施工工艺(一)……262
DL2-32 铲运、装载机的主要技术性能……237	DL2-40(二) 挖掘机施工工艺(二)……263
DL2-33(一) 平地机的主要技术性能(一)……238	DL2-40(三) 挖掘机施工工艺(三)……264

DL2-40(四) 挖掘机施工工艺(四) …… 265	DL3-1 路面等级和路面坡度 …… 291
DL2-41(一) 平地机施工工艺(一) …… 266	DL3-2 各级道路路面技术性能与拱形式 …… 292
DL2-41(二) 平地机施工工艺(二) …… 267	DL3-3 各级道路路面结构组合形式推荐表 …… 293
DL2-41(三) 平地机施工工艺(三) …… 268	DL3-4(一) 水泥混凝土路面结构组成(一) …… 294
DL2-42 压实机械施工工艺 …… 269	DL3-4(二) 水泥混凝土路面结构组成(二) …… 295
DL2-43 压实机械的最大压实厚度 …… 270	DL3-5(一) 沥青混凝土路面结构组成(一) …… 296
DL2-44 压实机械的合理选择 …… 271	DL3-5(二) 沥青混凝土路面结构组成(二) …… 297
2.4.4 路基填方施工工艺 …… 272	DL3-6(一) 三层体系上层底面弯拉应力系数诺模图(一) …… 298
DL2-45(一) 路基填方施工工艺(一) …… 272	
DL2-45(二) 路基填方施工工艺(二) …… 273	DL3-6(二) 三层体系上层底面弯拉应力系数诺模图(二) …… 299
DL2-45(三) 路基填方施工工艺(三) …… 274	
DL2-45(四) 路基填方施工工艺(四) …… 275	DL3-6(三) 三层体系上层底面弯拉应力系数诺模图(三) …… 300
DL2-45(五) 路基填方施工工艺(五) …… 276	
DL2-45(六) 路基填方施工工艺(六) …… 277	DL3-6(四) 三层体系上层底面弯拉应力系数诺模图(四) …… 301
DL2-45(七) 路基填方施工工艺(七) …… 278	
DL2-45(八) 路基填方施工工艺(八) …… 279	**3.2 稳定土路面设计与施工** …… 302
DL2-45(九) 路基填方施工工艺(九) …… 280	**3.2.1 无机结合料稳定土的类型与组成设计** …… 302
DL2-45(十) 路基填方施工工艺(十) …… 281	DL3-7 无机结合料稳定土的类型及设计指标 …… 302
DL2-45(十一) 路基填方施工工艺(十一) …… 282	DL3-8 石灰稳定土的组成设计 …… 303
DL2-45(十二) 路基填方施工工艺(十二) …… 283	DL3-9 石灰工业废渣稳定土的组成设计 …… 304
2.4.5 路基挖方施工工艺 …… 284	DL3-10 水泥稳定土的组成设计 …… 305
DL2-46(一) 路基挖方施工工艺(一) …… 284	**3.2.2 稳定土拌和机械** …… 306
DL2-46(二) 路基挖方施工工艺(二) …… 285	DL3-11 稳定土拌和机械的分类与外貌图 …… 306
DL2-46(三) 路基挖方施工工艺(三) …… 286	DL3-12 稳定土拌和机的传动系统图 …… 307
DL2-46(四) 路基挖方施工工艺(四) …… 287	DL3-13(一) 稳定土厂拌设备总体布局示意图(一) …… 308
	DL3-13(二) 稳定土厂拌设备总体布局示意图(二) …… 309
3 道路路面工程	**3.2.3 稳定土路面基层施工** …… 310
3.1 概述 …… 291	DL3-14(一) 石灰稳定土基层施工(一) …… 310

DL3-14(二)	石灰稳定土基层施工(二)	311
DL3-15(一)	水泥稳定土基层施工(一)	312
DL3-15(二)	水泥稳定土基层施工(二)	313
DL3-16	稳定土路面、基层混合料监理流程	314
DL3-17(一)	稳定土路面基层施工质量验收标准(一)	315
DL3-17(二)	稳定土路面基层施工质量验收标准(二)	316

3.3 柔性路面设计与施工 … 317

3.3.1 柔性路面常用材料 … 317

DL3-18	柔性路面结构示意图	317
DL3-19	石油沥青生产工艺流程	318
DL3-20(一)	道路石油沥青技术质量要求(一)	319
DL3-20(二)	道路石油沥青技术质量要求(二)	320
DL3-21(一)	沥青路面材料技术质量要求(一)	321
DL3-21(二)	沥青路面材料技术质量要求(二)	322
DL3-21(三)	沥青路面材料技术质量要求(三)	323
DL3-21(四)	沥青路面材料技术质量要求(四)	324
DL3-22	道路用煤沥青技术质量要求	325
DL3-23	沥青混凝土混合料的技术标准	326
DL3-24	沥青混凝土矿料及沥青用量范围	327
DL3-25(一)	沥青面层粗集料规格(一)	328
DL3-25(二)	沥青面层粗集料规格(二)	329
DL3-26	沥青表面处治材料规格与用量表	330
DL3-27	沥青贯入式路面材料用量表	331
DL3-28	沥青混合料的质量监理流程	332

3.3.2 柔性路面施工机械 … 333

DL3-29	沥青撒布车各种作业示意图	333
DL3-30	自行式沥青撒布车结构示意图	334
DL3-31	沥青混凝土搅拌设备工艺流程图	335
DL3-32	强制、间歇式沥青搅拌设备	336
DL3-33(一)	沥青混凝土制备工艺流程图(一)	337
DL3-33(二)	沥青混凝土制备工艺流程图(二)	338
DL3-34	具有再生功能滚筒式搅拌设备	339
DL3-35	沥青混凝土摊铺机外形及流水作业图	340
DL3-36	LT-6型沥青混凝土摊铺机结构与传动图	341
DL3-37	摊铺沥青混凝土路面流水作业图	342
DL3-38(一)	柔性路面施工机械的主要技术性能(一)	343
DL3-38(二)	柔性路面施工机械的主要技术性能(二)	344
DL3-38(三)	柔性路面施工机械的主要技术性能(三)	345
DL3-38(四)	柔性路面施工机械的主要技术性能(四)	346
DL3-38(五)	柔性路面施工机械的主要技术性能(五)	347
DL3-38(六)	柔性路面施工机械的主要技术性能(六)	348

3.3.3 柔性路面的设计、施工与质检要求 … 349

DL3-39	柔性路面结构设计的内容与步骤	349
DL3-40(一)	沥青表面处治路面的施工(一)	350
DL3-40(二)	沥青表面处治路面的施工(二)	351
DL3-40(三)	沥青表面处治路面的施工(三)	352
DL3-41(一)	柔性路面的质量评价(一)	353
DL3-41(二)	柔性路面的质量评价(二)	354
DL3-42	柔性路面面层质量监理流程	355
DL3-43	柔性路面质检项目、方法及标准	356
DL3-44(一)	柔性路面面层工程验收标准(一)	357
DL3-44(二)	柔性路面面层工程验收标准(二)	358

3.4 刚性路面设计与施工 … 359

3.4.1 概述 … 359

DL3-45(一)	刚性路面的构造类型、特点与设计内容(一) … 359	

DL3－45(二)	刚性路面的构造类型、特点与设计内容(二) … 360	
DL3－46	刚性路面结构组合设计 … 361	
DL3－47(一)	刚性路面接缝构造设计(一) … 362	
DL3－47(二)	刚性路面接缝构造设计(二) … 363	
DL3－47(三)	刚性路面接缝构造设计(三) … 364	
DL3－47(四)	刚性路面接缝构造设计(四) … 365	
DL3－47(五)	刚性路面接缝构造设计(五) … 366	
DL3－47(六)	刚性路面接缝构造设计(六) … 367	
DL3－47(七)	刚性路面接缝构造设计(七) … 368	

3.4.2 刚性路面施工机械 … 369

3.4.2.1 钢筋及预应力机械 … 369

- DL3－48(一) 钢筋及预应力机械产品型号编制(一) … 369
- DL3－48(二) 钢筋及预应力机械产品型号编制(二) … 370
- DL3－49 钢筋冷拔机及其冷拔夹具 … 371
- DL3－50 钢筋冷拉机与冷轧机及生产线 … 372
- DL3－51 钢筋切断机械结构示意图 … 373

3.4.2.2 水泥混凝土搅拌机械 … 374

- DL3－52 水泥混凝土的类型与性能 … 374
- DL3－53 JZ350型搅拌机结构示意图 … 375
- DL3－54 JF1000、JQ1000型搅拌机外貌图 … 376
- DL3－55(一) 大型水泥混凝土搅拌楼示意图(一) … 377
- DL3－55(二) 大型水泥混凝土搅拌楼示意图(二) … 378
- DL3－55(三) 大型水泥混凝土搅拌楼示意图(三) … 379
- DL3－56 大型水泥混凝土搅拌楼配料系统图 … 380
- DL3－57 双阶移动式水泥混凝土搅拌站 … 381
- DL3－58 水泥混凝土搅拌站全自动控制图 … 382

3.4.2.3 水泥混凝土搅拌输送车与泵车 … 383

- DL3－59 水泥混凝土搅拌输送车示意图 … 383
- DL3－60 水泥混凝土泵车外形与工作范围 … 384
- DL3－61(一) 水泥混凝土泵送设备施工图(一) … 385
- DL3－61(二) 水泥混凝土泵送设备施工图(二) … 386
- DL3－62 滑模式水泥混凝土摊铺机结构图 … 387
- DL3－63 两履带和三履带滑模式摊铺机 … 388

3.4.3 刚性路面施工工艺 … 389

3.4.3.1 轨道式水泥路面施工 … 389

- DL3－64 轨道式摊铺施工工艺及设备技术性能 … 389
- DL3－65 轨道式摊铺机的接缝施工 … 390
- DL3－66 水泥轨道式摊铺作业方式 … 391

3.4.3.2 滑模式水泥路面施工 … 392

- DL3－67 滑模式摊铺机施工工艺流程 … 392
- DL3－68 滑模式水泥混凝土摊铺列车施工 … 393
- DL3－69 滑模式施工中的样线桩及设置 … 394

3.4.3.3 水泥混凝土路面接缝施工 … 395

- DL3－70 水泥混凝土路面接缝施工示意图 … 395
- DL3－71 水泥路面胀缩缝的构造示意图 … 396
- DL3－72 纵向缝构造及拉、传力杆尺寸 … 397
- DL3－73 接缝板和填缝料的种类与技术要求 … 398
- DL3－74 接缝板和填缝料的施工工艺 … 399

3.4.3.4 刚性路面质量验收与标准 … 400

- DL3－75 刚性路面的质量评价与养护 … 400
- DL3－76(一) 分项工程质量检验评定表(一) … 401
- DL3－76(二) 分项工程质量检验评定表(二) … 402
- DL3－77 刚性路面面层质量监理(人工摊铺) … 403
- DL3－78 刚性路面面层滑模摊铺质量监理流程 … 404
- DL3－79(一) 刚性路面施工质量控制与验收(一) … 405

| DL3-79(二) | 刚性路面施工质量控制与验收(二) …… 406 |
| DL3-80 | 刚性路面质量验收标准 …… 407 |

4 道路工程的附属设施

4.1 道路护栏与隔离设施 …… 411

DL4-1(一)	护栏设施的作用、类型与设置原则(一) …… 411
DL4-1(二)	护栏设施的作用、类型与设置原则(二) …… 412
DL4-2	波形梁护栏的分类与断面图 …… 413
DL4-3	路侧波形梁护栏的横断布设图 …… 414
DL4-4	圆头式端头与地锚式端头结构图 …… 415
DL4-5(一)	波形梁护栏的构造示意图(一) …… 416
DL4-5(二)	波形梁护栏的构造示意图(二) …… 417
DL4-5(三)	波形梁护栏的构造示意图(三) …… 418
DL4-6	缆索护栏的分类及其尺寸 …… 419
DL4-7(一)	缆索护栏的构造示意图(一) …… 420
DL4-7(二)	缆索护栏的构造示意图(二) …… 421
DL4-7(三)	缆索护栏的构造示意图(三) …… 422
DL4-7(四)	缆索护栏的构造示意图(四) …… 423
DL4-7(五)	缆索护栏的构造示意图(五) …… 424
DL4-8(一)	混凝土护栏的构造示意图(一) …… 425
DL4-8(二)	混凝土护栏的构造示意图(二) …… 426
DL4-9(一)	道路隔离设施的构造示意图(一) …… 427
DL4-9(二)	道路隔离设施的构造示意图(二) …… 428
DL4-9(三)	道路隔离设施的构造示意图(三) …… 429
DL4-9(四)	道路隔离设施的构造示意图(四) …… 430

4.2 道路标志、标线及视线诱导 …… 431

DL4-10(一)	国内外标准安全色的含义与各种关系(一) …… 431
DL4-10(二)	国内外标准安全色的含义与各种关系(二) …… 432
DL4-11	道路交通标志设置形式的类型 …… 433
DL4-12	标志板和立柱的连接与加固方式 …… 434
DL4-13(一)	道路交通标志制作示意图(一) …… 435
DL4-13(二)	道路交通标志制作示意图(二) …… 436
DL4-13(三)	道路交通标志制作示意图(三) …… 437
DL4-13(四)	道路交通标志制作示意图(四) …… 438
DL4-13(五)	道路交通标志制作示意图(五) …… 439
DL4-13(六)	道路交通标志制作示意图(六) …… 440
DL4-14(一)	道路交通警告标志示意图(一) …… 441
DL4-14(二)	道路交通警告标志示意图(二) …… 442
DL4-15(一)	道路交通禁令标志示意图(一) …… 443
DL4-15(二)	道路交通禁令标志示意图(二) …… 444
DL4-16	道路交通指示标志示意图 …… 445
DL4-17(一)	道路标线的种类与设置示意图(一) …… 446
DL4-17(二)	道路标线的种类与设置示意图(二) …… 447
DL4-17(三)	道路标线的种类与设置示意图(三) …… 448
DL4-17(四)	道路标线的种类与设置示意图(四) …… 449
DL4-18(一)	道路视线诱导设施示意图(一) …… 450
DL4-18(二)	道路视线诱导设施示意图(二) …… 451

4.3 道路绿化设施 …… 452

4.3.1 城市立交绿化设施 …… 452

DL4-19(一)	城市立交绿化示意图(一) …… 452
DL4-19(二)	城市立交绿化示意图(二) …… 453
DL4-19(三)	城市立交绿化示意图(三) …… 454
DL4-19(四)	城市立交绿化示意图(四) …… 455

4.3.2 道路绿化设施 …… 456

DL4-20(一)	道路绿化示意图(一)	456
DL4-20(二)	道路绿化示意图(二)	457
DL4-20(三)	道路绿化示意图(三)	458
DL4-20(四)	道路绿化示意图(四)	459
DL4-20(五)	道路绿化示意图(五)	460
DL4-20(六)	道路绿化示意图(六)	461

4.4 道路交通控制系统 ……………………… 462

DL4-21	道路信息管理中心数据流程图	462
DL4-22	高速公路通信电话系统图	463
DL4-23	高速公路通信系统示意图	464
DL4-24	道路监控系统构成示意图	465
DL4-25	道路收费数据流程图	466
DL4-26(一)	上杭高速公路部分控制系统图(一)	467
DL4-26(二)	上杭高速公路部分控制系统图(二)	468

1　道路路线

1.1 绪 论

1.1.1 道路运输的特点与功能

1. 道路运输的特点

(1) 交通运输是国民经济的大动脉，是国民经济发展速度的物质基础。一个完整的交通运输体系由铁路、道路、航空、水路等运输方式构成。它们各具特点，承担各自的运输任务，又互相联系和互相补充，形成综合的运输能力(表1)：

1) 铁路运输投资大、建设周期长，但是运输能力大，速度较快，运输成本和能耗都较低，通用性能好，受自然条件的影响也比较小，宜于承担中长距离客货运和大宗物资的运输；

2) 航空运输在快速运送旅客、运载紧急物资方面显示优越性，宜于承担大中城市间长距离客运以及边远地区高档和急需物资的运输，但运输成本高，能耗大；

3) 管道运输用于原油、成品油、煤炭、天燃气(加水或添加剂)的运输；

4) 水路则以其低廉的运价显示其明显的经济效益；

5) 道路运输可承担其他运输方式和客货集散与联系，承担铁路、水运、空运固定路线之外的延伸运输任务；可以深入到城镇、乡村、山区、港口、机场等的各个角落，能独立实现"门到门"的直达运输。例如，为了减少装卸次数，缩短运输总时间，像运输鲜、活、易腐物品时，可以避免多种交通环节的转运而用道路直达运输。

(2) 各种运输的主要特点：

1) 铁路运输投资大、建设周期长，但是运输能力大，速度较快，运输成本和能耗都较低，通用性能好，受自然条件的影响也比较小，宜于承担中长距离客货运和大宗物资的运输；

2) 航空运输在快速运送旅客、运载紧急物资方面显示优越性，宜于承担大中城市间长距离客运以及边远地区高档和急需物资的运输，但运输成本高，能耗大；

3) 管道运输用于原油、成品油、煤炭、天然气(加水或添加剂)的运输；

4) 水路运输则以其低廉的运价显示其明显的经济效益。

(3) 道路运输具上述的特点外，还有如下优点：

各种运输方式特性比较表 表1

名称	可达性方便性	安全性	舒适性	运输能力	运输速度 (km/h)	能源消耗	服务对象	经济运距(km)
铁路	受地形限制	好	好，可设餐厅	11.5万人/日 1500人/列车	160~200	低	集装箱 大宗散装货物	<500
道路	门对门直达运输方便	略差	差	2.5万人/日 60人/车	≤120	中	集装箱 散装货物	<200 或不限
水路	受可通航道和港口限制	好	好，可设餐厅、游艺室	大	16~30	低	集装箱 散装货物	—
航空	受机场限制 直捷性好	尚可	中	小 147人/架	160~1000	高	贵重货物	500~1000
管道	普及面差	好	—	大	1.6~30	低	油、天然气	—

几个国家客货运周转量比重变化(%) 表2

国别	美国				德国				日本			
项目	客运		货运		客运		货运		客运		货运	
运输方式	1950	1980	1950	1980	1950	1980	1950	1980	1950	1980	1950	1980
铁 路	6.4	0.8	56.2	37.2	56.0	13.0	69.0	30.6	90.0	40.5	52.3	8.6
道 路	91.4	85.0	16.3	22.7	40.0	60.0	6.0	38.4	7.7	55.2	8.4	40.7
水 运	0.2	0.2	15.4	16.4	—	—	24.3	24.7	2.2	2.2	39.4	50.7
航 空	0.9	14.0	—	0.2	—	—	—	—	—	—	—	0.1
管 道	—	—	12.4	23.5	—	—	—	6.3	—	—	—	—

| 图名 | 道路运输的特点与功能(一) | 图号 | DL1-1(一) |

我国各种运输方式客货运周转量比重(%) 表3

年份	客运周转量				货运周转量			
	铁路	公路	水运	航空	铁路	公路	水运	航空
1949	83.87	5.16	9.81	1.16	72.16	3.14	24.70	—
1952	80.92	9.14	9.86	0.08	79.00	1.84	19.16	—
1957	72.74	17.75	9.35	0.16	74.37	2.65	22.98	—
1965	68.71	24.13	6.80	0.36	77.91	2.74	19.35	—
1978	62.71	29.84	5.79	1.61	54.39	2.79	38.45	4.37
1981	58.92	33.56	5.52	2.00	49.18	2.18	44.34	4.3
1985	56.45	36.75	4.06	2.73	48.76	2.12	45.55	3.62

1) 机动灵活性大。货物装卸可实现直达运输，在小于100~200km短途运输中，可以做到经济可靠、迅速及时；

2) 普及面广，适应性强。能满足政治、经济、国防各方面的需要，战时输送部队与军事装备，出现灾情时也能疏散居民及运送救援物资，平时则促进经济繁荣；

3) 速度快、造价低。现代汽车的时速仅次于飞机，高速公路比铁路和水运更快。每公里造价比铁路低，道路运输投资少，周转快，收益大。建设新厂矿和修筑新铁路前必须先修道路，我国新疆、青海、西藏等地广人少或铁路较少地区，主要靠公路运输；

4) 运量大。虽然单车载客载货量较小，但车辆数量多，道路运输客货总运量和总周转量所占的比重日益增大，美国的客运周转量占各种运输方式总运量80%左右(表2)。

我国公路运输的客运与货运周转量在各种运输方式中所占的比例还比较小，例如货运周转量仅占2.12%(1985年)，客运周转量虽较高也只有36.75%(表3)。

2. 道路的主要功能

(1) 道路具有交通、形成国土结构、公共空间、防灾和繁荣经济等方面功能。

1) 交通功能：为人们的工作、学习、生活、娱乐、旅游出行及货物运输等提供方便。

2) 形成国土结构功能：用地结构的骨架、组成街坊弄里。

3) 公共空间功能：

① 保证日照、通风；

② 提供综合交通体系的空间(高架路、地面轨道、地下铁道)；

③ 提供公用设施管线走廊(电力、电话、煤气、给水、雨污水管)。

4) 防灾功能：

① 保证消防活动、救援活动；

② 紧急疏散、避难道路；

③ 防火带。

5) 繁荣经济功能：开发国土，活跃市场。

(2) 道路是交通的基础，是社会、经济活动所产生的人流、物流的运输载体，担负着城市内部和城际之间交通中转、集散的功能，在全社会交通网络中起着"结点"的作用。在深化改革开放、改善投资环境的形势下，要求有一个安全、通畅、方便和舒适的道路交通运输体系，在发生火灾、水灾、地震和空袭等自然灾害或紧急情况时，能提供疏散和避险的通道与空间。

(3) 道路是国土结构的骨架，城市道路则是城市建设的基础，城市各类建筑依据道路的走向布置而反映城市的风貌，所以城市道路是划分街坊、形成城市结构的骨架。

(4) 道路作为公共空间不仅提供交通体系的空间，且保证日照、通风、提供绿化、管线布置的场地，为地面排水提供条件。各种构筑物的使用效益，有赖于道路先行来实现。

(5) 在道路建设过程中，各项基础设施得以同步进行，随着道路的建成可使土地使用与开发得以迅速发展，经济市场得以繁荣，所以健全的道路系统促进经济发展，方便生活。

(6) 道路是经济建设的先行设施，正如民间谚语："要致富，先修路，小路小富，大路大富，快路快富"。它对商品流通、发展经济、巩固国防、建设边疆、开发山区和旅游事业的发展等方面都有巨大的作用。

图名	道路运输的特点与功能(二)	图号	DL1-1(二)

1.1.2 我国城市道路现状和发展目标

1. 我国公路建设发展概况

(1) 我国第一条公路(长沙至湘潭)建于1913年,是50km长的低级路,新中国成立时,全国通车的公路只有8.07万km,而且质量差、标准低,大多分布在沿海及中部地区,而广大山区、农村和边疆交通闭塞,行路艰难。

(2) 举世闻名的川藏、青藏公路建于1954年,近20年来,公路建设发展迅速,公路交通面貌发生了很大变化,已形成了一个以北京为中心沟通全国各地的国道网,及以各城市为中心的省、县级公路交通网。1994年以来,全国高速公路、一级汽车专用公路、二级汽车专用公路、二级公路、三级公路、四级公路、等外公路每年修建道路的里程超过10000km。其中,全国建成高速公路通车里程已达25000km(2004年底止)。

(3) 我国公路交通事业及其科学技术虽有很大发展,但距离国民经济发展的需要甚远,尤其在当前商品经济发展的形势下,更显得不适应。我国现有公路的总里程以及公路密度均较小(约为美国的七分之一),大部分道路等级低,等外路约占1/3,汽车运输调度管理基本上靠手工操作,站场、服务、通信等设施均需引进先进技术。

(4) 由于商品构成的变化,对道路交通需求日增,要求汽车运输承担鲜活易腐、高档商品以及不能通达铁路和水运边远地区的1000km以上的运输。

2. 我国城市道路现状和发展目标

(1) 城市道路随着城市的发展,经济的繁荣而迅速发展。到2000年止,我国共设城市有668个,建制镇17892个。

(2) 随着城市人口与经济的发展,"城市化"水平的迅速提高,使大量增加的城市交通需要与有限的道路容量产生的供求矛盾日趋尖锐。我国大城市的机动车数量正以每年10%的速度递增,全国机动车增加120倍,自行车增长几百倍,公交客运量增加80倍;但城市的道路只增加7倍,公交车万人拥有5.07辆,比发达国家低3~4倍。

(3) 城市道发展目标应与城市经济发展相适应,与人口增长和车辆增长相适应,建成布局得当、结构合理、设施完备的城市道路系统。

1) 道路规划:从提高功能,改善运行条件出发,完善路网规划,城市应按交通需要,进行快速路系统规划,完善路口渠化,大中城市应进行非机动车交通规划;

2) 道路建设:加快主次干道和快速路建设,在交通特别繁忙地段安排立交桥、人行过街设施、停车场和自行车道建设,各城市应有重点地打通堵头和履行路线瓶颈地段;

3) 养护维修:以解决道路病害为重点,提高养护质量,保证道路完好,提高铺装率和道路工程建设质量;

4) 技术进行:在规划设计和管理工作中积极推广计算机应用技术,逐步实现利用电子技术解决信息处理,注意高等级道路和桥梁结构的技术发展,开展工业废料和再生沥青混凝土的利用,引进机械化筑路、养护机械的先进技术,开发研制新型机械设备。

(4) 当前我国城市道路的发展应遵循下列四原则:

1) 城市道路规划应以国民经济建设发展计划为依据,按城市总体布局,合理安排建设计划和投资比例,与城市经济和其他设施协调发展;

2) 贯彻近远期相结合的原则,城市道路建设的五年计划和年度计划与远期规划相结合,从路网体系、道路宽度、道路结构等方面为城市道路的远景发展创造条件;

3) 贯彻配套建设的原则,在城市建设和新城区建设及旧城改造中,在有计划商品经济指导下,对城市道路建设实行综合开发、配套建设、以道路带动城市基础设施建设和城市发展;

4) 发挥整体功能的原则,从建设、养护维修、路政管理三个环节上加强管理、制止乱占乱挖,改善道路环境,保证城市道路各种功能的充分发挥。

1.1.3 我国道路的等级与工程图例

1. 道路的分类

道路是供各种车辆和行人等通行的工程设施,道路工程是以道路为对象而进行的规划、勘测、设计、施工等技术活动的全过程及其所从事的工程实体。道路具有如下分类方法:

(1) 公路:指连接城市、乡村,主要供汽车行驶的具备一定技术条件和设施的道路。

图名	公路和城市道路建设的现状和发展	图号	DL1-2

(2) 城市道路：在城市范围内，供车辆及行人通行的具备一定技术条件和设施的道路。城市指直辖市、市、镇以及未设镇的县城。

(3) 厂矿道路：主要供工厂、矿山运输车辆通行的道路。

(4) 林区道路：建在林区，主要供各种林业运输工具通行的道路。

(5) 乡村道路：建在乡村、农场，主要供行人及各种农业运输工具通行的道路。

2. 公路的分类与分级

(1) 公路的分类：在公路网中起骨架作用的公路称为干线公路，干线公路分为：

1) 国家干线公路——在国家公路网中，具有全国性的政治、经济、国防意义，经确定的国家干线的公路简称国道；

2) 省干线公路——在省公路网中，具有全省性的政治、经济、国防意义，并经确定为省级干线的公路简称省道；

3) 县公路——具有全县性的政治、经济意义，并经确定为县级的公路；

4) 乡公路——主要为乡村生产、生活服务并经确定为乡级的公路；

5) 支线公路指在公路网中起连接作用的公路。

(2) 公路的分级：公路按行驶车辆分为汽车专用公路和一般公路。根据交通量及其使用任务、性质划分为五个等级：

1) 高速公路：一般能适应各种汽车（包括摩托车）折合成小客车的年平均昼夜交通量为25000辆以上，为具有特别重要的政治、经济意义，专供汽车分道高速行驶并全部控制出入的公路。高速公路的使用寿命为20年；

2) 一级公路：能够适应各种汽车折合成小客车的年平均昼夜交通量为10000～25000辆，为连接重要的政治、经济中心，通往重点工矿区、港口、机场，专供汽车分道行驶并部分控制出入的公路。一级公路的使用寿命确定为20年；

3) 二级公路：一般能够适应各种汽车（包括摩托车）折合成普通汽车的年平均昼夜交通量为4500～7000辆，为连接政治、经济中心或大工矿区、港口、机场等地的专供汽车行驶的公路。二级公路的使用寿命为15年；

4) 三级公路：一般能适应按各种车辆折合成普通汽车（中型载重汽车）的年平均昼夜交通量为2000辆以下，为沟通县以上城市的公路。三级公路的使用寿命也为15年；

5) 四级公路：一般能适应按各种车辆全成普通汽车的年平均昼夜交通量为200辆以下，为沟通县、乡（镇）、村等的公路。四级公路的使用寿命为8～10年。

3. 城市道路的分类与分级

(1) 快速路：城市道路中设有中央分隔带，具有四条以上的车道，全部或部分采用立体交叉与控制出入，供车辆以较高的速度行驶的道路。快速路完全为交通功能服务，是解决城市长距离快速交通运输的动脉。在快速路两侧不宜设置吸引大量人流的公共建筑物的进出口，两侧一般建筑物的进出口应加以控制。以北京市的二环路、上海内环线高架道路和天津中环路、广州的华南快速干线。

(2) 主干路：在城市道路网中起骨架作用的道路。以交通功能为主（小城市的主干路可兼沿线服务功能）。自行车交通量大量，适宜采用机动车与非机动车分隔的形式。主干路上平面交叉口间距以800～120m为宜，以减少交叉口交通对主干路交通的干扰。交通性的主干路解决大城市各区之间的交通联系，以及与城市对外交通枢纽之间的联系。例如北京的东西长安街是全市性东西向主干路，全线展宽到50～80m，市中心路段为双向10条车道，设置隔离墩，实行快慢车分流。如上海中山东一路是一条宽为10车道的客货运主干路。

(3) 次干路：是联系主干路之间辅助性干道，与主干路连接组成道路网，起到广泛连接城市各部分和集散交通的作用。次干路沿街多数为公共建筑和住宅建筑，兼有服务功能。

(4) 支路：是次干路与街坊路的连接线，解决地区交通，以服务功能为主。沿街以居住建筑为主。

城市道路除快速路外，每类道路按照城市规模，设计交通量、地形分为Ⅰ、Ⅱ、Ⅲ级。根据我国国务院城市管理条例规定，城市按照其市区和郊区的非农业人口总数划分为三级，即：

1) 大城市：人口在50万以上的城市，采用各类道路中的Ⅰ级标准；

2) 中城市：人口在20～50万的城市，采用各类道路中的Ⅱ级标准；

3) 小城市：人口不足20万的城市，采用各类道路中的Ⅲ级标准。

图名	道路的分类与等级（一）	图号	DL1-3（一）

国道主干线"五纵"

路线简称	主控点	里程(km)
同三线	同江—哈尔滨(含珲春—长春支线)—长春—沈阳—大连—烟台—青岛—连云港—上海—宁波—福州—深圳—广州—湛江—海安—海口—三亚	2700
京福线	北京—天津—(含天津—塘沽支线)—济南—徐州(含泰安—淮阴支线)—合肥—南昌—福州	2540
京珠线	北京—石家庄—郑州—武汉—长沙—广州—珠海	2310
二河线	二连浩特—集宁—大同—太原—西安—成都—昆明—河口	3610
渝湛线	重庆—贵阳—南宁—湛江	1430

国道主干线"七横"

路线简称	主控点	里程(km)
绥满线	绥芬河—哈尔滨—满洲里	1280
丹拉线	丹东—沈阳—唐山(含唐山—天津支线)—北京—集宁—呼和浩特—银川—兰州—拉萨	4590
青银线	青岛—济南—石家庄—太原—银川	1610
连霍线	连云港—徐州—郑州—西安—兰州—乌鲁木齐—霍尔果斯	3980
沪蓉线	上海—南京—合肥—武汉—重庆—成都(含万县—南充—成都支线)	2970
沪瑞线	上海—杭州(含宁波—杭州—南京支线)—南昌—贵阳—昆明—瑞丽	4090
衡昆线	衡阳—南宁(含南宁—友谊关支线)—昆明	1980

高速公路路段基本通行能力

车道数	双向四车道高速公路				双向六车道高速公路			
设计车速(km/h)	120	100	80	60	120	100	80	60
通行能力[辆/(小时当量车,车道)]	2200	2200	2000	1800	2150	2100	2000	1750

双车道公路车速-流量模型

公路类型	7m路面	9m路面	14m路面
自由流速(km/h)	73	85	95
通行能力[辆/(小时当量车,双向)]	1400	2500	3700

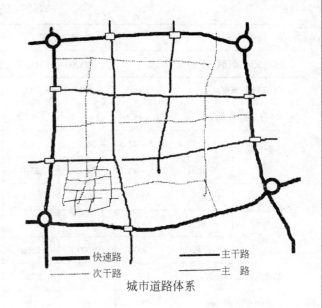

城市道路体系

公路服务水平划分标准(建议值)

服务水平	V/C	U/U_f^*
A	≤0.30	≥0.92
B	≤0.60	≥0.82
C	≤0.75	≥0.76
D	≤0.90	≥0.64
E	≤1.00	≥0.50
F	>1.00	<0.50

U_f^*—自由行驶速度。

图名	道路的分类与等级(二)	图号	DL1-3(二)

公路路线设计主要技术指标汇总表

公路等级		高速公路				一		二		三		四	
适应交通量(辆/昼夜)		25000~100000				15000~30000		3000~7500		1000~4000		200~1500	
计算行车速度(km/h)		120	100	80	60	100	60	80	40	60	30	40	20
行车道道宽(m)		30~15.0	2×7.5	2×7.5	2×7.0	2×7.5	2×7.0	9.0	7.0	7.0	6.0	3.5 或 6.0	
路基宽度(m)	一般值	27.5~42.5	26.0	24.5	25.5	25.5	22.5	12.0	8.5	8.5	7.5	6.5	6.5
	变化值	25.5~40.5	24.0	23.0	20.0	24.0	20.0	17.0	—	—	—	4.5 或 7.0	
平曲线最小半径(m)	极限值	650	400	250	125	400	125	250	60	125	30	60	15
	一般值	1000	700	400	200	700	200	400	100	200	65	100	30
	不设超高	5500	4000	2500	1500	4000	1500	2500	600	1500	350	600	150
缓和曲线最小长度(m)		100	85	70	50	85	50	70	35	50	25	35	20
停车视距(m)		210	160	110	75	160	75	110	40	75	30	40	20
超车视距(m)		—	—	—	—	—	—	550	200	350	150	200	100
最大纵坡		3	4	5	5	4	6	5	7	6	8	6	9
竖曲线最小	凸形 极限值	11000	6500	3000	1400	6500	1400	3000	450	1400	250	450	100
	凸形 一般值	17000	10000	4500	2000	10000	2000	4500	700	2000	400	700	200
	凹形 极限值	4000	3000	2000	1000	3000	1000	2000	450	1000	250	450	100
	凹形 一般值	6000	4500	3000	1500	4500	1500	3000	700	1500	400	700	200
竖曲线最小长度(m)		100	85	70	50	85	50	70	35	50	25	35	20
路基设计洪水频率		1/100				1/100		1/50		1/25		按具体情况确定	

图名	道路路线设计主要技术指标汇总表(一)	图号	DL1-4(一)

城市道路线形设计主要技术指标汇总表

类别\线别 项目	快速路	主干线 Ⅰ	主干线 Ⅱ	主干线 Ⅲ	次干线 Ⅰ	次干线 Ⅱ	次干线 Ⅲ	支线 Ⅰ	支线 Ⅱ	支线 Ⅲ
设计车速(km/h)	80 / 60	60 / 50	50 / 40	40 / 30	50 / 40	40 / 30	30 / 20	40 / 30	30 / 20	20 / 20
最小半径(m)	250 / 150	150 / 100	100 / 70	— / 40	100 / —	— / 40	— / 20	— / 40	— / 20	— / —
推荐半径(m)	400 / 300	300	200	150	200	—	85	85	40	—
不设超高半径(m)	1000 / 600	600	400	300	400	150	70	150	70	—
平曲线最小长度(m)	140 / 100	100	85	70	85	50	40	50	40	—
圆曲线最小长度(m)	70 / 50	50	40	35	40	25	20	25	20	—
缓和曲线最小长度(m)	70 / 50	50	45	35	45	25	20	25	20	—
不设缓和曲线最小圆曲线半径(m)	2000 / 1000	1000	700	500	700	500	—	—	—	—
最大超高横坡(%)	6 / 4	4	—	—	4	2	—	2	—	—
停车视距(m)	110 / 70	70	60	40	60	30	20	30	—	—
最大坡度(%)	6 / 7	7	8	9	7	9	9	9	9	—
合成纵坡(%)	7 / 6.5	6.5	6.5	7	6.5	7	8	7	—	—
纵坡限制长度(%)(m)	400 / 300	300	200	300	—	—	—	—	—	—
纵坡最小长度(m)	290 / 170	170	140	110	140	85	60	85	60	—
凸形竖曲线最小半径(m)	3000 / 1200	1200	900	400	900	250	100	250	100	—
凹形竖曲线最小半径(m)	1800 / 1000	1000	700	450	700	250	100	250	100	—
竖曲线最小半径(m)	70 / 50	50	40	35	40	25	20	25	20	—

图名	道路路线设计主要技术指标汇总表(二)	图号	DL1-4(二)

道路工程常用图例

项目	序号	名称	图例	项目	序号	名称	图例	项目	序号	名称	图例
平面	1	涵洞		平面	7	养护机构		纵断面	18	分离式立交 a. 主线上跨 b. 主线下穿	
	2	通道			8	管理机构			19	互通式立交 a. 主线上跨 b. 主线下穿	
	3	分离式立交 a. 主线上跨 b. 主线下穿			9	防护网					
					10	防护栏		材料	20	细粒式沥青混凝土	
					11	隔离墩					
	4	桥梁 （大、中桥梁 按实际长度绘制）		纵断面	12	箱涵			21	中粒式沥青混凝土	
					13	管涵					
					14	盖板涵			22	粗粒式沥青混凝土	
	5	互通式立交 （按采用形式绘制）			15	拱涵			23	沥青碎石	
					16	箱型通道					
	6	隧道			17	桥梁			24	沥青贯入碎砾石	

图名	道路工程常用图例（一）	图号	DL1-5（一）

续表

项目	序号	名称	图 例	项目	序号	名称	图 例	项目	序号	名称	图 例
材料	25	沥青表面处理	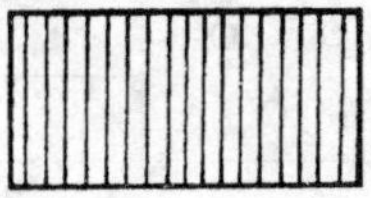	材料	33	石灰粉煤灰土	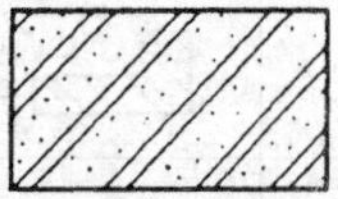	材料	41	干砌片石	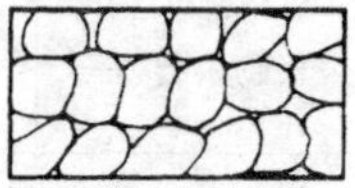
	26	水泥混凝土			34	石灰粉煤灰砂砾	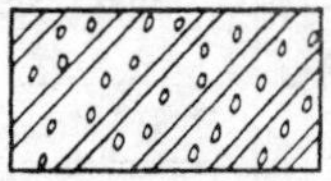		42	浆砌片石	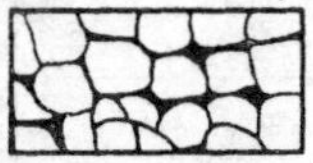
	27	钢筋混凝土	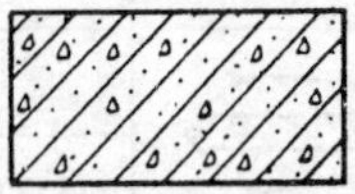		35	石灰粉煤灰碎砾石	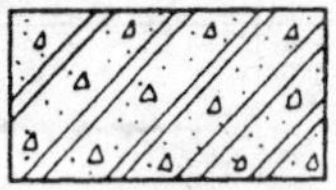		43	浆砌块石	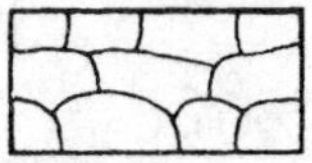
	28	水泥稳定土			36	泥结碎砾石			44	木材 横 纵	
	29	水泥稳定砂砾	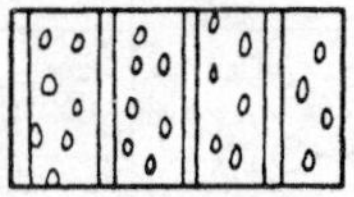		37	泥灰结碎砾石	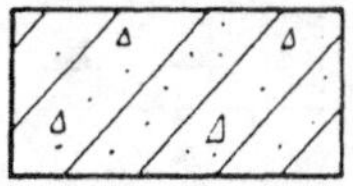				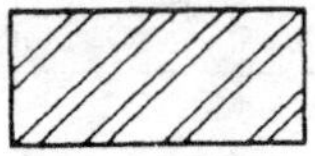
	30	水泥稳定碎砾石			38	级配碎砾石			45	金 属	
	31	石灰土			39	填隙碎石			46	橡胶	
	32	石灰粉煤灰			40	天然砂砾			47	自然土壤	
									48	夯实土壤	

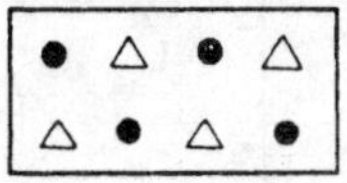

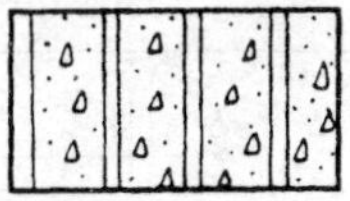

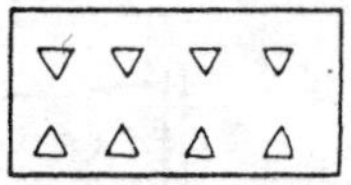

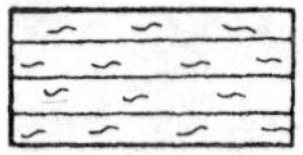

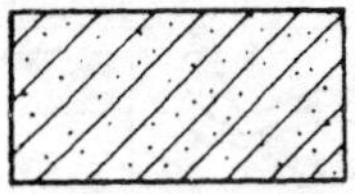

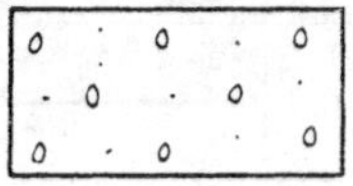

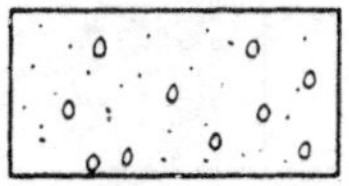

图名	道路工程常用图例(二)	图号	DL1-5(二)

路线平面图中的常用图例和符号

图 例						符 号	
浆砌块石	—·—·—	房屋	独立/成片	用材料	○ ○ ○ / ○松○	转角点	JD
						半径	R
水准点	BM编号/高程	高压电线	—«—«—	围墙		切线长度	T
						曲线长度	L
导线点	□ 编号/高程	低压电线	—•—•—	堤		缓和曲线长度	L_s
						外距	E
转角点	JD编号	通讯线	—•—•—•—	路堑		偏角	α
						曲线起点	ZY
铁路		水田		坟地		第一缓和曲线起点	ZH
						第一缓和曲线终点	HY
公路		旱地		变压器	○—○	第二缓和曲线起点	YH
大车道		菜地				第二缓和曲线终点	HZ
桥梁及涵洞		水库渔塘	塘	经济林	油茶	东	E
						西	W
水沟		坎		等高线冲沟		南	S
						北	N
河流		晒谷坪	谷	石质陡崖		横坐标	X
						纵坐标	Y

| 图名 | 道路工程常用图例(三) | 图号 | DL1-5(三) |

1.2 道路交通基础

机动车设计车辆外廓尺寸界限

各项指标 车辆类型	总长 (m)	总宽 (m)	总高 (m)	前悬 (m)	轴距 (m)	后悬 (m)
小型汽车	5	1.8	1.6	1	2.7	1.3
普通汽车	12	2.5	4.0	1.5	6.5	4.0
铰接车	18	2.5	4.0	1.7	5.8、6.7	3.8

公路设计车辆外廓尺寸

各项指标 车辆类型	总长 (m)	总宽 (m)	总高 (m)	前悬 (m)	轴距 (m)	后悬 (m)
小客车	6	1.8	2	0.8	3.8	1.4
载重车	12	2.5	4	1.5	6.5	4
半挂车	16	2.5	4	1.2	4+8.8	2

注：上两表中的词义解释：
(1) 前悬——车辆前保险杠至前轴中的水平距离(m)；(2) 后悬——车辆后保险杠至后轴中的水平距离(m)；
(3) 轴距——双轴时为两轮轴中至中的距离(m)；(4) 轴距——三轴车前轴中至中轴中的距离(m)；
(5) 轴距——三轴车中轴中至后轴中的距离(m)；(6) 总宽——车箱宽度(不包括后视镜)(m)；
(7) 总高——自车箱顶至地面之高度(m)。

非机动设计车辆外廓参考尺寸(m)

车辆类型	主要项目		
	总长	总宽	总高
自行车	1.93	0.60	2.25
三轮车	3.40	1.25	2.50
板车	3.70	1.50	2.50
兽力车	4.20	1.70	2.50

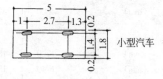

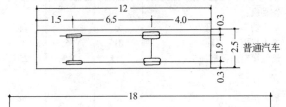

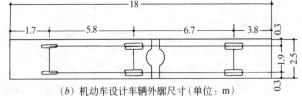

(b) 机动车设计车辆外廓尺寸(单位：m)

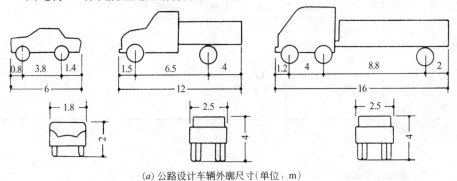

(a) 公路设计车辆外廓尺寸(单位：m)

图名	行驶在道路上的车辆外廓尺寸	图号	DL1-6

国产载重汽车和小汽车技术性能表

汽车型号	解放 CA10B	东风 EQ140	解放 CA140	解放 CA150	交通 SH141	北京 BJ130	上海 SH130	跃进 NJ130	黄河 JN150	黄河 JN51	红旗 CA773	上海 SH760	解放 CA141
生产厂名	长春汽车厂	第二汽车厂	长春汽车厂	长春汽车厂	上海货车厂	北京汽车厂	上海汽车厂	南京汽车厂	济南汽车厂	济南汽车厂	长春汽车厂	上海汽车厂	长春汽车厂
外形尺寸：													
长　　(mm)	6670	6910	6895	7775	6455	4710	1635	5538	7600	7600	5500	4780	7205
宽　　(mm)	2400	2470	2433	2494	2400	1850	1800	2344	2400	2400	1990	1775	2476
高　　(mm)	2200	2325	2350	2355	2560	2100	2070	2165	2600	2600	1640	1585	2396
自重　(kg)	3800	4080	4190	5800	3740	1800	1755	2710	6800	6600	2500	1440	4100
载重量(kg)	4000	5000	5000	9000	4000	2000	2000	2500	8000	8000	3排8座	5座	5000
满载总重(kg)	8025	9290	9415	15025	8065	4075	3950	5360	15060	4860	3060	1765	9310
轴距　(mm)	4000	3950	4000	4200	3500	2000	2500	3300	4000	4000	3420	2830	4050
轮距：													
前轮　(mm)	1700	1810	1800	1800	1710	1480	1440	1589	1927	1927	1580	1445	1800
后轮　(mm)	1740	1800	1800	1800	1736	1470	1440	1650	1744	1744	1550	1480	1740
发动机：													
最大功率(马力)	95	135	140	154	90	75	75	70	160	160	220	90	9kW
最大扭矩(kgN·m)	31	36	40	43	27	17.5	16	20.5	70	62	42	15	38
最低燃料消耗量(g/h)	255	245	250	250	—	—	230	240	165	175	225	225	225
技术性能：													
最大车速(km/h)	75	90	88	54	70	85	85	—	71	67	160	130	90
经济车速(km/h)	—	45~50	35~45	—	—	35~45	30~50	35~40	—	—	—	—	—
最大爬坡度(%)	20	28	20	—	26.3	36	31.5	30	27	27	—	—	28
最小转弯半径(m)	9.2	8.0	8.0	11.0	7.15	5.7	6.0	7.6	8.25	8.25	7.2	5.6	8
平均耗油量(1/100km)	29	28	—	—	28	15	14	20	25	24	19	—	26.5

注：1. 本表资料主要引自机械工业出版社1988年出版的《国产汽车技术性能手册》；
　　2. 扭矩的法定单位为N·m。1kgf·m＝9.8N·m；
　　3. 功率的法定单位为瓦，1马力＝735.499瓦；
　　4. 解放CA141型变速箱速比为7.7:4.1:2.34:1.51:1.0；倒档8.27。后桥双级减速，主减速比有两种为5.897:6.39。

图名	几种国产载重汽车和汽车技术性能	图号	DL1-7

路段交通量观测表

道路名称_____ 日期_____
断面编号_____ 天气_____ 观测者_____

时间	东→西 (南)(北)							西→东 (北)(南)						
	大		中		小		摩托	自行车	其他非机动车	大		中		小		摩托	自行车	其他非机动车
	客	货	客	货	客	货				客	货	客	货	客	货			
小计																		

注：1. 中型客车指单节公交车,8人以上客车；
2. 大型客车指铰接公交车；大型货车指半挂车,拖挂车；
3. 时间区划,可按5分钟或10分钟或15分钟。

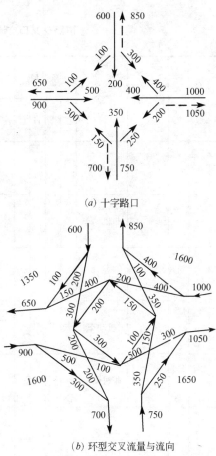

(a) 十字路口

(b) 环型交叉流量与流向

交叉口以数字标明进口流量示意图

| 图名 | 交叉路口的交通量与进出流量 | 图号 | DL1－8 |

道路交叉口交通流量统计表

区(县)　　　　　　　　　　　　　　　　　　　　　　　　　　路　　　路口

年月日	星期	天气	时间	类别	东进口				南进口				西进口				北进口				合计			
					左	直	右	计	左	直	右	计	左	直	右	计	左	直	右	计	左	直	右	计
				机动车																				
				非机动车																				
				行人																				
				机动车																				
				非机动车																				
				行人																				

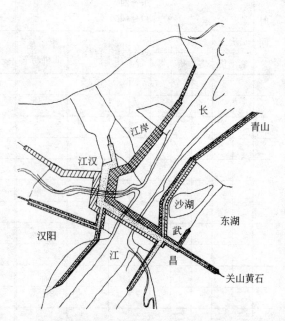

武汉市主干线流量机动车对向比例关系图

图名	道路交叉口交通流量统计及实例	图号	DL1－9

道路车辆流量流向汇总表

交叉口	机动车 非机动车		第___页 共___页	
交叉口及观测道台示意图		观测日期	年 月 日	观测单位
		观测时间	：~：	观测者
		星　期		整理者
		天　气		校对者

观测时间	___道口				___道口				___道口				___道口			
	进入交叉口		驶出交叉口		进入交叉口		驶出交叉口		进入交叉口		驶出交叉口		进入交叉口		驶出交叉口	
	左转 直行 右转 小计		左转 直行 右转 小计		左转 直行 右转 小计		左转 直行 右转 小计		左转 直行 右转 小计		左转 直行 右转 小计		左转 直行 右转 小计		左转 直行 右转 小计	
：																
：																
：																
：																
：																
：																
：																
：																
：																

图名	道路车辆流量流向汇总表	图号	DL1－10

1.3 道路断面图

1.3.1 道路路基断面设计图

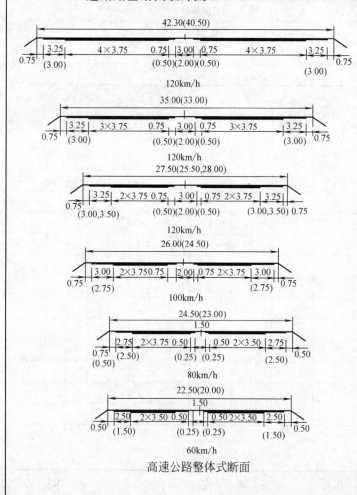

高速公路整体式断面

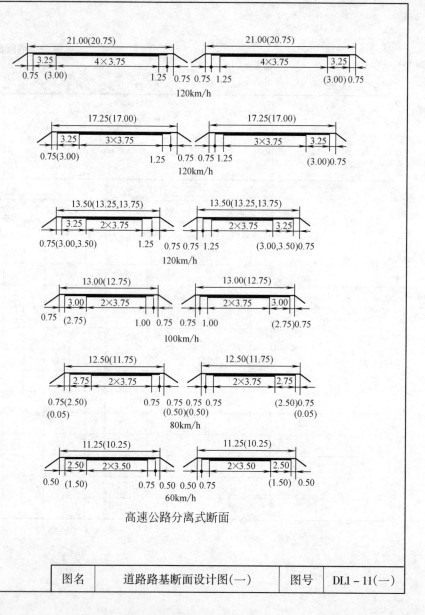

高速公路分离式断面

| 图名 | 道路路基断面设计图(一) | 图号 | DL1-11(一) |

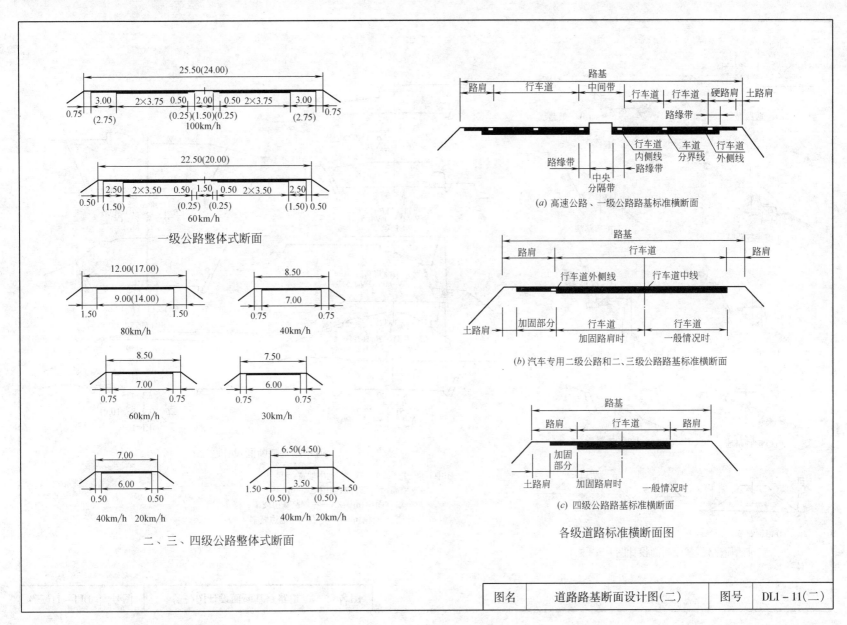

| 图名 | 道路路基断面设计图(二) | 图号 | DL1-11(二) |

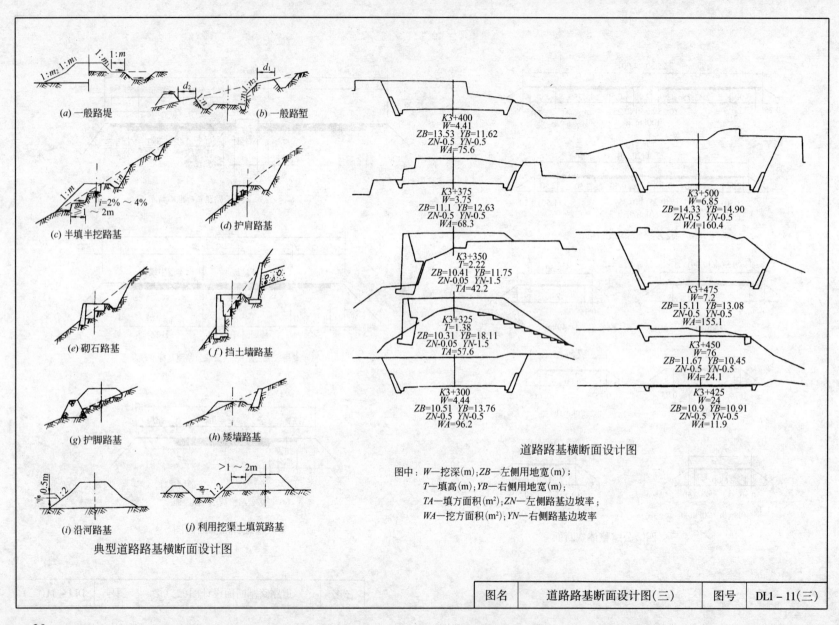

| 图名 | 道路路基断面设计图(三) | 图号 | DL1-11(三) |

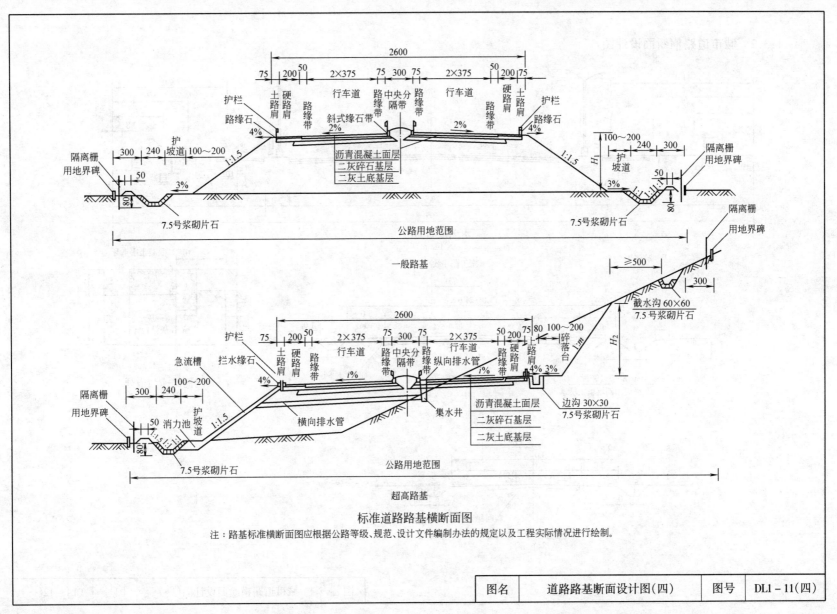

标准道路路基横断面图

注：路基标准横断面图应根据公路等级、规范、设计文件编制办法的规定以及工程实际情况进行绘制。

| 图名 | 道路路基断面设计图(四) | 图号 | DL1-11(四) |

1.3.2 城市道路横断面设计图

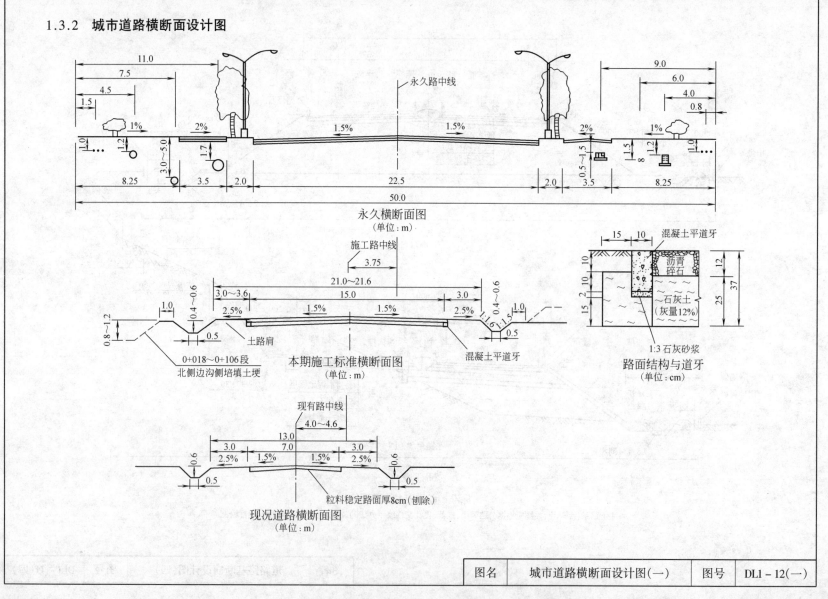

| 图名 | 城市道路横断面设计图(一) | 图号 | DL1-12(一) |

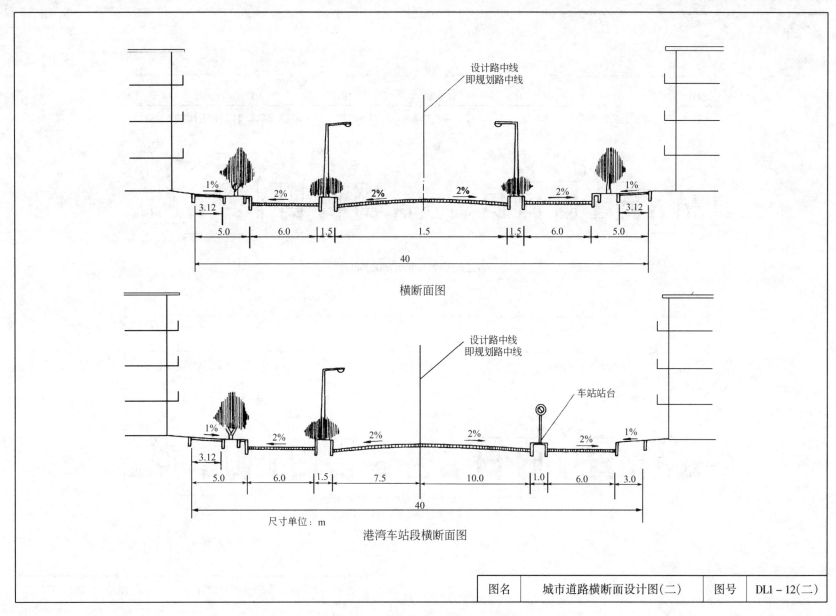

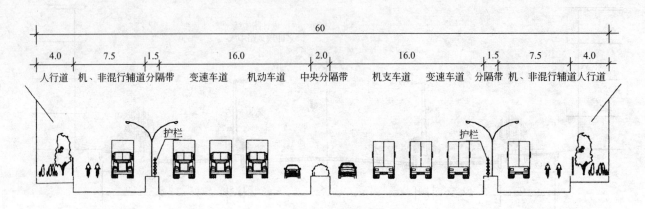

(a) 地面快速路有出入口路段横断面

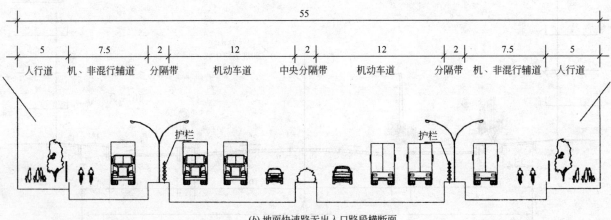

(b) 地面快速路无出入口路段横断面

| 图名 | 城市道路横断面设计图(三) | 图号 | DL1-12(三) |

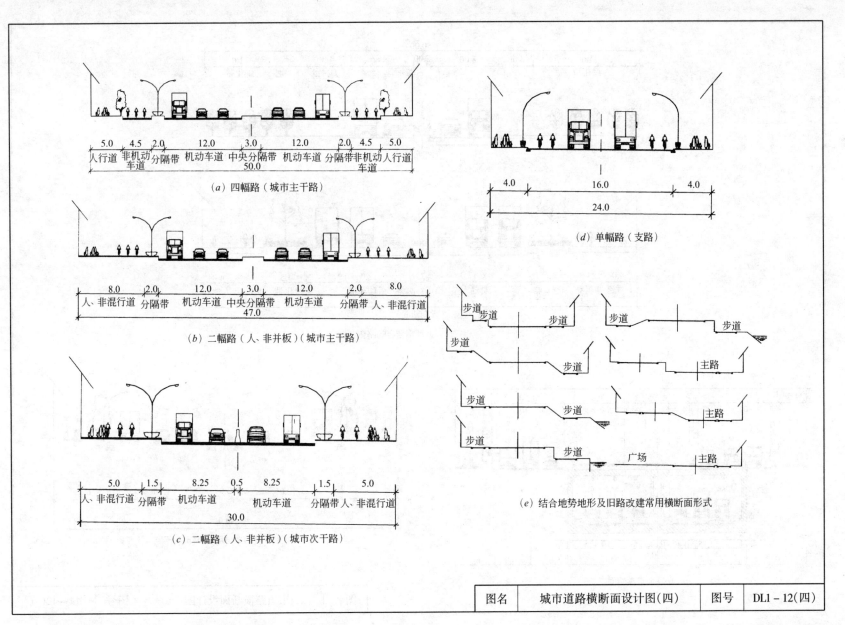

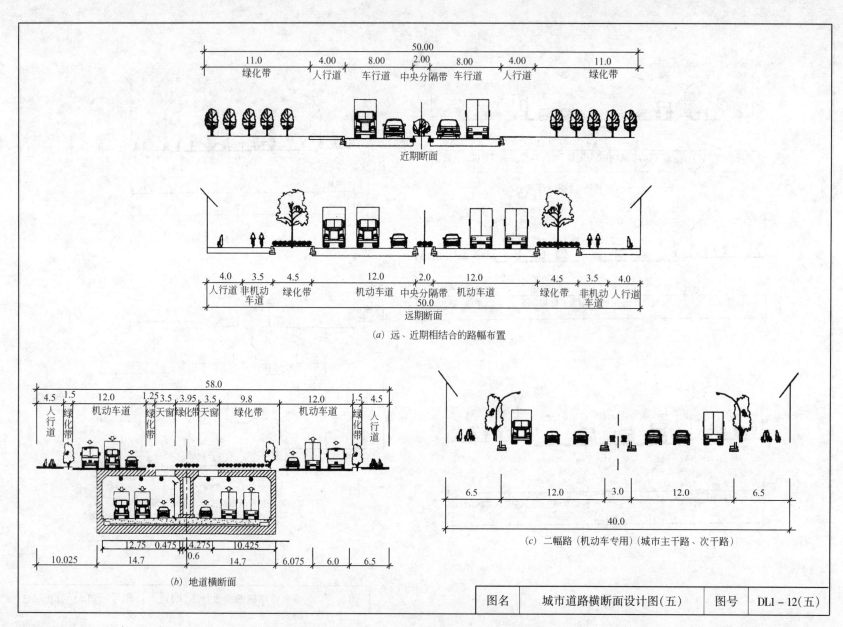

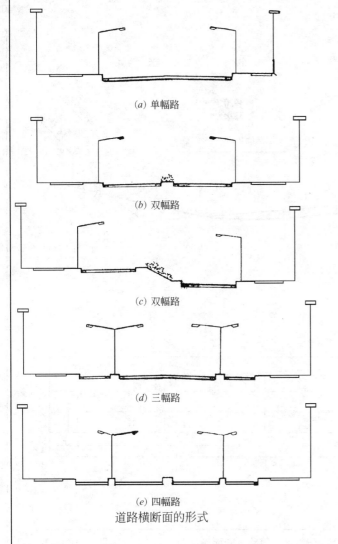

(a) 单幅路
(b) 双幅路
(c) 双幅路
(d) 三幅路
(e) 四幅路

道路横断面的形式

横断面基本形式

项　目		单幅路	双幅路	三幅路	四幅路
分车带(条)		无	1	2	3
交通组织		机动车、非机动车混行	机动车对向分流、机非混行	机非分行	对向分流、机非分行
机动车道条数		不限,以偶数为佳	单向1~2条	单向至少2条	单向至少2条
行车速度		低	较高	高	最高
交通安全		差 机非干扰,公交车停靠与非机动车干扰	一般 机非干扰,公交车停靠与非机动车干扰	尚安全 公交停靠站上下乘客人流与非机动车干扰	最安全 公交停靠站上下乘客人流与非机动车干扰
绿　化		仅在人行道上绿化	中间分车带绿化	佳	最佳
噪声减少		差	尚可	佳	最佳
照　明		在人行道上布置	分车带上设置	照明效果佳	佳、方便
用地(宽度)		省	一般	≥40m	≥42m
造　价		低	较低	高	最高
适用性	机动车交通量 非机动车交通量 步行交通量	机动车交通量不大 非机动车流量少	机动车多 非机动车少 少	机动车多或量中等、方向不均匀 非机动车多	双向机动车流量均大 非机动车流量亦大 少
	道路等级	用地不足拆迁困难的旧城道路; 次干路 支路	快速路 郊区道路 风景区道路 高速公路	主干路 郊区二级公路	快速路 大城市主干路 郊区一级公路 重要工业区交通性道路

图名	道路横断面的形式及其特点	图号	DL1－13

27

1.3.3 城市道路、公路路线纵断面设计图

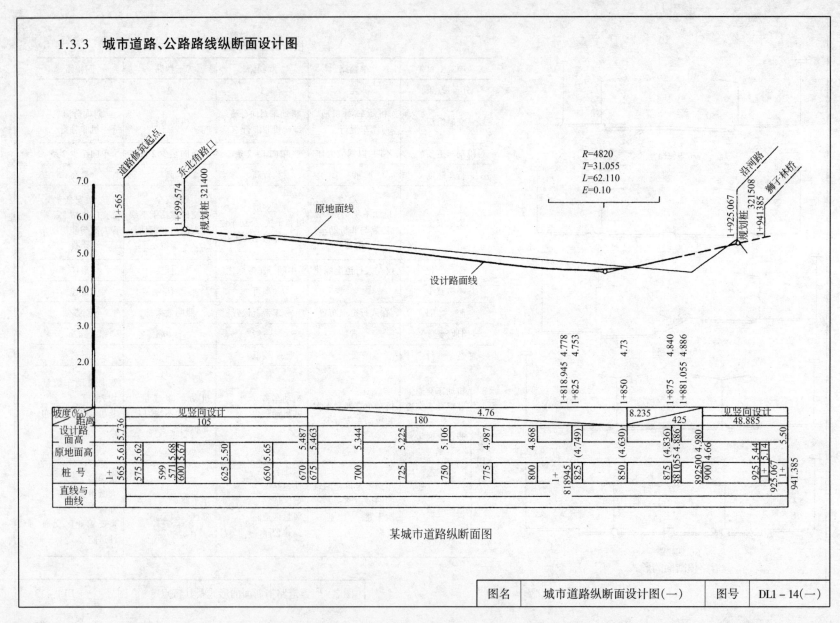

某城市道路纵断面图

| 图名 | 城市道路纵断面设计图(一) | 图号 | DL1-14(一) |

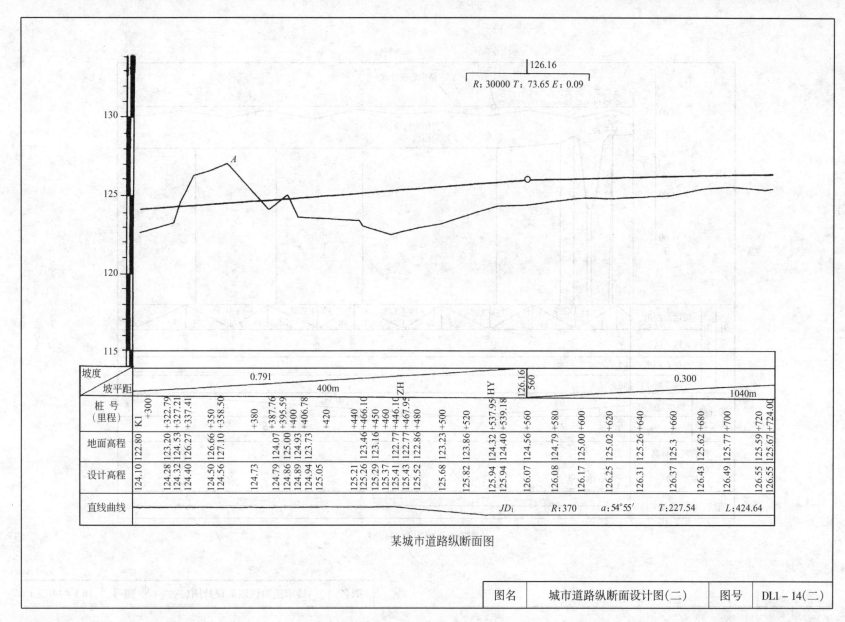

某城市道路纵断面图

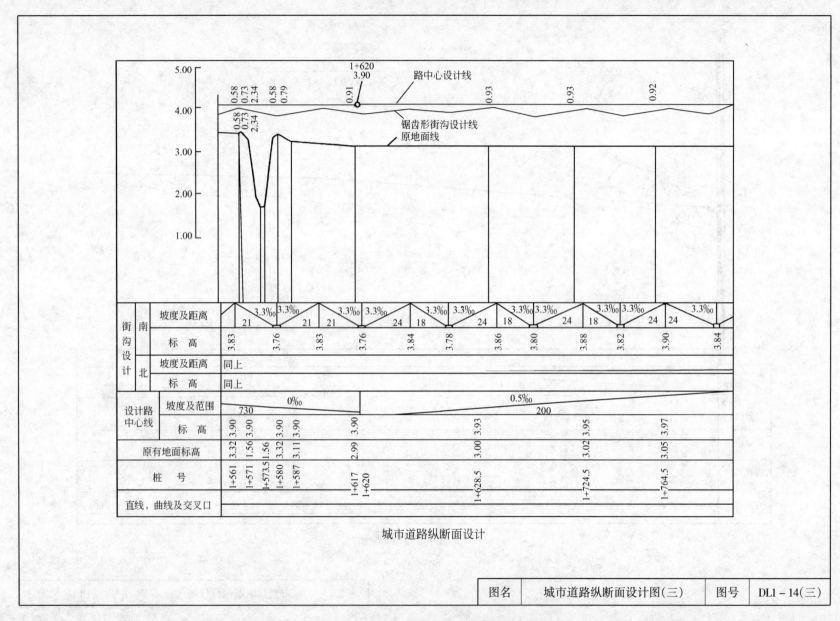

城市道路纵断面设计

| 图名 | 城市道路纵断面设计图(三) | 图号 | DL1-14(三) |

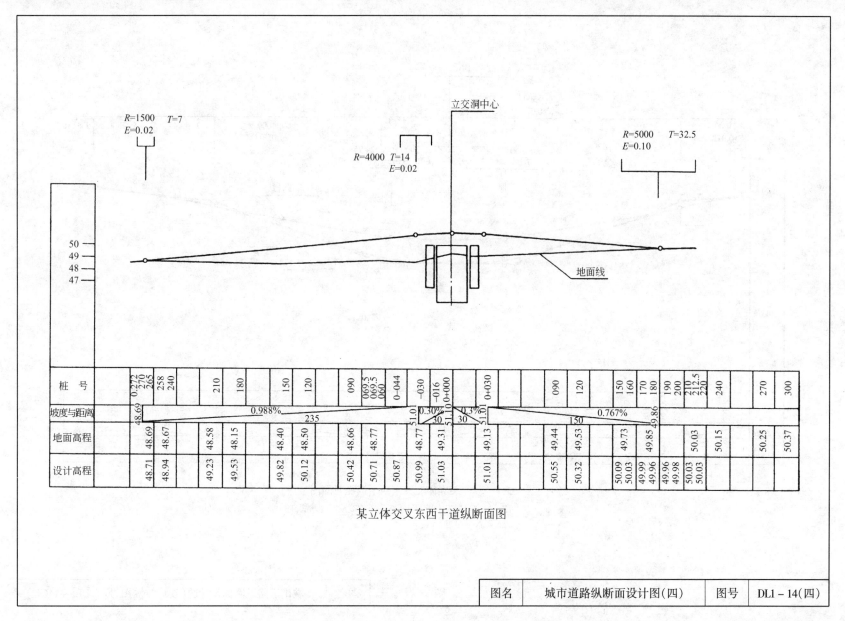

某立体交叉东西干道纵断面图

城市道路纵断面设计图(四)

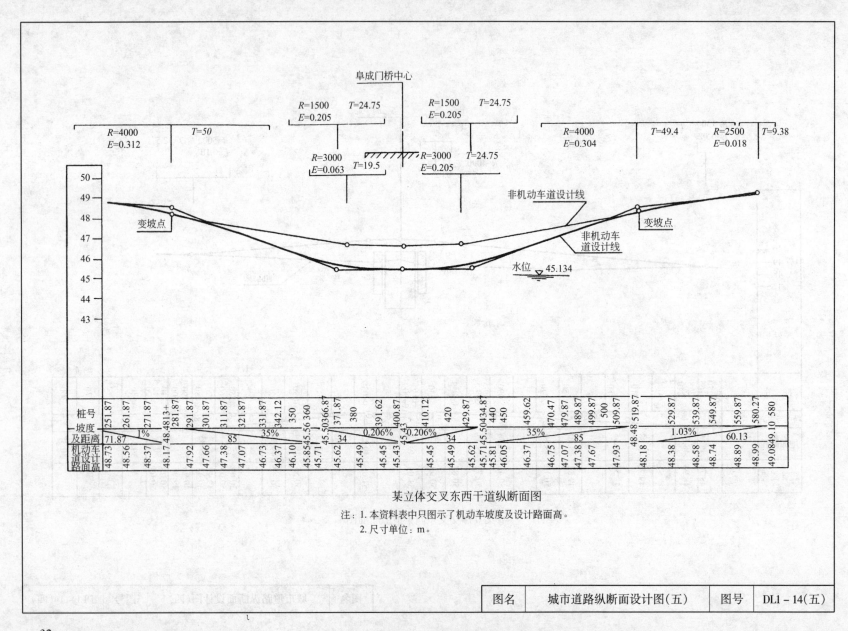

某立体交叉东西干道纵断面图

注：1. 本资料表中只图示了机动车坡度及设计路面高。
2. 尺寸单位：m。

| 图名 | 城市道路纵断面设计图（五） | 图号 | DL1-14（五） |

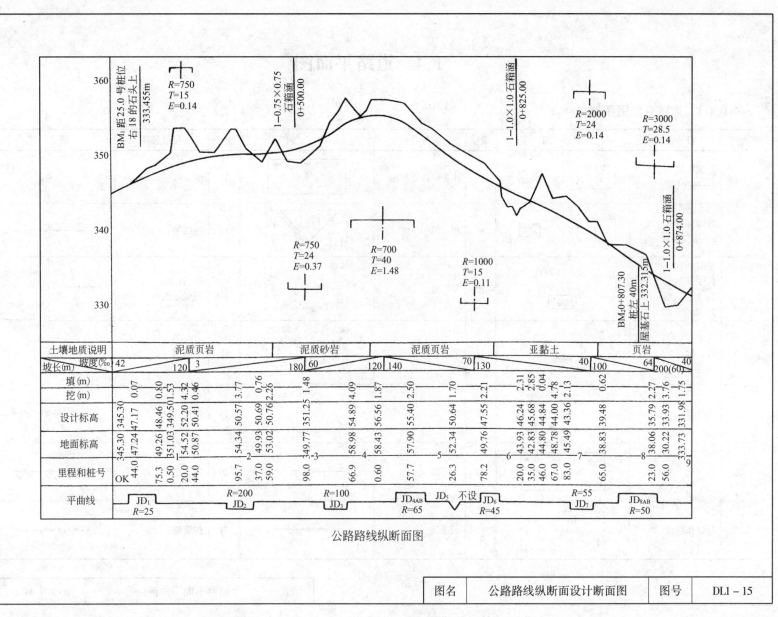

公路路线纵断面图

| 图名 | 公路路线纵断面设计断面图 | 图号 | DL1-15 |

1.4 道路平面图

1.4.1 道路平面图图例

编号	符号名称	图例	编号	符号名称	图例	编号	符号名称	图例
1	坚固房屋 4—房屋层数	  坚4 ▨	8	水生经济作物地	 藕	15	电杆	○
2	普通房屋 2—房屋层数	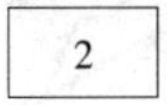 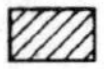 2 ▨	9	稻田	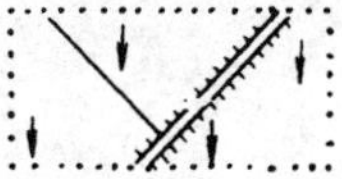	16	电线架	
3	窑洞 1. 住人的 2. 不住人的 3. 地面下的	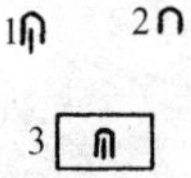	10	旱地	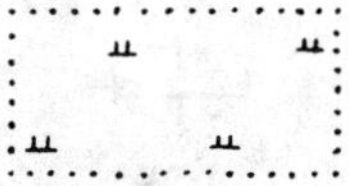	17	砖、石及混凝土围墙	 
4	台 阶	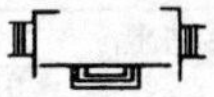	11	灌木林	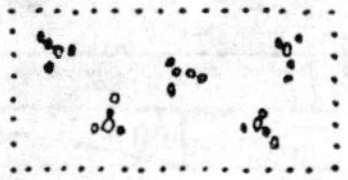	18	土围墙	
5	花 园	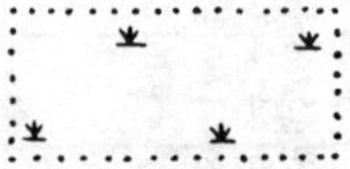	12	菜地		19	栅栏、栏杆	
6	草 地	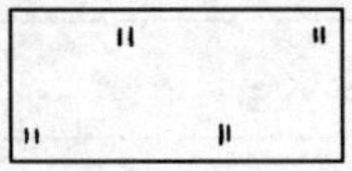	13	高压线		20	篱笆	
7	经济作物地	 蔗	14	低压线		21	树篱笆	

图名	道路平面图图例(一)	图号	DL1-16(一)

续表

编号	符号名称	图例	编号	符号名称	图例	编号	符号名称	图例
22	沟渠 1. 有堤岸的 2. 一般的 3. 有沟堑的	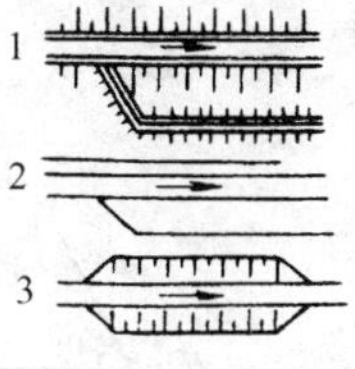	30	旗杆		39	独立树 1. 阔叶 2. 针叶	
			31	水塔				
23	公路	 沥:砾	32	烟囱		40	岗亭、岗楼	
24	大车路	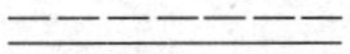	33	气象站(台)		41	等高线 1. 首曲线 2. 计曲线 3. 间曲线	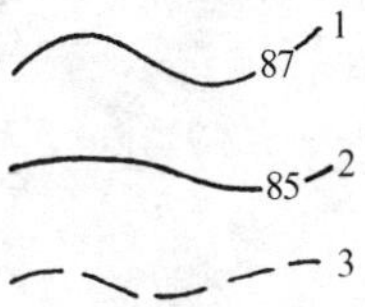
25	简易公路	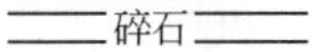 碎石	34	消火栓		42	示坡线	
26	小 路		35	阀 门		43	高程点及其注记	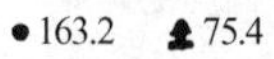 ●163.2 ♣75.4
27	三角点凤凰山— 点名 394.486— 高程	 凤凰山 394.468	36	水龙头		44	滑 坡	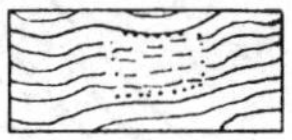
28	图根点	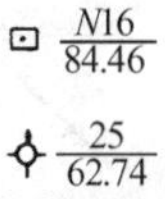 N16/84.46 25/62.74	37	钻 孔		45	陡岸 1. 土质的 2. 石质的	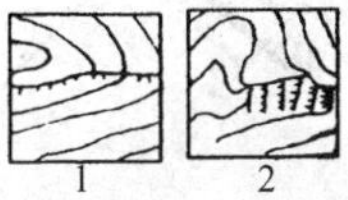
29	水准点	 BM4/32.804	38	路 灯		46	冲 沟	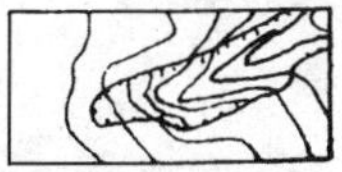

图名	道路平面图图例(二)	图号	DL1-16(二)

35

1.4.2 道路平面线形

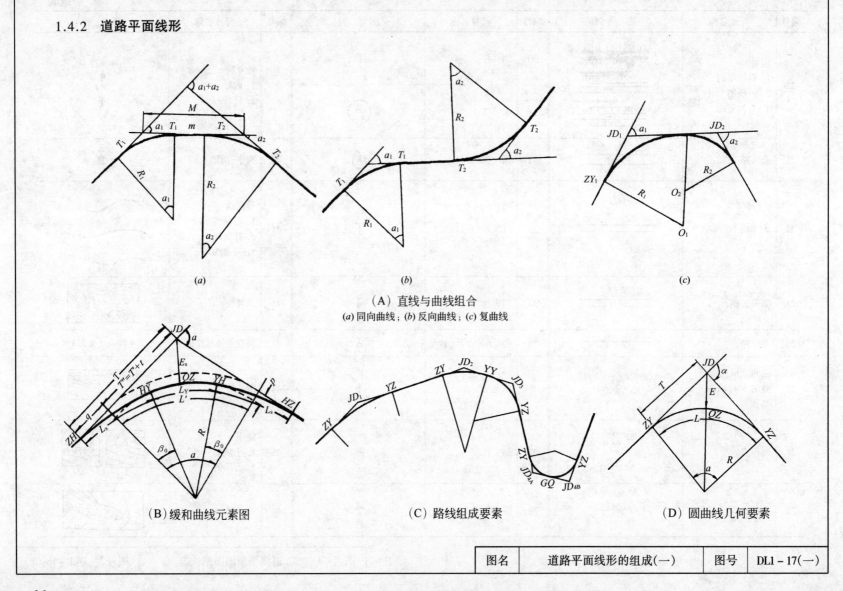

(A) 直线与曲线组合
(a) 同向曲线；(b) 反向曲线；(c) 复曲线

(B) 缓和曲线元素图　　(C) 路线组成要素　　(D) 圆曲线几何要素

| 图名 | 道路平面线形的组成(一) | 图号 | DL1-17(一) |

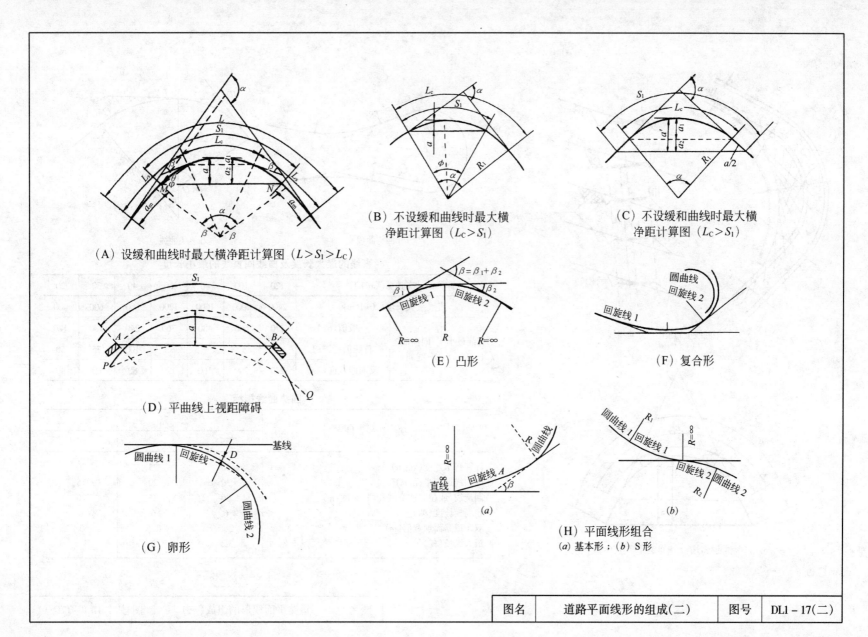

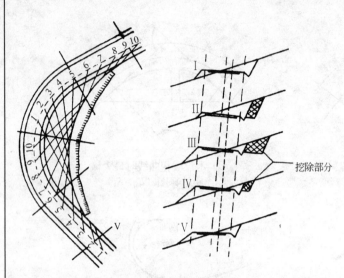

(a) 平曲线上的视距清除包络线

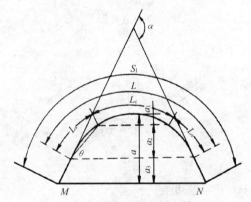

(b) 设缓和曲线时最大横净距计算图 ($L<S_1$)

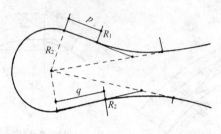

(c) 回头曲线

(d) 复头曲线

直线的最大长度及曲线间直线的最小长度

设计车速 v(km/h)			120	100	80	60	40	30	20
直线最大长度($20v$)(m)			2400	2000	1600	1200	800	600	400
直线最小长度(m)	同向曲线间	一般值($6v$)	270	600	480	360	240	180	120
		特殊值($2.5v$)	—	—	—	—	100	75	50
	反向曲线向($2v$)		240	200	160	120	80	60	40

回头曲线指标

项 目	公 路 等 级		
	二	三	四
计算行车速度(km/h)	30	25	20
圆曲线最小半径(m)	30	20	15
回旋线(或超高加宽缓和段)长度(m)	30	25	20
超高横坡度(%)	6	6	6
双车道路面加宽值(m)	2.5	2.5	3
最大纵坡(%)	3.5	4	4.5

图名	道路平面线形的组成(三)	图号	DL1-17(三)

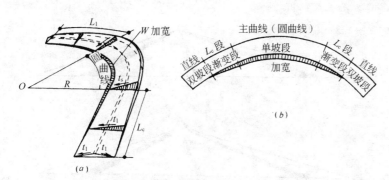

(A) 平曲线上路面的超高加宽示意图

(a) 超高加宽示意图；(b) 超高加宽平面图

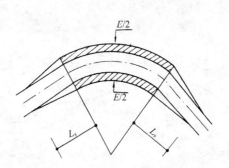

(B) 内外两侧加宽示意

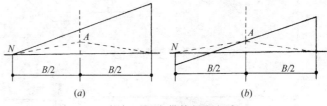

(C) 无分车带的超高方式

(a) 绕路边旋转；(b) 绕中心旋转

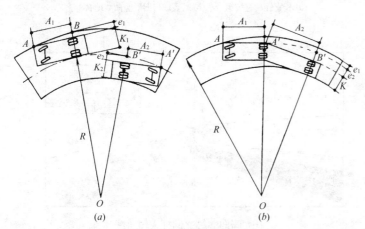

(D) 平曲线上路面的加宽

(a) 单车行驶；(b) 半拖车行驶

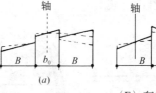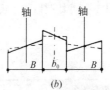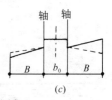

(E) 有中央带的超高方式

(a) 绕中央带中线；(b) 绕行车带中线；(c) 绕中央带两侧边线

图名	道路平面线形的组成(四)	图号	DL1–17(四)

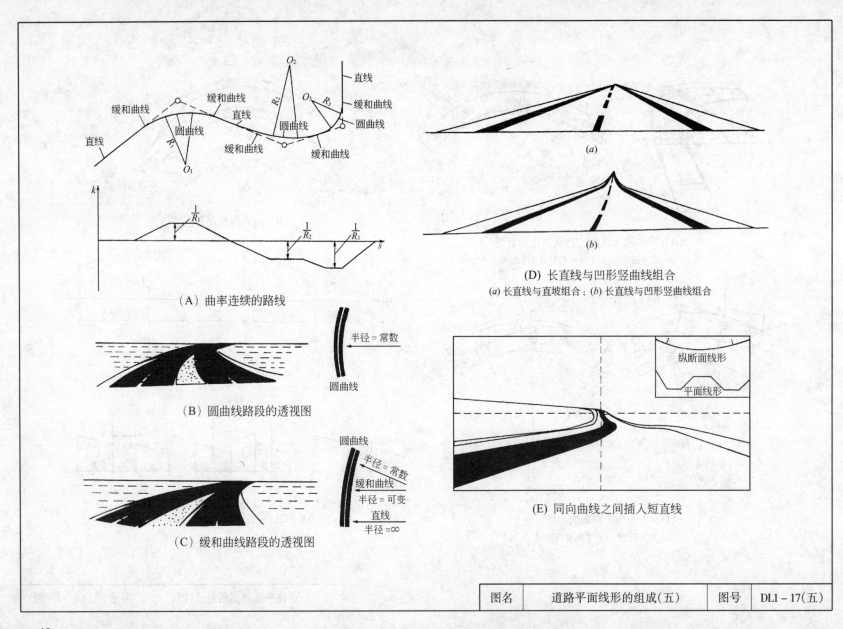

| 图名 | 道路平面线形的组成(五) | 图号 | DL1-17(五) |

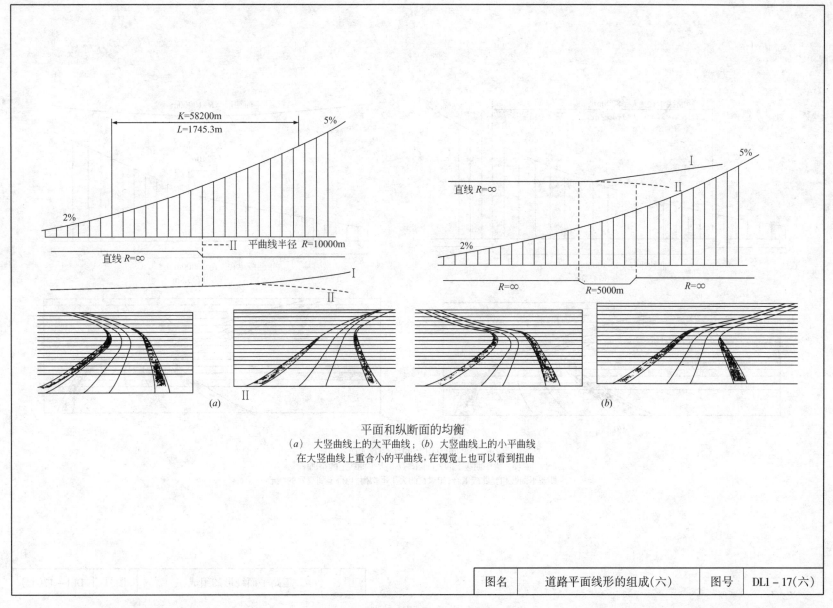

平面和纵断面的均衡
（a）大竖曲线上的大平曲线；（b）大竖曲线上的小平曲线
在大竖曲线上重合小的平曲线，在视觉上也可以看到扭曲

| 图名 | 道路平面线形的组成(六) | 图号 | DL1-17(六) |

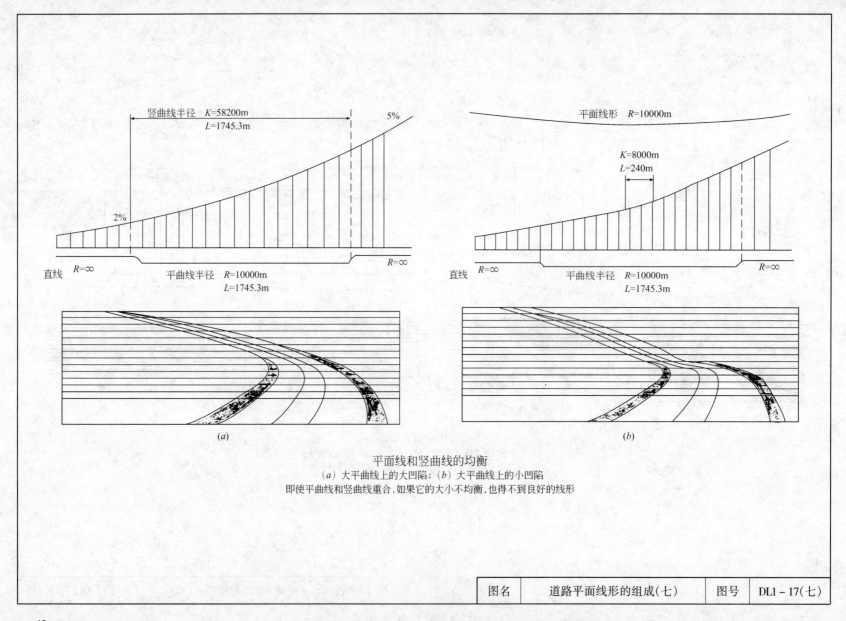

平面线和竖曲线的均衡
(a) 大平曲线上的大凹陷; (b) 大平曲线上的小凹陷
即使平面线和竖曲线重合,如果它的大小不均衡,也得不到良好的线形

| 图名 | 道路平面线形的组成(七) | 图号 | DL1-17(七) |

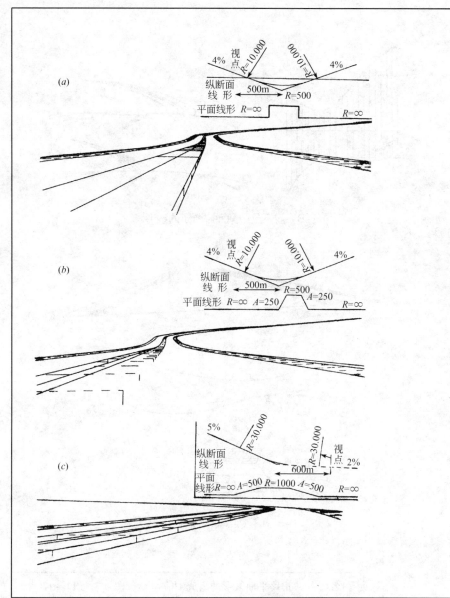
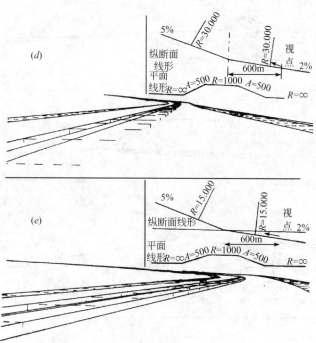

平面、纵断面两种线形的组合

(a) 平面线是从凹形竖曲线底部开始的不好的例子；
(b) 即使在平面线形中插入缓和曲线也没有修改好图(a)的缺点；
(c) 使竖曲线和平曲线重合之后，才开始成为平顺线形；
(d) 然而，纵断面、平面两种曲线的长度如明显不同时，就不理想了，特别是竖曲线长时，这种倾向更明显；
(e) 和(d)相反，平曲线长时没有问题

| 图名 | 道路平面线形的组成(八) | 图号 | DL1-17(八) |

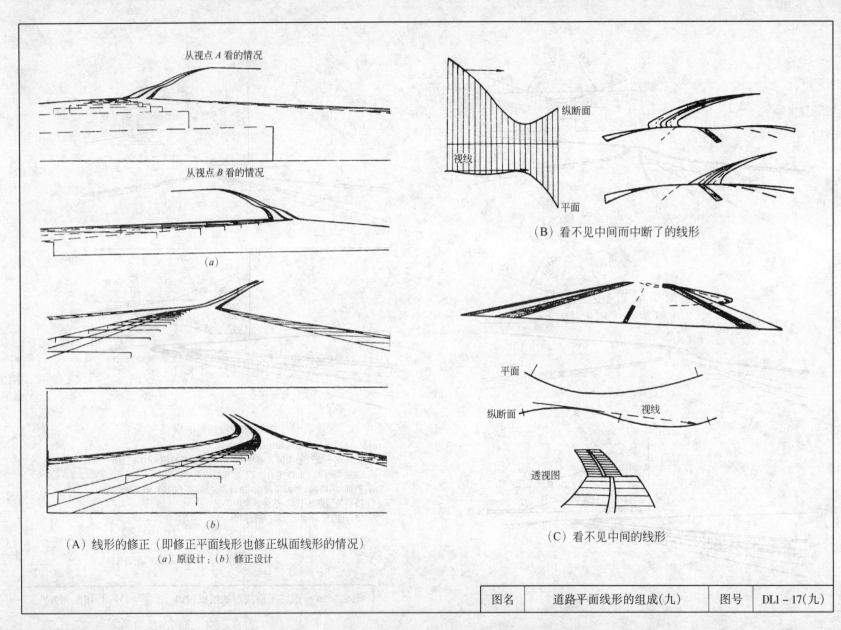

(A) 线形的修正（即修正平面线形也修正纵面线形的情况）
(a) 原设计；(b) 修正设计

(B) 看不见中间而中断了的线形

(C) 看不见中间的线形

| 图名 | 道路平面线形的组成（九） | 图号 | DL1－17(九) |

圆曲线半径与超高值

公路等级	高速公路								一				二				三				四			
	平原微丘		重丘		山岭				平原微丘		山岭重丘		平原微丘		山岭重丘		平原微丘		山岭重丘		平原微丘		山岭重丘	
半径(m)	$u=120$ km/h		$u=100$ km/h		$u=80$ km/h		$u=60$ km/h		$u=100$ km/h		$u=60$ km/h		$u=80$ km/h		$u=40$ km/h		$u=60$ km/h		$u=30$ km/h		$u=40$ km/h		$u=20$ km/h	
超高(%)	一般情况	积雪冰冻地区	一般情况	积雪冰冻地区	一般情况	积雪冰冻地区	一般情况	积雪冰冻地区	一般情况	积雪冰冻地区	一般情况	积雪冰冻地区	一般情况	积雪冰冻地区	一般情况	积雪冰冻地区	一般情况	积雪冰冻地区	一般情况	积雪冰冻地区	一般情况	积雪冰冻地区	一般情况	积雪冰冻地区
2	<5500 ~3240	<5500 ~1940	<4000 ~1710	<4000 ~1550	<2500 ~1240	<2500 ~1130	<1500 ~810	<1500 ~720	<4000 ~1710	<4000 ~1550	<1500 ~810	<1500 ~720	<2500 ~1210	<2500 ~1130	<600 ~390	<600 ~360	<1500 ~780	<1500 ~720	<350 ~230	<350 ~210	<600 ~390	<600 ~360	<150 ~105	<150 ~95
3	<3240 ~2160	<1940 ~1290	<1710 ~1220	<1550 ~1050	<1240 ~830	<1130 ~750	<810 ~570	<720 ~460	<1710 ~1220	<1550 ~1050	<810 ~570	<720 ~460	<1210 ~840	<1130 ~750	<390 ~270	<360 ~230	<780 ~530	<720 ~460	<230 ~150	<210 ~130	<390 ~270	<360 ~230	<105 ~70	<95 ~60
4	<2160 ~1620	<1290 ~970	<1220 ~950	<1050 ~760	<830 ~620	<750 ~520	<570 ~430	<460 ~300	1220 ~950	<1050 ~760	<570 ~430	<460 ~300	<840 ~630	<750 ~520	<270 ~200	<230 ~150	<530 ~390	<460 ~300	<150 ~110	<130 ~80	<270 ~200	<230 ~150	<70 ~55	<60 ~40
5	<1620 <1300	<970 <780	<950 ~770	<760 ~550	<610 ~500	<520 ~360	<430 ~340	<300 ~190	<950 ~770	<760 ~550	<430 ~340	<300 ~190	<630 ~500	<520 ~360	<200 ~150	<150 ~90	<390 ~300	<300 ~190	<110 ~80	<80 ~50	<200 ~150	<150 ~90	<55 ~40	<40 ~25
6	<1300 ~1080	<780 ~650	<770 ~650	<550 ~400	<500 ~410	<360 ~250	<340 ~280	<190 ~125	<770 ~650	<550 ~400	<340 ~280	<190 ~125	<500 ~410	<360 ~250	<150 ~120	<90 ~60	<300 ~230	<190 ~125	<80 ~60	<50 ~30	<150 ~120	<90 ~60	<40 ~30	<25 ~15
7	<1080 ~930		<650 ~560		<410 ~350		<280 ~230		<650 ~560		<280 ~230		<410 ~320		<120 ~90		<230 ~170		<60 ~50		<120 ~90		<30 ~20	
8	<930 ~810		<560 ~500		<350 ~310		<230 ~200		<560 ~500		<230 ~200		<320 ~250		<90 ~60		<170 ~125		<50 ~30		<90 ~60		<20 ~15	
9	<810 ~720		<500 ~440		<310 ~280		<200 ~160		<500 ~440		<200 ~160													
10	<720 ~650		<440 ~400		<280 ~250		<160 ~125		<440 ~400		<160 ~125													

图名	道路圆曲线半径与超高值	图号	DL1-18

1.4.3 道路线路平面设计图

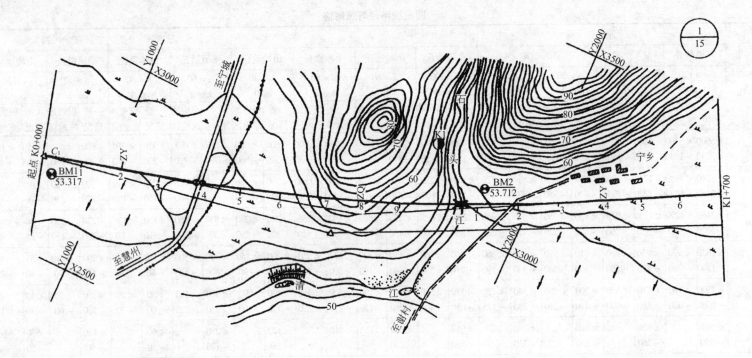

曲 线 表

No	G		R	L	T	L	E
	Z	Y					
JD1	12°3	0′18″	5500		602.00	1200.34	32.91

图名	道路线路平面设计图(一)	图号	DL1-19(一)

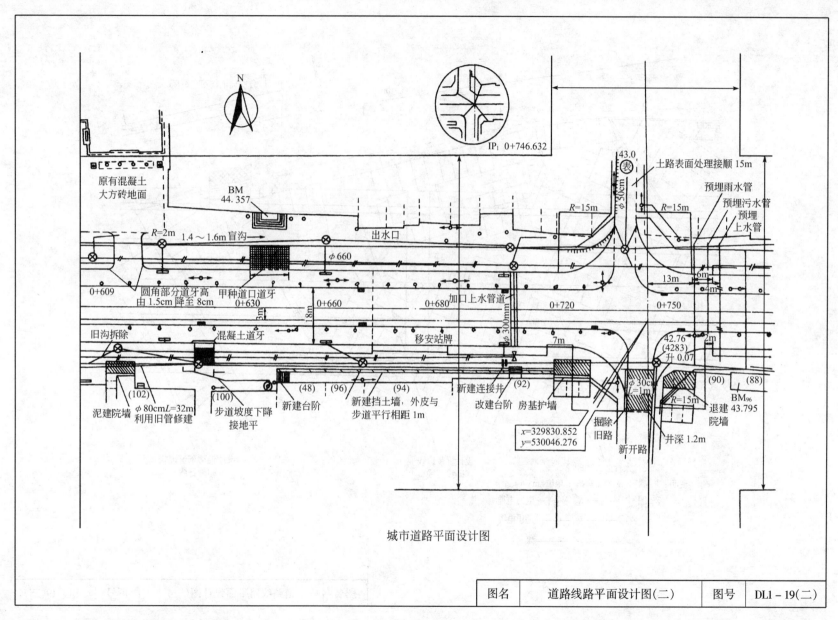

城市道路平面设计图

| 图名 | 道路线路平面设计图(二) | 图号 | DL1-19(二) |

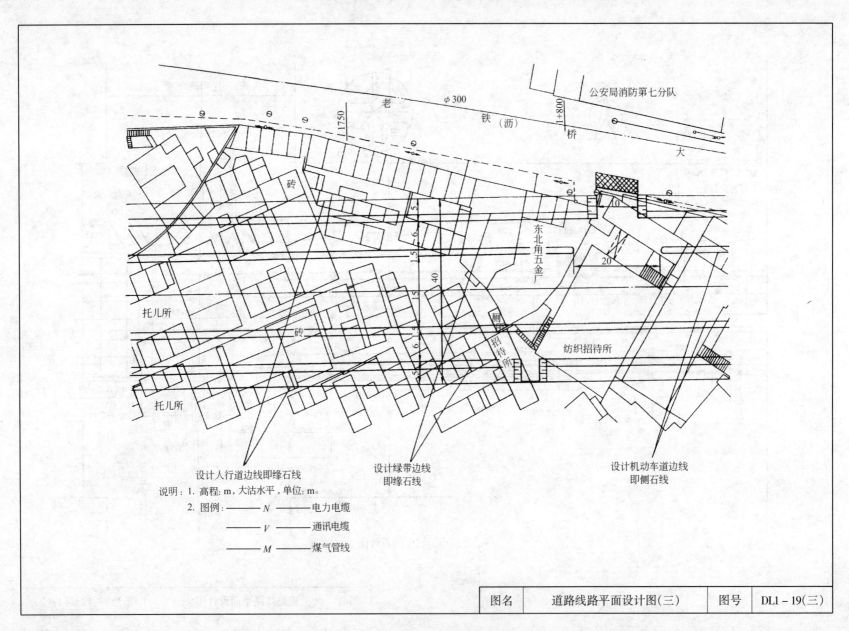

| 图名 | 道路线路平面设计图(三) | 图号 | DL1-19(三) |

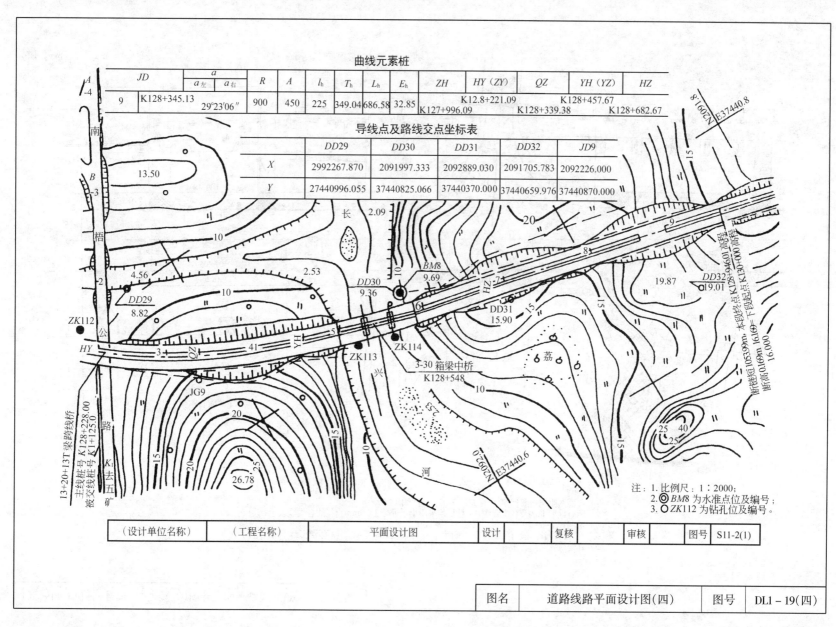

道路线路平面设计图(四) 图号 DL1-19(四)

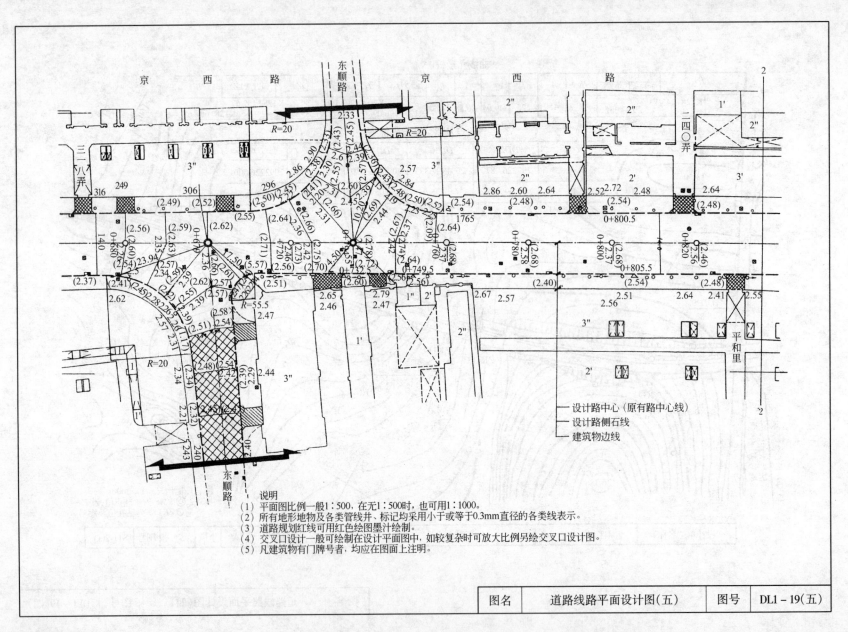

说明
(1) 平面图比例一般1:500，在无1:500时，也可用1:1000。
(2) 所有地形地物及各类管线井、标记均采用小于或等于0.3mm直径的各类线表示。
(3) 道路规划红线可用红色绘图墨汁绘制。
(4) 交叉口设计一般可绘制在设计平面图中，如较复杂时可放大比例另绘交叉口设计图。
(5) 凡建筑物有门牌号者，均应在图面上注明。

| 图名 | 道路线路平面设计图(五) | 图号 | DL1-19(五) |

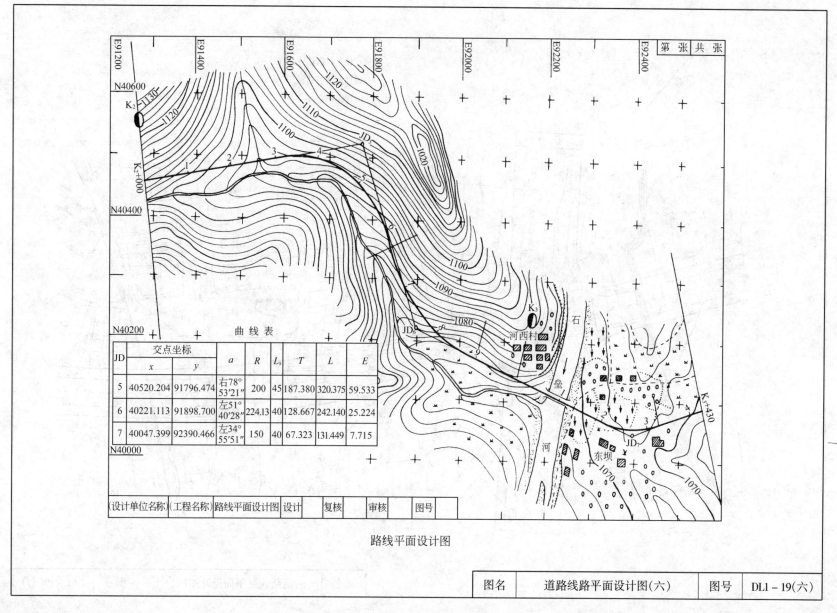

路线平面设计图

| 图名 | 道路线路平面设计图(六) | 图号 | DL1-19(六) |

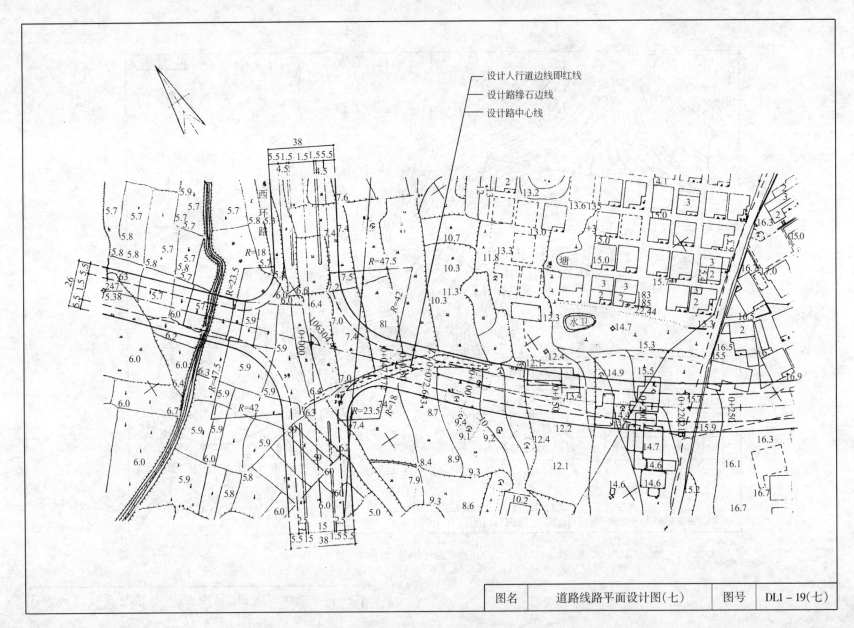

| 图名 | 道路线路平面设计图(七) | 图号 | DL1-19(七) |

平曲线要素及主点桩号表

JD号	交点桩号	偏扁角		R	L_s	T	L	E	ZH	HY	QZ	YH	HZ
		左	右										
10	2+541.21		57°33′27″	100.00	60.00	85.66	160.46	15.80	2+455.55	2+515.55	2+535.78	2+556.00	2+616.00
11	2+768.53		36°04′32″	120.00	40.00	59.24	115.56	6.79	2+709.29	2+749.29	2+767.06	2+784.84	2+824.84
12	2+894.92	19°19′19″		264.46	50.00	70.08	139.18	4.20	2+824.84	2+874.84	2+894.44	2+914.03	2+964.03

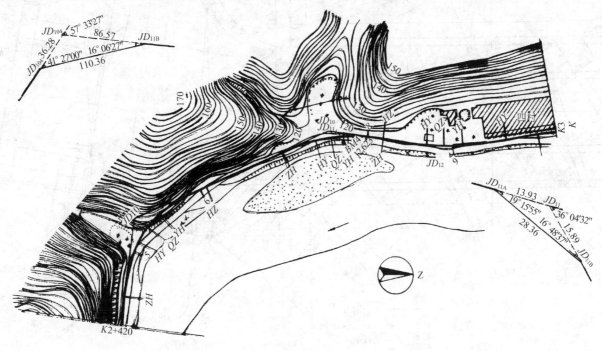

| 图名 | 道路线路平面设计图（八） | 图号 | DL1-19（八） |

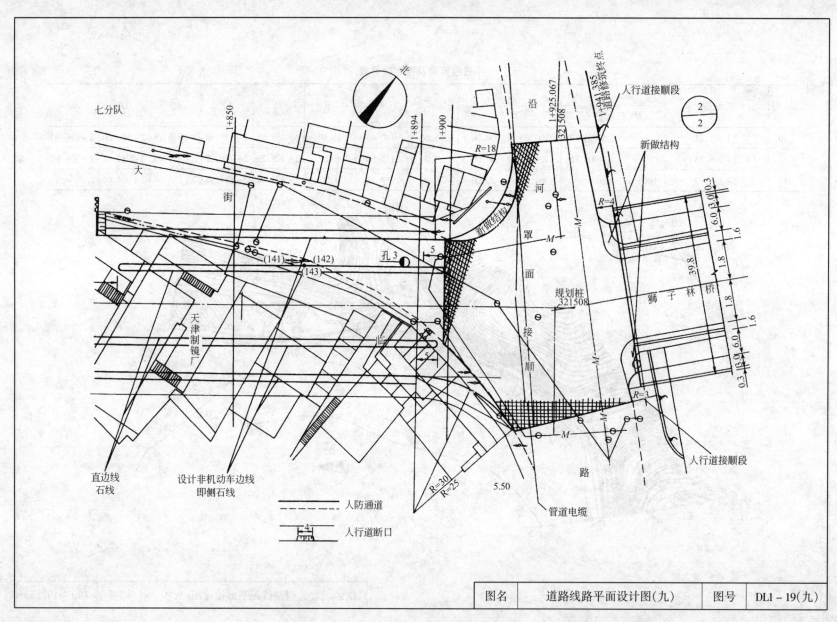

道路线路平面设计图(九)　　图号 DL1-19(九)

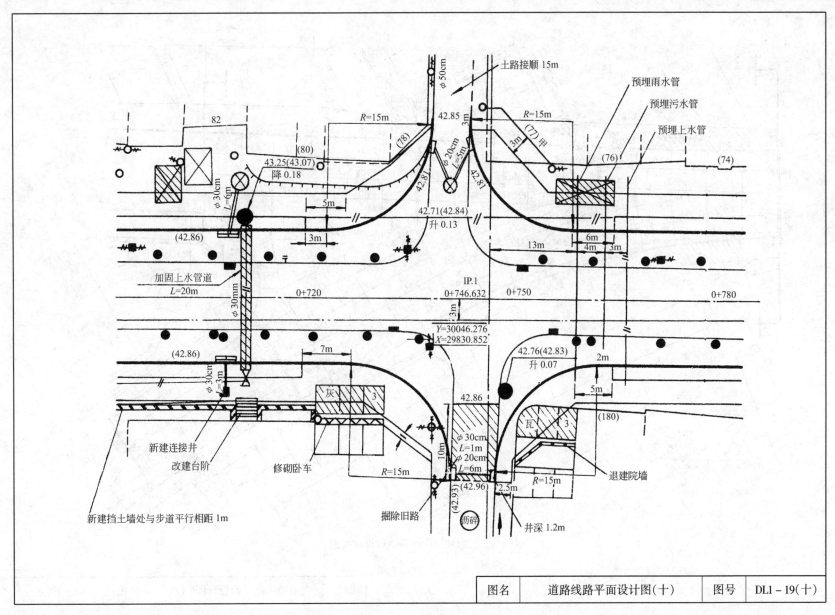

| 图名 | 道路线路平面设计图(十) | 图号 | DL1-19(十) |

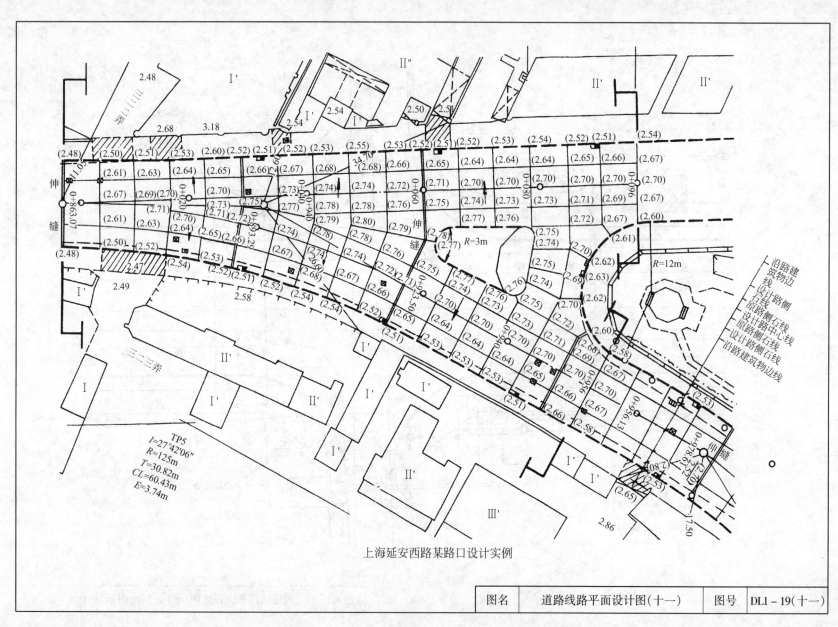

上海延安西路某路口设计实例

| 图名 | 道路线路平面设计图(十一) | 图号 | DL1-19(十一) |

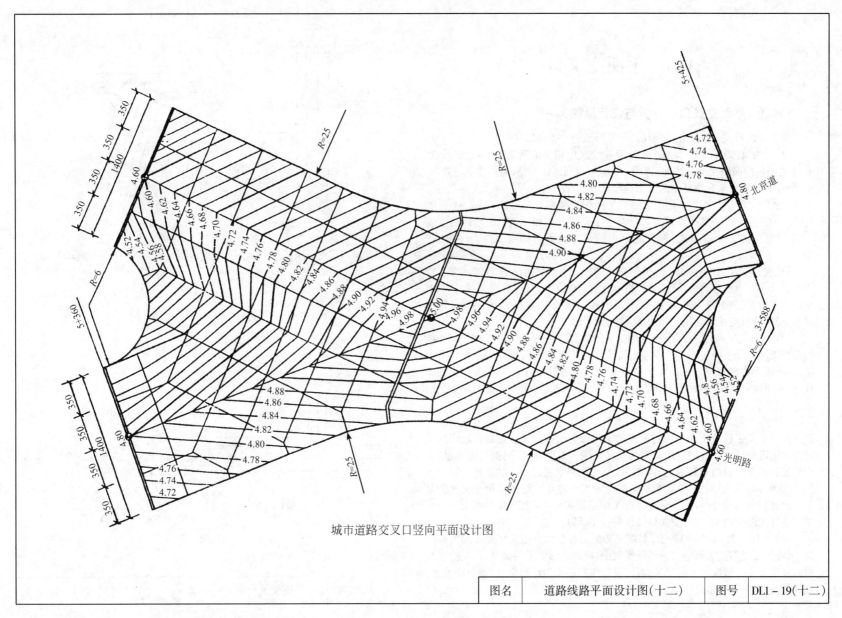

城市道路交叉口竖向平面设计图

| 图名 | 道路线路平面设计图(十二) | 图号 | DL1-19(十二) |

1.5 平面交叉口

1.5.1 平面交叉口的分类与设计原则

交叉口的形式一般是在路网规划阶段形成的。主要形式如下：

(1) 十字形交叉：如图(a)所示，十字形交叉的相交道路是夹角在 90°或 90°±15°范围内的四路交叉。这种路口形式简单，交通组织方便，街角建筑易处理，适用范围广，是常见的最基本的交叉口形式。

(2) T形交叉：如图(b)所示，T形交叉的相交道路是夹角在 90°或 90°±15°范围内的三路交叉。这种形式交叉口与十字形交叉口相同，视线良好、行车安全，也是常见的交叉口形式，例如北京市的T字交叉口约占 30%，十字形占 70%。

(3) X形交叉：如图(c)所示，X形交叉是相交道路交角小于 75°或大于 105°的四路交叉。当相交的锐角较小时，将形成狭长的交叉口，对交通不利，特别对左转弯车辆，锐角街口的建筑也难处理。因此，当两条道路相交，如不能采用十字形交叉口时，应尽量使相交的锐角大些。

(4) Y形交叉：如图(d)所示，Y形交叉是相交道路交角小于 75°或大于 105°的三路交叉。处于钝角的车行道缘石转弯半径应大于锐角对应的缘石转弯半径，以使线形协调，行车通畅。Y形与X形交叉均为斜交路，其交叉口夹角不宜过小，角度<45°时，视线受到限制，行车不安全，交叉口需要的面积增大。因此，一般的斜交角度适宜>60°。

(5) 错位交叉：如图(e)所示，两条道路从相反方向终止于一条贯通道路而形成两个距离很近的T形交叉所组成的交叉即为错位交叉。规划阶段应尽量避免为追求街景而形成的近距离错位交叉。由于其距离短，交织长度不足，而使进出错位交叉口的车辆不能顺利行驶，从而阻碍贯通道路上的直行交通。由两个Y形连续组成得的斜交错位交叉的交通组织将比T形的错位交叉更为复杂。因此规划与设计时，应尽量避免双Y型错位交叉。我国不少旧城由于历史原因造成了斜交错位，宜在交叉口设计时逐步予以改建。

(6) 多路交叉：如图(f)所示，多路交叉是由五条以上道路相交成的道路路口，又称为复合型交叉路口。道路网规划中，应避免形成多路交叉，以免交通组织的复杂化。已形成的多路交叉，可以设置中心岛改为环形交叉，或封路改道，或调整交通，将某些道路的双向交通改为单向交通。

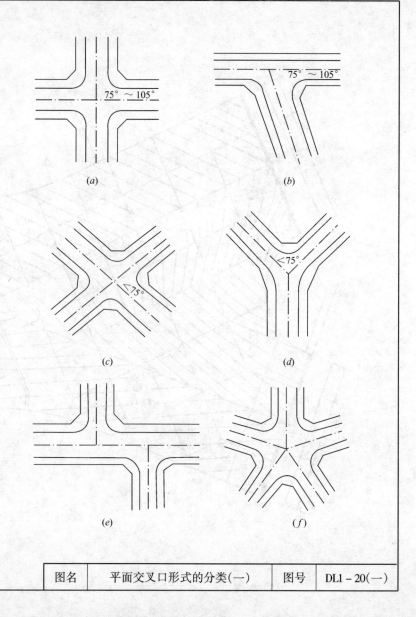

| 图名 | 平面交叉口形式的分类(一) | 图号 | DL1-20(一) |

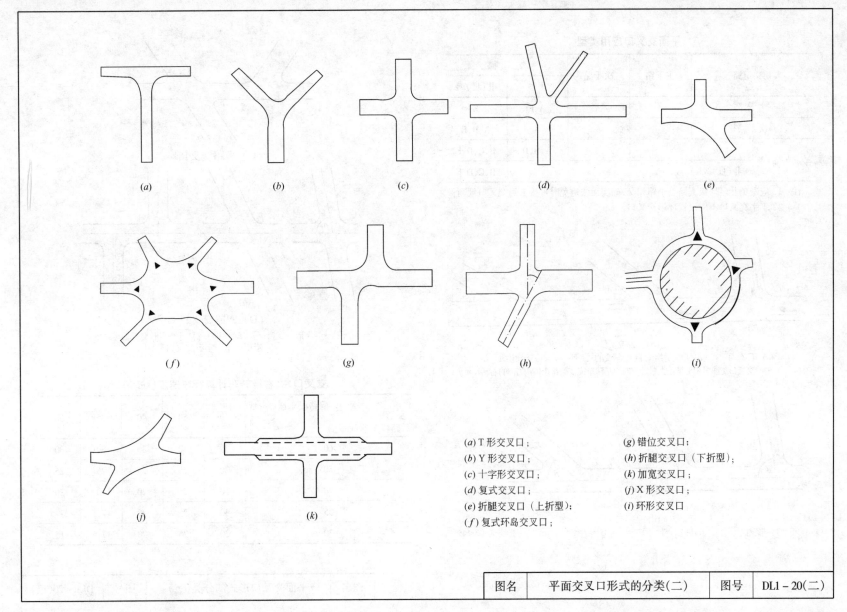

(a) T形交叉口;
(b) Y形交叉口;
(c) 十字形交叉口;
(d) 复式交叉口;
(e) 折腿交叉口（上折型）;
(f) 复式环岛交叉口;
(g) 错位交叉口;
(h) 折腿交叉口（下折型）;
(k) 加宽交叉口;
(j) X形交叉口;
(i) 环形交叉口

| 图名 | 平面交叉口形式的分类(二) | 图号 | DL1-20(二) |

平面交叉口应用类型

相交道路		主干路	次干路	支路	
				Ⅰ型	Ⅱ(Ⅲ)型
主干路		A	A	A、E	E
次干路			A	A	A、B、E
支路	Ⅰ级			A、B、D	B、C、D、F
	Ⅱ(Ⅲ)级				B、C、D、F

注：1. 应避免Ⅱ(Ⅲ)级支路与干路相交，确实无法避免时可按E形交叉口规则；
   2. 丁字交叉口不应设置环形交叉口。

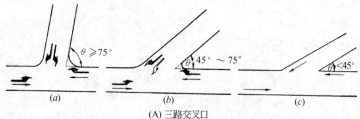

(A) 三路交叉口
(a) 正交"T形"交叉口交通组织；(b) 斜交的"T形"交叉口交通组织；
(c) "Y形"交叉口交通组织（禁止大右转方向的左转车流及渠化小偏角方向的右转车流）

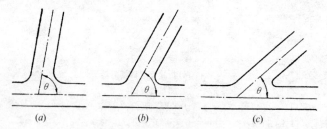

(B) 三路交叉口
(a) 正"T"形叉口 ($\theta \geqslant 75°$)；(b) 斜"T"形交叉口 ($45° \leqslant \theta < 75°$)；(c) "Y"形交叉 ($\theta < 45°$)

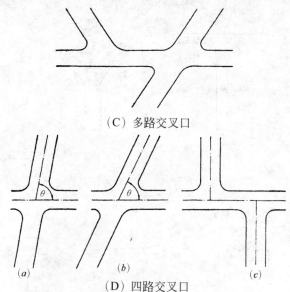

(C) 多路交叉口

(D) 四路交叉口
(a) 正"十"字形交叉口($\theta \geqslant 75°$)；(b) 斜"十"字形交叉口($\theta < 75°$)；
(c) 错位"十"字形交叉口

支叉口左、右行转车计算行车速度(km/h)

前路段车速(km/h) 后路段车速(km/h)	60	50	40	35	30
60	30	30	30	30	30
50	30	25	25	25	25
40	30	25	20	20	20
35	30	25	20	17.5	17.5
30	30	25	20	17.5	15

图名	平面交叉口形式的分类(三)	图号	DL1-20(三)

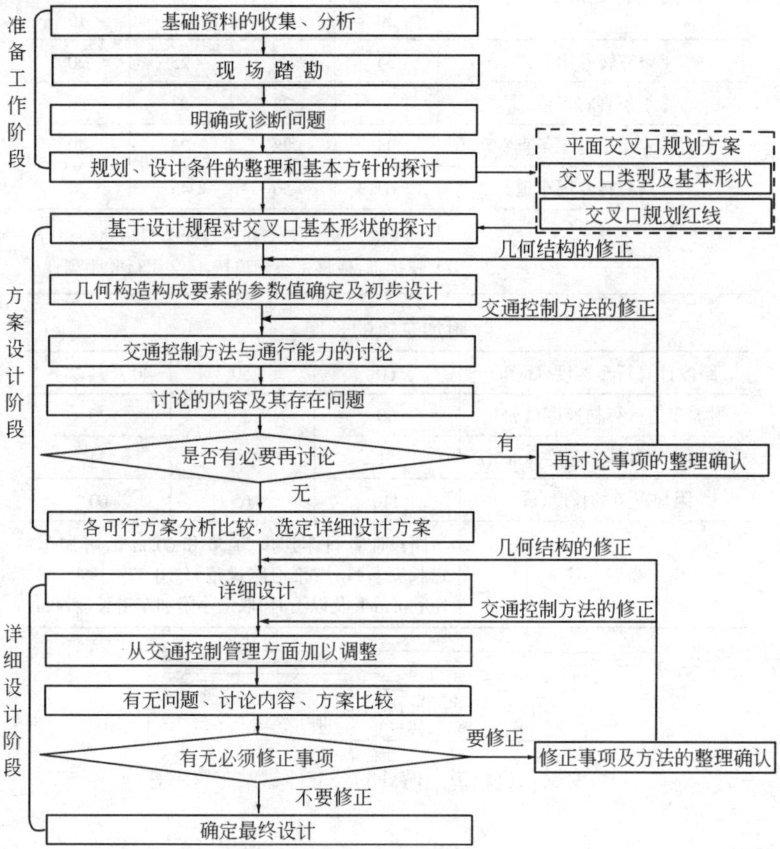

平面交叉口的设计原则：
(1) 平面交叉口设计必须以道路规划和交通规划为基础，以交叉口流量、流向为依据，结合实际的地形因地制宜布置；
(2) 平面交叉口设计方案应满足设计年限初的服务水平要求及设计年限末的通行能力要求。对于分期实施的交叉口，应对远期方案一并考虑，并使近期方案和远期方案能良好地结合；
(3) 平面交叉口的设计，须使进口道通行能力与其上游路段通行能力相匹配，并注意与相邻交叉口之间的协调；
(4) 交叉口进口道须有足够的停车长度；出口道须有足够的疏解能力，满足各向车流迅速地驶离交叉口；
(5) 交叉口具有良好的通视，机动车、非机动车、行人有序地通行，确保交通的安全性。

进口道车道数和车道配置参考

道路等级及进口道车道分类		相交道路等级 主干路	次干路	支 路
主干路	直行车道数	与路段车道数一致	与路段车道数一致	与路段车道数一致
	右转车道数	1~2	1	0~1
	左转车道数	1~3	1~2	1
次干路	直行车道数	不少于路段车道数	不少于路段车道数	与路段车道数一致
	右转车道数	1	0~1	0~1
	左转车道数	1~2	1	0~1
支 路	直行车道数	1~3	1~3	1~2
	右转车道数	0~1	0~1	0~1
	左转车道数	0~1	0~1	0~1
备 注		本表适用于"十"字交叉口的情况，其他类型的交叉口应视不同的车流大小和方向进行布置		

交叉口平面设计的一般程序

图名	平面交叉口的交通组织与设计原则（一）	图号	DL1-21（一）

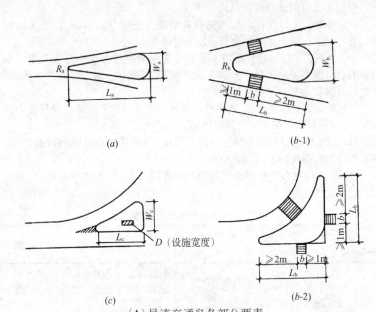

(A) 导流交通岛各部分要素

(a) 只分隔交通流时；(b-1) 兼作安全岛时；(b-2) 兼作安全岛时；(c) 设备设施时

导流岛偏移距、内移距、端部曲线半径最小值

设计行车速度(km/h)	偏移距 S(m)	内移距 Q(m)	R_0(m)	R_1(m)	R_2(m)
≥50	0.50	0.75	0.5	0.5~1.0	0.5~1.5
<50	0.25	0.50			

导流岛各要素的最小值(m)

图示	(a)			(b)			(c)	
要素	W_a	L_a	R_a	W_b	L_b	R_b	W_c	L_c
最小值(m)	3.0	5.0	0.5	3.0	(b+3)	1.0	(D+3)	5.0

出站交织段长度

右转车道布置	右转车计算行车速度(km/h)			
	30	25	20	15
1 条右转专用车道	34	28	23	20
1 条直右车道	34	28	23	20
1 条右转专用车道 1 条直右车道	34	28	23	20
2 条右转专用车道	67	56	45	34
备 注	考虑出站公交车和右转社会车辆处交织行驶状态，横移 1 条车道按 4s 交织行驶距离计			

附加车道的长度

路段计算行车速度(km/h)	60	50	40 及其以下
附加车道计算初速度(km/h)	30	25	20
附加车道计算末速度(km/h)	51	42.5	34
附加车道的长度(m)	110	65	60
备 注	路段计算行车速度为 50 和 60km/h，附加车道长度参照《城市道路规范》(GJJ 37—1990)确定；40km/h 及以下时，取最小附加车道长度 60m		

(B) 交叉口进口道上游处的公交停靠站布置示意

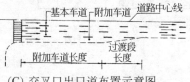

(C) 交叉口出口道布置示意图

图名	平面交叉口的交通组织与设计原则(二)	图号	DL1-21(二)

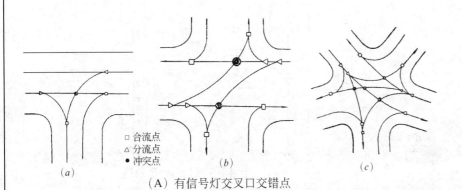

（A）有信号灯交叉口交错点

(a) 三叉路口；(b) 四叉路口；(c) 五叉路口；

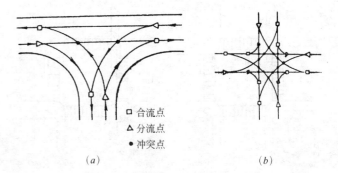

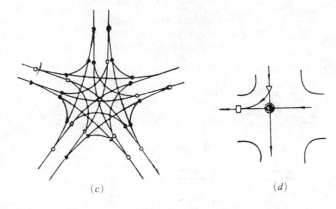

（B）无信号灯交叉口的交错点

(a) 三叉路口；(b) 四叉路口；(c) 五叉路口；(d) 单向交通

交叉口的交错点

交错点类型	无信号控制			有信号控制		
	相交道路的条数			相交道路的条数		
	3条	4条	5条	3条	4条	5条
分流点	3	8	15	2或1	4	4
合流点	3	8	15	2或1	4	6
左转车流冲突点	3	12	45	1或0	2	4
直行车流冲突点	0	4	5	0或0	0	0
交错点总数	9	32	80	5或2	10	14

图名	平面交叉口的交通组织与设计原则（三）	图号	DL1-21（三）

1.5.2 十字形交叉口的交通分析与设计

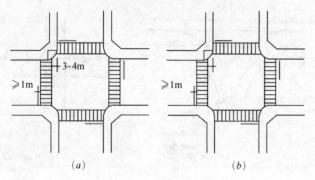

(A) 十字形交叉口行人横道线

(a) 行人横道线设置在缘石半径范围内；
(b) 行人横道线设置在缘石半径范围外（推荐方案）
停车线距行人横道线大于1m

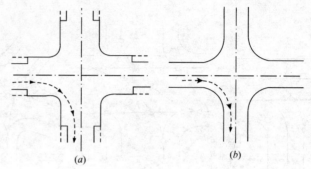

(C) 十字形交叉口右转车轨迹

(a) 为设路肩的右转车轨迹；(b) 为不设路肩的右转车轨迹

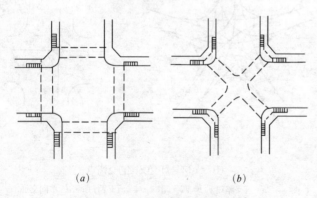

(B) 十字形交叉口隧道式行人横道线

(a) 方形地下隧道式行人横道线；
(b) X形地下隧道式行人横道线

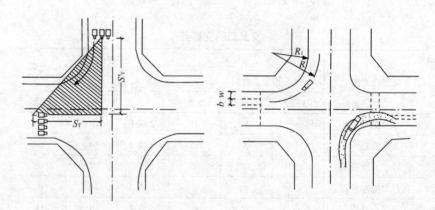

(D) 我国视距三角形表示法   (E) 十字形交叉口缘石半径(R_1)

| 图名 | 十字形交叉口的交通分析与设计(一) | 图号 | DL1-22(一) |

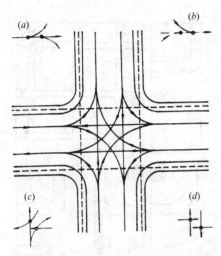

(A) 十字形交叉口车流与人流冲突点

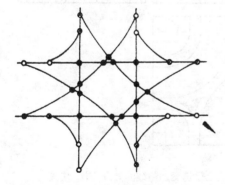

(C) 冲突场

包括冲突点、汇流交织点、分流点的区域为冲突场。
冲突场内可能产生交通事故。

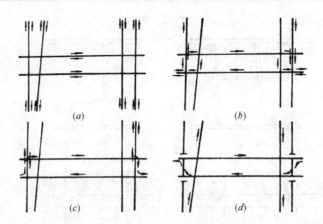

(B) 十字形交叉口单向路网流向图

(a) "原型"，纵横方向道路上车辆均可往返行驶；
(b) 横向单行道，纵向车流流向有些变化（因限制部分转弯车，处于无联锁转弯）；
(c) 横向单行道，因限制转弯车，纵向车流流向的另一种变化；
(d) 横向单行道，因限制转弯车，纵向车流流向又一种变化

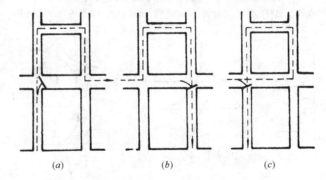

(D) 限制右转车的十字形交叉口（英国，左侧行驶）

(a) 限制右转车，采用 "T" 转弯达到右转目的；(b) 限制右转车，采用 "G" 转弯达到右转目的；
(c) 限制右转车，采用 "Q" 转弯达到右转目的

| 图名 | 十字形交叉口的交通分析与设计（二） | 图号 | DL1－22（二） |

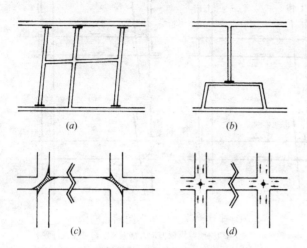

(A) 十字形交叉口的封线法（法国）
(a) 封死次干道与干道相交处，保证主干道车流畅；
(b) 封死通向市中心商业区的道路，保证中心区步行条件；
(c) 十字形交叉口对角封死，不能直行，只能各自转弯；(d) 只允许直行，严禁左转

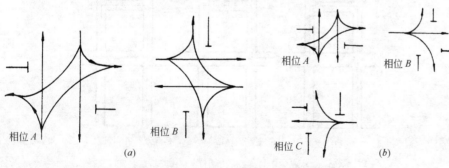

(B) 英国采用两相和三相色灯控制的十字形交叉口
(a) 为两相信号系统的交通运行图；(b) 为三相信号系统的交通运行图

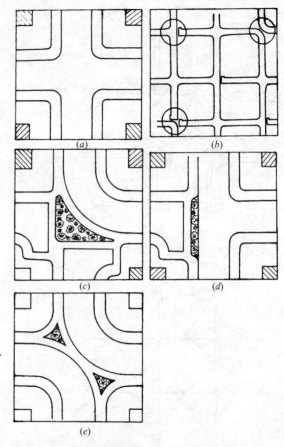

(C) 禁止穿越交通路线的处理方法（法国）
(a) 十字形交叉口；(b) 改变十字形交叉口车流的三种措施；
(c) 双向尽头路形成转向型；(d) 单向尽头路形成T形；
(e) 双向各自转向，禁止交叉车辆运行

| 图名 | 十字形交叉口的交通分析与设计（三） | 图号 | DL1-22（三） |

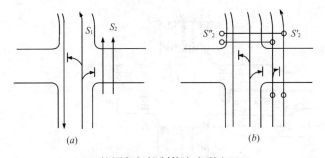

(A) 德国色灯控制的十字形交叉口

(a) 主信号 S_1 与副信号 S_2 为绿灯时,自行车流、人流只能直行与右转,不允许左转,而车流可以左转、直行、右转。但车流有一个限制,即车辆左、右转时,遇直行车流、人流、自行车流,先停让后再转弯;

(b) 自行车需要左转时;遇绿灯 (S'_2) 先直行,过交叉口后等候;二次信号为绿灯 (S''_2) 时再直行

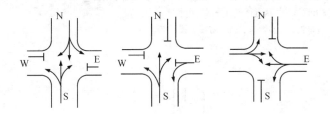

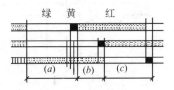

(B) 日本采用色灯控制的十字形交叉口

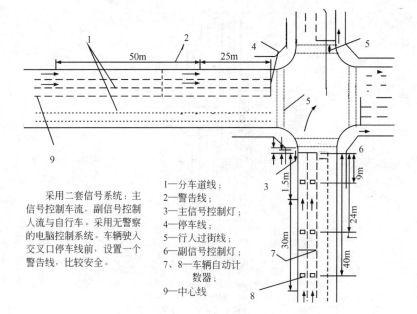

采用二套信号系统:主信号控制车流,副信号控制人流与自行车。采用无警察的电脑控制系统。车辆驶入交叉口停车线前,设置一个警告线,比较安全。

1—分车道线;
2—警告线;
3—主信号控制灯;
4—停车线;
5—行人过街线;
6—副信号控制灯;
7、8—车辆自动计数器;
9—中心线

(C) 英国采用主、副信号色灯控制的十字形交叉口

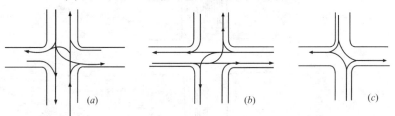

(D) 采用色灯控制的十字形交叉口

(a)、(b) 中一路可以左、右、直行,另一路红灯,只允许右转;
(c) 黄绿灯控制,只允许一路右转,而另一路则可以左转

| 图名 | 十字形交叉口的交通分析与设计(四) | 图号 | DL1-22(四) |

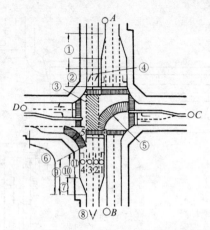

(a) 规定左、右、直行车路线（日本）交叉口内路面划线和标明箭头，左、右、直行车按划线与箭头方向运行，以达到渠化交通的目的。
①减速车道（渐宽段）；②滞留区间；③直行导流路；④驶出主道；
⑤右转弯导流路；⑥左转弯渠化道；⑦加宽段；⑧无交叉路段行驶车道；
⑨附加车道；⑩右转弯车道；⑪车道；
1—右转弯车道；2—直行车道；3—直行车道；
4—左转弯车道；5—安全岛

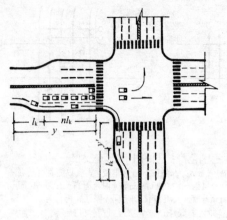

(b) 进出口车道均加宽，进口段加宽长度$y=50\sim 75m$，出口段加宽长度$y'=20\sim 40m$，以保证右转车顺利通过交叉口。由于出口也加宽，车辆驶出时与另一路直行车有一段交织长度。

l_k—右转车驶入、出弯道；nl_k—右转车驶入车道

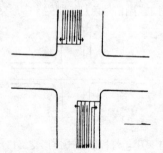

(c) 左、直、右行车分道行驶（北京东单路口）可提高交叉口的通行能力。

(d) 展宽式十字形交叉口

| 图名 | 十字形交叉口的交通分析与设计（五） | 图号 | DL1-22(五) |

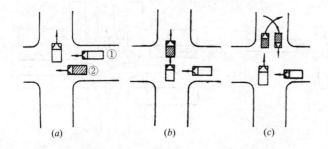

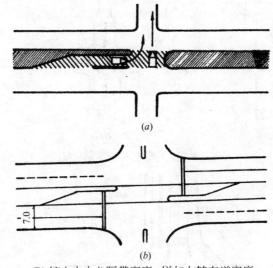

(A) 十字形交叉口冲突可能性分析

(a) 次干道上的车挡住主干道上车司机的视线,而且当快速行驶的车①与交叉车发生冲突时,又妨碍快速行驶车②的避车行动,这时,冲突可能性为30%;

(b) 从次干道上进入的两辆车前后尾随,当前车减速或停车时,后车因保持与前车车距而与主干道上车辆冲突。这时冲突可能性为22%;

(c) 当次干道被对面进入的车辆占据时,次干道车辆和主干道车辆冲突。这时冲突可能性为12%

(B) 缩小中央分隔带宽度,增加左转车道宽度

(a) 让出中央分隔带宽度,提高左转车通行能力,但限定左转车的转弯路线;
(b) 与上同一目的,但不限定左转车的转弯路线

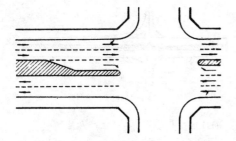

(C) 缩小中央分隔带宽度,增加右转弯车道宽度
(日本,左侧行驶)

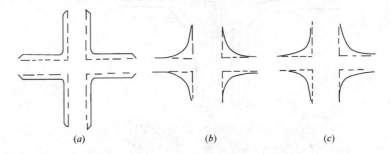

(D) 拓宽车道有四种形式,图中实线与虚线之间为拓宽区

| 图名 | 十字形交叉口的交通分析与设计(六) | 图号 | DL1-22(六) |

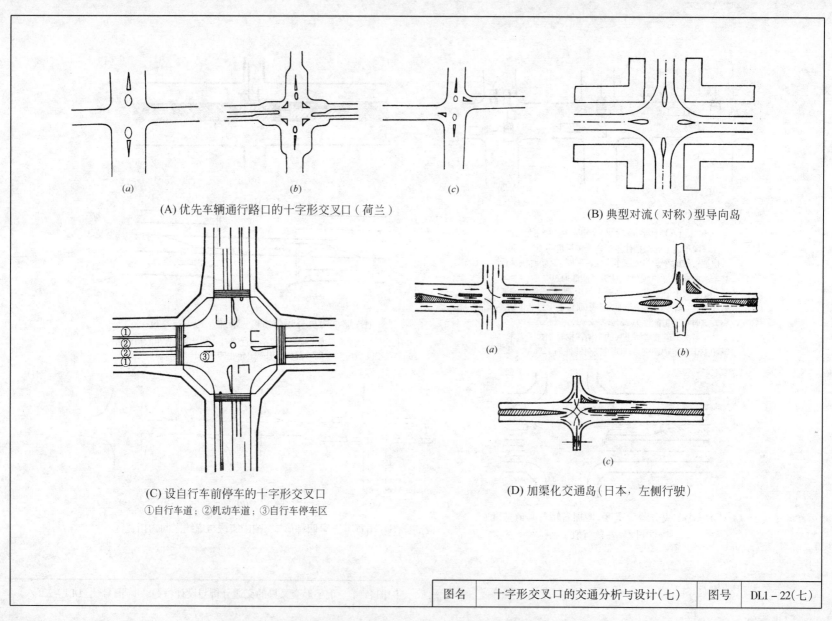

(A) 优先车辆通行路口的十字形交叉口（荷兰）

(B) 典型对流（对称）型导向岛

(C) 设自行车前停车的十字形交叉口
①自行车道；②机动车道；③自行车停车区

(D) 加渠化交通岛（日本，左侧行驶）

| 图名 | 十字形交叉口的交通分析与设计（七） | 图号 | DL1-22(七) |

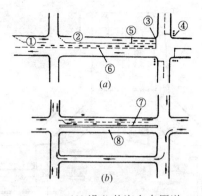

(A) 设公共汽车专用道

(a) 为同向运行公共汽车提供的专用车道
①公共汽车；②车道；③停车线；④信号灯；⑤公共汽车终点站；⑥车辆队列

(b) 为逆向运行公共汽车提供的专用道
⑦乘客上下车平台；⑧逆流公共汽车专用道

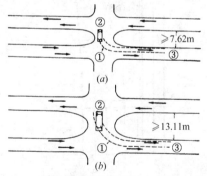

(B) 二种最小宽度的中心岛

(a) 小汽车向左急转弯时，最小中心岛宽≥7.6m
①向左急转弯；②小汽车；③内车道
(b) 卡车或公共汽车急转弯时，最小中心岛宽≥13m
①向左急转弯；②卡车或公共汽车；③内车道

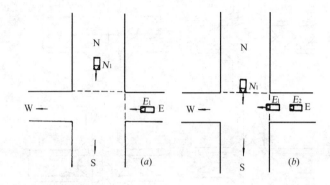

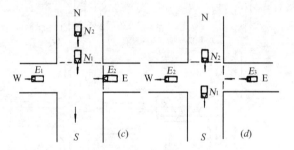

(C) 可插车间隙

(a) 阶段：车辆 N_1 和 E_1 接近交叉口；
(b) 阶段：车辆 N_1 到交叉口后，观察东西向车流中有可插车间隙，但在 E_1 与 E_2 间现有间隙不能插车，所以车辆 N_1 受到延滞；
(c) 阶段：车辆 N_1 继续观察东西向车流中有无可插车间隙，而且车辆 N_2 到达交叉口形成排队；
(d) 阶段：E_2 与 E_3 车辆之间的间隙允许 N_1 插车，因此，车辆 N_1 前进通过交叉口，而 N_2 开始寻找可插车的间隙。而在 N_1 离开前与 E_3 到达之间车辆 N_2 不能插车，故 N_2 继续受到延滞

图名	十字形交叉口的交通分析与设计(八)	图号	DL1-22(八)

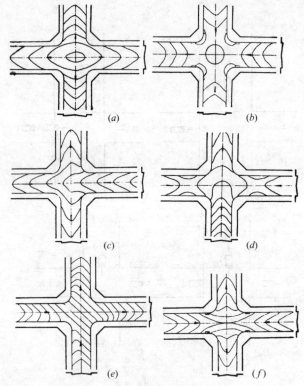

(A) 十字形交叉口竖向（排水）设计

(a) 屋脊地形上的十字形交叉口（相交道路的纵坡全由交叉口中心向外倾斜）；
(b) 盆地地形上的十字形交叉口（相交道路的纵坡全向交叉口中心倾斜）；
(c) 在脊线地形上的十字形交叉口（三条路纵向由交叉口向外倾斜，另一条路向交叉口倾斜）；
(d) 谷线地形上的交叉口（三条路纵坡向中心倾斜，另一条路向外倾斜）；
(e) 斜坡地形上的十字形交叉口（相邻二条道路的纵坡向交叉口倾斜，而另二条相邻道路的纵坡由交叉口中心向外倾斜）；
(f) 马鞍形地形上的交叉口（相对两条路的纵坡向交叉口中心倾斜，而另二条相对路的纵坡由交叉口向外倾斜）

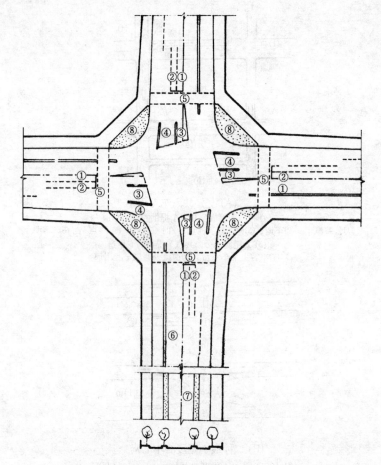

(B) 设自行车专用道的十字形交叉口
①左转车候驶区；②直行车候驶区；③左转自行车候驶区；④直行自行车候驶区；
⑤行人横道；⑥公交站；⑦绿带式停车带；⑧地下行人横道出入口预留地

| 图名 | 十字形交叉口的交通分析与设计（九） | 图号 | DL1-22（九） |

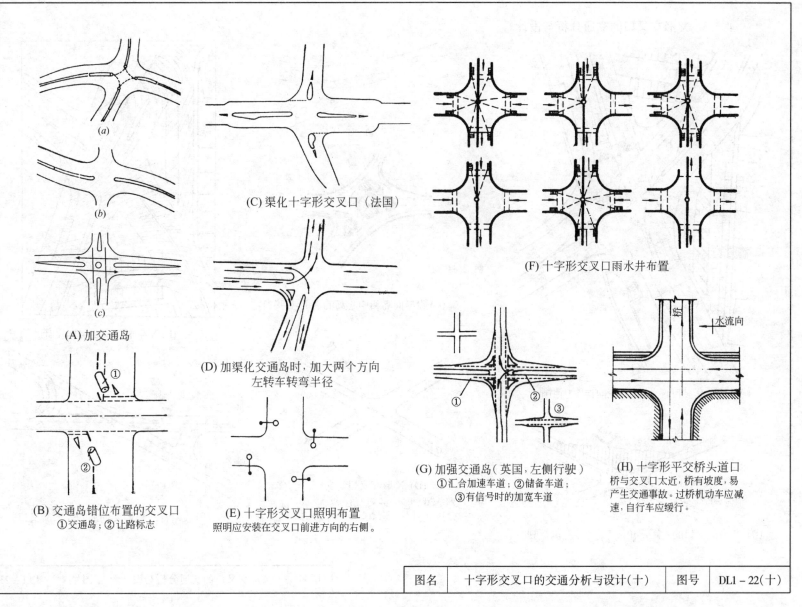

1.5.3 X形交叉口的交通分析与设计

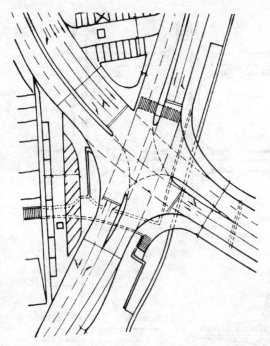

(A) X形交叉口直、左、右流向详图(德国)

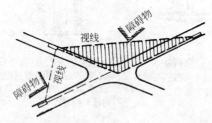

(B) X形交叉口的视距三角形(日本,左侧行驶)

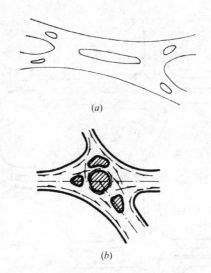

(C) 设导向岛和中心岛的 X 形交叉口

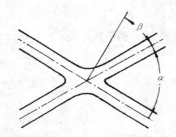

(D) X形交叉口定义

四条道路相交,其交叉角 α≤75°或 ≥105°时为X形交叉口。(β为斜角)

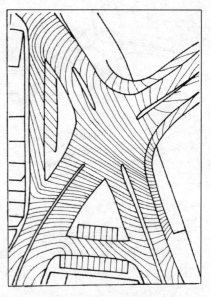

(E) X字形交叉口竖向设计

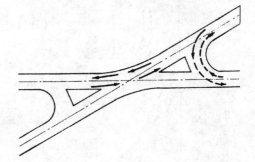

(F) 设对称三角形交通岛的X形交叉口

| 图名 | X形交叉口的交通分析与设计 | 图号 | DL1-23 |

1.5.4 错位交叉口的交通分析与设计

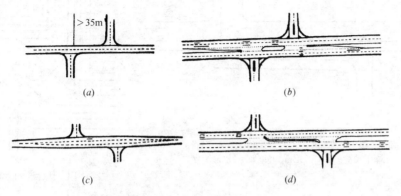

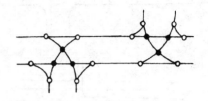

(C) 错位交叉口的冲突场（英国）
- ●——冲突点(6个)
- ○——汇流、分流点(16个)

(A) 采用渠化交通措施的错位交叉口（英国）
  (a) 横路交通量偏低,左、右错位最小净距为35m；
  (b) 带有中央分隔带的复式车道；
  (c) 右左错位,承担的交通量偏低,主干道加宽车道,以调节转弯区域；
  (d) 减少中央分隔带的宽度,布置储备车道,保证右转弯畅通

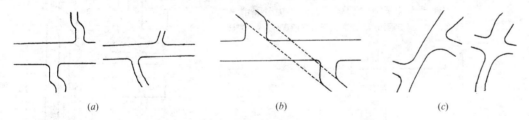

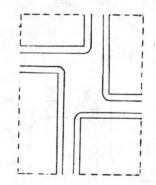

(B) 错伴交叉口的改造实例（英国、左侧行驶）
  (a) 希尔·法姆(HillFarm) 改造方案：加宽主干道（横路）,次干道先拉直后弯曲；改造前一年出现9次交通事故,改造后两年才3次；
  (b) 把X形交叉口改造成为错位交叉口；
  (c) 彭温(Pendown) 改造方案：十字形交叉口改为锚位交叉口；改造前2年过3个月出现9次交通事故,改造后两年才3次

(D) 涡轮或风车型的错位交叉口

| 图名 | 错位交叉口的交通分析与设计(一) | 图号 | DL1－24(一) |

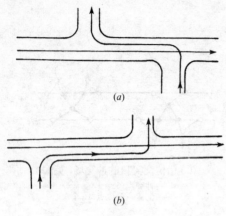

(A) 左、右错位交叉口
(a) 左错位交叉口（不佳），次干道直行车先与横路主干道车辆冲突才能直行；
(b) 右错位交叉口（推荐），次干道直行车与横路主干道车先交织一段长度后才直行，可避免直角冲突

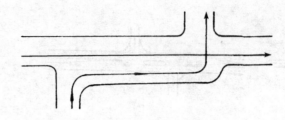

(C) 错位交叉口加宽型
保证主干道（横路）车辆畅通行驶。次干道车辆先在加宽车道与主干道车辆交织平行行驶一段距离再直行。车道加宽宽度 3～3.5m、长度 60～80m 为宜。

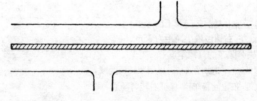

(D) 设与主干道（横路）平行的中央分隔带
可保证主干道交通畅通，限制次干道车辆直行及右、左转。

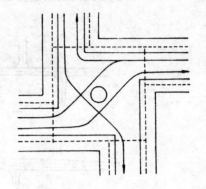

(F) 设中心岛的全错位交叉口

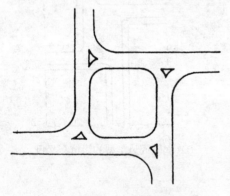

(B) "右先于右"的错位交叉口
（德国）设大型中心岛及导向岛。

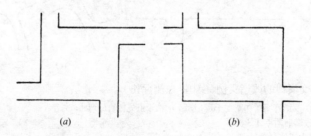

(E) 为军事目的的错位交叉口（古罗马帝国）

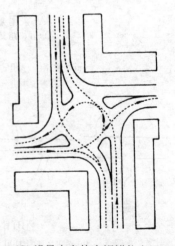

(G) 设导向岛的全视错位交叉口
左转车获最大的视线区域，保证安全。导向岛使车辆行驶不易偏移。

| 图名 | 错位交叉口的交通分析与设计(二) | 图号 | DL1-24(二) |

1.5.5 T形交叉口的交通分析与设计

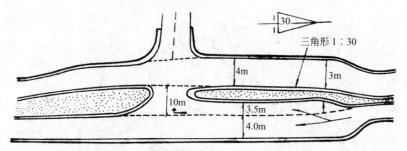

（A）优先路口布局的T形交叉口（英国，左侧行驶）
用交通岛和标线渠化交通的T形交叉口（英国乡间道路）

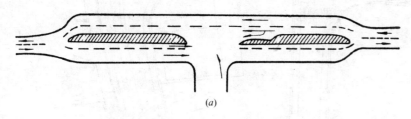

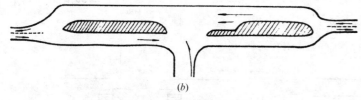

（B）T形交叉口交通事故分析

交通事故随主干道（横路）宽度增加而增加。这是由于交叉车辆"暴露"时间增加（厚度区域的冲突场加大）与主干道车速提高的缘故。经验认为：主干道从二车道改为四车道的路口处，可增加超车冲突场区域，因而增加了交通事故。

（a）这种布局促使高速行驶，并增加通过这个危险地带的冲突，所以，不宜推荐；
（b）这种布局减少冲突点，宜推荐

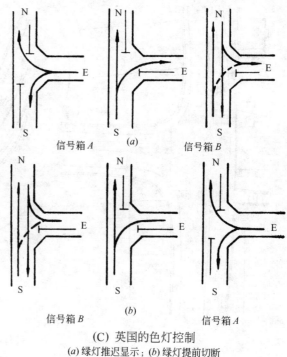

（C）英国的色灯控制
(a)绿灯推迟显示；(b)绿灯提前切断

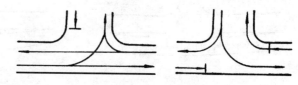

（D）T形交叉口的色灯控制

| 图名 | T形交叉口的交通分析与设计(一) | 图号 | DL1-25(一) |

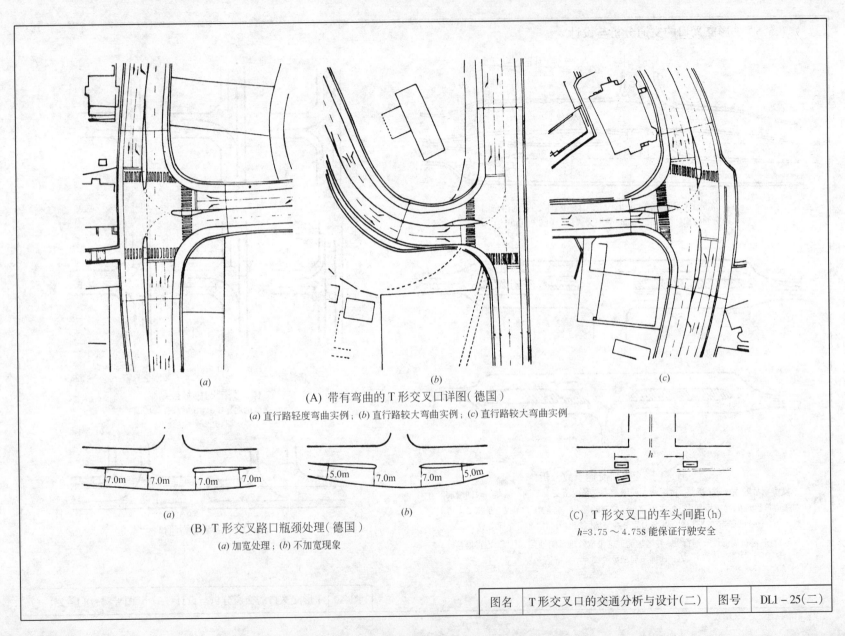

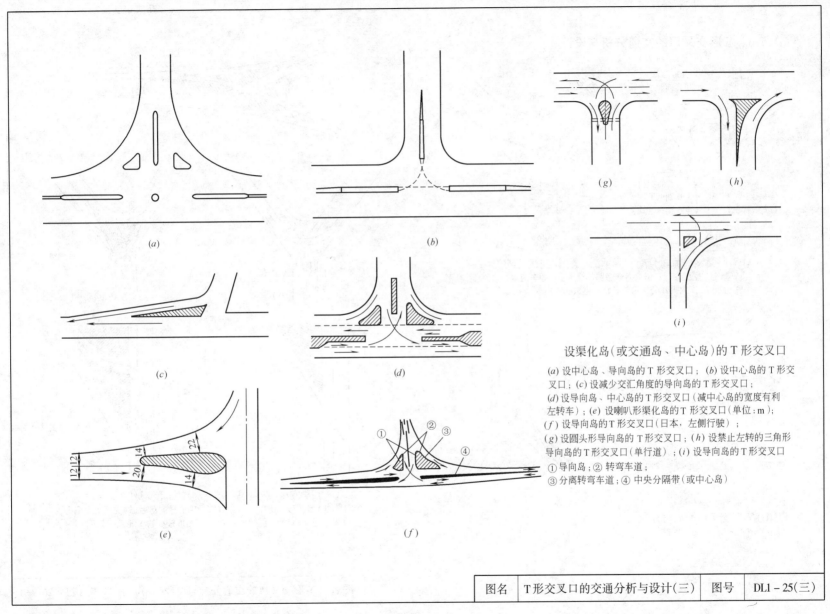

设渠化岛(或交通岛、中心岛)的 T 形交叉口

(a) 设中心岛、导向岛的 T 形交叉口;(b) 设中心岛的 T 形交叉口;(c) 设减少交汇角度的导向岛的 T 形交叉口;(d) 设导向岛、中心岛的 T 形交叉口(减中心岛的宽度有利左转车);(e) 设喇叭形渠化岛的 T 形交叉口(单位:m);(f) 设导向岛的 T 形交叉口(日本,左侧行驶);(g) 设圆头形导向岛的 T 形交叉口;(h) 设禁止左转的三角形导向岛的 T 形交叉口(单行道);(i) 设导向岛的 T 形交叉口
① 导向岛;② 转弯车道;③ 分离转弯车道;④ 中央分隔带(或中心岛)

图名	T形交叉口的交通分析与设计(三)	图号	DL1-25(三)

1.5.6 Y形交叉口的交通分析与设计

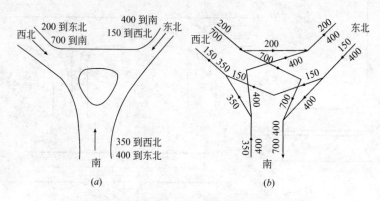

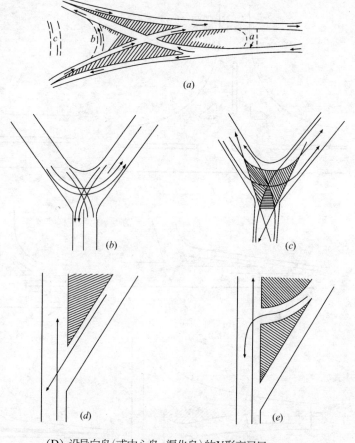

(A) Y形交叉口流量分配的表示法（英国，左侧行驶）
测定车辆经交叉口进入各条道路的交通量（即车流量分配），作为设计交叉口及各路车道数的依据。

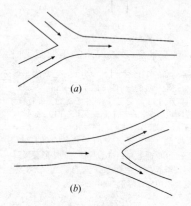

(B) Y形交叉口汇流与分流
(a) 合流（汇流）；(b) 分流

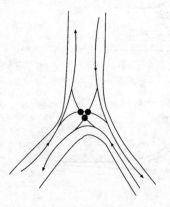

(C) Y形交叉口冲突点(3个)

(D) 设导向岛（或中心岛、渠化岛）的Y形交叉口
(a) 设导向岛的Y形交叉口图（日本）；(b) 设中央导向岛后，冲突区大大缩小；
(c) 不设导向岛，冲突区扩大；(d) 交叉角度较少的Y形交叉口图；
(e) 增加交叉角度的Y形交叉口图

| 图名 | Y形交叉口的交通分析与设计（一） | 图号 | DL1-26（一） |

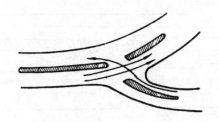
(A) 设喇叭形导向岛，控制次干道的速度，保证主干道畅通

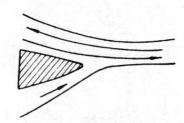
(B) 设导向岛，使其成为小角度进出口的Y形交叉口

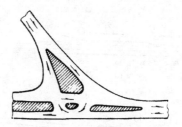
(C) 设中央导向岛　日本（左侧行驶）

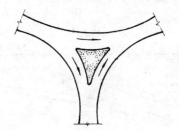
(D) 设三角形导向岛的Y形交叉口

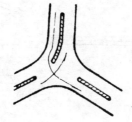
(E) 设导向岛的Y形交叉口示意图

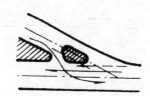
(F) 设导向岛的Y形交叉口示意图

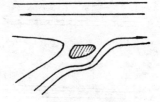
(G) 设导向岛使进出口成为避免超越的Y形交叉口

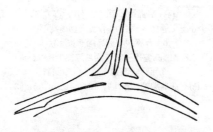
(H) 设导向岛的Y形交叉口示意图

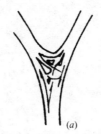
(a)

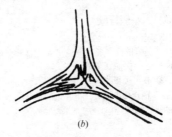
(b)

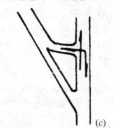
(c)

(I) 设导向岛的Y形交叉口（英国，左侧行驶）
(a) 安全分离转变车流；(b) 分离转变区域，设储备车道；(c) 移置对向交叉

| 图名 | Y形交叉口的交通分析与设计(二) | 图号 | DL1-26(二) |

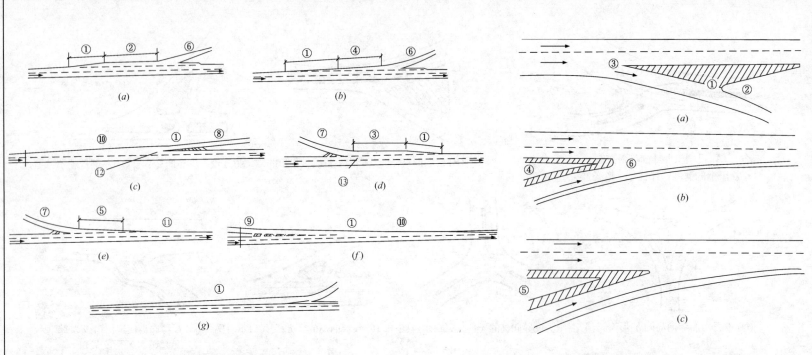

(A) Y形交叉口的进出口布置方式(英国,左侧行驶)
(a) 平行型；(b) 定向型；(c) 英国定向锥形减速车道；(d) 平行型；
(e) 定向型；(f) 英国定向锥形加速车道；(g) 美国推荐方案
① 锥形车道；② 全宽减速车道；③ 全宽加速车道；④ 减速车道；
⑤ 加速车道；⑥ 驶出曲线；⑦ 驶入曲线；⑧ 驶出缓和曲线；
⑨ 驶入缓和曲线；⑩ 定向锥形车道；⑪ 汇合车辆直行车道；
⑫ 煅燧石制作的带状端点；⑬ 不佳的驶入路线

(B) Y形交叉口的分叉点布置
(a) 分流交通岛端部；(b) 合流交通岛端部(窄路肩)；
(c) 合流端交通岛端部(宽路肩)
① 交通岛端部偏移；② 交通岛端部半径0.6～0.9m；
③ 平行式减速车道；④ 窄路肩；
⑤ 交通岛端部转角半径0.25～0.5m；⑥ 宽路肩

| 图名 | Y形交叉口的交通分析与设计(三) | 图号 | DL1-26(三) |

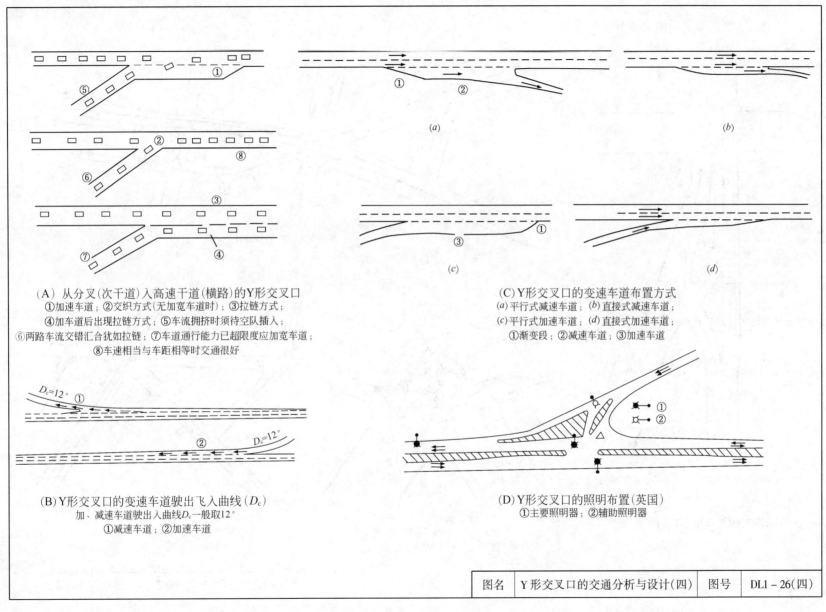

1.5.7 复式交叉口的交通分析与设计

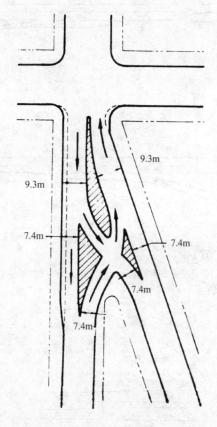

(a) 设导向岛的5条道路相交的复式交叉口（美国）
加三个导向岛后，从50个冲突点变成17个冲突点，大大改善了交叉口的通行能力，并减少交通事故。三个导向岛设置位置恰当，可保证主干道（横路）交通畅通

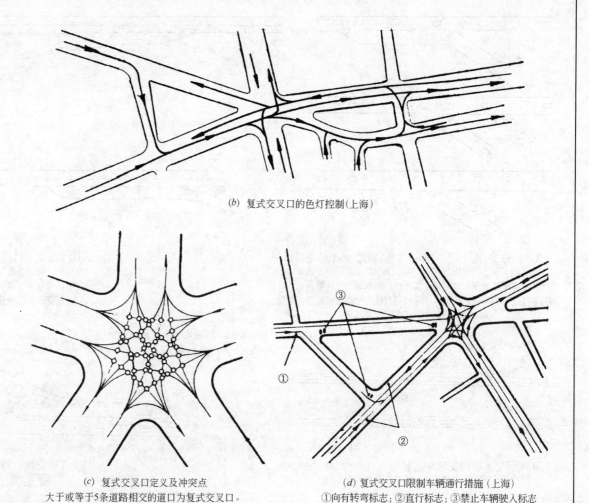

(b) 复式交叉口的色灯控制（上海）

(c) 复式交叉口定义及冲突点
大于或等于5条道路相交的道口为复式交叉口。
5条道路的复式交叉口的冲突点为50个。

(d) 复式交叉口限制车辆通行措施（上海）
①向有转弯标志；②直行标志；③禁止车辆驶入标志

| 图名 | 复式交叉口的交通分析与设计（一） | 图号 | DL1-27（一） |

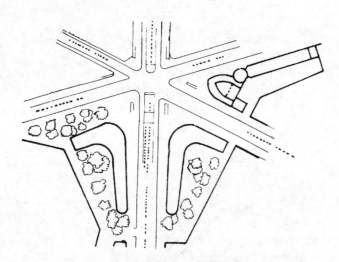

（A）对称型复式交叉口与建筑布局关系
纵向道路设车辆地下直通道，以减少复式交叉口的交通压力

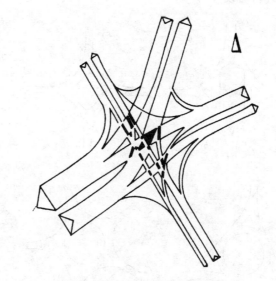

（B）复式交叉口的流向图
（德国美因茨市阿尔琴广场附近的复式交叉口）
在信号灯的控制下，采用自动测定器测定五条道路相交的复式交叉口交通量及其流向图

(a)

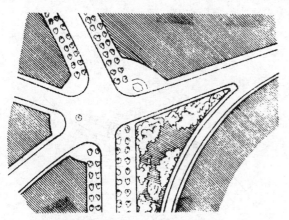

（C）不规则型的复式交叉口（德国）

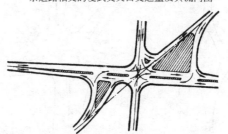

（D）设导向岛的6条道路相交的复式交叉口（日本，左侧行驶）

(b)

（E）二个交叉口间距很近时，可视为复式交叉口

| 图名 | 复式交叉口的交通分析与设计(二) | 图号 | DL1－27(二) |

1.5.8 环形交叉口的交通分析与设计

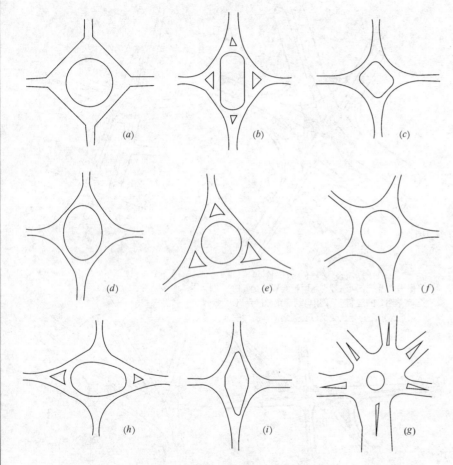

(A) 环形交叉口的形式示意图

(a) 圆形中心岛；(b) 长圆形中心岛；(c) 方形圆角中心岛；(d) 椭圆形中心岛；(e) 设导向岛及中心岛；
(f) 圆形中心岛；(g) 设拉长的导向岛及中心岛；(h) 卵形中心岛；(i) 菱形圆角中心岛

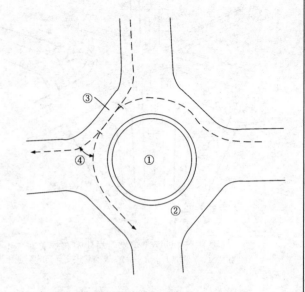

(B) 环形交叉口的组成示意图

环行交叉口主要由环岛①和环道②组成。所有车辆绕环岛逆时针旋转。减少冲突点，保证交叉口车流畅通。
③为交织段，④为交织角

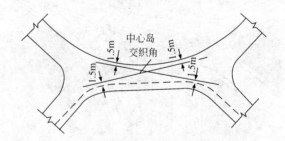

(C) 环形交叉口的交织角示意图

| 图名 | 环形交叉口的交通分析与设计(一) | 图号 | DL1-28(一) |

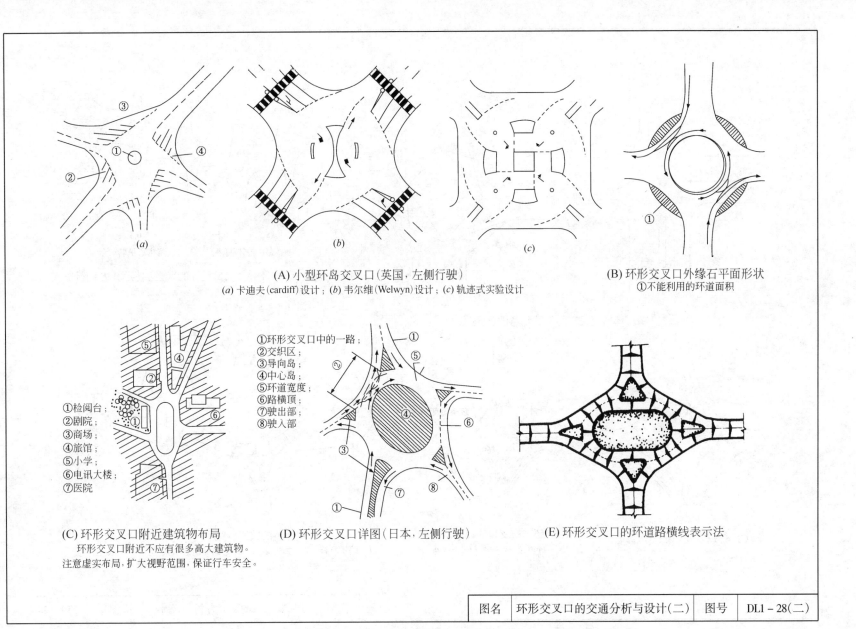

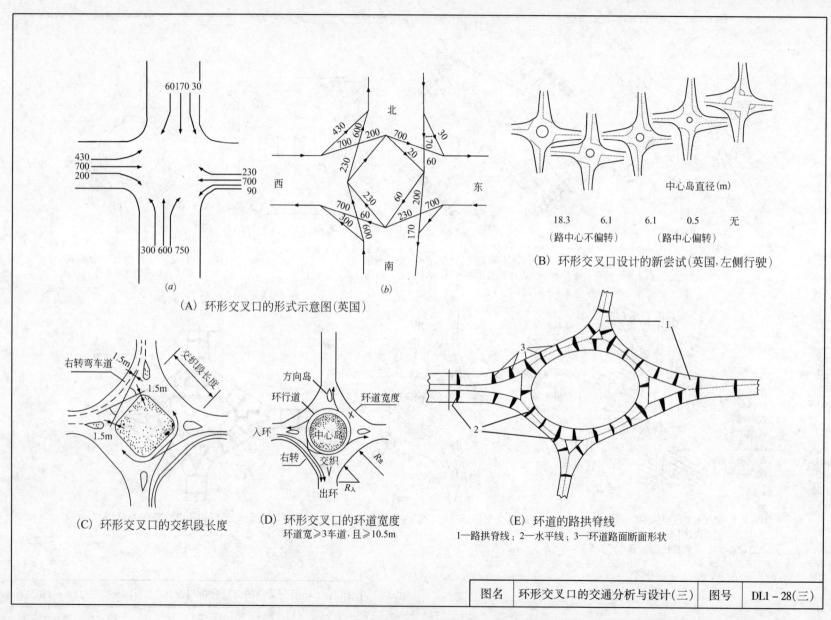

1.6 立体交叉口

1.6.1 立体交叉口的概述

(1) 定义：不同标高相交道路的道口为立体交叉口。立体交叉系用跨线桥或地道使相交路线在高程不同的平面上互相交叉的交通设施。立体交叉，以空间分隔车流的方式，避免车流在交叉口形成冲突点，减少延误，保证交通安全，并提高通行能力和运输效率。因此，立体交叉常用于高速公路、快速路、重要的一级公路和部分城市主干路。

(2) 立体交叉口的分类：
1) 按跨越方式可分为：上跨式与下穿式。
2) 按交通功能可分为：
① 简易立体交叉——分离式立体交叉：即上、下道路上的车辆不能互相转换。一般指的是道路与铁路的简易分离式立体交叉。
② 互通式立体交叉：相交道路上行驶的车辆互相转换。互通式立体交叉，又分为全互通式和部分互通式二种。车辆转换可通过匝道来完成。互通式立体交叉，又分为全互通式和部分互通式二种。

(3) 立体交叉口的形式：主要分为如下种类：
1) 全苜蓿形立体交叉口；
2) 定向型立体交叉口；
3) 涡轮式立体交叉口；
4) 螺旋式立体交叉口；
5) 迂回式立体交叉口；
6) 喇叭形立体交叉口；
7) 叶形立体交叉口；
8) 环行立体交叉口；
9) 部分苜蓿形立体交叉口；
10) 菱形立体交叉口；
11) Y形立体交叉口；
12) 分离式立体交叉口。

(4) 立体交叉口的特点：
采用立体交叉，可克服平面交叉口存在的各种弊病。如通行能力受限制，易产生交通事故，费时，经济损失大，运输效率低，燃料消耗、汽车轮胎及机械磨损均大等。但在大城市中，尤其是市区，采用立交要慎重。一则立交造价昂贵、占地面积大、施工复杂，二则网上交通，不能仅依靠一二个立体交叉解决根本问题。

因此，从经济角度来看，在市区兴建立交的决策，应根据技术经济论证和规划确定。由于立体交叉占地面积大、施工复杂、投资大，因此兴建立交的决策，应根据技术经济论证和规划确定。

(5) 立体交叉的设置条件可概括如下：
1) 相交道路等级高：高速公路或快速路与各级道路相交，一级公路或主干路与交通繁忙的其他道路相交，并通过技术经济论证，可设置立体交叉。
2) 交叉口的交通量大：如果进入交叉口的设计小时交通量超过4000—6000pcu/h，相交道路为四车道以上，且对平面交叉口采取改善交通的组织措施难以奏效时，可设置立体交叉。
3) 地形适宜，并结合兴建跨河桥或跨铁路立交，增建桥梁边孔，改善交通，且有明显经济效益时，可设置立体交叉。
4) 道路与铁路的交叉，符合下列条件时，可设置立体交叉：
① 高速公路、快速公路与铁路交叉，应设置；
② 一般公路、城市道路与铁路交叉，道口交通量较大或铁路调车作业繁忙致使封闭道口的累计时间较长时，应设置；
③ 高等级公路、城市主次干路与铁路交叉，而且在道路交通高峰时间内经常发生一次封闭时间较长时，应设置；
④ 中小城市被铁路分割时，道口交通量虽不大，但考虑城市的整体需要，可设置一、二处立体交叉；
⑤ 地形条件不利于采用平面交叉又危及行车安全时，可设置立体交叉。

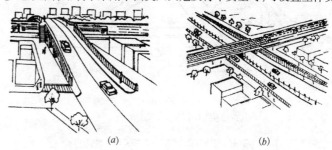

上跨式与下穿式立体交叉示意图
(a) 上跨式立体交叉示意图；(b) 下穿式立体交叉示意图

图名	立体交叉口的形式与特点	图号	DL1-29

1.6.2 全苜蓿形立体交叉口

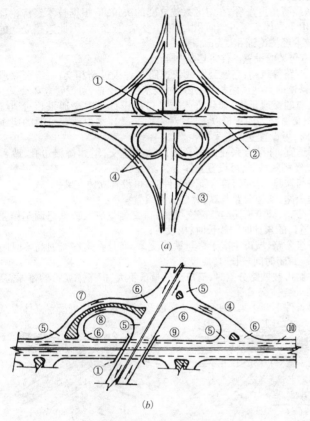

(A) 全苜蓿形立体交叉组成
(a)为全苜蓿形立体交叉全貌;(b)为其部分详图
它由①跨线桥、②引道、③坡道、④匝道、⑤入口、⑥出口、
⑦外环、⑧内环、⑨加速道、⑩减速道等部分组成。

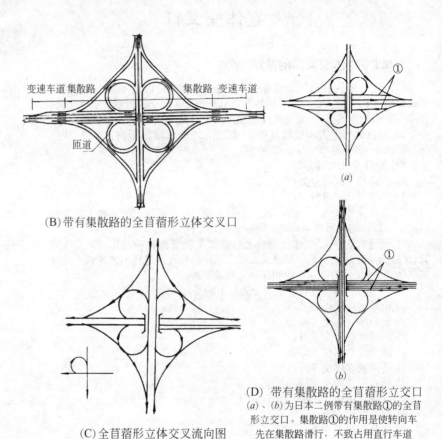

(B) 带有集散路的全苜蓿形立体交叉口

(C) 全苜蓿形立体交叉流向图

(D) 带有集散路的全苜蓿形立交口
(a)、(b)为日本二例带有集散路①的全苜蓿形立交口。集散路①的作用是使转向车先在集散路滑行,不致占用直行车道

| 图名 | 全苜蓿形立体交叉口的设计(一) | 图号 | DL1-30(一) |

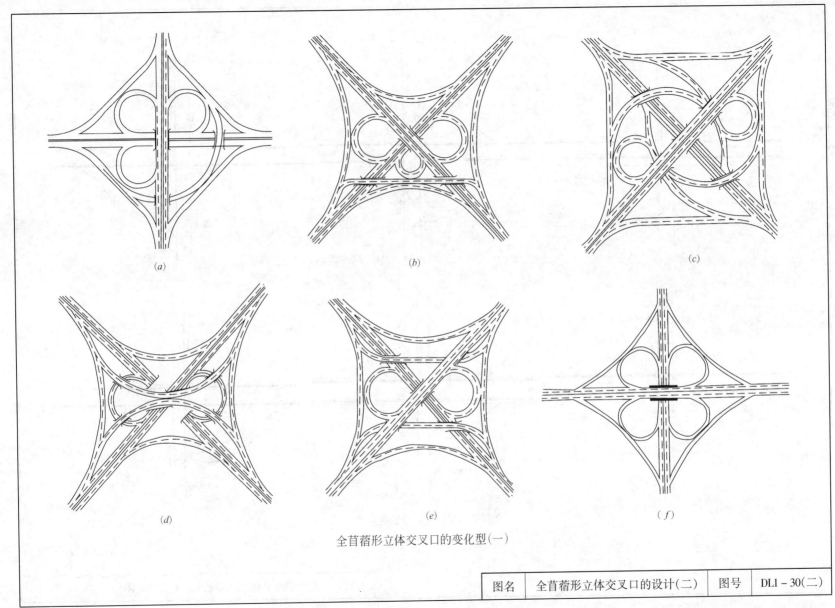

全苜蓿形立体交叉口的变化型(一)

| 图名 | 全苜蓿形立体交叉口的设计(二) | 图号 | DL1-30(二) |

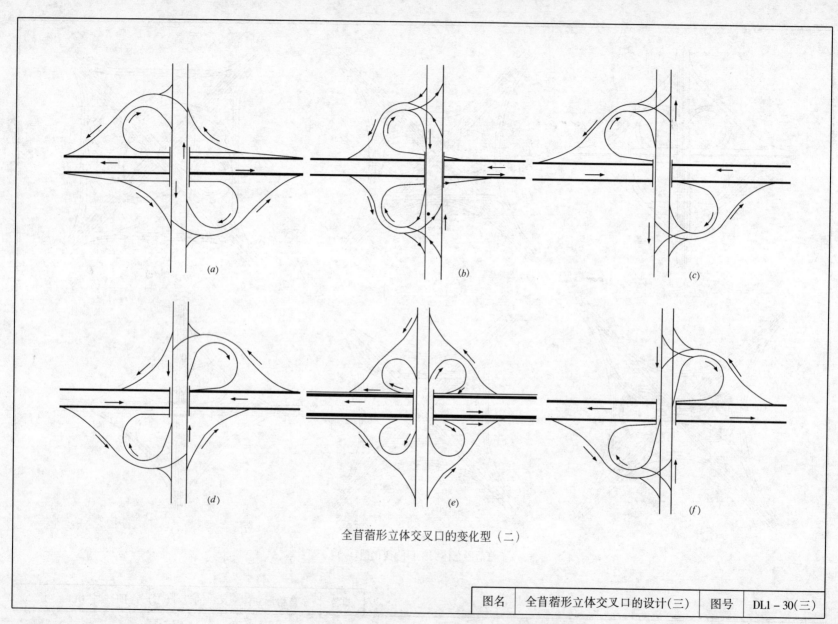

全苜蓿形立体交叉口的变化型（二）

| 图名 | 全苜蓿形立体交叉口的设计（三） | 图号 | DL1-30(三) |

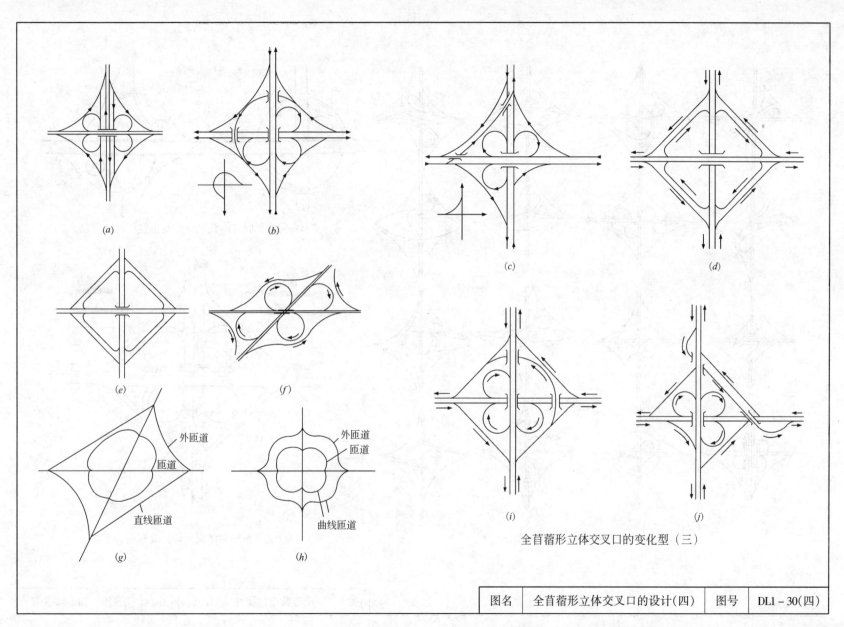

全苜蓿形立体交叉口的变化型（三）

| 图名 | 全苜蓿形立体交叉口的设计(四) | 图号 | DL1-30(四) |

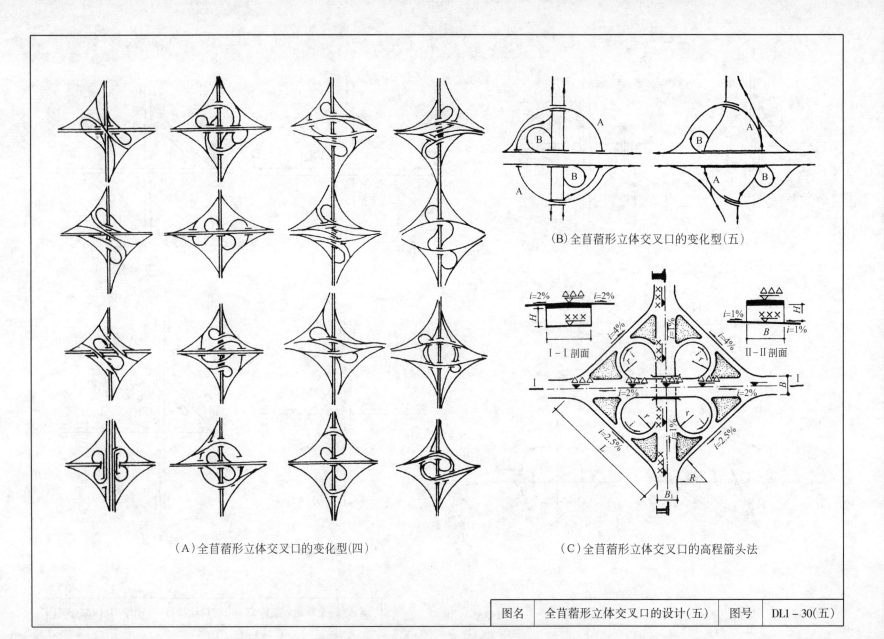

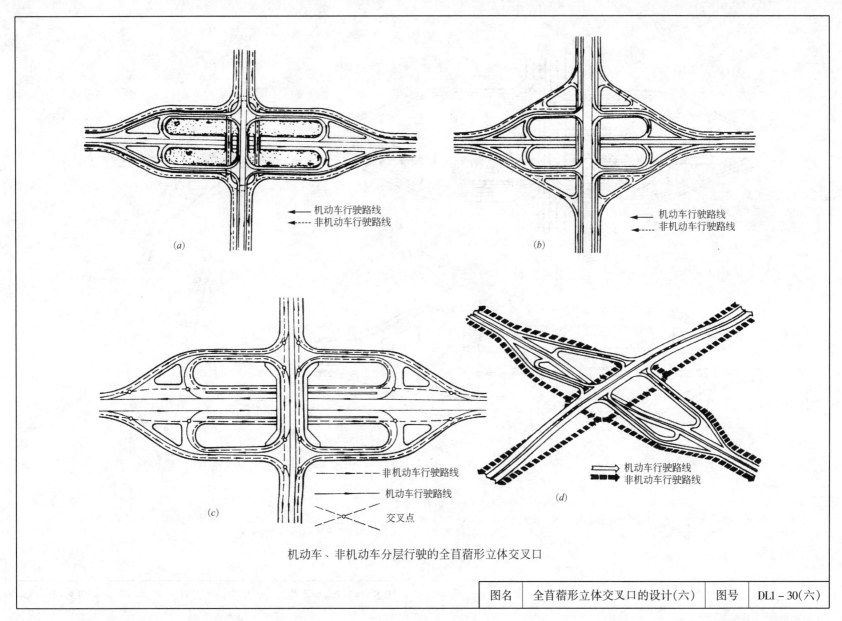

机动车、非机动车分层行驶的全苜蓿形立体交叉口

| 图名 | 全苜蓿形立体交叉口的设计(六) | 图号 | DL1-30(六) |

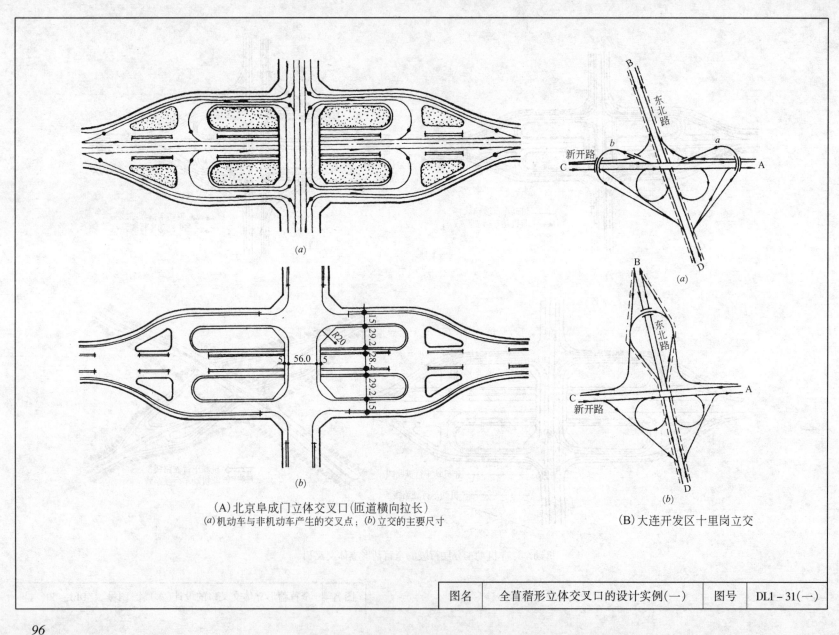

(A) 北京阜成门立体交叉口(匝道横向拉长)
(a) 机动车与非机动车产生的交叉点；(b) 立交的主要尺寸

(B) 大连开发区十里岗立交

| 图名 | 全苜蓿形立体交叉口的设计实例(一) | 图号 | DL1-31(一) |

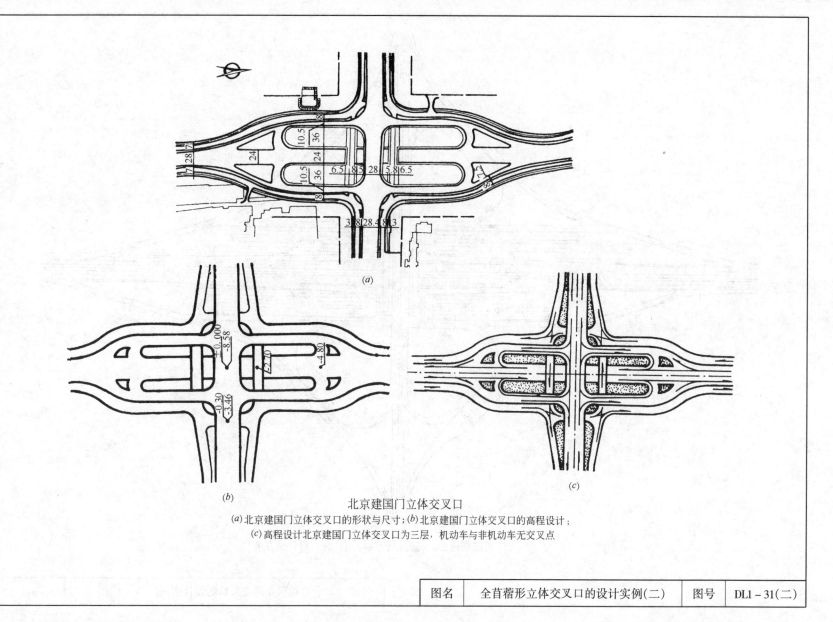

北京建国门立体交叉口
(a)北京建国门立体交叉口的形状与尺寸；(b)北京建国门立体交叉口的高程设计；
(c)高程设计北京建国门立体交叉口为三层，机动车与非机动车无交叉点

| 图名 | 全苜蓿形立体交叉口的设计实例(二) | 图号 | DL1-31(二) |

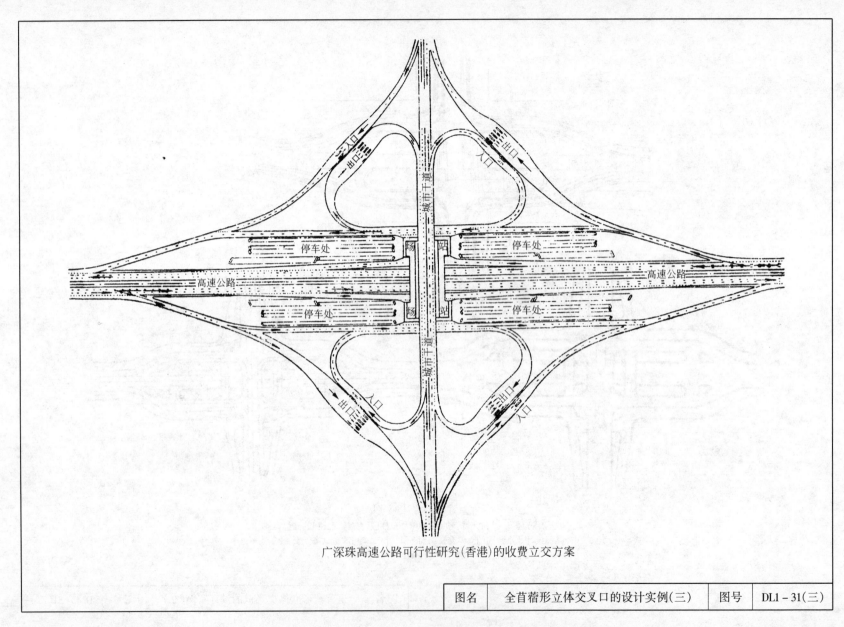

广深珠高速公路可行性研究(香港)的收费立交方案

| 图名 | 全苜蓿形立体交叉口的设计实例(三) | 图号 | DL1-31(三) |

(1) 立交等级

蕴川路立交位于外环线北段的泰和路和上海市的南北向轴线南北高架北延伸蕴川路的交叉口上，是一个城市快速路和主干路相交的枢纽级立交。同时，也是一个地铁、公交、非机动车等不同出行方式相汇集的公交枢纽。立交设计关注交通功能的完善，体现"以人为本，公交优先"的设计理念。

(2) 设计标准

外环线为快速路，规划红线宽100m，设计车速80km/h，东西向；蕴川路按城市主干力设计，规划红线50m，设计车速60km/h，南北走向；匝道和辅道的设计车速为40km/h。桥梁设计荷载为汽车–超20级；挂车–120、特–300验算。

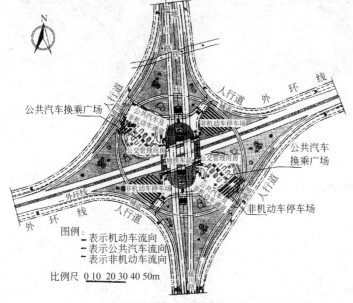

(A) 上海市外环线——蕴川路立体交叉口示意图

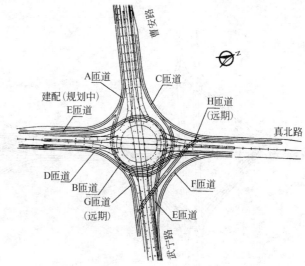

(B) 上海市真北路——武宁路立体交叉口示意图

(1) 立交等级

真北路立交位于真北路和曹安路交叉口，同时又是沪宁高速公路上海的出入口。真北路是本市西北地区仅有的二条干道之一，又是市区通向外省市公路的主要联系通道，它是位于内环线和外环线之间中环线的组成部分。曹安路是嘉定、安亭地区以及江苏省出入上海市区312国道的入城干道，又是曹杨新村、真如地区居民出行的主要道路，非机动车流量较大。根据交通功能和地理位置分析，该节点应建全互通式立交。

(2) 设计标准

沪宁高架主线为城市的快速路，设计车速为80km/h；真北路为城市二级主干路，设计车速为60km/h；圆环转盘设计车速为35km/h，转盘半径为55m，最小交织长度45m；匝道设计车速为35km/h，最大纵坡5%。荷载标准：桥涵为汽车–超20级；挂车–120；地面为BZZ–100。

图名	全苜蓿形立体交叉口的设计实例(四)	图号	DL1–31(四)

1.6.3 定向型立体交叉口

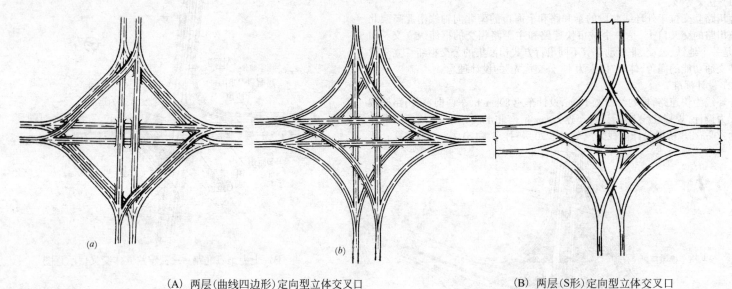

(A) 两层(曲线四边形)定向型立体交叉口

(B) 两层(S形)定向型立体交叉口

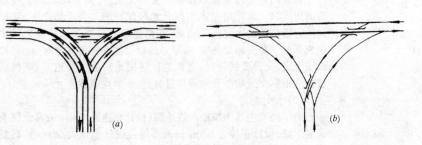

(C) 两层(T形)定向型立体交叉口

(D) 两层(环形)定向型立体交叉口

| 图名 | 定向型立体交叉口的设计(一) | 图号 | DL1-32(一) |

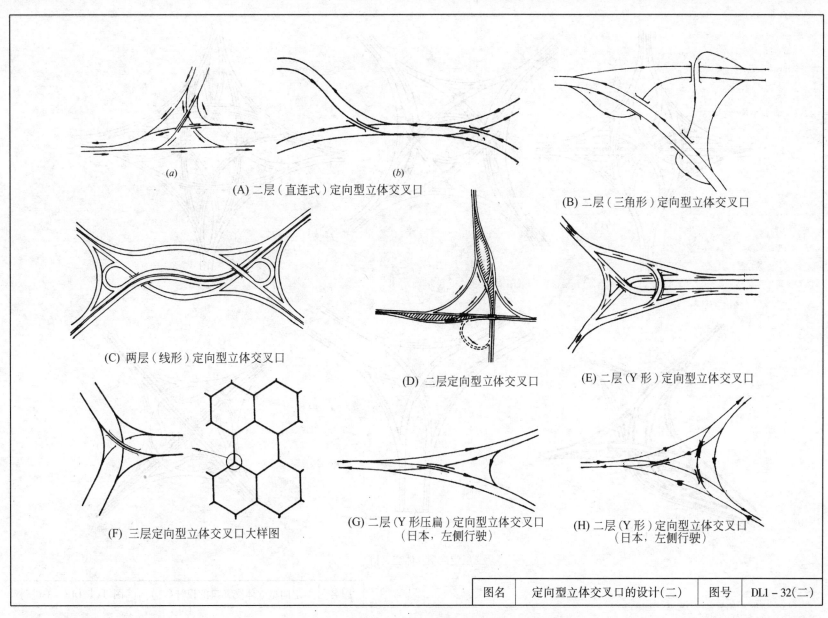

(A) 二层（直连式）定向型立体交叉口

(B) 二层（三角形）定向型立体交叉口

(C) 两层（线形）定向型立体交叉口

(D) 二层定向型立体交叉口

(E) 二层（Y形）定向型立体交叉口

(F) 三层定向型立体交叉口大样图

(G) 二层（Y形压扁）定向型立体交叉口（日本，左侧行驶）

(H) 二层（Y形）定向型立体交叉口（日本，左侧行驶）

| 图名 | 定向型立体交叉口的设计（二） | 图号 | DL1-32（二） |

三层定向型立体交叉口

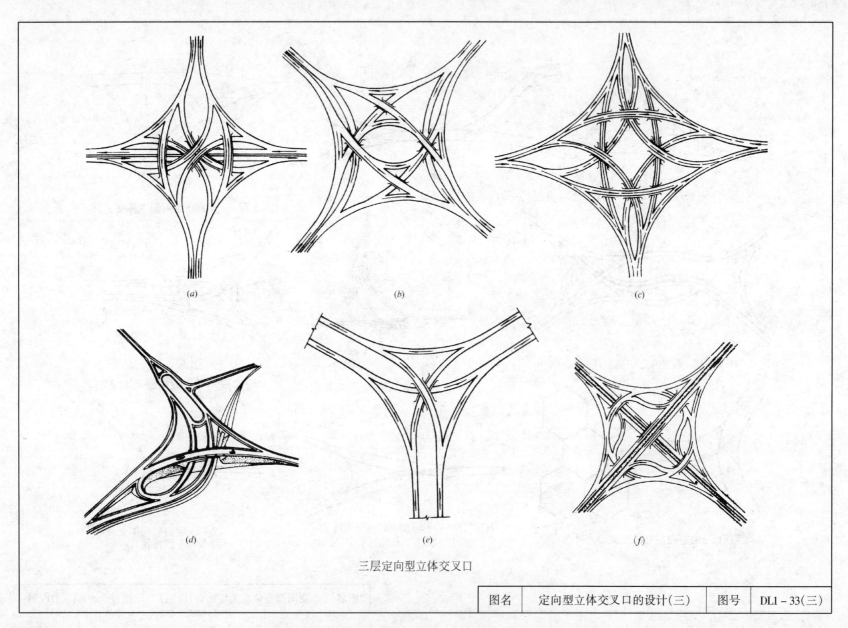

| 图名 | 定向型立体交叉口的设计(三) | 图号 | DL1-33(三) |

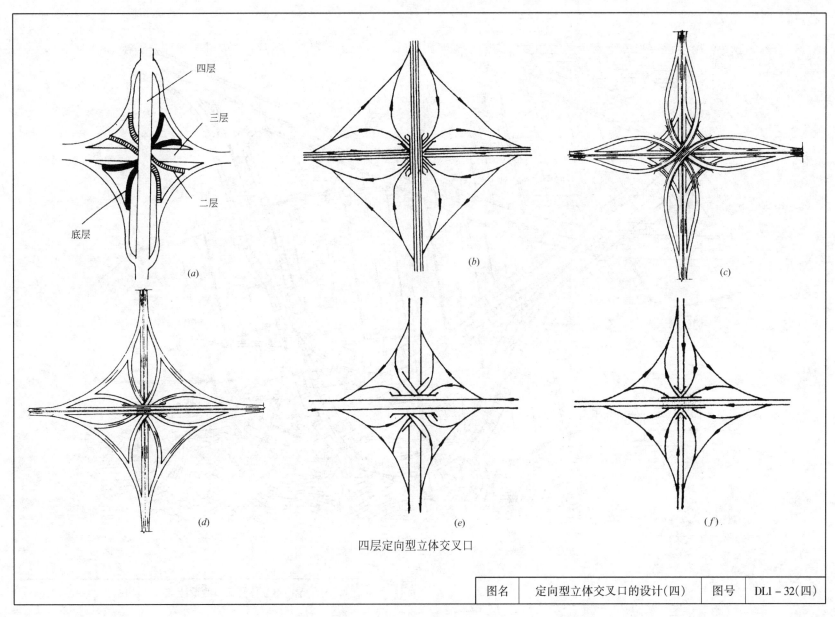

四层定向型立体交叉口

| 图名 | 定向型立体交叉口的设计(四) | 图号 | DL1-32(四) |

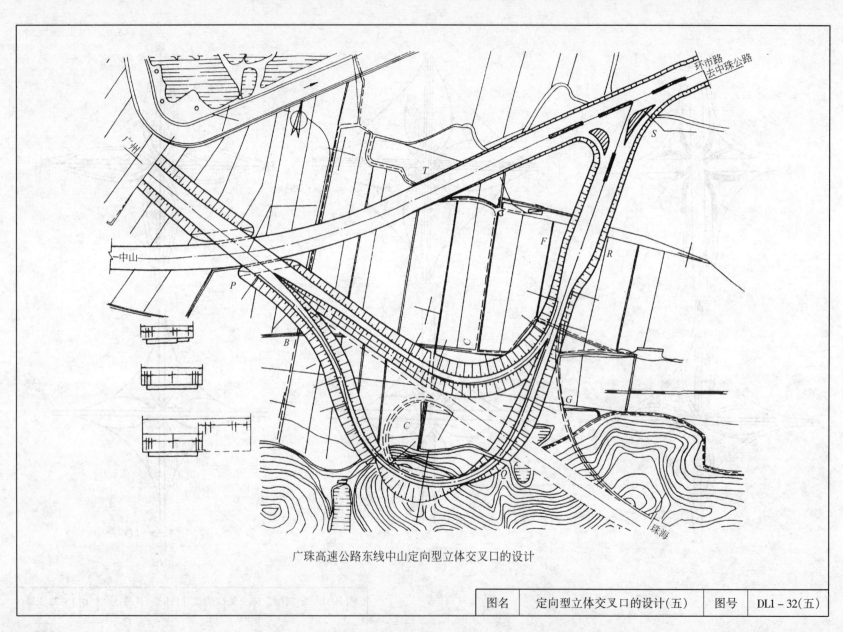

广珠高速公路东线中山定向型立体交叉口的设计

| 图名 | 定向型立体交叉口的设计(五) | 图号 | DL1-32(五) |

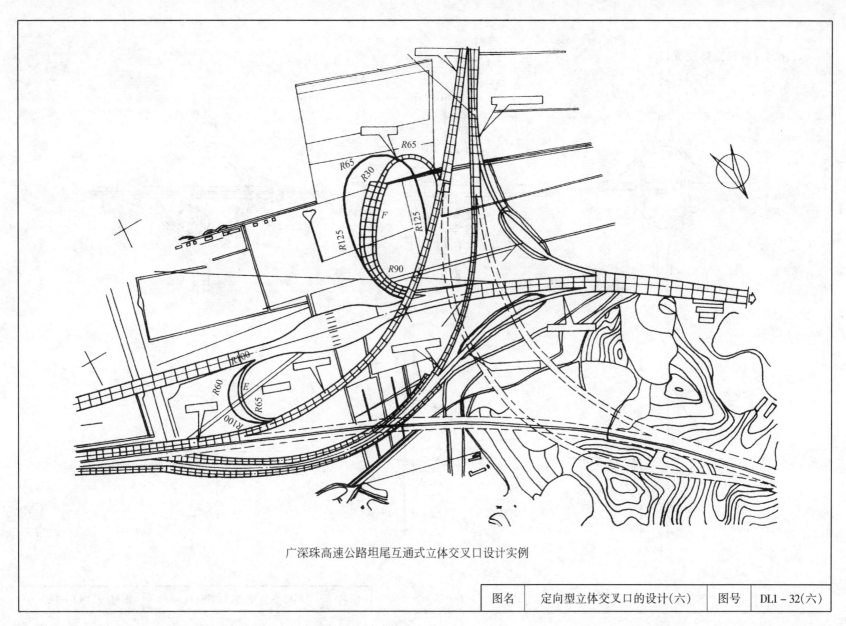

广深珠高速公路坦尾互通式立体交叉口设计实例

| 图名 | 定向型立体交叉口的设计(六) | 图号 | DL1-32(六) |

1.6.4 环形立体交叉口

(a) *(b)* *(c)*

(d) *(e)* *(f)*

| 图名 | 环形立体交叉口的设计（一） | 图号 | DL1-33（一） |

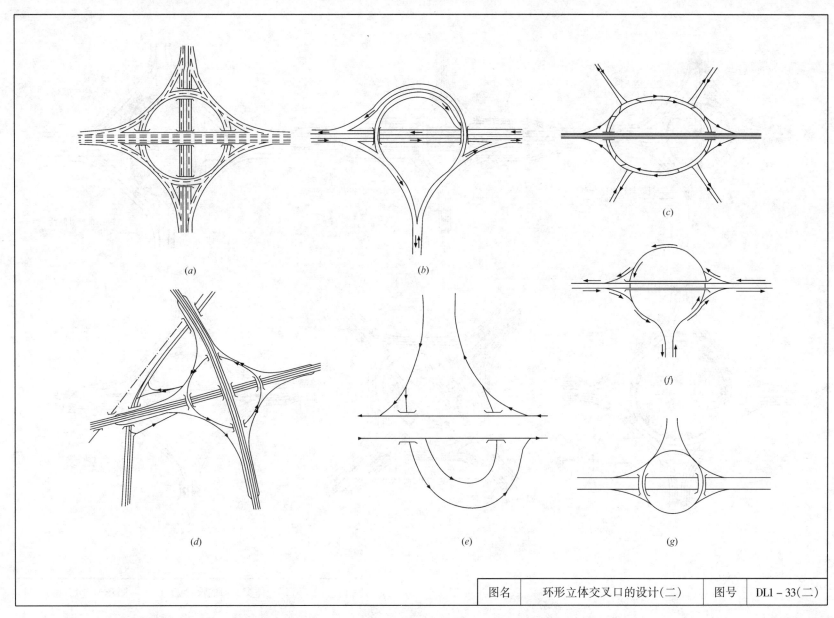

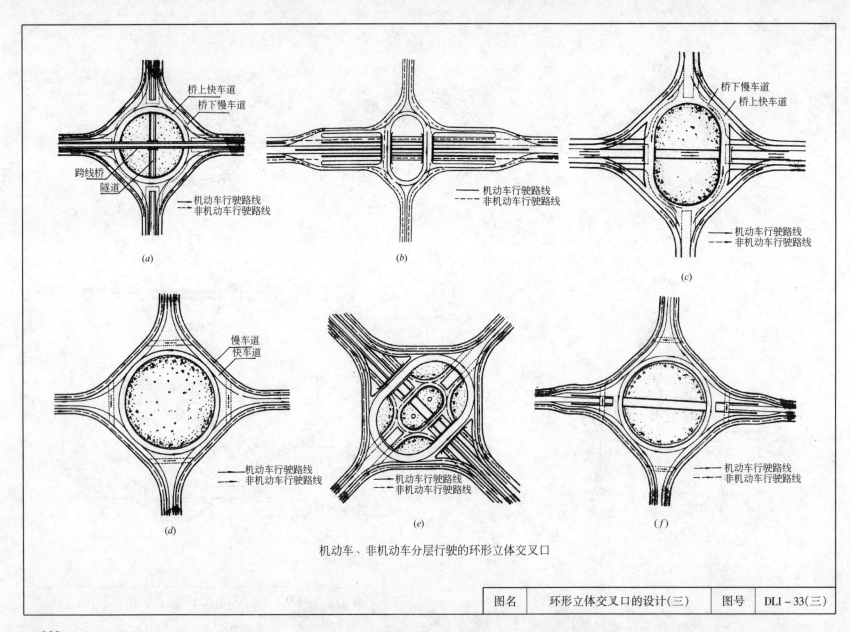

机动车、非机动车分层行驶的环形立体交叉口

| 图名 | 环形立体交叉口的设计(三) | 图号 | DL1-33(三) |

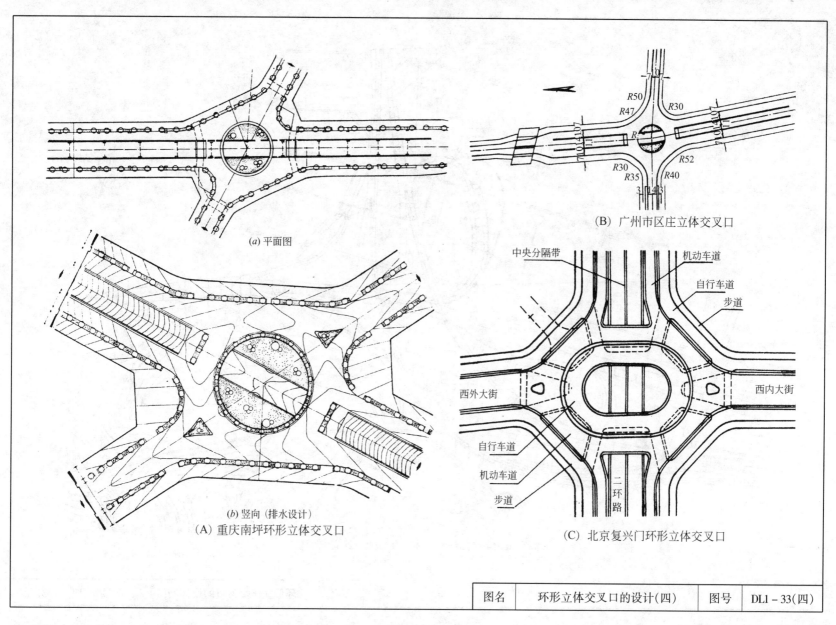

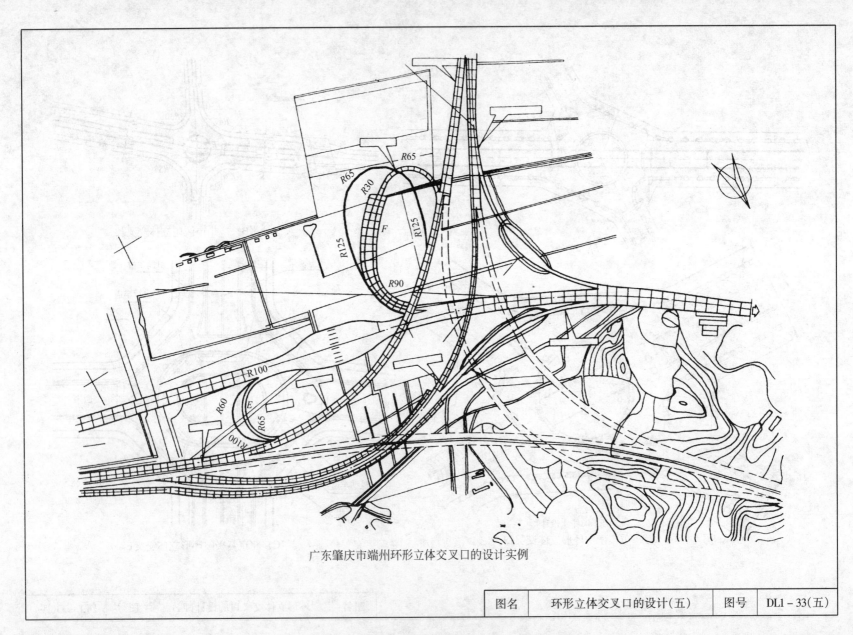

广东肇庆市端州环形立体交叉口的设计实例

| 图名 | 环形立体交叉口的设计(五) | 图号 | DL1-33(五) |

1.6.5 其他形立体交叉口

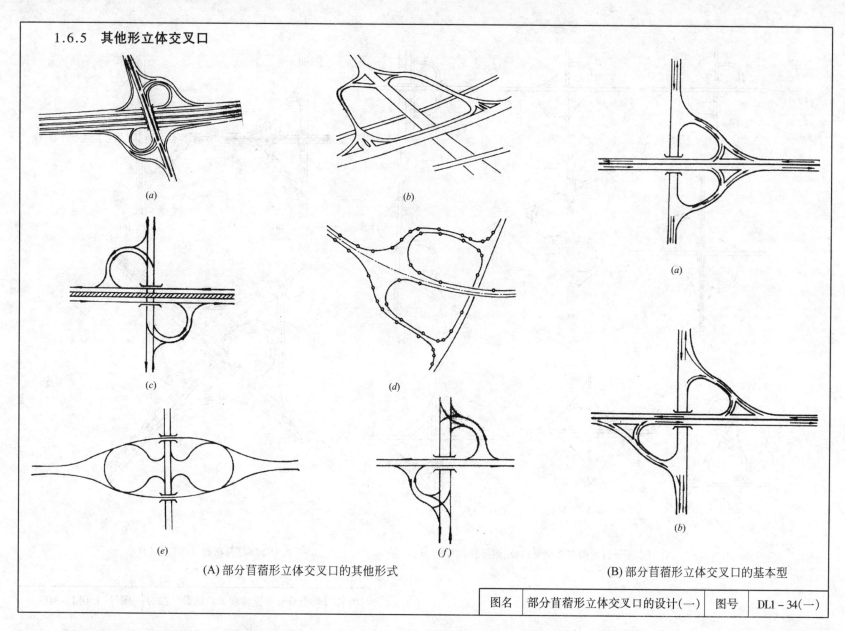

(A) 部分苜蓿形立体交叉口的其他形式

(B) 部分苜蓿形立体交叉口的基本型

| 图名 | 部分苜蓿形立体交叉口的设计(一) | 图号 | DL1-34(一) |

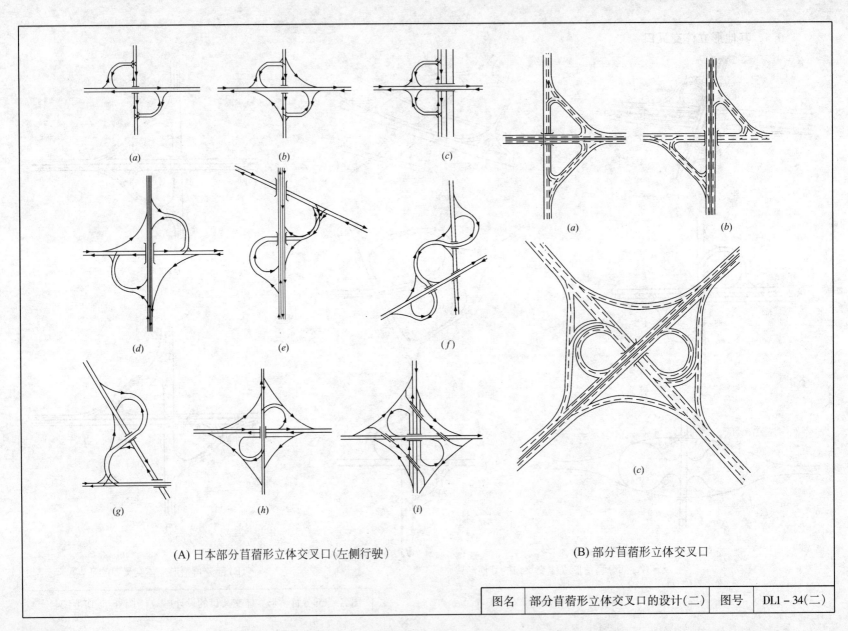

(A) 日本部分苜蓿形立体交叉口（左侧行驶）

(B) 部分苜蓿形立体交叉口

| 图名 | 部分苜蓿形立体交叉口的设计（二） | 图号 | DL1-34（二） |

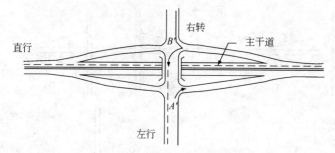

(a) 四个单向匝道的菱形立体交叉口
A'车辆入主干道，B'车辆出主干道，
保证主干道车辆畅通及转向

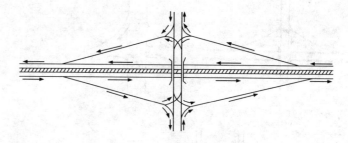

(b) 菱形立体交叉口的流向图

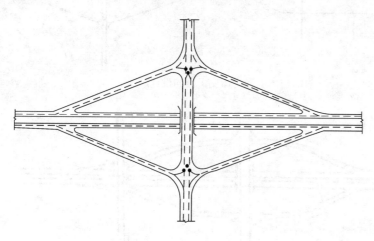

(c) 菱形立体交叉口示意图

菱形立体交叉口的交通组织是：直行车辆为立体交叉，右转弯车辆在匝道上行驶，左转弯车辆在次要道路上平面交叉。其特点是造型简单，占地少，桥形较直，行车速度较快。

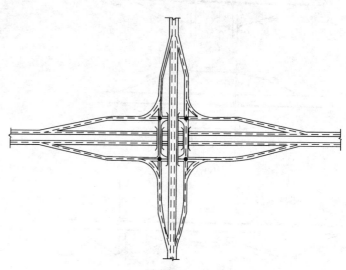

(d) 分离式菱形立体交叉口

这种交叉口的交通组织是：直行车为立交，右转车辆在匝道上行驶，左转车辆在次要干道上采用平面交叉的方式。它的造型简单，占地少，桥型为直线型，行车速度快，为城市立交中常见的一种形式

| 图名 | 菱形立体交叉口的设计 | 图号 | DL1－35 |

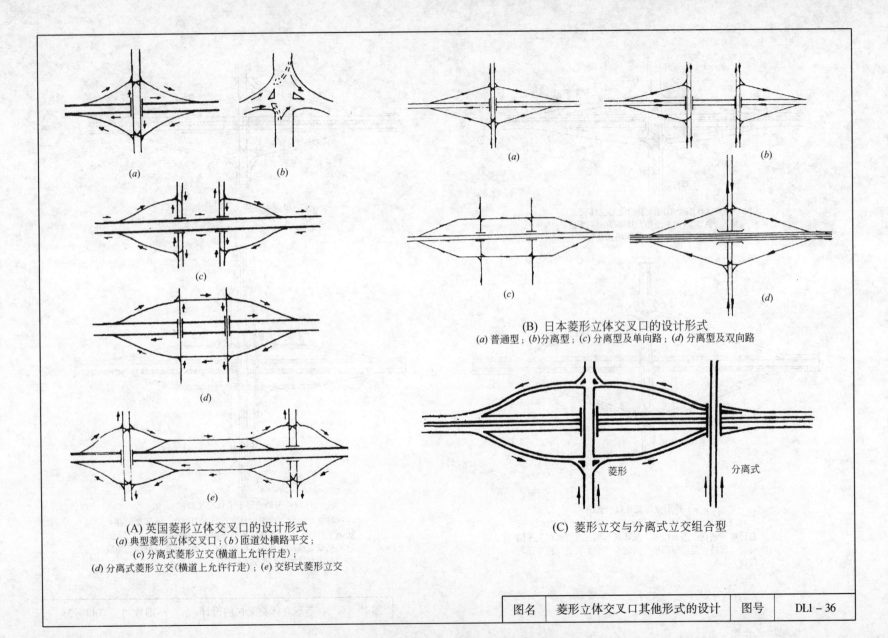

(B) 日本菱形立体交叉口的设计形式
(a) 普通型；(b) 分离型；(c) 分离型及单向路；(d) 分离型及双向路

(A) 英国菱形立体交叉口的设计形式
(a) 典型菱形立体交叉口；(b) 匝道处横路平交；
(c) 分离式菱形立交（横道上允许行走）；
(d) 分离式菱形立交（横道上允许行走）；(e) 交织式菱形立交

(C) 菱形立交与分离式立交组合型

| 图名 | 菱形立体交叉口其他形式的设计 | 图号 | DL1－36 |

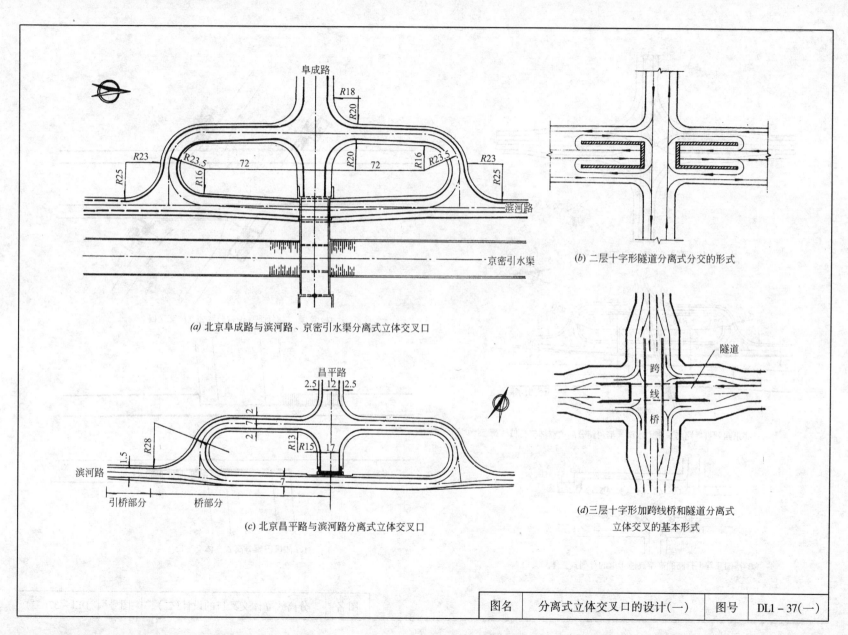

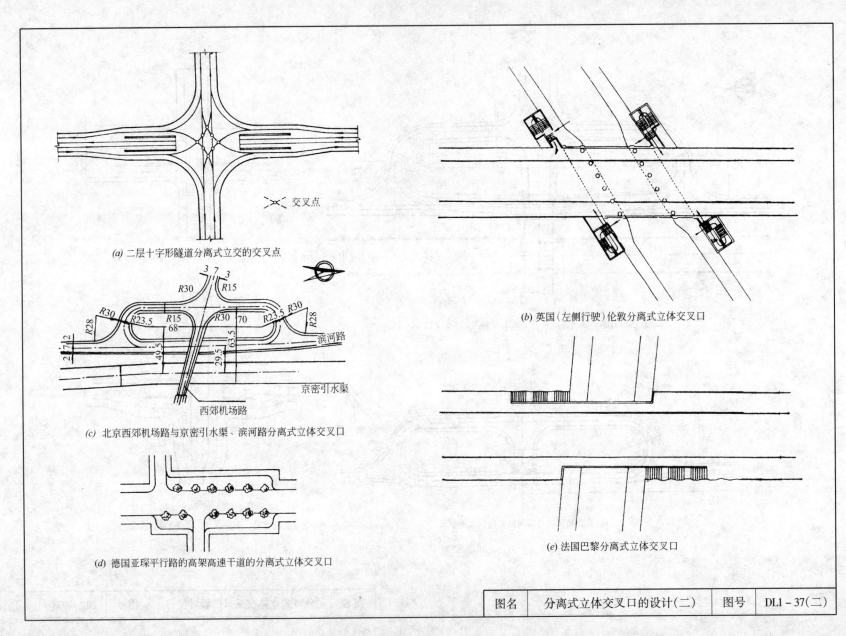

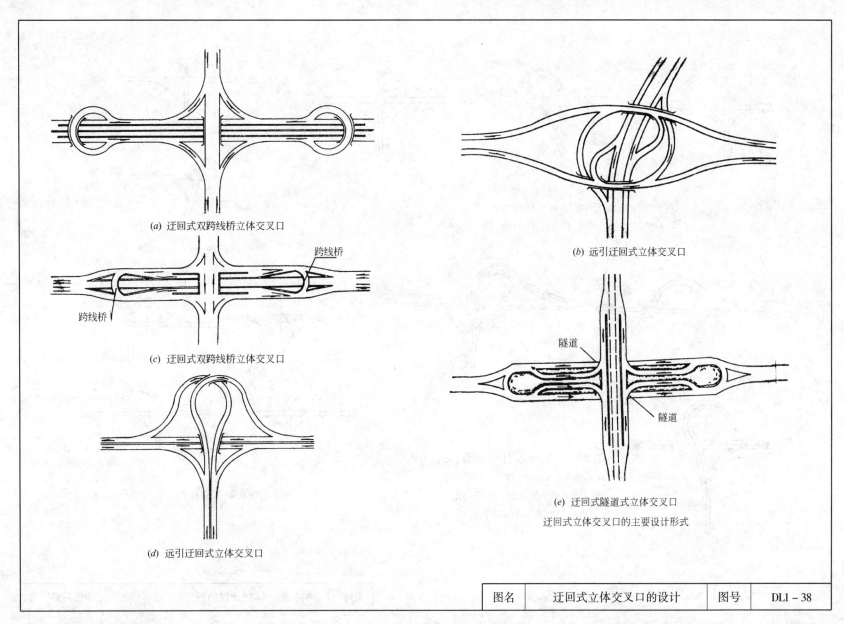

迂回式立体交叉口的主要设计形式

| 图名 | 迂回式立体交叉口的设计 | 图号 | DL1-38 |

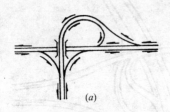 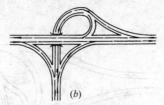 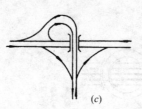 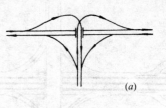

(A) 喇叭式立体交叉基本型

(a) 横路(主干道)在桥下,桥右设喇叭口;
(b) 横路(主干道)在桥上,桥右设喇叭口;(c) 桥左设喇叭口

(B) 双喇叭形立体交叉口

(日本,左侧行驶)

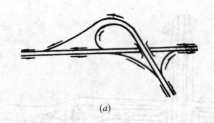 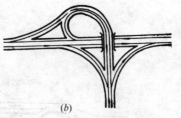 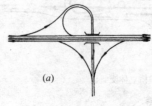 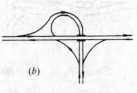

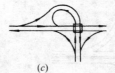 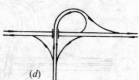

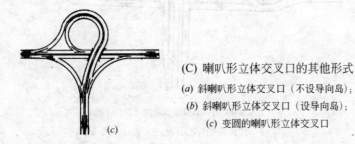

(C) 喇叭形立体交叉口的其他形式

(a) 斜喇叭形立体交叉口（不设导向岛）;
(b) 斜喇叭形立体交叉口（设导向岛）;
(c) 变圆的喇叭形立体交叉口

(D) 日本喇叭形立体交叉口

| 图名 | 喇叭形立体交叉口的设计(一) | 图号 | DL1-39(一) |

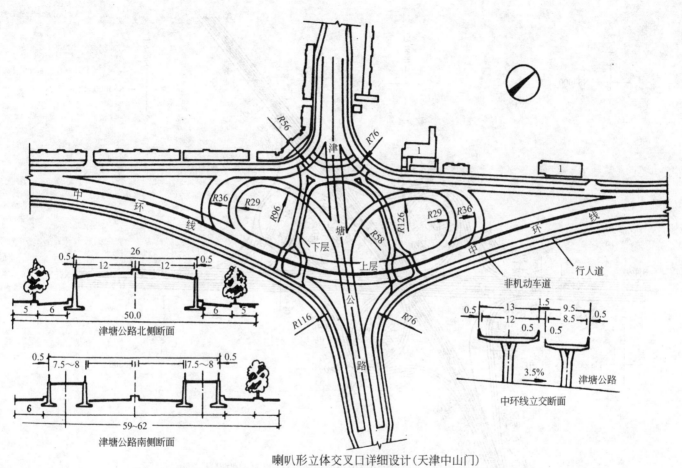

喇叭形立体交叉口详细设计（天津中山门）
天津中山门立交为三层（三桥）喇叭形立体交叉口，由8个匝道组成，匝道总长1371m，82孔，占地1.5ha，限荷20t，最小曲线半径250m，净高为5m。

| 图名 | 喇叭形立体交叉口的设计（二） | 图号 | DL1－39（二） |

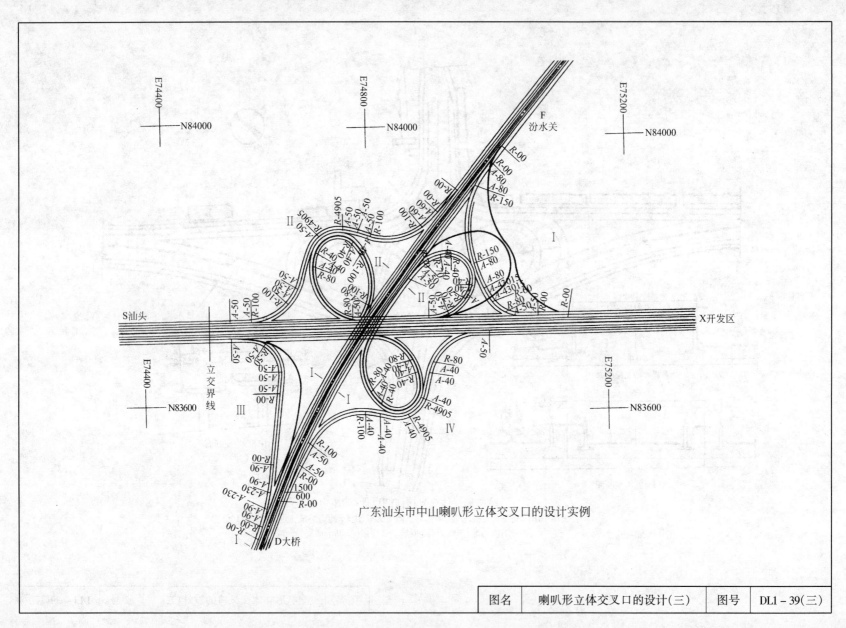

广东汕头市中山喇叭形立体交叉口的设计实例

| 图名 | 喇叭形立体交叉口的设计(三) | 图号 | DL1-39(三) |

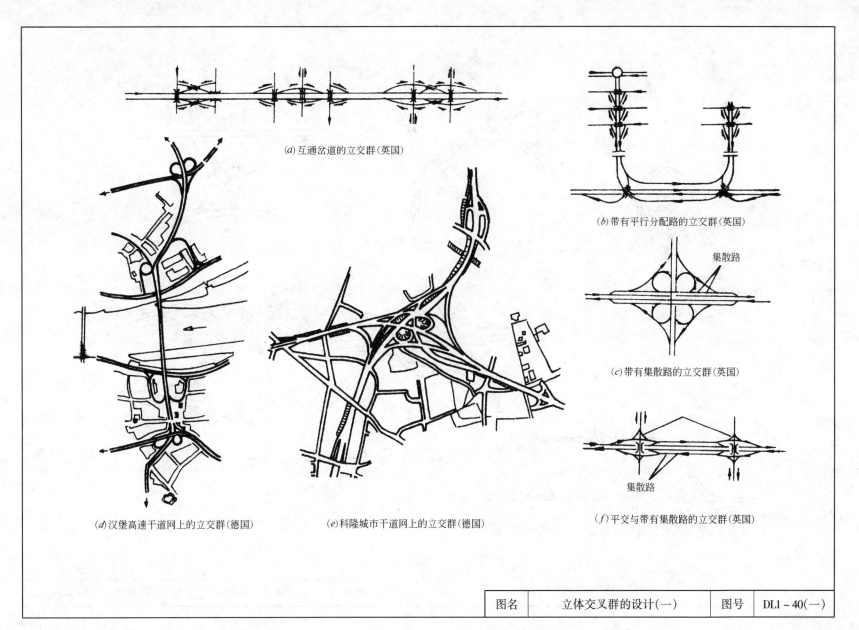

| 图名 | 立体交叉群的设计(一) | 图号 | DL1-40(一) |

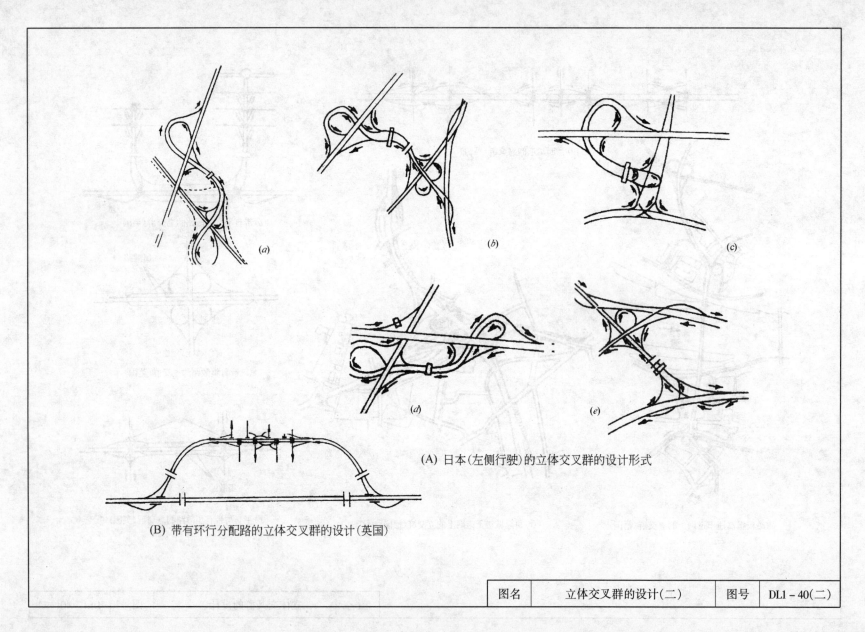

(A) 日本(左侧行驶)的立体交叉群的设计形式

(B) 带有环行分配路的立体交叉群的设计(英国)

| 图名 | 立体交叉群的设计(二) | 图号 | DL1-40(二) |

1.7 高架路

1.7.1 概述

1. 城市快速道路

在现代化大城市中,由于交通运输得到了空前的发展,城市规模的扩大,原有的街道以及交叉口的布局日益不相适应,对现代城市道路交通的设施建设提出了更新、更高、更严的要求。建设城市"快速路"及其"快速路网",是现代城市交通网的主要骨架,对提高城市交通运输的总体能力,已成为越来越多的大、中型城市所采取的重要措施。全国各地特别是大城市已基本建成或正在规划城市中的"快速路网",以提升城市的现代化交通的整体形象,提高行车速度和通行能力,缓解城市交通压力。

(1) 现代城市路网系统:根据我国《城市道路设计规范》(CJJ 37—1990)的有关规定:道路在路网中的地位、交通功能以及对沿线建筑物的服务功能等进行道路分类,城市道路分为四类:即快速路、主干路、次干路、支路。

大城市根据道路功能不同,城市路网系统一般可分为三个层次:快速路网系统、主干路网系统及配套路网系统(次干路、支路)。三个层次路网应有合理比例,一般为1:2:10(3+7)。快速路成网后,借助主干路网及配套路网,任意点可以方便地进入快速路系统,能有效均衡交通流,分流阻塞节点的交通,形成以快速路为骨干的大容量、高效的路网。

(2) 城市快速路的主要功能与特点:城市快速路系统一般由环路和放射线组成,大多数城市在进行城市快速路网的布局时都采用这种模式,比如北京市城市快速路网布置为五环十五射,其中北京二环路工程有30座立交(图A),天津市城市快速路网布置为三环十四射(图B),广州市城市快速路网布置为二环七射(图C),上海市城市快速路网布置为三环十射(图D)等。由于大城市中心城用地极为紧张,在规划设计快速路中,也有拓展空间增加容量建高架快速路。考虑到尽量减少交通对城市中心区的压力以及对城市布局的影响,一般很少在城市中心区布置快速路。

1) 城市快速路应具有以下主要功能:满足较长距离、大运量的交通需求,使城市联系更紧密;完善路网层次,调整城市路网交通量,使路网交通量分配更合理;有效衔接城市内外交通,减少过境交通对城市中心区交通压力;

有利于建立城市快速公交系统;带动沿线土地开发利用,形成城市建设风景带等功能。

2) 城市快速路具有自身的显著特点:即运输量大、能连续快速、便于控制出入、汽车专用、交通组织较复杂、需配套建设辅路系统、景观、环境要求较高。

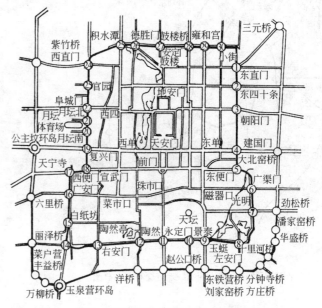

图 A 北京市二环路工程示意图

1—东直门桥;2—东四十条桥;3—朝阳门桥;4—建国门桥;5—东便门桥;
6—广渠门桥;7—光明桥;8—左安门桥;9—玉蜓桥;10—景泰桥;
11—永定门桥;12—陶然桥;13—右安门桥;14—菜户营桥;
15—白纸坊桥;16—广安门桥;17—天宁寺桥;18—西便门桥;
19—复兴门桥;20—月坛南桥;21—月坛北桥;22—阜城门桥;
23—官园桥;24—西直门桥;25—积永潭桥;26—德胜门桥;
27—鼓楼桥;28—安定门桥;29—雍和宫桥;30—小街桥

| 图名 | 城市高架路的特点与技术标准(一) | 图号 | DL1-41(一) |

道路则视野开阔,空气清新、行车舒适。因此欧美各国四十年前即已开始发展高架道路。日本、香港也有 20~30 年的经验。我国广州市于 1987 年 9 月修建了第一条高架桥。即人民路高架桥,至现在也有近 20 年的设计与施工的经验。高架路的优越性:利用现有道路空间增加路网容量;强化主干线的交通功能,交通分流;提高车速,提高通行能力和运输效率;高架路沿线交叉口上相交道路车流畅无阻;分期建设高架路有利于分期投资。但"利""弊"并存,高架路通常会对沿线环境造成影响。因此建设高架路,一定要首先在规划、设计上能保证给予必要的、合理的道路横断面宽度和线形标准,符合城市快速路的标准要求,并与地面道路能有较好的结合。

总之,一个城市建设高架路与否,主要是根据每个城市的城市形态、交通发展需求、用地范围及地形条件、互通立交设置、与地面道路连接、周围环境协调等因素,进行全面、综合分析比较,并应采取有效的措施,以尽量减少高架路对沿线环境造成的影响和破坏。

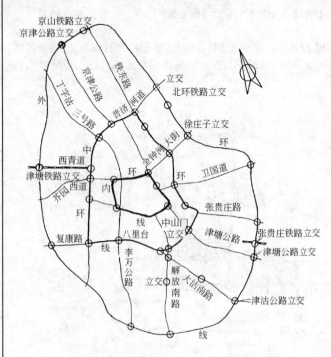

图B 天津市三环十四射线上立交布置示意图

(3) 城市高架路:城市高架路是城市快速路的一种特殊形式,城市高架路也是城市快速路网重要的组成部分之一。高架道路是用高出地面 6m 以上(净高架桥梁结构高度)的系列桥梁组成的城市空间道路,与地下道路相比,虽两者均可负担客、货运输,能与地面道路衔接,但造价则比地下铁道便宜。现行双向双车道地下道路(如隧道)易撞车,一旦发生交通事故,不安全,难以疏导,地道内空气污染大,并且地下道路较难构成多层互通立交。相比之下,高架

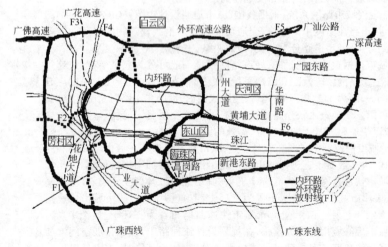

图C 广州市内环路放射线工程示意图

| 图名 | 城市高架路的特点与技术标准(二) | 图号 | DL1-41(二) |

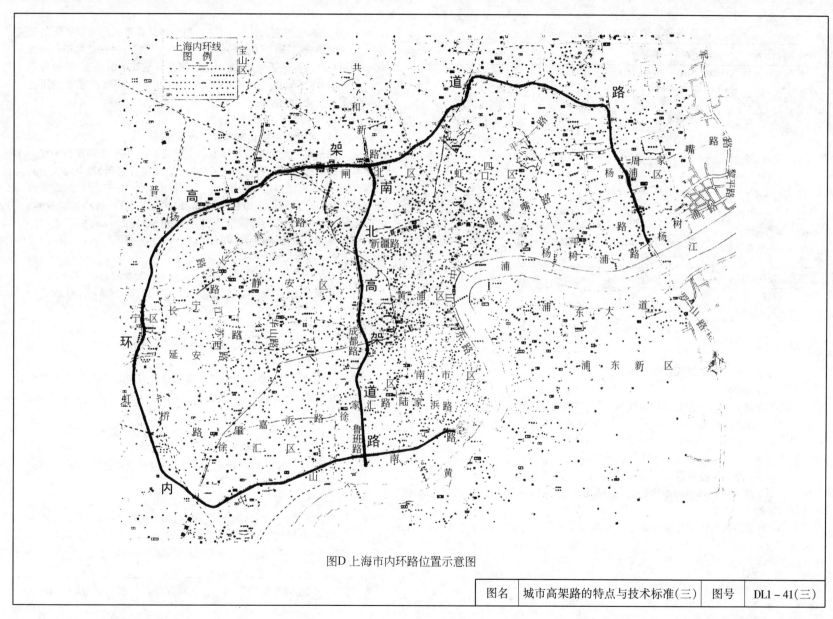

图D 上海市内环路位置示意图

| 图名 | 城市高架路的特点与技术标准(三) | 图号 | DL1-41(三) |

各种交通工程设施技术经济比较

项　目		地面道路	高架道路	地下道路	轻　轨	地下铁道
实际通行能力 (辆/时)		1500~2400 (3~4车道)	4000~6000 (3~4车道)	1400 (双向双车道)	随所挂列车 箱数而定	同左
单线运载能力 (万人次/时)		1	1	1	1~1.5(混合车行道) 2~2.5(独立路基) 4~4.5(高架或地下)	4~6
实际平均车速 (km/h)		15~18	40~45	25	25~40	35~40
交通功能		客货兼运 机非均行	客货兼运 汽车专用	同左	市区至近郊 客　运	市内客运
公害	噪声(dB) 空气污染	84.8	81.6(桥下路面)72.1(桥面上)桥下污染	81.2~90.0 隧道内大 气污染	影响周围环境 无污染	对周围 环境无 影响
投资回收期(年)		8	8~10	20		30
投资 (亿元/公里)³		0.04~0.4	0.6~0.7	0.8~1	2	5~7
成本 (元/客位公里)		1	2	3	4	5

上表为五种交通工程设施的技术比较。

2. 高架路网

高架路网是城市快速路网的组成部分,高架路网应具有如下主要特征:

(1) 高架路网是城市内全封闭、全立交的快速道路系统,由城市快速路和城市主干路等级所构成的骨架路网。

(2) 城市高架路网一般由城区高架路、环城高架路及入城高架路组成。

(3) 高架路网快速道路系统,高架道路与高架道路之间通过互通式立交,高架道路与地面道路通过接地匝道组织交通,实现高架与高架快速连续交通,高架与地面二个层面贯通。

(4) 高架路网与相交的地面城市快速路和主干路应有较好的衔接,高架路与地面城市快速路相交,应设置互通式立交,与地面城市主干路相交,宜设置立交或跨线桥。

(5) 高架路网的地面道路,一般由高架道路和高架道路下的地面道路组成,其地面道路等级宜为城市主干路。为保证高架与地面的通行能力和交通畅通,地面道路应具有足够断面车道,一般为路段双向6~8车道,最少不小于双向4车道。宜实施机动车专用道及贯彻公交优先原则。

3. 高架路的主要技术标准

(1) 高架路等级标准及计算行车速度

高架路一般由高架与地面二个层面组成,高架道路层面为城市快速路标准,计算行车速度按《城市道路设计规范》取用80km/h、60km/h;地面道路层面为城市主干路标准,计算行车速度按《城市道路设计规范》,取用Ⅰ级标准60km/h、50km/h,旧城道路拓宽改建,受特殊条件限制时,可以取用Ⅱ级标准50km/h、40km/h;匝道计算行车速度可取用40km/h、30km/h。

(2) 荷载标准

高架桥及匝道桥　城—B级,或汽车—20级,挂车—100。

地面桥涵　城—A级,或汽车—超20级,挂车—120或挂—4200。

路面结构设计　BZZ—100。

(3) 通行净高≥4.5m,如有特殊要求,可另行确定。

(4) 排水设计

高架道路的路面排水设计标准按暴雨重现期2年,径流系数采用0.9,地面道路的设计标准按暴雨重现期1年,径流系数采用0.8~0.50。

起始管段集水时间,地面道路15min,高架道路5min。

4. 高架路环境影响评价

评价内容:大气环境影响评价、声环境影响评价、日照环境影响评价、振动环境影响评价。

评价范围:按评价内容分别确定。

评价标准:《大气环境质量标准》GB 3095—1996;《国家城市区域环境噪声标准》GB 3096—1993;《城市区域环境振动标准》GB 10070—1998;《汽车定置噪声限值》GB 16170—1996等。

图名	城市高架路的特点与技术标准(四)	图号	DL1-41(四)

1.7.2 高架路的设置条件与原则

1. 概述

大、中型城市的高架路通常是沿着原来的道路轴线设置,即设置在原路幅之内,设置匝道处,则需拓宽原路的部分路段。桥下中央为桥墩,两侧可供地面道路车辆行驶,实际上是全线简易立交的连续。由于高架路沿街道轴线建造,一般都有碍城市的景观和环境的保护,因此,在选线时应服从整个城市规划、交通规划和路网总体布局的要求。并且必须进行可行性研究,其内容包括调查沿线交通流量、流向,按递增率预测增长量,分配地面与高架流量;分析和评述工程规模、投资和经济效益。一般情况下,高架路规模设计程序可见下图。

2. 设置条件

(1) 凡属需要设置高架干道的道路,其等级应该属于快速路,或至少是主干线路。高架路可呈十字线或呈环状线,但不强求建成高架网络,并非所有快速干道均需设置高架干道。如若目前沿线为低层建筑物,日后有拆迁改造可能,交叉口间距具有 800~1200m 长的路段,不一定设置高架道路。如上海内环路浦东地段即不建高架道路;广州市人民路虽已建高架路,而人民北路段却用拓宽车行道方法与之衔接。

(2) 交通量大。交通量是设置高架路的定量指标,具有一定量的交通流量才能使高架路发挥更大的经济效益,全线交通条件低劣,已无法采用其他工程设施或交通管理措施来改善交通的主要干道,可以设置高架路。如广州市的人民路高架是为了疏通南北方向交通改善中心区的交通而修建的。

(3) 全线交叉口数目较多(4~5 个/km),交叉口间距 <200m,相交道路中有 80%以上属于次干道或支路的交通干道可以建高架道路(如下图)。交叉口数目越多,建立高架连续简易立交后越能发挥因避免停车而获得的运输经济效益。如果沿线与主干道相交较多,则势必要多建造上下匝道供车辆向地面转向,则高架干道的造价随之增加,而高架路上的交通速度与效率也因车辆过多上下和交换车位而受到影响。

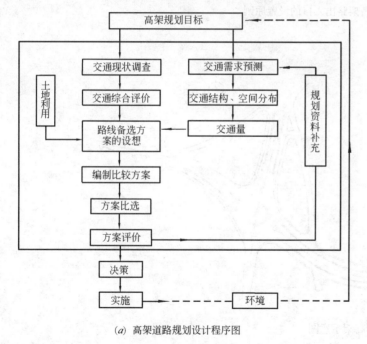

(a) 高架道路规划设计程序图

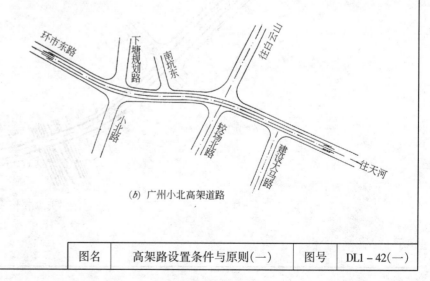

(b) 广州小北高架道路

| 图名 | 高架路设置条件与原则(一) | 图号 | DL1-42(一) |

127

(4) 在交叉口上直行车辆占路口总交通量的比重较大(85%~95%),沿线交叉口交通状况均属低劣的干道,必要时也可设置短程高架连续立交,以改善交叉口的交通,使直行车通行无阻。广州小北路高架路(见上图)即属此例。

(5) 在跨越河流或铁路的桥梁引道两端的交叉口车辆既多,而交叉口距桥台间距又短的道路上,宜将引道建成高架桥,以便跨过数个交叉口。如上海吴淞路闸桥除跨越苏州河外还跨过北苏州路、天潼路和闵行路。又如,天津十一经路跨越铁路的前后又相继跨越两条干线(见下图)。

3. 选线原则

(1) 在选择高架路的线路时,为保证高架路交通的快速和通畅,不宜选择线型标准过低的道路或过于曲折的河道,除非沿线允许截弯取直。其评价指标应使直线段长度占全线长度比例隔>60%,或平曲线半径大于相应设计车速所允许的最小半径。

(2) 为减少高架路对沿街建筑物的通风、采光、噪声等不利影响,高架路边缘距房屋至少应有7m以上的距离,故高架路不宜选在沿街的住宅建筑的道路上。如上海市北京路线形虽较机动车专用道路延安路线形平直,但红线宽度较狭,沿线的住宅多,故规划中未列入高架干道系统。

(3) 为了充分发挥因提高车速而获得的运输经济效益,高架干道全程不宜太短,但也不必盲目求长。过长的干道势必经过较多的交叉口,设置匝道过多又必将导致横向拆迁房屋。通常在交通枢纽尽端式的大城市,穿越市中心区的远程交通量并不多,故高架路宜选择在远程交通比例较大的交通干线上,以利发挥高架路的经济效益。

(4) 高架路距自然风景区、文物保护、古建筑所在地应保持一定距离,避免路线对环境保护区的影响,在水道通过时要尽量与河流边际线的走向配合。

4. 高架路出入口的设置原则

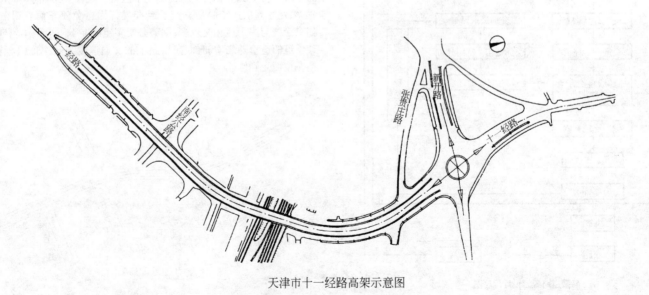

天津市十一经路高架示意图

| 图名 | 高架路设置条件与原则(二) | 图号 | DL1-42(二) |

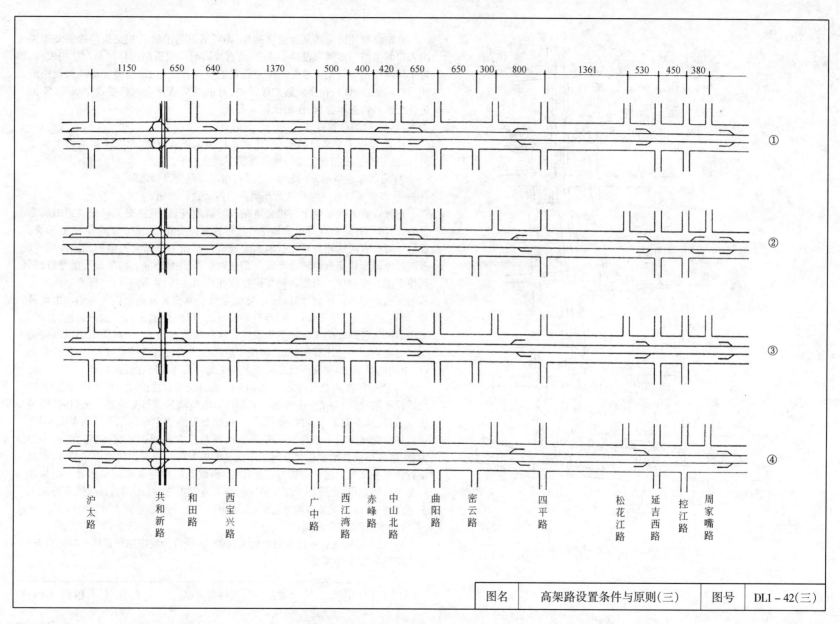

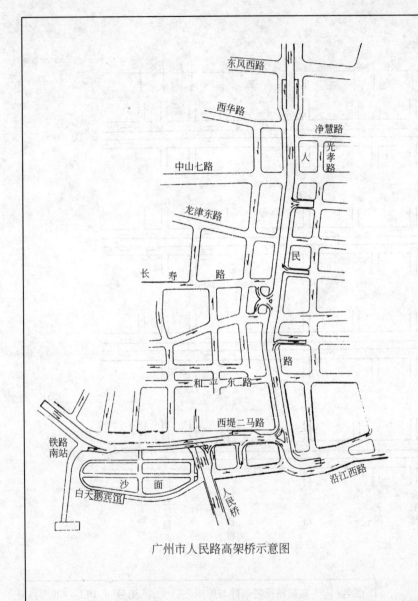

广州市人民路高架桥示意图

高架路与地面道路靠匝道来卸接,即匝道是为沿线及相交道路提供高架路出入口的道路。匝道布设的多或少,将直接影响高架道路的作用和功能的发挥,对工程的使用效益至关重要。匝道设置的位置合理与否,也将影响高架道路的使用与功能。所以,在高架路的设计中,对沿线交通及出入口要逐个研究,实地进行交通量调查和分析,作出比较方案。

(1) 匝道的布置方式:

1) 匝道设于交叉口的前后:在交叉口前设下坡匝道,出交叉口后设上坡匝道,以便车辆进出相交道路。这种布置方式适用于:

① 沿线单位进出车辆较少的路段(指相邻两交叉口之间);

② 该交叉口有一定量转弯车辆需与高架道路互通。

这种设置方式虽便于与相交道路及时就地互通,但使交叉口交通组织极为复杂,即除原有地面直行车流和左转弯车流有冲突外(无信号灯时有16处冲突,设信号灯时有两处冲突),还有地面交通直行车流上下高架匝道的相互冲突,以及高架匝道至相交道路转弯车流与前述两组车流的冲突。如果设置信号灯,则可使车流冲突减少。倘若高架车流排队在匝道上等候,则不利于高架干道出入口的交通。如不设置信号灯,则冲突点为原平面交叉冲突点的1.8倍。由此可见,高架路沿线与交叉口相遇,不宜多设匝道,以免匝道出入形成的合流、分流、交织、冲突,使地面交叉口处更为混乱。这种匝道的设置,使高架道路对解决交叉口交通问题的使用有所削弱,解决交通混乱的措施是设信号灯,甚至禁止左转弯,由此也说明,相同高等级道路的主要交叉口仍要建造互通式立交。

2) 匝道设在两交叉口之间的路段上:在进交叉口之前设上坡匝道,在交叉口之后设下坡匝道(与第一种布置方式相反),以使高架直行车流达交叉口时,跨越该交叉口,而不能下来(可以提前下)。由相交道路欲上至高架干道的车流,则在通过平面交叉口后一段距离上匝道。这种布置方式减少了交叉口处的额外冲突,使高架车流与地面相交方向的车流真正成为简易立交。交通秩序较好,但高架行驶率会降低。这种布置方式适用于:沿线有较多企业单位车辆要上高架作远程出行的地段;还适用于相交道路转弯交通比重相对较大的,宜疏散至路段上上下匝道,以减少交叉口的交通混乱,即解决了第一种布置方式弊病的措施。

(2) 匝道的布置原则:

1) 出入口的设置应以交通规划为前提,必须符合城市路网总体布局的需要,适应交通量发展的需要;

| 图名 | 高架路设置条件与原则(四) | 图号 | DL1-42(四) |

2) 匝道位置的选定应根据实际情况考虑到实施的必要性与可能性,前者指交通流量的上下与转换,后者指用地的可能性。如广州市人民路高架桥匝道不求成对,有的为单向,有的弯到相交道路上,以减少车流冲突(见上图);

3) 保证高架路的快速行车要求。匝道的设置与否及其设置方式对不同等级道路的交叉口,应区别对待:

① 高架道路与一般道路或支路相交,应不设上下坡匝道,以提高高架干道的车速和通行能力;

② 与主要干道相交,可设置上下坡匝道,但应控制一定的车流比例。超过之,则宜设置三层或简易立交。这类匝道间距,在市区宜控制在1.5km;

③ 高架道路和快速道路或高架道路相交,应采用互通式立交。国外控制间距为3km,并应事先做好交通量预测。立交型式的正确选择,下图为上海市内环线高架与漕溪路立交的平面。

无论高架道路与何种等级道路相交,在交叉口处均应合理安排桥墩位置,以保证地面车流的左转弯。设置有匝道的交叉口,至少应拓宽长度至200m,并应进行交叉口拓宽与渠化设计。总而言之,因地制宜地在路段中间使匝道与地面道路合流、分流,或采取匝道伸向横向道路的布置。如广州人民路高架平面图均是可取的方案。上海内环线高架匝道布置(见下图)。

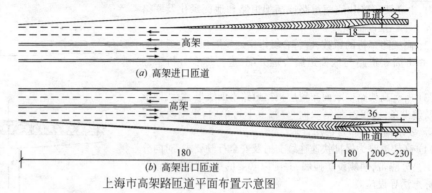

上海市高架路匝道平面布置示意图

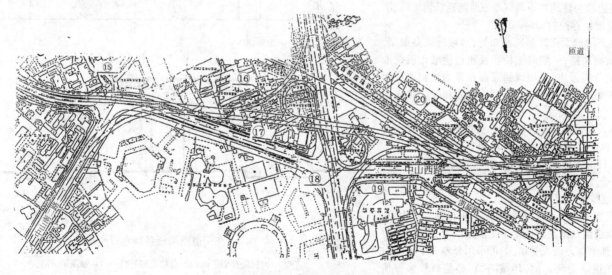

上海市漕溪路高架道路示意图

| 图名 | 高架路设置条件与原则(五) | 图号 | DL1-42(五) |

1.7.3 高架路横断面的设计

1. 设计原则

(1) 城市高架路的横断面设计,主要按照道路规划红线宽度范围内,由高架道路和地面道路或高架道路和地面绿化及联络道路等上下二层断面组成。

(2) 高架路车行的道数,应符合城市交通发展预测交通量的需求,并由高架道路与地面道路合理分配,进行综合分析来确定。

(3) 所有高架路横断面布置应根据道路平面线形,沿线地形地物及建设条件,可有整幅双向、分幅上下行单向、半幅及双层高架等,要求横断面布置选用合理。

(4) 高架道路为保证快速连续交通及安全行驶要求,对向分隔设中央分隔带,两侧设防撞墙,并配以必要的中央防眩设施及轮廓标志诱导设施。

(5) 高架道路边缘与建筑物距离应考虑两侧建筑物消防、维修以及高架路本身维修养护的需要。

(6) 高架道路下的地面道路横断面布置,市域环城高架路、城区高架路及入城高架路,一般高架桥墩及匝道桥墩布设在地面道路中央及两侧分隔带内,地面道路断面布置为两幅路或四幅路形式。首先考虑机动车专用道,以交通功能和公交优先为主。

(7) 高速公路入城段高架路,其地面布置以绿化为主及为沟通地面道路,设置纵横联络道路,应以环境服务功能为主。

(8) 横断面设计应近远期结合,使近期工程成为远期工程的组成部分,并预留管线位置。

2. 高架路路幅布置形式

高架路路幅布置形式,一般以整幅双向断面布置形式为主,而且高架路由高架道路及地面道路上下二层组成。在道路路幅中央分隔带较宽,地形高差较大等情况,可采用分幅上下的单向断面布置形式。在道路沿河走向,环城路"T"型路口较多等情况,可采用半幅高架路断面形式。在高架路与轨道交通一体化等情况,可采用双层高架断面布置形式。

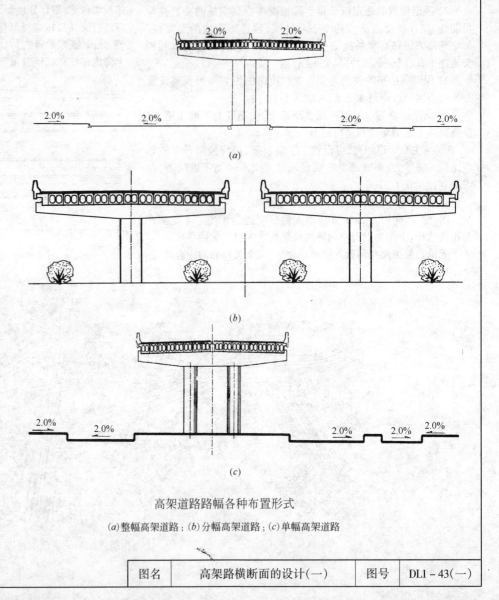

高架道路路幅各种布置形式

(a) 整幅高架道路;(b) 分幅高架道路;(c) 单幅高架道路

| 图名 | 高架路横断面的设计(一) | 图号 | DL1-43(一) |

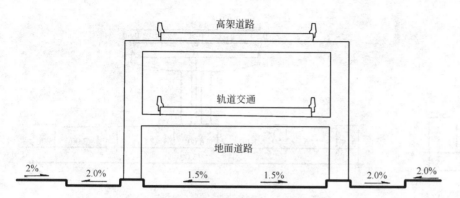

(a) 高架道路路幅各种布置形式（双层高架道路）

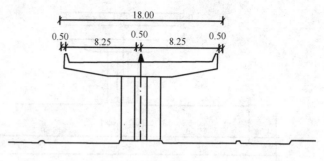

(b) 标准路段断面
双向车道度布置3.75m及3.5m各2条，中央分隔墙宽为0.5m；每侧路缘带宽宽0.5m，两侧安全防撞墙各宽0.5m。双向4车道高架道路总宽度为18.0m。

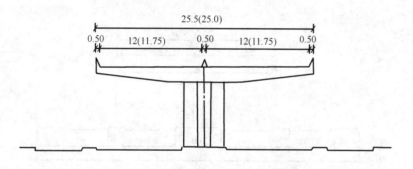

(c) 高架道路双向6车道断面示例
高架道路双向6车道标准路段断面，双向车道宽度布置4条3.75m，2条3.5m，中央分隔墙宽0.5m，每侧路缘带宽0.5m，两侧安全防撞墙各宽0.5m。双向6车道高架道路总宽度为25.5m。双向车道宽度布置2条3.75m，4条3.5m时，其余同上布置，双向6车道高架道路总宽度也可为25.0m。

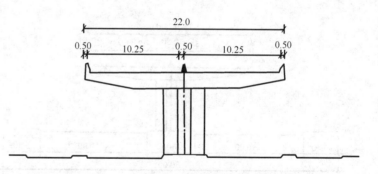

(d) 紧急停车带路段断面
双向车道宽度布置3.75m及3.5m各2条，中央分隔墙宽为0.5m，左侧路缘带宽为0.5m，两侧紧急停车带各宽2.5m，两侧安全防撞墙各宽0.5m，双向4车道+紧急停车带总宽度为22.0m。

| 图名 | 高架路横断面的设计（二） | 图号 | DL1-43（二） |

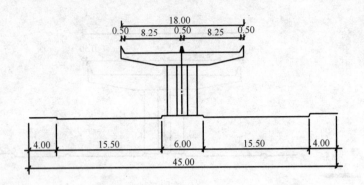

(a) 规划红线宽度45m示例(一)

规划红线宽度45m,高架桥墩处设中央分隔带,可采用两幅路或四幅路布置形式。两幅路布置形式,中央分隔带宽度6m,两侧机动车道各为15.5m、两侧人行道(含绿化带)各为4.0m。

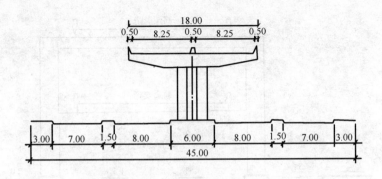

(b) 规划红线宽度45m示例(二)

规划红线宽度45m,高架桥墩处设中央分隔带,可采用四幅路布置形式,中央分隔带宽度6m,两侧机动车道各为8m。两侧分隔带各为1.5m,两侧辅道各为7m,两侧人行道各为3.0m。

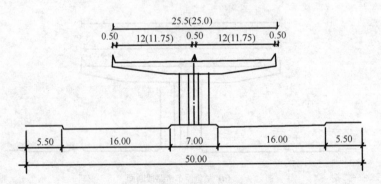

(c) 规划红线宽度50m示例(一)

规划红线宽度50m,高架桥墩处设中央分隔带,可采用两幅路或四幅路布置形式。两幅路布置形式,中央分隔带宽度7m,两侧机动车道各为16m,两侧人行道(含绿化带)各为5.5m。

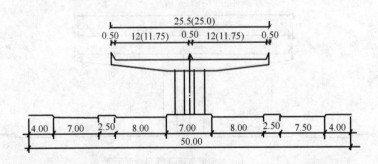

(d) 规划红线宽度50m示例(二)

四幅路布置形式,中央分隔带宽度7m,两侧机动车道各为8.0m,两侧分隔带各为2.5m,两侧辅道各为7.0m。两侧人行道各为4.0m。

| 图名 | 高架路横断面的设计(三) | 图号 | DL1-43(三) |

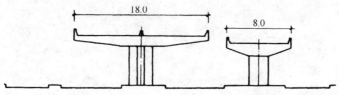

(a) 高架路匝道断面布置示例(一)

单车道匝道按《城市道路设计规范》路面宽度不应小于7m的要求布置，具体布置组成：3.75m车道1条，路缘带宽0.25m，紧急停车带宽3.0m，两侧安全防撞墙各宽0.5m，则单车道匝道总宽度为8.0m。

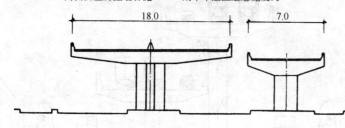

(b) 高架路匝道断面布置示例(二)

在有困难时并以小型客车交通为主情况，可布置为3.5m车道1条，紧急停车带宽2.5m，两侧安全防撞墙各宽0.5m，单车道匝道路面宽度6.0m，单车道匝道总宽度7.0m。

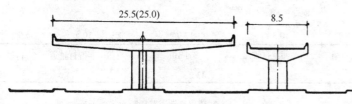

(c) 高架路匝道断面布置示例(三)

双车道匝道，3.5m车道2条，路缘带宽各0.25m，路面宽度为7.5m。两侧安全防撞墙各宽0.5m，双车道匝道总宽度为8.5m。

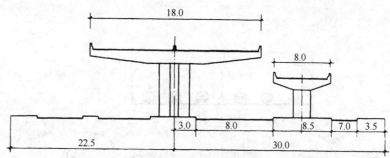

(d) 地面道路有匝道路段布置示例(一)

规划红线有匝道路段宽度60m，四幅路断面布置形式，中央分隔带宽度6m，两侧机动车道各为8.0m，两侧匝道占地宽各为8.5m，两侧辅道宽各为7.0m，两侧人行道（含绿化带）宽各为3.5m。

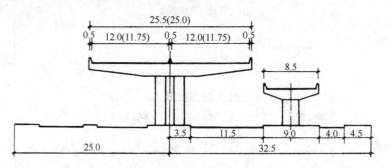

(e) 地面道路有匝道路段布置示例(二)

规划红线有匝道路段宽度65m，四幅路断面布置形式，中央分隔带宽度7.0m，两侧机动车道各为11.5m，两侧匝道占地宽度各为9.0m，两侧辅道各为4.0m，两侧人行道（含绿化带）宽占为4.5m。

| 图名 | 高架路横断面的设计(四) | 图号 | DL1-43(四) |

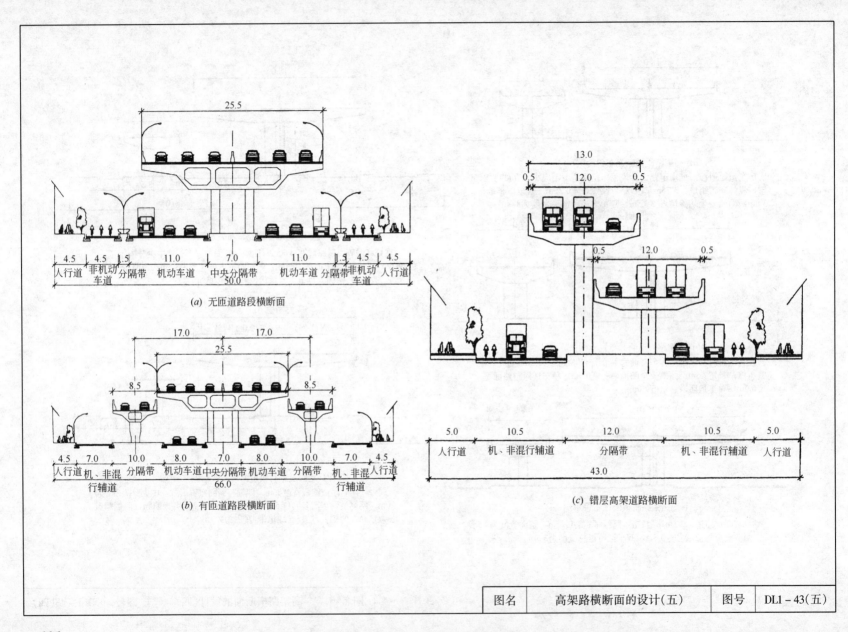

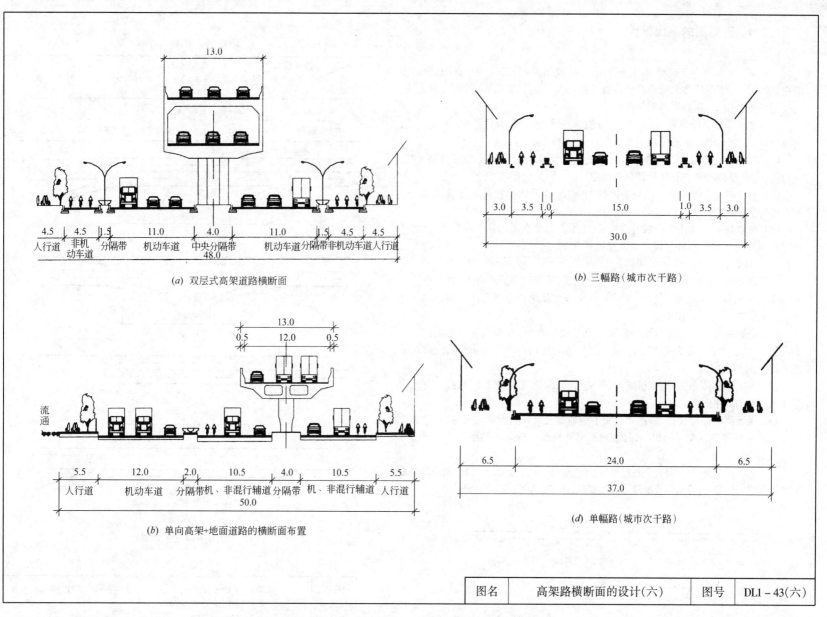

1.7.4 高架路的平面设计

1. 一般原则

(1) 城市高架路平面线位,应按照城市总体规划路网布设。平面线形设计根据规划线形,总体设计技术标准及沿线地形地物与景观等要求,进行多方案比选,在规划线形基础上,作必要的调整优化。

(2) 线形设计中应将平、纵、横三个方面进行综合设计,总体协调,平面顺适,纵坡均衡,横面合理。正确采用国家规定各项技术指标。

(3) 高架路线形设计应符合城市总体设计要求,与城市环境协调,保护文物古迹与资源,必要路段须进行环境评估后确定。

(4) 平面设计应处理好直线与平曲线的衔接,合理地设置缓和曲线、超高、加宽等各种实际问题。

(5) 高架路平面设计应根据道路等级、适用范围及交通的具体需求等,恰当处理好点与面的关系。合理布设匝道及互通式立交。

2. 总体设计

(1) 高架路总体设计应进行多方案充分论证,推荐的高架路方案,城区高架路一般需经平面多车道方案、平面多车道+立交方案及地道方案等比选而得到。高速公路还需进行线位的比选。

(2) 高架路总体设计应与城市快速道路系统相吻合,在路网上合理衔接。如果高架路不是建在城市快速路网上,就必须具备与周边和两端快速路或交通性干道相衔接的交通条件。

(3) 高架路总体布置,高架桥结构、灯光照明、绿化及景观设计等,必须与城市景观及沿线环境相协调。

(4) 保证高架路交通畅通,高架道路下的地面交叉口是重要的关键因素,而地面道路的畅通关键在交叉路口。因此,地面交叉口设计应是高架路总体布置设计的组成部分。

(5) 建设高架路,一定要首先在规划、设计上能保证给予必要的、合理的道路横断面宽度和线形标准,符合城市快速路的标准要求,并与地面道路能有较好的结合。

匝道最小间距(m)

匝道位置 最小间距	驶出－驶入	驶入－驶入	驶出－驶出	驶入－驶出
V=80km/h	204	610	610	1016
V=60km/h	154	458	458	762

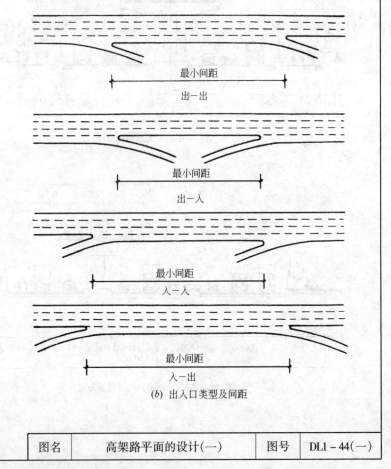

(b) 出入口类型及间距

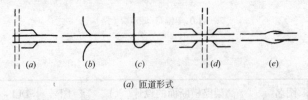

(a) 匝道形式

| 图名 | 高架路平面的设计(一) | 图号 | DL1－44(一) |

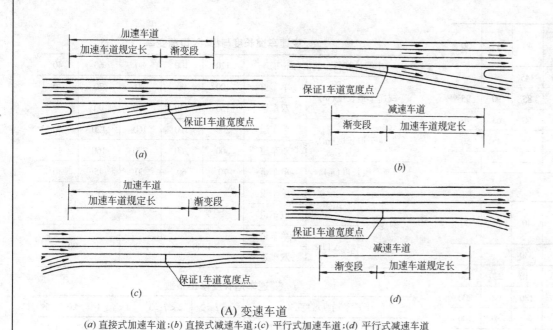

(A) 变速车道
(a) 直接式加速车道;(b) 直接式减速车道;(c) 平行式加速车道;(d) 平行式减速车道

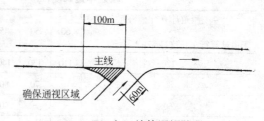

(B) 入口处的通视路段

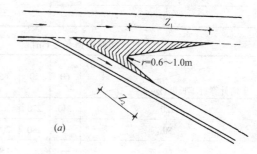

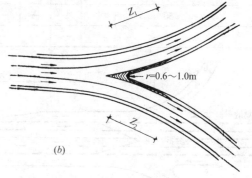

(C) 分流点处楔形端布置
(a) 出口分流;(b) 主线分流时

分流点处偏置值和楔形端前部半径

分流形式	主线偏置值 C_1(m)	匝道偏置值 C_2(m)	鼻端半径 r(m)
驶离主线	≥3.0	0.6～1.0	0.6～1.0
主线相互分岔	1.8		0.6～1.0

注：鼻端即楔形端的前端。

分流点处楔型端的渐变率

计算行车速度(km/h)	100	80	60
渐变率	1/11	1/10	1/8

图名	高架路平面的设计(二)	图号	DL1-44(二)

减速车道长度(m)

匝道计算行车长度(km/h) 干道计算行车长度(km/h)	60	50	45	40	35	30
120	110	130	140	145	—	—
80	—	—	70	80	85	90	95
80	—	—	70	80	85	90	95
60	—	—	—	50	60	65	70
50	—	—	—	—	—	45	50
40	—	—	—	—	—	—

加速车道长度(m)

匝道计算行车长度(km/h) 干道计算行车长度(km/h)	60	50	45	40	35	30
120	240	270	300	330	—	—
80	—	180	200	210	220	230
60	—	—	150	180	190	200
50	—	—	—	—	80	100
40	—	—	—	—	—	—

变速车道长度与出、入口渐变率

主线计算行车速度(km/h)		120	100	80	60	40
减速车道长度(m)	单车道	100	90	80	70	30
	双车道	150	130	110	90	—
加速车道长度(m)	单车道	200	180	160	120	50
	双车道	300	260	220	160	—
渐变段长度(m)	单车道	70	60	50	45	40
渐变率	出口	单车道	1/25		1/20		1/15
		双车道					
	入口	单车道	1/40		1/30		1/20
		双车道					

变速车道长度修正系数

干道平均纵坡度(%)	0≤j≤2	2<j≤3	3<j≤4	4<j≤6
减速车道下坡长度修正系数	1	1.1	1.2	1.3
加速车道上坡长度修正系数	1	1.2	1.3	1.4

平行式变速车道过渡段长度

干道计算行车速度(km/h)	120	80	60	50	40
过渡段长度(m)	80	60	50	45	35

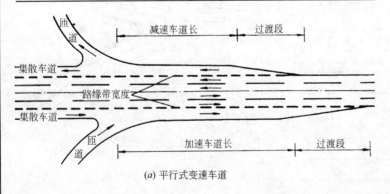

(a) 平行式变速车道

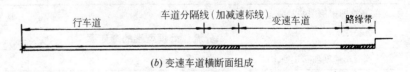

(b) 变速车道横断面组成

图名	高架路平面的设计(三)	图号	DL1-44(三)

1.8 高速公路

1.8.1 概述

1. 高速公路的概念

(1) 高速公路是专供汽车高速行驶的专用汽车公路。由于在高速公路上采取了限制出入、分隔行驶、汽车专用、全部立交以及采用较高的标准和完善的交通设施等措施，从而为汽车的大量、快速、安全、舒适、连续地运行创造了条件。

(2) 高速公路的概念最早是于1962年11月，在日内瓦召开的联合国欧洲经济委员会运输部会议上，将其定义为：利用分隔的车行道，往返行驶交通的道路。它的两个车行道用中央分隔带分开，与其他任何铁路、公路不允许有平面交叉，禁止从路侧的任何地方直接进入公路，禁止汽车以外的任何交通工具出入。

(3) 我国1999年版《辞海》对高速公路解释为：高速公路是指供汽车分道高速行驶的公路。能适应120km/h或更高的速度，要求路线顺滑，纵坡较小，路面有4～6车道的宽度，中间设分隔带，采用沥青混凝土或水泥混凝土路面，在必要处设坚韧的路栏。为了保证行车安全，应有必要的标志、信号及照明设备。禁止在路上行人和行驶非机动车。与铁路或其他公路相交时采用立体交叉，行人则经跨线桥跨越或地下通道通过。

(4) 中华人民共和国行业标准：即《公路工程技术标准》(JTJ 001—97)(以下简称《标准》)规定：高速公路为专供汽车分向、分车道行驶并全部控制出入的干线公路。并根据交通量的多少将其划分为三种情况：

① 四车道高速公路一般能适应按各种汽车折合成小客车的远景设计年限年平均昼夜交通量为25000～55000辆；

② 六车道高速公路一般能适应按各种汽车折合成小客车的远景设计年限年平均昼夜交通量为45000～80000辆；

③ 八车道高速公路一般能适应按各种汽车折合成小客车的远景设计年限年平均昼夜交通量为60000～100000辆。

2. 高速公路的功能

(1) 限制交通、汽车专用：高速公路对车种及车速加以限制。并规定：凡车速在50km/h以下的车辆不得进入高速公路，我国《公路工程技术标准》(JTJ 001—97)规定设计车速为120km/h。因此，拖拉机及装载特别货物的车辆及非机动车均不得使用高速公路。

高速公路还控制交通的出入，为保证高速行车、消除侧向干扰。对于不准车辆进出的路口，均设置分离式立交(下穿路堤的人孔，拖拉机孔或汽车孔)加以隔绝；允许车辆进出的路门，则采用指定的互通式立交匝道连接。对非机动车及人、畜的控制，则主要采取高路堤、护栏等措施将高速公路"封闭"，以确保汽车的快速安全行驶。

(2) 分隔行驶、安全高速：高速公路采用两幅路横断面的形式，中央设置中间带，将对向车流分隔，从而杜绝对向撞车，既提高车速，又确保安全。对于同向车流，则采用全线划线的方法区分车道，以减少超车和同向车速差造成的干扰。同时还在一些特殊地点设置爬坡车道，加、减速车道等，使一些车辆在局部路段分离。

(3) 高速公路设施完善：采用较高的线形标准和设置完善的交通安全与服务设施，从行车条件和技术上为安全、快速行车提供了可靠的保证。

3. 高速公路的特点

(1) 高速行车：速度是交通运输的主要技术指标。由于高速公路平均车速高达90～110km/h，因此行驶时间的缩短带来了巨大的经济效益和社会效益。德国高速公路每147km平均行程时间为1.23h，比一般国道节约时间47%，节约燃料93%。

(2) 通行能力大、运输效率高：双车道公路昼夜通行能力为0.5～0.6万辆，而一条四车道高速公路则为3.5～5.0万辆/昼夜，六车道和八车道高速公路则高达7～10万辆/昼夜。可见高速公路的通行能力是一般公路的几倍至几十倍。通行能力大，运输能力必然提高。例如美国的高速公路仅占公路总长的1.1%，而其交通量却占总交通量的21.3%。日本的高速公路里程占总里程的1.9%，却承担了20.2%的公路总运量。英国高速公路和干线公路占全公路系统的4.4%，却承担了全运输量的35%和重型货运量的60%。

(3) 安全行车：高速公路的特征，使其行车事故大为减少。据不完全统计，各国高速公路的交通事故率和死亡率仅为一般公路的1/3～1/2；日本高速公路交通事故死亡率为普通公路的1/40；英国高速公路的事故率只是一般公路的1/10。我国合宁高速公路的事故比一般公路低二倍之多。

图名	高速公路的功能与特点	图号	DL1－45

(4) 运费低廉：高速公路车速高、通行能力大、行车安全，使油耗、轮胎损耗和事故损失大大减少，而运输量却成倍增加，因此其运输成本明显降低，经济效益显著。我国合宁高速公路通车一年即节约运输成本3241万元。美国资料表明：货车车速为30哩/时，每次刹车的耗油量相当于行驶0.41km的耗油量，其州际和国防高速公路总投资为900亿美元，由于行驶时间缩短及运费降低，8～12年即可收回全部投资。

(5) 占地多：高速公路用地宽度至少为30～35m；六车道为50～60m；一座互通式立交用地则高达4～10万 m²。高速公路的征地费用约占总投资的1/5。这对于耕地较少的国家将会给农业造成一定威胁。因此兴建高速公路时，应尽量节约用地。

(6) 投资大、造价高：高速公路的投资主要用于征地、筑路、设施等，其中土方、路面、桥涵及设施等的费用约占总投资的80%，征地及赔偿费占20%。我国高速公路的平均造价较一般公路高约10倍。虽然在今后的运营中可将投资回收，但鉴于当前财力所限及筹集资金的困难，只能分步建设。

1.8.2 高速公路的发展情况

1. 我国高速公路的发展概况

(1) 我国高速的高速公路是随着国民经济的发展和改革开放的客观需要发展起来的，也是改革开放后我国公路事业取得的突出成就。特别是自1984年动工兴建沪嘉高速公路，经过四年的努力，我国第一条高速公路——沪嘉高速公路(20.4km)终于在1988年建成通车。此后又相继建成全长为375km的沈大高速公路和143km的京津塘高速公路。进入20世纪90年代，在国道主干线总体规划指导下，我国高速公路建设步伐加快，每年建成的高速公路由几十公里上升到1000km以上。截止到1999年底，全国高速公路通车里程已达11 605km，位居世界第四。尤其是从1994年到1999年这短短的几年时间里，平均每年新增高速公路里程近2000km，

我国高速公路概况表

路　名	长度(km)	路基宽(m)	车道数(道)	造价(亿元)	公里造价(万元/km)	开工时间	通车时间
台湾南北高速公路	373	43 35 28	8 6 4	470亿台币	1.2亿台币 $316万	1970	1978.10
沪嘉(上海—嘉定)	28.0	26.5	4	8.5	3030	1984	1988
广佛(广州—佛山)	28.2	26	4	4.49	1592		1989
京石(北京—石家庄)	14.7	26.5	4	1.26	857	1985	1987
沈大(沈阳—大连)	375	26	4	24	1503	1984	1990
济青(济南—青岛)	350	26	4	30		1990	1992
合宁(龙塘—西葛)	110	26	4			1986	1991.10
莘松(上海—松江)	20.59	28.5	4	3.2	1554	1985	1990.12
西临(西安—临潼)	23.89	26	4	1.7	712	1986	1989
京津塘(北京—天津) (天津—塘沽)	76 74	26 26	4 4	15		1987	1990
广深珠(广州—深圳—珠海)	220	26～33	4～6	35	1160	1987.1	
广州环城	60	34.75	6	12	2094	1987	
深汕(深圳—汕头)	285	12.5～15.5(半幅)	2	31.6	1104		
京石延伸段	186	全幅375半幅	全幅6 3	7.44	400		
石承(石家庄—承安铺)	51.86	13 半幅	2	1.14	220		
海南环岛(海口—三亚)	272	12 半幅	2	9.38	342		

| 图名 | 高速公路的发展(一) | 图号 | DL1－46(一) |

这个发展速度在世界高速公路的建设发展史上都是罕见的。从高速公路发展的历史看,中国高速公路仅用了10多年时间,就走过了发达国家一般需要40年才能走过的历程。我国最早修建的几条高速公路的概况见右表所列。

(2) 到2000年底,我国已经建成高速公路100多条,全长为16000km。而2001年是我国公路基础设施总量继续增长的一年,全年新建公路通车里程达到3.6万公里,其中二级及二级以上公路8036km;而改建公路里程达5.3万公里,其中二级及二级以上的公路已达1.4万公里。新世纪的第一年,我国高速公路建设取得新的突破。截止到2001年底,全国公路通车总里程已达169.8万公里,居世界第4位。全年新增通车里程3152km,使全国高速公路总里程达19437km,跃居世界第二位。

(3) 2002年,我国高速公路建设捷报频传,到年底全国高速公路通车总里程突破2.3万公里,一年新修通4000km。我国以高速公路为主干的、连接国内全部特大城市和93%的大城市的新的交通主动脉正在逐步形成。

2. 我国高速公路的发展规划

(1) 为了适应国民经济发展的需求,交通部制定了我国今后公路交通发展规划。在"十五"期间,我国高速公路建设发展是在交通部"三主一支持"的战略思想(即:公路主干线、水运主通道、运输主枢纽和管理决策支持系统)的指导下,依据《国道主干线系统布局规划》而进行了长远规划。国道主干线系统是国道网的一部分,由以汽车专用为主的高速公路组成,是公路网的主骨架,也是全国综合运输大通道的组成部分。这个系统将具有完善的安全保障、通讯信息和综合管理服务体系,为重要城市间、省际间提供快速、直达、安全、经济、舒适的公路客货运输,如下页国道主干道图所示。

(2) 我国规划的国道主干线系统的总体布局为"五纵七横"共计为12条路线。其中:

续表

路名	长度(km)	路基宽(m)	车道数(道)	造价(亿元)	公里造价(万元/km)	开工时间	通车时间
沪宁(沪—苏—锡—常—宁)	274	26	4	23.7 47	~9115.38(沪) ~4257(江苏)	1993	1996
沪杭(上海—嘉兴—杭州)	175	26	4	21.2(沪) 43(浙)	~1633(沪) ~1739(浙)	1995	2000
福夏(泉州—夏门段)	78	26	4	31	3974	—	—
沈长(沈阳—长春)	292	—	4	—	—	—	—
广州—花县	22.5	—	4	—	—	—	—
石家庄—保定	102	半幅	2	—	—	1991	—
杭州—宁波	143	26	4	23	1608	1992	1995
湖南(长沙—湘潭)	52	—	—	8.4	1615	—	—
深圳(鹤州—荷坳)	45	—	—	8	1778	—	—
佛山—开平	80	—	—	17.1	2137	—	—
洛阳—开封	201.41	13半幅	2	7.698	383	1990	—
南京—合肥	165	—	4	—	—	—	—
沈阳环城	80	—	4	8.89	—	1990	—

1) "五纵"路线是:
① 从同江经哈尔滨、长春、沈阳、大连、烟台、青岛、连云港、上海、宁波、福州、深圳、湛江、海口至三亚。
② 由北京经天津、济南、徐州、合肥、南昌至福州。
③ 由北京经石家庄、郑州、武汉、长沙、广州至珠海。
④ 由二连浩特经集宁、大同、太原、西安、成都、内江、昆明至河口。
⑤ 由重庆经贵阳、南宁至湛江。

2) "七横"路线是:

| 图名 | 高速公路的发展(二) | 图号 | DL1-46(二) |

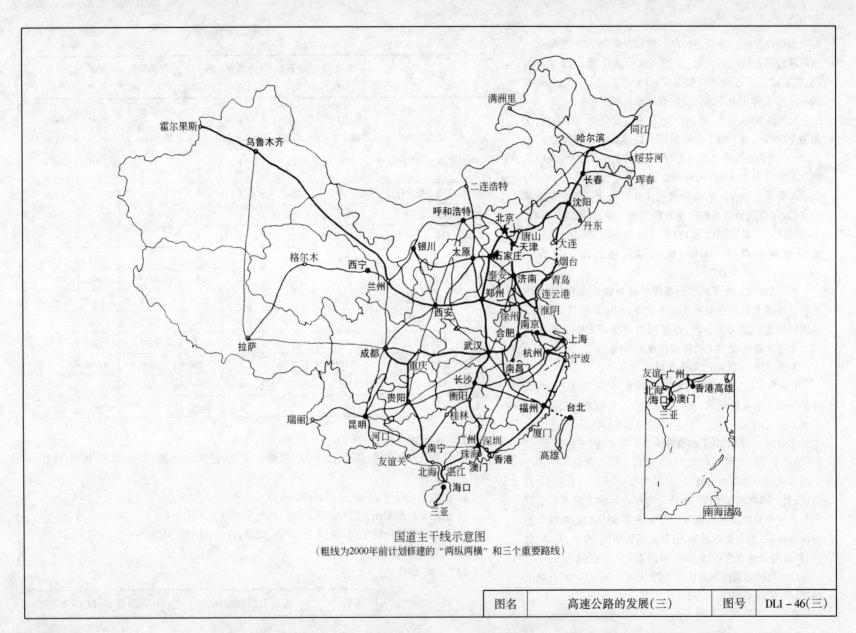

国道主干线示意图
(粗线为2000年前计划修建的"两纵两横"和三个重要路线)

| 图名 | 高速公路的发展(三) | 图号 | DL1-46(三) |

① 由绥芬河经哈尔滨至满州里。
② 由丹东经沈阳、唐山、北京、呼和浩特、银川、兰州、西宁、格尔木至拉萨。
③ 由青岛经济南、石家庄、太原至银川。
④ 由连云港经徐州、郑州、西安、兰州、乌鲁木齐至霍尔果斯。
⑤ 由上海经南京、合肥、武汉、重庆至成都。
⑥ 由上海经杭州、南昌、长沙、贵阳、昆明至瑞丽。
⑦ 由衡阳经南宁至昆明。

(2) 按照这个发展规划，截止到20世纪末，中国重点建设了"两纵两横"国道主干线公路及三条重要路段，一个公路主骨架的雏形已经在中国大陆的版图上呈井字形展开。一纵是起自北京，途经石家庄、郑州、武汉直至珠海，全长2460km。另一纵北起黑龙江畔的同江，途经大连、连云港、上海，南至海南省的三亚，全长约4930km。一横是东起上海，经南京、武汉、重庆，西至成都，全长近2420km，将与长江航运一起成为东、中、西三大经济带梯度开发的综合运输大通道，从而更有效国道主干线示意图(粗线为2000年前计划修建的"两纵两横"和三个重要路线)地促进生产力要素的横向移动，使沿海的技术优势、资金优势和内地的资源优势有机结合，互相补充。另一横是东起连云港，途经郑州、西安、乌鲁木齐，西至霍尔果斯，全长为4190km，将成为中国境内的第二条欧亚大陆桥，从而有利于发挥汽车运输的潜在优势，为中国经济尽早加入世界经济大循环，为沿途各地区与国际接轨提供更便利的交通基础条件。三条重要路段是客货流密集的北京至上海公路，长1330km；连接关内与东三省的北京至沈阳公路，长650km；以及对西南地区开发有重要意义的出海通道重庆至北海公路，其长度为1270km。这七条路总长约17000多公里，其中高速公路占47%，近8000km。全部建成后，将形成贯穿全国东西、南北的快速公路运输通道，使公路网的空间布局发生根本性的变化。

(3) 21世纪初，再用10多年的时间，我国将新增北京至福州、二连浩特至河口、重庆至湛江、绥芬河至满洲里、丹东至拉萨、青岛至银川、上海至瑞丽、衡阳至昆明等公路，建成总长35000km的"五纵七横"12条国道主干线公路系统，连接全国现有的467个城市中的203个，占43%约覆盖7亿人口，占全国总人口的55%；连接全国所有100万人口以上的特大城市和93%的50万人口以上的大城市，实现公路运输500km当日往返，1000km当日到达。

(4) 国道主干线系统建成后，虽然里程仅占全国公路网的2%左右，但将承担20%以上的交通量。由于提高了行车速度，缩短了运输距离，降低了运输成本，将会带来巨大的直接经济效益。据测算，每年可以节省当前全国公路运输汽、柴油消耗量的十分之一，降低运成本和减少客货在途时间所带来的直接效益每年高达400~500亿元，间接效益每年可达2000亿元以上。

3. 国外高速公路的发展概貌

国外高速公路具有快速、安全、经济等优点，但其造价昂贵，投资回收期长。随着各国经济实力的增强和技术的进步，近年来国外高速公路发展很快，不仅大多数经济发达国家，而且相当一部分发展中国家也都修建高速公路。据已公布高速公路通车里程的60个国家和地区统计，截止1995年全世界高速公路通车里程已达19.29万公里。下表是一些国家的高速公路状况。

一些国家的高速公路状况

国别	统计年份	公路总里程（km）	其中高速公路（km）	高速公路占公路总里程比例（%）
美国	1997	6 348 227	88 727	1.4
加拿大	1995	901 902	16 571	1.84
德国	1998	656 140	11 400	1.74
法国	1998	893 300	10 300	1.15
意大利	1997	654 676	6 957	1.06
日本	1997	1 152 207	6 114	0.53
墨西哥	1997	323 977	6 335	1.96
英国	1998	371 603	3 303	0.89
西班牙	1997	346 858	9 063	2.61
荷兰	1998	125 575	2 235	1.78
南非	1998	534 131	2 032	0.38
中国	1999	1 351 000	11 600	0.85

| 图名 | 高速公路的发展(四) | 图号 | DL1-46(四) |

(1) 美国是高速公路最发达的国家,而且是世界上拥有高速公路最多的国家。在1939年,美国议会就讨论了修建高速公路建功立业计划,美国发展高速公路的"黄金时代"是在20世纪60年代至70年代,20多年平均每年建成高速公路达到3000km。到1995年底,已建成通车的高速公路里程达66 447km,达到规划的97.17%。截止1997年底美国已经修建了8.8万公里的高速公路,约占世界高速公路一半以上,连接了所有5万人以上的城市。形成了美国政治、经济及文化活动的大动脉。

(2) 日本高速公路兴建于20世纪60年代初,1959年成立了首都高速公路公团。从此,每年以平均260~300km的建设速度增长,截至1994年底,日本已修建高速公路5 600km。日本在20世纪末就有修建7 600km高速公路的计划,以便实现"一日之国"的夙愿。

(3) 加拿大也是拥有高速公路较多的国家,从1967年才开始修建,但发展较快,截至1995年底,已修建16 571km的高速公路,高速公路占公路网总长度的1.84%。

(4) 德国是世界上修建高速公路最早的国家,到1939年第二次世界大战前,德国已建成高速公路3 440km。1990年,德国实现统一后,制定了州际高速公路发展计划。计划期内,新建高速公路2 313km,改建高速公路2 308km,截至1998年底,德国高速路里程已达11 400km,构成了欧洲最庞大的高速公路网。

(5) 法国从1948年开始修建高速公路,1994年法国制定了15年的高速公路建设计划,将新建高速公路4 300km,高速公路总里程将达到12 000km。

(6) 意大利也是修建高速公路最早的国家之一,但真正大规模修建高速公路还是1956~1970年的道路建设计划制定之后。截止到1997年,意大利已建成通车的高速公路里程达6 957多公里。

(7) 英国高速公路建设起步于1958年,但建设速度缓慢,其速度与规模均大大落后于美国、加拿大、德国、法国、意大利等国家。截至1998年底,英国高速公路通车里程仅达3 303多公里。

| 图名 | 高速公路的发展(五) | 图号 | DL1-46(五) |

1.8.3 高速公路交通量的预测与效益评价

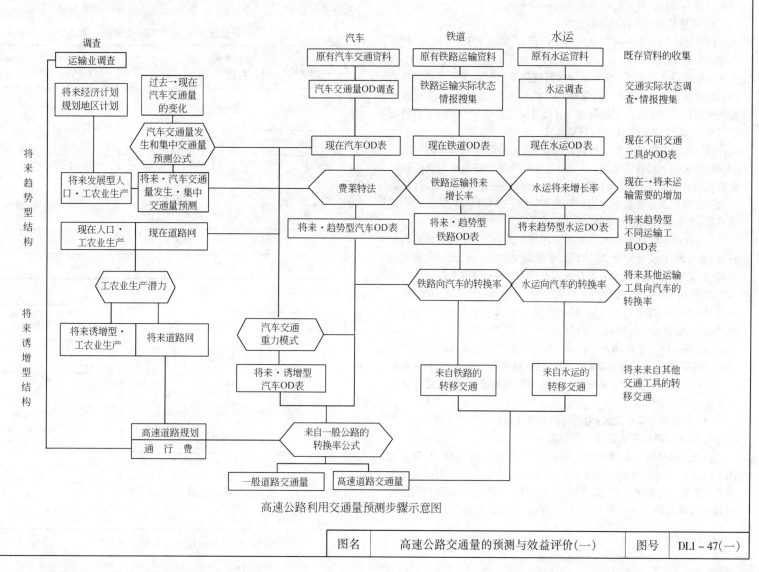

高速公路利用交通量预测步骤示意图

| 图名 | 高速公路交通量的预测与效益评价(一) | 图号 | DL1-47(一) |

高速公路使用者获得可用货币计算的效益称为直接经济效益；而不宜以货币直接计算的经济效益为间接经济效益。

1. 高速公路的间接经济效益

(1) 促进沿线资源的开发及市场的扩大：如意大利"太阳道"高速公路通车后，沿途地区工业企业迅速发展，繁荣了地方经济，使17个省的平均国民收入提高了3%。又如法国里昂至巴黎高速公路建成后沿线出现许多新集镇，带动了就业和扩大了市场范围。上海沪嘉高速公路的兴建使地属上海的卫星城嘉定县经济更趋繁荣，土地增值，投资环境优化，一跃而成1992年全国首富县城。

(2) 促进多种运输方式的优化组合：高速公路与一般公路构成新的路网使公路布局日臻合理，还与运量大的铁路运输及价廉长程的水运有机结合形成联运网，使物资运输更为直接、便捷、快速、准时，从而最大限度地提高运输效率。随着集装箱(已达30t)汽车的直达运输，使大吨位、大型牵引车迅速发展，促进多种运输方式的优化组合。

(3) 有利于城市人口的分散和卫星城镇的开发：现代大城市人口密集，居住拥挤，交通阻塞，环境污染等弊端在修建高速公路后，随着沿线城镇、工业的兴建，使城市人口向郊外分散，不少城市主要居住地区也转向周围的卫星城，既促进了地区发展，又缓和了城市人口的增长。例如日本名神高速公路建成后，在14个立体交叉周围新建工厂900座以上，许多小城镇已发展成工业城市。

(4) 加速物质生产和产品流通：现代化生产对原材料的需要和产品的流通要求直达、快速，以减少货物转运，加快资金周转，以利促进扩大再生产。高速公路的快速、大量、便捷对加速物资生产、促进产品流通方面起着重要作用。

(5) 促进旅游事业发展：对促进旅游事业提供良好的交通条件。

2. 高速公路经济效益评价

高速公路经济效益的评价指标有四个：即净现值(ENPV)、效益费用比(EBCR)、内部收益率(EIRR)和投资回收期(N)。这些指标是在效益费用折现的基础上计算的。同时将未来不同年份的效益和费用的价值调整到现在同一年份的过程，称为折现。折现的过程就是将评价计算期内某一年的费用和效益乘以该年的折现系数，转换成基年的费用和效益。折现基年是项目开工的前一年，折现反映了货币的时间价值。

我国部分高速公路经济评价一览表

路线名称	净现值(亿元)	效益费用比	内部收益率(%)	投资回收期(年)
沪 嘉	2.35	2.18	14.16	15(静) 20(动)
京津塘	4.30	2.26	15.7	10
莘 松	8.58	4.58	25.05	5
广深珠	23.02	2.25	18.89	10
沪 宁	47.78	2.09	21.5	7
济 青	3.0	1.60	15.1	6
西 临	2.69	2.29	16.64	8.8

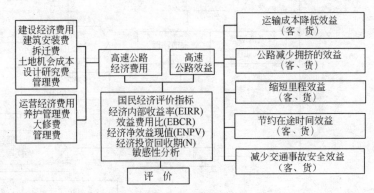

高速公路经济评价步骤框图

| 图名 | 高速公路交通量的预测与效益评价(二) | 图号 | DL1-47(二) |

1.8.4 高速公路几何线形的设计

1. 横断面设计

(1) 通行能力：我国规定高速公路每车道的小时通行能力为 1500～2000 辆/时。所以当年平均日交通量达到 1 万辆(中型卡车)，并要求汽车在公路上连续不断行驶时，即可以考虑修建高速公路。而远景交通量超过 4.5 万辆/日时，可修建六车道的高速公路。

(2) 计算行车速度：计算行车速度是指良好情况下，能够保证安全行驶的最大速度。行驶速度一般为计算行车速度的 85%。计算行车速度涉及高速公路的几何设计标准、投资的多少等一系列问题；而高速公路的车速，除了汽车性能外，还与公路线型设计的平曲线、纵坡、超高、视距、路面宽度、中央分隔带宽度、交通标志和安全设施的设置等均有关，所以，同一路线上各路段行驶车速是不相同的。例如：

1) 外国目前高速公路的平均车速为 113km/h，并有 40% 的小汽车车速超过该值。

2) 法国高速公路的计算车速最高档为 140km/h，还有 25% 的车辆速度超过该值。目前世界各国高速公路计算行车速度取值的总趋势是，几何设计控制向更高车速发展。

3) 西德和意大利由以往计算行车速度用 160km/h，改为 140km/h。

4) 美国高速公路的计算车速最高档为 129km/h。因为过高的车速容易发生交通事故，并且也增加了燃料的消耗。比较发达的国家，汽车的经济车速是 80km/h。车速增到 100km/h 时，要比 80km/h 多消耗 10%～20% 的燃料。

5) 国外高速公路把计算行车速度分四个等级，如德国、法国、意大利等西欧国家采用 140、120、100、80km/h 四个等级；而日本、墨西哥采用 120、100、80、60km/h 四个等级。具体内容见下表所列。

6) 我国目前在高速公路上载重汽车一般占 80%(广州等比例)，而载重汽车的经济车速为 40km/h，故大多高速公路的计算行车速度定为 120km/h(可见下页表)，惟有广州环城高速公路采用 100km/h，并且对于建筑物密集、地形困难地段采用 80km/h，广深珠高速公路在于原微丘区采用 120km/h，山岭重丘区采用 80km/h。

上海沪嘉高速公路规定的最低限制车速控制在 50km/h 以上，这是考虑到我国现有汽车的性能和实际情况而定。高速公路的发展，必将促进汽车工业的发展和现有车辆的更新。

2. 高速公路的平面设计

(1) 高速公路路线定线原则：

我国已建高速公路经验可归纳为以下几项原则：

1) 开辟新线保留原公路线作为地方性辅道，充分利用老路，这是一般公路改建时的一条原则，但对高速公路则不适合，因为高速公路是全封闭的专供汽车高速行驶的道路。在我国目前混合交通情况下，就必须修辅道，以供快、慢车及行人分道行驶，加之高速公路标准要求高，旧路的利用程度有限，且需要改建为高速公路的路线，其现交通量均较大，保留旧路还可保证施工期内的正常交通。从实践中，有的公路利用老路改建，毁了原有道路和桥梁，后来要另修辅道则是一个惨痛的教训。

2) 路线与城市应有一定距离：高速公路沿线各城市都希望高速公路的布局能纳入本地区的规划，借此发展地方交通。高速公路可适当靠近小城镇，但不可穿越城镇，既方便城镇运输又保证高速公路的行车速度和安全。高速公路过于靠近城市，会影响城市的远景发展。同时还大大增加高架桥梁与立体交叉数量，使高速公路的造价大为提高，应该将高速公路布局位于城市之外相当距离的地方。这无论从交通规划、土地利用、环境保护各方面来看都是有利的。高速公路与城市联接，一般以支线相通。一般高速公路仅设一个出入口与城市联系。若是两条高速公路在城市某处相交，则这一互通式立体交叉应远离该城市，而另用联络道连接城市。对于大城市，高速公路也仅设两个出入口与城市联系，其间距为 5～6km，车流一般是通过城市所建的高速环城道或其他干道联接。如广州市环城高速干道。

3) 尽量少跨越河流，以减少桥梁，特别是大桥的数量。

4) 尽可能减少互通立交和通道的数量，并尽可能将通道位置延至桥涵位置以与桥结合。条件许可时可下挖通道，以减少纵坡转折点，降低填土高度，并节约用地。

(2) 路线线形设计的要求：

1) 高速公路除汽车动力行驶要求外，应考虑人体生理和心理等因素，即线形设计采用视觉分析为基础的三维空间设计，以保证线形的舒顺与美感。因为车速高，流量大，对视距及平、纵面线形设计要求高，通常应尽量采用《公路技术标准》规定的一般最小(或最大)值，而极限值则仅在地形地物受限制，在不得已的情况下予以引用；

2) 平纵面的线形应避免突然变化，以使司机有足够的时间来感觉和逐渐改变车速及方向。平纵线形的配合，要能保证视觉上的舒顺。长直线易使司机疲倦而发生事故，只有在道路所指方向明显无障碍，地形适宜而又符合经济原则时，才允许采用长直线段。目前多采用透视图、车速图等来分析评价线形的优劣。

| 图名 | 高速公路几何线形的设计(一) | 图号 | DL1-48(一) |

国外高速公路运输的几何标准

国 名		美 国				法 国				德 国				荷 兰		
设计车速(km/h)		80.5	96.5	113.0	128.7	80	100	120	140	80	100	120	140	80	100	120
一条车道宽度(m)		3.65	3.65	3.65	3.65	3.50	3.50	3.50	3.50	3.75	3.75	3.75	3.75	3.75	3.75	3.75
最大超离横坡(%)		6	6	6	6	7	7	7	7	6	6	6	6	4.8	4.4	4.1
平曲线最小半径(m)	极限值	253	385	555	760	250	400	650	950	350	600	1000	1500	350	6000	900
	一般值	—	—	—	1820	400	650	950	1400	—	—	—	—	—	—	2000
	不设回旋线	1750	2325	2325	3500	1300	2000	2800	3900	1500	3000	3000	3000	—	—	—
最大纵坡(%)	上坡	5	4	3	3	6	6	5	4	5.0	4.5	4.0	4.0	2	2	2
	下坡	5	4	3	3	7	7	6	6	5.0	4.5	4.0	4.0	2	2	2
竖曲线最小半径(m)	凸形	2670	4920	7850	12250	3000	6000	12000	27000	6000	12000	20000	40000	3000	7000	150000
	凹形	—	—	—	—	2200	3000	4200	6000	3000	5000	10000	20000	1000	1500	2200
0%坡上最短视距		107	145	183	230	105	160	230	320	105	165	235	330	130	180	250
最小半径的缓和曲线长度(m)		46	53	61	73	80	95	115	140	64	67	123	167	45	48	56

续表

国 名		英 国			意 大 利				日 本			罗马尼亚			
设计车速(km/h)		80.5	95.5	113.0	80	100	120	140	80	100	120	80	100	120	140
一条车道宽度(m)		3.65	3.65	3.65	3.75	3.75	3.75	3.75	3.5	3.75	3.75	3.50	3.50	3.75	3.75
最大超离横坡(%)		7	7	7	7	7	7	7	10	10	10	—	—	—	—
平曲线最小半径(m)	极限值	230	335	460	250	440	675	975	230	380	570	240	450	650	1000
	一般值	440	640	830	—	—	—	—	400	700	1000	—	—	—	—
	不设回旋线	1220	1370	1325	1350	2300	3500	5000	—	—	—	130	2000	3000	4000
最大纵坡(%)	上坡	4	4	4	7	6	6	6	4(7)	3(6)	2(5)	6	6	5	4
	下坡	4	4	4	7	6	6	6	4(7)	3(6)	2(5)	6	6	5	4
竖曲线最小半径(m)	凸形	—	—	18000	4000	8000	10000	12000	4500	11000	17000	3000	6000	12000	18000
	凹形	—	—	9000	3000	5000	6000	8000	3000	45000	6000	2200	3000	4200	6000
0%坡上最短视距		130	200	200	90	140	210	295	110	160	210	110	160	230	310
最小半径的缓和曲线长度(m)		—	—	—	—	—	—	—	—	—	—	—	—	—	—

图名	高速公路几何线形的设计(二)	图号	DL1-48(二)

我国各级高速公路技术标准

技术指标		地形类别 单位	平原微丘	重丘	山岭	
计算行车速度		km/h	120	100	80	60
最小分段长度		km	20			
路基宽度		m	26(24.5)	24.5(23)	23(21.5)	21.5(20)
其中	行车道宽度	m	2×7.5	2×7.5	2×7.5	2×7.5
	中央分隔带	m	3.0(2.0)	2.0(1.5)	1.50	1.50
	左侧路缘带	m	0.75(0.5)	0.5(0.25)	0.5(0.25)	0.50(0.25)
	中间带宽度	m	4.5(3.0)	3.0(2.0)	2.5(2.0)	2.5(2.0)
	硬路肩	m	≥2.50	≥2.50(2.25)	≥2.25(1.75)	≥2.0(1.50)
	土路肩	m	≥0.75	≥0.75	≥0.50	≥0.50
停车视距		m	210	160	110	75
平曲线最小半径	极限值	m	650	400	250	125
	一般值	m	1000	700	400	200
	不设超高	m	5500	4000	2500	1500
最大超高值		%	10			
缓和曲线最小长度		m	100	85	70	50
最大纵坡		%	3	4	5	5
合成坡度值		%	10	10	10.5	10.5
竖曲线最小半径	凸形 极限值	m	11000	6500	3000	1400
	凸形 一般值	m	17000	10000	4500	2000
	凹形 极限值	m	4000	3000	2000	1000
	凹形 一般值	m	6000	4500	3000	1500
竖曲线最小长度		m	100	85	70	50

国外认为:高速公路平面线形应以曲线为主,平面线形宜成为一条连续线形。美国研究报告提出:理想的平面线形为圆曲线占2/3,缓和曲线占1/3,没有直线和曲线的突然变化,行车将顺畅舒适。

我国认为线形过于弯曲不仅增加路线长度和投资,还要增加养护费用和运行费用。我国《路线设计规范》只对最短直线作限制。从目前几条高速公路的平直比来看,基本都接近1:1,也有4:1、2:1(详见下表)。

由表可见我国已设计高速公路最大直线长度有大于3km的。其数值宜根据我国实际情况,地形特点确定,如平原区过份强调曲线也不尽合理。在开阔的平原地区,很少地形、地物障碍,从适应地形出发,以直线为主,曲线为辅,为避免直线呆板、单调感,可以通过景观进行调整,如设各种标志,种植不同种类的行道树,采用低路堤、浅路堑,尽量保留自然景观等措施。在峰岭纵横沟堑交错的重山地区,从适应地形出发,应以曲线为主,而以直线为辅。又如水网地区竖曲线长度比例必然大,则要求相应平曲线占总长比例亦大,以使平纵线型协调。

3)汽车高速行车要求路线具有动态平顺性,线形设计应能满足司机驾驶时具有适宜的行驶节奏。设计的路线应使司机视线内的前方路段无波浪式的起伏和大急剧转折。平曲线与竖曲线的协调。平、竖曲线最好是一一对应,即竖曲线的顶点大致与平曲线中点相对应,这样的平、竖曲线重叠将有助于视线诱导,从而有助于行车安全。平、竖曲线互相错开1/4相位尚属可行,而错开1/2则线形不顺。平纵组合设计不能过份强调平竖一对一的平曲线包竖曲线的要求,以避免过份切割造成大填大挖,增加工程量。

4)纵断线形:《公路工程技术标准》中规定了高速公路的最大纵坡,平原微丘为3%,山岭重丘为5%(见上表)。从现有几条高速公路来看,一般都小于3%,这与我国的汽车组成比重有关。许多高速公路发达的国家规定大于3%,需设爬坡车道,供载重汽车达不到路段行车速度行驶,而我国以载重汽车为主,采用小于3%的纵坡是比较合理的。但也涉及到一些其他问题,特别在平原地区,村庄密集,河流纵横,桥梁和横向通道明显增多,对纵坡设计带来了困难。为使纵坡平缓,则填土高度必须增加,而地基处理、填土来源、工程造价增加等问题接踵而来。降低相交道路标高,以桥孔代替填土,采用上跨式桥等措施,可降低填土高度,减少施工困难,。也有的以粉煤灰间隔土填土代替引桥以节省工程造价。

我国高速公路技术标准(见上表所示)规定的竖曲线最小半径值稍低于西欧一些国家的规定值(见上表所示)。国内高速公路技术标准采用值详见下表所示。

图名	高速公路几何线形的设计(三)	图号	DL1-48(三)

我国高速公路技术指标汇总表

序号	指标名称	单位	合肥—全椒	沪嘉	京津塘	莘松	广深珠A段	广环	广佛 横沙—谢边段	沪宁	沈大	济青	京石	西临
1	计算行车速度	km/h	120	120	120	120	120	100(80)	120	120	120(100)	100	80(100)	120
2	路基宽度	m	26	26.5	26	26	33.1	34.75	26	26	26	26	26.5(23.5)	26
	(1)行车道宽度	m	2×7.5	2×7.5	2×7.5	7.5—-+7	2×11.25	2×11.25	2×7.5	2×7.5	2×7.5	2×7.5	2×11.25 (2×7.5)	2×75
	(2)中央分隔带宽度	m	4.5	4.5	4.5	4.5	3.0	4.0	4.5	4.5	4.5	4.5	3.0	—
	(3)硬路肩宽度	m	2×2.5	2×2.5	2×2.5	2×2.5 ×3.5	2×2.75	—	2×2.5	2×2.5	2×2.5	2×2.5	2.5	
	(4)土路肩宽度	m	2×0.75	2×1.0	2×0.75	2×0.75	2×1.0	—	2×0.75	2×0.75	2×0.75	2×0.75	(2×1.0)	
3	路基边坡		—	1:1.5	—	1:2	—	—	1:2	1:1.5	1:1.5	1:2	1:1.5	
4	路基平均高度	m	2.5	2.7	2.0(2.2)	2.7	4.6	—	4.4	5	2.2	3.0	—	2.3
5	最小填土高度	m	—	1.5	—	1.5	3.5	—	2.4	1.5	—	—	3	
6	最大填土高度	m	—	4.5	—	4.5	14.0	—	—	—	10.5	—	13.13	8
7	用地界宽度	m	45	45	—	45	—	—	—	46	—	—	—	
8	路面横坡度	%	2	2.0	1.5	1.5	2.5	1.5(2.0)	—	2.0	2.0	2.0	1.5	
9	路肩横坡度(硬)	%	4	3.5	1.5	3	—	—	—	—	4.0	—	—	
10	最大超高横坡度	%	—	2.0	8.0	3	7.0	—	—	—	—	2.0	1.5	
11	平曲线最小半径	m	2000	2000	3000	1600	1000	700	1600	3000	1200(450)	2100		2257
12	不设超高平曲线半径	m	6000	5500	4000	4000 5500	5500	—	—	4000	—	—	—	
13	最大平曲线半径	m	15000	12575	10000	—	—	—	10000	—	—	—	—	
14	平曲线最小长度	m	—	614.10	1228.89	684	132	—	800	—	—	690.91		
15	缓和曲线最小长度	m	250	340	100	≥100	110	95	300	100	—	320		
16	平曲线长:直线长		36.5:63.5	1:1.24	81:19	1:1.24	653:34.7	78.7:21.3	1:1	1:1.7	1:1.6	51:49		71:29
17	停车视距	m	—	210	210	210	280	160	—	210	—	210		
18	最大纵坡	%	3	2.0	2.5	3.0	4.0	4.0	1.5	3	2.16(4)	2.94	2.7	3
19	最小纵坡	%	0.3	—	—	—	0.3	0.3	—	—	—	—	—	
20	直线最大长度	km	4337	2.18	3.789	3.38	0.926	2.0	2757.14	10.7	3.903	4.73	10.7	0.883
21	直线最短长度	km	255	—	—	0.842	—	—	—	—	—	—	—	
22	电视(摄像台)监视器	台	—	—	—	—	—	—	—	—	2	—	—	

图名	高速公路几何线形的设计(四)	图号	DL1-48(四)

续表

序号	指标名称	单位	合肥—全椒	沪嘉	京津塘	莘松	广深珠	广环	广佛 横沙—谢边段	沪宁	沈大	济青	京石	西临
23	车辆检测	个	—	—	—	12	—	—	—	—	4	—	—	—
24	紧急电话	个	—	—	—	40	—	—	—	—	89	—	—	—
25	可变情报板、速度板	块	—	—	—	6	—	—	—	—	12 24	—	—	—
26	纵坡最小长度	m	—	—	—	800	300	300	420	—	—	—	—	—
27	竖曲线最小半径凸形	m	—	17000	11000	11000	17000	10000	20000	17000	11000	17000	3000	17500
28	竖曲线最小半径凹形	m	—	6000	5000	4000	6000	4500	20000	6000	10000	4000	2000	12000
29	竖曲线最小长度	m	—	124.6	100	100	100	300	200	100	—	85	—	—
30	平面线长:竖曲线长	—	—	1:3.14	1:0.74	—	1:1.1	1:0.79	1:0.89	1:0.51	1:0.6	1:1.15	—	1:0.75
31	平曲线长占路线总长	%	—	44.6	766	43	65.30	78.70	50.78	51	38.5	51	—	—
32	竖曲线长占路线总长	%	—	—	56.4	—	71.90	62	45.42	—	23	—	—	—
33	平曲线数:竖曲线数	—	—	1:3.14	1:4.44	1:8.55	1:7.25	1:3	1:4.97	—	—	1:4.25	—	1:3.82
34	每公里交点数	个	—	0.34	0.27	0.29	0.16	0.70	0.32	—	0.5	0.275	—	0.39
35	每公里纵坡变更次数	个	—	1.07	1.20	2.48	1.16	2.40	1.59	—	1.7	1.17	—	1.49
36	互通式立交最小间距	km	—	5.5	1.36	—	—	—	5.444	—	9.0	—	—	—
37	互通式立交最大间距	km	—	—	33.50	—	—	—	6.063	—	32.0	—	—	—
38	立交桥下净高	m	—	4.5	5.0	5.0	4.0~5.0	—	—	—	6.1	—	4.54	—
39	匝道设计车速	km/h	—	—	40	40~70	40~80	—	40	40	—	40(30)	25	—
40	匝道宽度	m	—	—	7.75单,9同向双,13对向双车道	7	12.5	—	—	3.5	—	7.75、13、95	—	—
41	匝道超高	%	—	—	—	3	7	—	—	—	—	—	—	—
42	匝道最大纵坡	%	—	—	5.4	4	5~7	—	—	6	—	4.8	4	—
43	匝道平曲线最小半径	m	—	—	—	105	—	—	—	—	—	60(30)	30	—
44	互通式立交平曲线半径	m	—	≥2000	—	—	—	—	—	>2000	—	400	—	—
45	立交范围竖曲线最小半径(凸)	m	—	≥45000	—	45000	—	—	—	>25000	—	—	—	—
46	立交范围最小半径(凹)	m	—	≥16000	—	16000	—	—	—	>16000	—	—	—	—
47	立交范围主线最大纵坡	%	—	2	—	—	—	—	—	<2.5	3.5	—	—	—
48	立交范围视距	m	—	420	—	—	—	—	—	—	—	—	—	—

| 图名 | 高速公路几何线形的设计(五) | 图号 | DL1-48(五) |

2 道路路基工程

2. 道路路基工程

2.1 概　述

2.1.1 路基受力与工作区深度

(1) 路基的作用：路基是道路的重要组成部分。因此，它的质量好坏，关系到整个道路的质量及汽车的正常行驶。路基是路面的基础。它与路面共同承担行车的作用。实践证明，没有坚固、稳定的路基，就没有稳固的路面。保证路基的强度和稳定性是保证路面强度和稳定性的基础。

路基在道路建设项目中，不仅工程数量和投资巨大，而且是占用土地最多、使用劳动力数量最大、牵涉面最广的工程。特别是工程量集中，地质与水文地质条件复杂的地段，遇到的技术问题更多、更难，将成为道路建设的关键。

(2) 路基受力：一般情况下，路基承受两种荷载：一种是路面和路基自重引起的静力荷载；另一种是车轮荷重引起的动力荷载。在两种荷载的共同作用下，使路基土处于受力状态。

1) 路基强度设计，应使路基土在车辆通过时尽可能只产生弹性变形，以保证在行车的反复作用下不产生过多的形变累积。

2) 路面结构类型的选择和厚度的确定，与路基的强度和稳定性有密切的关系。因此，路基设计应充分考虑路面对路基强度的要求。

(3) 路基工作区的深度：由于路基、路面不是匀质体，路面的刚度和材料的重力密度均较路基为大，路基工作区的实际深度随路面的强度和厚度的增加而减小。路基工作区的深度表与图如下所示。

路基工作区深度表

汽车车型	工作区深度 Z_a(m)	汽车车型	工作区深度 Z_a(m)
解放 CA10B	1.6	上海 SH130	1.2
解放 CA140	1.7	跃进 NJ130	1.4
解放 CA50	1.7	黄河 JN150	1.9
交通 SH141	1.6	红旗 CA-773	1.0
北京 BJ100	1.2		

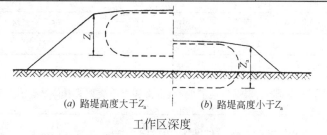

(a) 路堤高度大于 Z_a　　(b) 路堤高度小于 Z_a

工作区深度

2.1.2 路基强度与稳定性

(1) 路基强度：路基强度是指路基抵抗外力作用的能力，亦即抵抗变形的能力。道路上的行车荷载，通过路面传递给路基，对其产生一定的压力，路基自身及路面的重量，也给予路基下层和地基一定的压力。这些压力都可能使路基产生一定的变形，直接损坏路面的使用品质。因此，要求路基具有足够的强度，以保证在外力作用下，不致产生超过容许范围的变形。

(2) 路基稳定性：路基稳定性是指路基在各种外界因素影响下保持其强度的特性。在众多因素中，水和温度的影响最为突出。路基是直接在地面上填筑或挖去一部分地面建成的。路基修建后，改变了原地面的天然平衡状态。在工程地质不良地区，修建路基则可能加剧原地面的不平衡状态。开挖路堑使两侧边坡的土层失去支承力，可能导致边坡坍塌。

地面水和地下水的作用下，将使路基的强度显著地降低。

(3) 影响路基稳定性因素：道路路基是一种线形结构物，具有路线长、与大自然接触面广的特点，其稳定性，在很大程度上由当地自然条件所决定。

1) 影响路基稳定性的自然因素：

① 地形——地形不仅影响到路线的选定与线形设计，也影响路基设计。

② 气候——气候条件，如气温、降水、湿度、冰冻深度、日照、年蒸发量、风向和风力等，都影响到路基的水温情况。

③ 水文与水文地质——水文条件，如地面径流、河流洪水位、常水位及其排泄条件，有无积水和积水期的长短以及河岸的冲刷和淤积情况等。

④ 土的类别——土是建筑路基和路面的材料，并影响到路基的形状和尺寸。土的性质，视其类别而定。

⑤ 地质条件——沿线的地质条件，如沿线岩石种类及风化程度，岩层走向、倾向和倾角、层理、厚度、节理发育程度，以及有无断层、不良地质现象（岩溶、冰川、泥石流、地震）等，都对路基稳定性有一定影响。

⑥ 植物覆盖——植物覆盖影响地面径流和导热情况，从而在一定程度上影响路基水温情况的改变。

(2) 影响路基稳定性的人为因素：

① 荷载作用——包括静载、活载及其大小和重复作用次数。

② 路基结构——包括路基填土或填石的类别与性质，路基形式，路面等级与类型，排水结构物的设置等。

③ 施工方法——包括是否分层填筑，压实是否充分和压实的方法等等。

④ 养护措施——包括一般措施及在设计、施工中未及时采用而在养护中加以补充的改善措施。

⑤ 此外还有沿线附近的人为设施如水库、排灌渠道、水田以及人为活动等。

| 图名 | 路基工作区强度与稳定性 | 图号 | DL2-1 |

2.1.3 公路自然区划

我国地域辽阔,各地气候、地形、地貌、工程地质和水文地质等自然条件相差很大,而这些自然条件与公路建设密切相关。为体现各地公路设计与施工的特点,有关部门制定《公路自然区划标准》(JTJ 003—86),以便为路基和路面设计确定技术措施和设计参数提供参考。全国的公路自然区划分为3个等级。

(1) 一级区划:以两条均温等值线(全年均温-2℃等值线和一月份均温0℃等值线)和两条等高线(1000m和3000m等高线)作为一级区划的标志,将全国分为7个一级区。7个一级区划的名称和特征见下表所列。区划的界线详见"中华人民共和国公路自然区划图"。

一级区划名称和特征

代号	一级区名	平均温度(℃)	平均最大冻深(cm)	潮湿系数(K)	地势阶梯	土 质 带
Ⅰ	北部多年冻土区	全年<0	>200	0.50~1.00	东部1000m等高线两侧	棕黏性土
Ⅱ	东部湿润季冻区	1月<0	10~200	0.50~1.00	东部1000m等高线以东	棕黏性土,黑黏性土,冲积土,软土
Ⅲ	黄土高原干湿过渡区	1月<0	20~140	0.25~1.00	东部1000m等高线以西,西南3000m等高南3000m等高线以东	黄土
Ⅳ	东南湿热区	1月>0 全年14~24	<10	1.00~2.25	东部1000m等高线以东	下蜀土,黄棕黏性土,红黏性土,砖红黏土,软土
Ⅴ	西南潮暖区	1月>0 全年14~22	>20	1.00~2.00	东部1000m等高线以西,西南3000m等高线以东	紫黏土,红色石灰土,砖红黏性土
Ⅵ	西北干旱区	全年<10 山区垂直分布	东部100,-250 西部40~100	东部0.25~0.5 西部<0.25	东部1000m等高线以西,西南3000m等高线以北	粟黏性土,砂砾土,碎石土
Ⅶ	青藏高寒区	全年<10 1月<0	除南端外 40~250	0.25~1.50	西南3000m等高线以西以南	砂砾土,软土

(2) 二级区划:二级区划以潮湿系数为主要分区标志,按公路工程的相似性及地表气候的差异,在7个一级区划内进一步分为33个二级区和19个副区(亚区)。潮湿系数K为年降水量(mm)与同年蒸发量(mm)的比值,按内的K值大小分为6个等级,见下表所列。

潮湿系数K值分级表

名 称	过 湿 区	中 湿 区	润 湿 区	润 干 区	中 干 区	过 干 区
K	>2.00	2.00~1.50	1.50~1.00	1.00~0.50	0.50~0.25	<0.25

各二级区划的名称和特征,见下表所列,区界见"中华人民共和国公路自然区划图"。

(3) 三级区划:三级区划是二级区划的进一步划分。要求各省、市、自治区在二级区划的基础上,根据各地的地貌、水文和土质类型等具体情况进行划分。

图名	公路自然区划(一)	图号	DL2-2(一)

二级区名 (包括副区)	水 热 状 态						土质与岩性
	潮湿系数 (K)	年降水量 (mm)	雨型	多年平均最大冻深(cm)	最高月平均地温(℃)	地下水埋深度 (m)	
I₁连续多年冻土	0.75~1.00	400~600	夏、秋雨	>300	<30.0	1~3	棕黏性土,砂性土,粗粒岩
II₂岛状多年冻土区	0.50~1.00	400~600	夏、秋雨	230~300	<30.0	1~3	黏性土和砂性土为主,粗粒岩
II₁东北东部山地润湿冻区	0.75~1.50	600~1200	夏雨	80~250	<30.0	一般>3.0洼地,谷地1~1.5	棕黏性土,砂土,粗粒岩
II₁ₐ三江平原副区	0.75~1.00	600~800	夏雨	150~200	<30.0	<1	内陆软土
II₂东北中部山前平原重冻区	0.25~1.25	400~600	夏雨	120~240	<30.0	一般>3.0洼地,谷地1~3	黑黏性土,内陆软土
II₂ₐ辽河平原冻融交替副区	0.75~1.25	600~800	夏雨	80~120	<30.0	一般1~2,海滨<1	冲积土和沿海软土
II₃东北西部润干冻区	0.50~0.75	200~600	夏雨	100~240	<30.0	一般1~3,山前>3	粟黏性土冲积土和砂砾土,粗粒花岗岩、流纹
II₄海滦中冻区	0.50~0.75	400~800	夏、秋雨	40~100	30~32.5	一般1~3,海滨<1	冲积土和沿海软土
II₄ₐ翼北山地副区	0.75~1.00	600~800	夏雨	100~120	<30.0	一般>3.0洼地,谷地2~4	棕黏性土,粗粒岩
II₄ᵦ旅大土丘陵副区	0.75~1.00	600~800	夏、秋雨	60~80	<30.0	>3.0	棕黏性土,粗粒岩
II₅鲁豫轻冻区	0.50~1.00	600~800	夏、秋雨	10~40	30~32.5	一般2~3,海滨<2	冲积土
II₅ₐ山东丘陵副区	0.75~1.25	600~1000	夏、秋雨	30~50	<30.0	一般>3.0,谷地海滨<3	棕黏性土,砂砾土粗粒岩和可溶岩
III₁山西山地,盆地中冻区	0.50~1.00	400~600	夏雨	40~100	25~30	一般>3.0,盆地1~3	黄土和黄土状土,粗粒岩、可溶岩
III₁ₐ雁北张宜副区	0.5~0.75	400~600	夏雨	100~140	25~30	一般>3.0,盆地1~3	黄土状土,粗粒岩以及可溶岩
III₂陕北典型黄土高原中冻区	0.50~1.00	400~600	夏雨	40~100	25~30	河谷<3.0,塬>20	黄土和黄土状土
III₂ₐ榆林副区	0.5~0.75	400~600	夏雨	100~120	25~30	河谷<3.0,塬>20	黄土和黄土状土,以及砂砾土
III₃甘东黄土山地区	0.25~0.75	200~600	夏、秋雨	80~100	25~30	河谷<3.0,塬>20	黄土和黄土状土、山区为细粒岩
III₄黄渭间山地、盆地轻冻区	0.50~1.00	600~800	夏、秋雨	15~40	25~32.5	一般>3.0,河谷<1.5	黄土状土和黄土粗粒岩

图名	公路自然区划(二)	图号	DL2-2(二)

续表

二级区名 (包括副区)	水热状态							土质与岩性
	潮湿系数 (K)	年降水量 (mm)	雨型	最高月 K值	最大月雨 期天数	最高月平 均地温 (℃)	地下水埋深度 (m)	
IV_1长江下游平原润湿区	1.0~1.5	1000~1400	夏雨、梅雨	2.0~3.0	2.5~3.5	30~35	一般为1~2,海滨湖滨<1	沿海软土和内陆软土,冲击土
IV_{1a}盐城副区	1.0~1.4	930~1150	夏雨、秋雨	1.8~2.2	—	31~32.8	一般为1~2,海滨湖滨<1	沿海软土和内陆软土,冲击土
IV_2江淮丘陵、山地润湿区	1.0~1.5	1000~1600	夏、梅、秋雨	1.5~2.5	3.0~3.5	30~35	一般大于3,丘陵盆地1.5~2	黄棕黏性土,下蜀土,粗粒岩
IV_3长江中下游平原润湿区	1.25~1.7	1200~1800	春雨、梅雨	2.5~4.0	3.6~4.0	32.5~35	一般为1~2,湖滨<1	冲击土和内陆软土,局部为下蜀土
IV_4浙闽沿海山地中湿区	1.0~2.0	1400~2200	台风暴雨	2.0~3.5	3.0~4.5	30~35	谷地1~3,山岭>5	红黏性土,局部为沿海软土,粗粒岩
IV_5江南丘陵过湿区	1.5~2.25	1400~2000	梅秋雨、伏干	3.5~5.0	4.0~4.5	>35	谷地2~3	红黏性土,细粒岩
IV_6武夷南岭山地过湿区	1.5~2.25	1400~2000	春雨、夏雨	3.0~4.5	3.5~5.5	30~35	谷地1~3,山岭>5	红黏性土,粗粒岩,细粒岩
IV_{6a}武夷副区	1.7~2.25	1800~2600	夏雨、梅雨	3.5~4.5	4.0~5.0	25~32.5	>5	红黏性土,粗粒岩
IV_7华南沿海台风区	0.75~2.0	1600~2600	夏雨和台风、暴雨	2.0~3.0	2.5~4.5	30~32.5	一般大于3,海滨<1	砖红色黏性土,沿海软土,粗粒岩
IV_{7a}台湾山地副区	1.5~2.75	2000~2800	夏雨和 台风、暴雨	>3.0	2.5~3.0	<30	>3	北部为黏性土,南部为砖红色 黏性土,粗粒岩
IV_{7b}海南岛西部润干区	0.5~0.75	800~1600	台风雨	<3.0	<3.0	32.5~35	1~3	砖红色黏性土
IV_{7c}海南诸岛副区	—	1600~2000	对流雨、台风雨	—	—	32.5~35		砖红色黏性土
V_1秦巴山地润湿区	1.0~1.50	800~1400	夏雨、秋雨	2.0~3.0	3.0~3.5	25~32.5	埋深不定	黄棕黏性土为主
V_2四川盆地中润区	1.25~1.75	1000~1400	夏雨、秋雨	2.0~3.0	3.5~4.5	30~32.5	丘陵>2,平原1~2	紫黏性土,细粒岩为主
V_{2a}雅安、乐山过润副区	1.25~2.75	1200~2200	全年多雨、 秋雨,且量多	3.0~4.5	4.0~5.5	<30	—	紫黏性土,粗粒岩,细粒岩
V_3山西、贵州山地过润区	1.5~2.00	1000~1400	全年多雨	2.5~4.0	4.0~5.0	20~32.5	埋深不定	红色石灰岩,红黏性土,可溶岩
V_{3a}滇南、桂西润湿区	1.0~4.50	1000~1600	夏雨、秋雨	1.5~3.0	3.0~5.0	25~30	谷地2~4,山岭>5	砖红色黏性土,可溶岩
V_4川、滇、黔高原干润交替区	0.5~1.0	600~1000	夏雨、秋雨	1.5~2.5	4.5~5.0	25~30	—	砖红色黏性土,粗粒岩
V_5滇西横断山地区	1.0~2.0	1200~1600	夏雨	2.0~5.0	5~12.0	20~30	—	可溶岩,粗粒岩,细粒岩
V_{5a}大理副区	1.0~1.50	800~1800	夏雨	2.0~4.0	4.0~5.5	20~30	—	砖红色黏性土,粗粒岩、细粒岩

| 图名 | 公路自然区划(三) | 图号 | DL2-2(三) |

续表

二级区名 (包括副区)	水热状态						土质与岩性
	潮湿系数 (K)	年降水量 (mm)	雨型	多年平均最 大冻深(cm)	最高月平均 地温(℃)	地下水埋深度 (m)	
Ⅵ₁ 内蒙古草原中干区	0.25~0.50	150~400	夏雨	140~240	<30	一般2~4,谷地洼地1~2	粟黏性土和砂砾土粗粒岩
Ⅵ₁ₐ 河套副区	<0.25	150~200	夏雨	100~140	<30	<1.5	黏性土和砂性土
Ⅵ₂ 绿洲-荒漠区	<0.25 其中 塔里木至甘西 <0.05	<150 其中 塔里木至甘西 ≤50	夏雨或 无雨	<100	30~40	绿洲≤3 荒漠≥5	砂砾土为主,绿洲为黏 性土砂砾土,粗粒岩、细粒岩
Ⅵ₃ 阿尔泰山地冻土区	0.25~0.50	200~400	夏雨	≥150	<30	>3	粗粒岩
Ⅵ₄ 天山-界山山地区	0.25~1.00	200~600	夏雨	100~150	≤30	≥5	砂砾土和黏性土为主, 局部有黄土、粗粒岩
Ⅵ₄ₐ 塔城副区	0.25~0.50	≤200	春雨	≤100	<30	3~5	黏性土为主,砂性土及黄土 状土为次,粗粒岩为主
Ⅵ₄ᵦ 依犁河谷副区	0.50~0.75	200~400	春雨	50~100	>30	<3	黏性土和砂性土
Ⅶ₁ 祁连-昆仑山地区	0.25~0.50	100~400	夏雨	—	<30	山地>5,山地洪积扇3~5.0	粗粒岩、细粒岩
Ⅶ₂ 柴达木漠区	<0.25	<50	夏雨或无雨	100~200	—	西部荒漠3~5,东部盐沼≤3	砂砾土为主, 局部为内陆软土、细粒岩
Ⅶ₃ 河源山原草甸区	0.50~1.50	200~600	夏秋雨	—	<30	一般≥3,洼地<1	以粉质土和变质岩为主
Ⅶ₄ 羌塘高原冻土区	<0.50	<200	夏秋雨	有多年冻土存 在,北部是连续 分布,南部呈岛 状分布(以安多 为界)	<30,年平均温 度低于-4℃	冻结层上水发育, 在河谷平原一般<1.0, 最高仅0.2~0.3, 呈片状连续分布	以细粒岩、可溶岩为主
Ⅶ₅ 川藏高山峡谷区	0.75~1.50	400~1000	春雨、夏雨	—	<30	>3	以粉质土和编制岩为主
Ⅶ₆ 藏南高山台地区	<0.50	200~600	夏雨	—	<30	阶地3~5	粗粒岩和细粒岩,河谷为砂砾土

图名	公路自然区划(四)	图号	DL2-2(四)

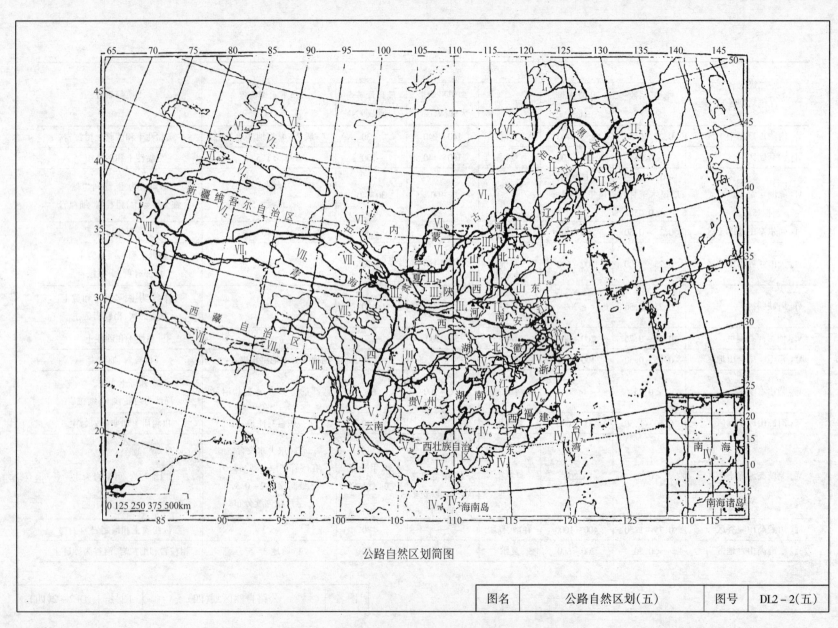

公路自然区划简图

| 图名 | 公路自然区划(五) | 图号 | DL2-2(五) |

2.1.4 路基土的分类

(1) 概述

土的种类繁多。在工程建设中为了正确评价土的工程特性,并从中测得其指标数据,以便采取合理的设计、施工方案,必须对土进行工程分类。

目前我国工程界对于土质分类法尚无统一完整的体系和标准。水电部、铁道部、地质矿产部、建设部、交通部等都编有本部门的"土工试验规程"(规范或手册)。由于工程对象不同,研究问题的出发点不同,因而对土质分类的目的、要求与方法以及对有关指标取值界限的数据也有所差异。公路路基土分类采用交通部颁布的《公路土工试验规程》(JTJ 051—93)的分类方法。

(2) 路基土的分类

首先,按有机质含量多少,划分成有机土和无机土两大类;其次,将无机土按粒组含量由粗到细划分为巨粒土、粗粒土和细粒土三类;最后,若为巨粒土和细粒土,则按其细粒土含量和级配情况进一步细分,若为细粒土,则按其塑性指数(I_p)和液限(ω_L)。在塑性图上的位置进一步细分。

公路用土按土的粒径分为巨粒组、粗粒组和细粒组,详见下表。此外,对定出的土名还应给予明确含义的文字代号,公路用土分类的基本代号如下表所示,这样既可一目了然,又可为运用电子计算机检索土质试验资料提供条件。

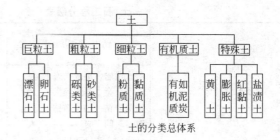

土的分类总体系

粒组划分表

粒径(mm)	200		60	20	5	2	0.5	0.25	0.074	0.002
粒组	巨粒组			粗粒组						细粒组
粒名	漂石(块石)	卵石(小块石)	砾(角砾)			砂			粉粒	黏性
			粗	中	细	粗	中	细		

土的基本代号表

土类	巨粒土	粗粒土	细粒土	有机土
成分代号	漂石 B 块石 B_a 卵石 C_b 小块 C_{b_a}	砾 G 角砾 G_a 砂 S	粉土 M 黏 C 细粒土(C和M合称)F 混合土(粗细粒土合称)$S1$	有机质土 O
级配和液限 高低代号	级配良好 W 级配不良 P		高液限 H 低液限 L	

砂类土的分类表

土	组	土组代号	细粒组含量(%)(<0.074mm)
砂	级配良好砂	SW	<5
	级配不良砂	SP	
含细粒土砂		SF	5~15
细粒土质砂	粉质砂	SM	15~50
	黏土质砂	SC	

砾类土的分类表

土	组	土组代号	细粒组含量(%)(<0.074mm)
砾	级配良好砾	GW	<5
	级配不良砾	GP	
含细粒土砾		GF	5~15
细粒土质砾	粉质砾	GM	15~50
	黏土质砾	GC	

巨粒土的分类表

土	组	土组代号	漂石粒含量(%)(>200mm)
漂(卵)石	漂石	B	>50
(大于60mm颗粒>75%)	卵石	Cb	≤50
漂(卵)石质土(大于60mm	漂石夹土	BSl	>50
颗粒占50%~75%)	卵石夹土	CbSl	≤50
漂(卵)石夹土(大于60mm	漂石质土	SlB	>卵石粒含量
颗粒占15%~50%)	卵石质土	SlCb	<卵石粒含量

图名	路基土的分类(一)	图号	DL2-3(一)

土、石工程分级表

土、石等级	土、石类别	土、石名称	钻1m所需时间		爆破1m³所需炮眼长度(m)			开挖方法
			湿式凿岩一字合金钻头净钻时间(min)	湿式凿岩普通淬火钻头净钻时间(min)	双人打眼(人工)	路堑	隧通导坑	
Ⅰ	松土	砂类土、腐殖土、种植土、中密的黏性土及砂性土、松散的水分不大的黏土，含有30mm以下树根或灌木根的泥炭土						用铁锹挖，脚蹬一下到底的松散土层
Ⅱ	普通土	水分较大的黏土、密实的黏性土及砂性土、半干硬状态的黄土，含有30mm以上的树根或灌木根的泥炭土、碎石类土（不包括块石及漂石土）						部分用镐刨松，再用锹挖，以脚蹬锹需连蹬数次才能挖动
Ⅲ	硬土	硬黏土、密实的硬黄土，含有较多的块石土及漂石土，各种风化成土块的岩石						必须用镐先整个刨过才能用锹挖
Ⅳ	软石	各种松软岩石、盐岩、胶结不紧的砾岩、泥质页岩、砂岩、煤、较坚实的泥灰岩、块石土及漂石土、软的节理多的石灰岩	7以内		0.2以内	0.2以内	2.0以内	部分用撬棍或十字镐及大锤开挖，部分用爆破法开挖
Ⅴ	次坚石	硅质页岩、砂岩、白云岩、石灰岩、坚实的泥灰岩、软玄武岩、片麻岩、正长岩、长岗岩	15以内	7～20	0.2～1.0	0.2～0.4	2.0～3.5	用爆破法开挖
Ⅵ	坚石	硬玄武岩、坚实的石灰岩、白云岩、大理岩、石英岩、闪长岩、粗粒花岗岩、正长岩	15以上	20以上	1.0以上	0.4以上	3.5以上	用爆破法开挖

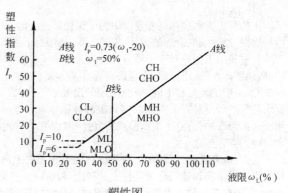

塑性图

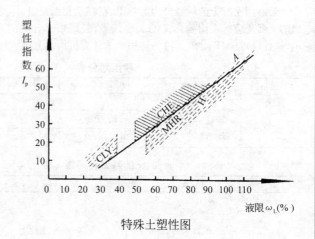

特殊土塑性图

| 图名 | 路基土的分类(二) | 图号 | DL2-3(二) |

(3) 土的工程性质。主要指以下几方面的内容：

1) 砂土无塑性，透水性强，毛细水上升高度很小，具有较大的内摩擦系数，采用砂土修筑路基，强度和水稳性均较好。但砂土由于黏性小，易于松散，压实困难，需用振动法才能压实，经充分压实的砂土路基压缩变形小。

2) 砂质土既含有一定数量的粗颗粒，使路基获得足够的内摩擦力，又含有一定数量的细颗粒，使其具有一定的黏聚力，不致过分松散。例如：粉土质砂，其颗粒组成接近最佳级配，渗水性好，不膨胀，湿时不粘着，雨天不泥泞，晴天不扬尘，在行车作用下，易被压实成平整坚定的路基。

3) 粉质土含有较多的粉土颗粒，干时虽稍有黏性，但分散后易扬尘，浸水时很快被湿透，易成流体状态（稀泥）。粉质土的毛细水上升高度大（可达 1.5m）。在季节性冰冻区，水分积聚现象严重，引起路基结冰期冻胀、春融期翻浆，故它又称为翻浆土。因此，粉质土是最差的筑路材料。

4) 黏质土中细颗粒含量多，内摩擦角小，黏聚力大，透水性小，吸水能力强，具有较大的可塑性、黏结性和膨胀性，毛细水上升现象显著。黏质土干燥时较坚硬，不易破碎，亦不易被水浸湿；但浸水后，能比较长时间保持水分，因而承载力很小。在季节性冰冻地区，在不良水温状况下，黏质土路基也容易产生冻胀和翻浆。

5) 高液限黏土的塑性指标与液限都很高，其工程性质与黏质土相似，但受黏土矿物成分影响较大。重黏土不透水，黏聚力特强，膨胀性和塑性都很大。干燥时很坚硬，难以挖掘也难以破碎。综上所述，填方路基宜选用级配较好的粗粒土作填料。

新老土名对照表

老土组	老土名	颗粒组成(按质量%计)		塑性指数 I_P	液限 ω_L (%)	新土名	土名代号	砂粒含量
		砂粒 (2~0.074mm)	黏粒 (<0.002mm)					
砂土	砂土	>80	0~3			砂 含细粒土砂	S SF	
砂性土	粉质砂土	50~80	0~3			细粒土质砂		
	粗亚砂土	>50 粗砂多于细砂	3~10			粉土质砂	SM	
	细亚砂土	>50 细砂多于粗砂	3~10					
粉性土	粉质亚砂土	20~50	0~10	>2	<50	含砂低液限粉土	MLS	
	粉土	<20	0~10	>2		低液限粉土	ML	
	粉质轻亚黏土	<45	10~20	>10	<50	含砂低液限粉土	MLS	
	粉质重亚黏土	<40	20~30	>18		低液限黏土	CL	>25
黏性土	轻亚黏土	>45	10~20	>10	<50	黏土质砂	SC	>50
	重亚黏土	>40	20~30	>18		含砂低液限黏土	CLS	>25
	轻黏土	<70	30~50	>26	>50	高液限黏土质砂 含砂高液限黏土 高液限黏土	SCH CHS CH	>50 >25
	重黏土	<45	>50	>50				

细粒土的分类表

土组		土组代号	粗粒组含量(%)	砾粒含量
粉质土	高液限粉土	MH	≤25	
	低液限粉土	ML		
	含砾高液限粉土	MHG	25~50	>砂粒
	含砾低液限粉土	MLG		
	含砂高液限粉土	MHS		<砂粒
	含砂低液限粉土	MLS		
黏质土	高液限黏土	CM	≤25	
	低液限黏土	CL		
	含砾高液限黏土	CHG	25~50	>砂粒
	含砾低液限黏土	CLG		
	含砂高液限黏土	CHS		<砂粒
	含砂低液限黏土	CLS		
有机质土	有机质高液限黏土	CHO	土的塑性图上 A 线以上	
	有机质低液限黏土	CLO		
	有机质高液限粉土	MHO	土的塑性图上 A 线以下	
	有机质低液限粉土	MLO		

图名	路基土的分类（三）	图号	DL2-3（三）

深度 (m)	标高 (m)	厚度 (m)	图例	土名	描述	W (%)	主要物理力学性指标						α_{1-3} (cm²/kg)
							ρ (g/cm³)	ρ^2 (g/cm³)	E	B	r		
											$\phi(°)$	c(kg/cm²)	
2.4	0.44	2.4		吹垫土	0~0.5m 为杂填土								
4.5	-1.66	2.1		粉土	褐黄、云母、铁质、有机质	26.0	1.95	1.55	0.75	0.8	12	0.46	
						24.3	18.5	1.49	0.81	0.8			
						25.3	1.85	1.48	0.83	0.5			
						26.5	1.91	1.51	0.79	0.5			
14.0	-11.16	9.5		淤泥质亚黏土	灰色、云母、有机质、贝壳	32.3	1.80	1.36	0.99	1.7	9	0.38	
						33.2	1.80	1.35	1.00	1.2	16.5	0.2	
						36.5	1.80	1.32	1.06	1.2	19.5	0.2	
				粉土		28.7	1.81	1.41	0.92	1.0	16	0.2	
				粉质黏土		25.7	18.7	1.48	0.83	0.6	22.5	0.28	
						27.4	1.89	1.48	0.83	0.8	27	0.24	
						42.3	17.3	1.22	1.25	0.9	14	0.24	
						39.4	1.79	1.28	1.14	0.6	21.5	0.26	
				黏土		37.4	1.80	1.31	1.09	0.6	15	0.36	
				粉质黏土		26.4	1.92	1.52	0.79	0.3			
						23.1	2.00	1.63	0.66	0.8			
						20.8	1.97	1.63	0.66	0.7			
						23.0	1.97	1.60	0.69	0.4			
30.0	27.16	16.0		粉土	褐黄、灰黄云母、铁质有机质、贝壳	15.2	2.03	1.76	0.53				0.016
						22.9	2.01	1.63	0.66	0.3			0.025
				粉砂		28.3	1.88	1.47	0.86	0.4			0.028
						25.2	1.97	1.57	0.72	0.5			0.021
				粉质黏土		23.9	1.95	1.57	0.72	0.6			0.018
						25.7	1.93	1.54	0.76	0.8			0.025
				粉土		31.0	1.93	1.47	0.84	0.8			0.027
						30.6	1.93	1.48	0.84	0.6			0.026
				粉质黏土		26.2	1.92	1.49	0.82	0.6			0.029
						31.1	1.96	1.50	0.83	0.5			
				黏土		23.5	1.93	1.56	0.75	<0			0.02

图名	土壤物理技术性能表	图号	DL2-4

路基土的野外鉴定方法

基本土类	名称	用手搓捻时的感觉	用肉眼及放大镜观察时的情况	土壤状态 干时	土壤状态 潮湿时	潮湿时将土搓捻的情况
粉湿土	粉质轻亚黏土	感到砂粒多、土块易压碎	可以看到细的粉土颗粒	土块不硬,用锤打时易成细块	有塑性、黏着性	不能搓成长的细土条
粉湿土	粉质重亚黏土	感到砂粒多、土块易压碎	可以看到细的粉土颗粒	土块不硬,用锤打时易成细块	有塑性、黏着性、惟塑性程度较大	不能搓成长的细土条,搓成细土条稍长
黏性土	轻亚黏土	感到有砂粒,湿润后有黏土沾手,土块易压碎	明显看出细粒粉末中有砂粒	土块压碎时常要用力	塑性与黏着性低微	不能搓成长的细土条
黏性土	重亚黏土	干时用手揉搓感到砂粒很少,土块很难压碎	可以看到细的粉土颗粒	土块不硬,用锤打时易成细块	塑性与黏着性较大	揉搓时可得1~2mm直径的细土条,将小土球压成扁块时,周边不易发生破裂
黏性土	轻黏土	潮湿时用手揉搓感觉不到砂粒,土块很难压碎	黏土构成的均匀细粉末物质,几乎不含大于0.25mm的颗粒	土块坚硬,用锤可以将大土块变小土块,但不易成粉末,干时土块不易用手压碎	塑性和黏着性极大,易于黏手涂污	可以搓成小于1mm直径的细土条,易于团成小球,压成扁土块时,周边不易破裂
重黏土	重黏土	潮湿时用手揉搓感觉不到砂粒,土块很难压碎	黏土构成的均匀细粉末物质,几乎不含大于0.25mm的颗粒	土块坚硬,用锤可以将大土块变小土块,但不易成粉末,干时土块不易用手压碎	易于沾手涂污,惟塑性和黏着性更大	可以搓成小于1mm直径的细土条,易于团成小球,压成扁土块时,周边不易破裂

续表

基本土类	名称	用手搓捻时的感觉	用肉眼及放大镜观察时的情况	土壤状态 干时	土壤状态 潮湿时	潮湿时将土搓捻的情况
石质土	(砾)石土		大于2mm的颗粒占大多数			
石质土	(砾)石土		大于2mm的颗粒较多			
石质土	(砾)石土		大于2mm的颗粒占小数			
砂土	粗砂	感到是粗砂粒	看到粗砂粒较多	疏散	无塑性	不能搓成条
砂土	中砂	感到不是太粗的砂粒	看到砂粒不粗	疏散	无塑性	不能搓成条
砂土	细砂	感到是细的砂粒	看到极细的砂粒多	疏散	无塑性	不能搓成条
砂土	极细砂	感到是极细的砂粒	看到砂粒而夹有黏土	疏散	无塑性	不能搓成条
砂土	粉质砂土	在手掌上搓时沾有很多粉土粒	看到砂粒而夹有黏土粒	疏散	无塑性	不能搓成条
砂性土	粗亚砂土	含砂粒较多,湿润时用力可搓成团,干后有少量黏土沾在手上	看到砂粒而夹有黏土粒	土块用手挤及在铲上抛掷时易破碎	无塑性	不能搓成条
砂性土	细亚砂土	感到含细颗粒较多	看到砂粒而夹有黏土粒	没胶结	无塑性	难搓成细土条
粉性土	粉质亚砂土	粉质亚砂土	明显看出砂粒少粉土粒多	没胶结,干土块用手轻压即碎	流动的溶解状态	摇动时易使土球成饼状不能搓条
粉性土	粉土	有干粉末感	看到粉土粒更多	没胶结,干土块用手轻压即碎	流动的溶解状态	摇动时易使土球成饼状不能搓条

图名	路基土的野外鉴定方法	图号	DL2-5

2.2 一般道路路基的设计

2.2.1 路基设计原则

道路路基是路面的基础,它与路面共同承担着交通荷载的作用,必须有具有足够的强度、稳定性和耐久性。路基的设计应该是作为支承整个路面结构物的综合设计,同时,必须遵守如下的设计原则:

(1) 路基设计必须坚持调查研究、因地制宜、就地取材的原则。应符合道路建设的基本原则。设计前必须做好工程地质和水文、环境、土地利用、文物古迹保护及材料利用等有关条件的现场勘察工作,同时,根据道路等级、行车要求和自然条件,做出正确的设计决策。

(2) 城市道路路基设计应符合城市总体规划的要求,与城市发展、沿线地块的开发相协调。

(3) 路基设计应兼顾当地农田基本建设的需要。尽可能与当地农田水利建设相结合,不得任意减,并农田排灌沟渠,并要照顾到近远期发展,要做好路基排水设计。

(4) 沿河线的路基设计,应注意路基不被洪水淹没或冲毁,城市道路应满足城市防洪的要求。若路基放坡过多,压缩河道,引起壅水而危及农田、房舍时,一般应变更设计,将路线适当外移或增加一些砌石路基、挡土墙或防护工程,以减少路基坡脚对河道的影响。废方一般不得侵占河道,减少河道过水断面。

(5) 必须穿过耕种地区的路基,必要时可以进行边坡加固或修建矮墙,以减少占用农田;对较矮的路基边坡,如石料取用较方便,甚至可修筑直立矮墙,以尽量节约用地。原有梯田田坎,如因筑路受到破坏,应及时给予修复与加固。

(6) 路基设计应符合环境保护的要求,应充分考虑地区特点,尽量有效地利用自然地形,减少土石方量;加强园林绿化,改善变化后的地形和景观。

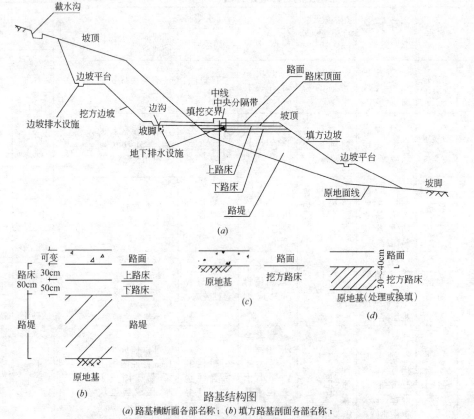

路基结构图
(a) 路基横断面各部名称;(b) 填方路基剖面各部名称;
(c) 地基良好(岩石、砂砾土)挖方路基剖面各部名称;(d) 地基不良挖方路基部面各部名称
注:路床即原路槽底面下 0~80cm 范围内的路基。

| 图名 | 道路路基的设计原则 | 图号 | DL2-6 |

(7) 对施工过程中所产生的噪声、振动、灰尘、地基变动、水质污染、地下水位变化等问题应采取有效的措施，努力保护好道路施工现场两边的环境。

(8) 改建道路的路基设计工作，必须遵循"充分利用，新老改造相结合"的原则。

(9) 路基设计必须有根据道路所在地区的自然因素与地质条件，设计完善的排水设施和防护工程。路基边坡，在受到降水等影响之后，会引起崩塌，阻碍车辆通行。特别是挖方边坡，因地质复杂，若设计时不充分调查研究，施工中就会发生问题，通车后也会因降水及风化作用而坍塌，因此，设计时进行稳定性分析及采取相应的措施是非常必要的。另外，填方的边坡有时也因填方材料而影响其稳定性。因此也应进行稳定性分析，采取相应的措施。

(10) 要认真考虑道路路基的整体结构，防止在通车后发生路面的不均匀下沉及边坡坍塌，即使有所变形，也应便于补修。

2.2.2 路基结构和典型横断面

(1) 路基结构：道路路基主要由路堤、上路床、下路床或路堑挖方路床组成。路基结构及各部名称如上图所示。

(2) 路基典型横断面：路基横断面的典型形式，按填筑方法划分为路堤（填方路基）、路堑（挖方路基）和半填半挖路基等。对高速公路或对向分离行驶的城市道路按行车道的布置形式可分为整体式路基和分离式路基。

路堤是指全部用材料填筑而成的路基，路堑是指全部由原地面开挖而形成的路基，这两者是路基的基本类型。当原地面横坡较大，且路基较宽，需一侧开挖而另一侧填筑时，称为半填半挖路基。半填半挖路基是在丘陵区和山岭区道路上常用的路基形式。

常用的路堤式路基横断形式

路堤形式	图 式	说 明
矮路堤		$h<1.5m$，平原地区且取土困难时选用。由于路堤高度小于应力作用区深度，除填方本身要求高质量外，地基往往也需特殊处治。路基排水也极为重要
一般路堤		$1.5 \leq h \leq 12.0m$ $h>8.0m$ 时，可采用折线型边坡，下段边坡坡率一般为 1:1.75
高路堤		$h>12.0mm$ 高路堤一般采用阶梯形边坡，即在边坡中间每隔 8m 高度设置一平台 平台上下段的坡度可以相同也可不同。平台上一般应设置排水沟
浸水路堤		浸水边坡坡率采用 1:2 设计水位 0.5m，以上边坡可采用 1:1.5 坡率
护脚路堤		原地面倾斜的全填路堤。当倾斜度陡于 1:5 时，需将原地面挖成台阶（石质地面），台阶宽度等于或大于 1.0m，向内倾斜 1%～2%，或将原地面凿毛（石质地面）。原地面倾斜度陡于 1:2 时，则应设置石砌护脚等横断面形式。倾斜地面的填方上方坡脚，需采取措施阻止地面水渗入路堤内

| 图名 | 路基典型横断形式（一） | 图号 | DL2-7（一） |

常用的半填半挖式路基横断形式		
名称	图式	
半填半挖路基		
矮墙路基		
护肩路基		
砌石路基		
挡土墙路基		

常用的路堑式路基横断形式		
名称	图式	说明
直线形边坡路堑		适用于边坡为均质或薄层互层的岩土，且边坡高度不大的路段
护坡式路堑		适用于挖方为软质、风化岩层及土质边坡，坡体稳定但坡面有碎落时
折线形边坡路堑		适用于由多层岩土组成，或者上部为覆盖层，下部为稳定的弱风化、未风化岩石的路段
台阶形边坡路堑		适用于由多层岩土组成，且高度较大的路段

图名	路基典型横断形式（二）	图号	DL2-7（二）

2.2.3 路基破坏的现象与原因

路基在结构形式上虽然较简单,但它修筑在地面之上,暴露于大气之中,所以受地形、地质、水文和气候等自然因素的影响极大,如果设计和施工不当,容易产生各种各样的病害,导致路基、路面破坏,影响交通和行车安全,或耗费大量投资进行抢险和修复。

(1) 常见道路路基破坏现象

1) 路堤的沉陷:路基因材料选择不当,填筑方法不合理,压实不足时,在荷载和水温的综合作用下,堤身可能向下沉陷,如图(A)所示。所谓填筑方法不合理,包括不同土质混杂、未分层填筑和压实、土中含有未经打碎的大土块或冻土块等。填筑路堤因石料规格不一、性质不匀,或就地爆破堆积,乱石中空隙很大,在一定期限内亦可能产生局部的明显下沉。当原地面比较软弱,例如泥沼、流砂或垃圾堆积等,填筑前未经换土或压实,地基发生下沉,亦可能引起路堤下降。冻融作用也常常使路基产生不均匀变形。路基的这类不均匀下陷,将造成局部路段破坏,影响道路交通。

2) 路基边坡坍方:路基边坡坍方是最常见的路基病害,亦是道路水毁的普遍现象。按其破坏规模与原因的不同,路基边坡坍方可以分为剥落、碎落、滑坍、崩坍等,如图(B)所示。

① 剥落是指边坡表土层或风化岩层表面在大气的干湿或冷热的循环作用下,发生胀缩现象,零碎薄层成片状或带状从坡面上脱落下来,而且老的脱落后,新的又不断产生,填土不均匀和易溶盐含量大的土层及泥质岩、绿泥岩等松软岩层较易发生此种破坏现象。

② 碎落是岩石碎块的一种脱落现象,其规模和危害程度比剥落严重。产生的主要原因是路堑边坡较陡(大于45°),岩石破碎和风化严重,在胀缩、震动及水的浸蚀与冲刷作用下,块状碎屑沿坡面向下滚落。如果落下的岩块较大或多块落下,此种碎落现象则称为落石或坠石,落石的石块较大,降落速度极快,所产生的冲击力可使路基结构物遭到破坏;亦会威胁到行车和行人的安全。

③ 滑坍是指路基边坡土体或岩石沿着一定的滑动面整体向下滑动。其规模和危害程度较碎落更为严重,有时活动体可达数百万立方以上,

造成严重阻车。产生滑坍主要原因是边坡较高(大于10m),坡度较陡(陡于50°),填方不密实,缺少应有的支撑与加固。挖方的岩层对公路成顺向坡,岩层倾角在50°~75°之间,夹有较弱和透水的薄层,或岩石严重风化等,在水的浸蚀和冲刷作用下形成滑动面,致使土石失去平衡而产生滑坍。

④ 崩坍的规模与产生原因,同滑坍有共同之处,亦是比较常见的而且危害较大的路基病害之一。它同滑坍的主要区别在于崩坍无固定滑动面,亦无下挫现象,即坡脚线以下地基无移动现象,崩坍体的各部分相对位置在移动过程中完全打乱,其中较大石块翻滚较远,边坡下形成倒石堆或岩堆。

(2) 路基沿山坡滑动:在较陡的山坡填筑路基,如果原地面较光滑,未经凿毛或人工挖筑台阶,或丛草未清除,坡脚又未进行必要的支撑,特别是同时又受到水的润滑,填方与原地面之间接触面上的抗剪力很小,填方在荷载作用下,有可能整体或局部沿地面向下移动,使路基失去整体稳定性,此种破坏现象虽不普遍,但亦不应忽视,如果不针对上述产生原因采取预防措施,路基整体稳定性会遭到破坏。

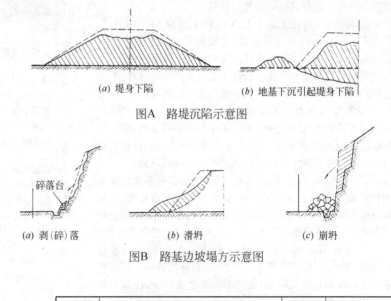

(a) 堤身下陷　　　(b) 地基下沉引起堤身下陷

图A　路堤沉陷示意图

(a) 剥(碎)落　　(b) 滑坍　　(c) 崩坍

图B　路基边坡塌方示意图

| 图名 | 道路路基破坏的现象与原因 | 图号 | DL2-8 |

2.2.4 土路基材料的选择与压实

(1) 土路基材料的选择

在选择填料时,既要考虑料源和经济性,更要注意填料的性质是否合适。修建路堤用的理想填料为强度高、水稳性好、压缩性小、便于施工压实、且是运距短的土、石材料;根据填料性质和适用性,通常将路堤填料分成以下几类:

① 砂土:砂土无塑性,具有良好的透水性,遇水后毛细上升高度很小(0.2～0.3m),具有较大的内摩擦系数。用砂土筑路堤,其强度、抗变形能力、水稳性均好。但由于其黏性小易松散,对于流水冲刷和风蚀抵抗能力很弱。

② 砂性土:砂性土既含有一定数量的粗颗粒,使之具有一定的强度和水稳性,又含有一定数量的细颗粒,并具有一定的黏结性,不致过分松散。遇水干得快、不膨胀,湿时不粘着、雨天不泥泞、晴天不扬尘,容易压实构成平整坚实的路基表面。砂性土是修筑路堤的良好填料。

③ 粉性土:粉性土含有较多的粉土颗粒,干时稍有黏性,飞尘大,浸水时很快被湿透,易成稀泥。其毛细作用强烈,可达 0.9～1.5m,在季节性冰冻区,水分积聚现象严重,春融期间极易翻浆和冻胀。粉性土是最差的筑路材料,不得已使用时,宜掺配其他材料,并加强排水与隔离等措施。

④ 黏性土:黏性土的黏聚力大,透水性差,干燥时坚硬,浸湿后不易干燥,强度急剧下降。具有较大的可塑性、黏结性和膨胀性,毛细管现象也很显著,干湿循环所引起的体积变化很大。过干时不易打碎和压实,过湿时又易压成软弹土。

⑤ 碎(砾)石质土:该种材料其颗粒较粗,当不含有很多细颗粒成分时,具有足够的强度、抗变形能力和水稳性,是修筑路堤的良好填料。使用时要注意填方的密实度,以防止由于空隙过大而造成路基积水、不均匀沉陷或表面松散等病害。

⑥ 砾石、不易风化的石块:这种填料渗水性很强,水稳定性好,强度高,施工季节不受限制,是最好的填料。石块空隙用小石块填塞密实时,路堤的下沉残余量很少,在行车荷载作用下塑性变形小。

公路路基分类对照表

土组	土　名	老土名	分类符号	颗粒组成(按重量%计)		塑性指数 I_P	液限 W_L (%)
				砂粒 (2～0.074mm)	黏粒 (<0.002mm)		
砂土	粗砂:粒径>0.5mm 颗粒占50%以上 中砂:粒径 0.5～0.25mm 颗粒占50%以上 细砂:粒径 0.25～0.074mm 颗粒占50%以上	粗砂:>0.5mm 者多于50% 中砂:>0.25mm 者多于50% 细砂:>0.1mm 者多于75% 极细砂:>0.1mm 者少于75%	—	>80	0～3	<2	<16
砂性土	粉质低液限砂土	粉质砂土	SLM	50～80	0～3	>2	16～28
砂性土	低液限黏土	粗亚砂土 细亚砂土	CL	>50 粗砂多于细砂 >50 细砂多于粗砂	3～10 3～10	>2 >2	16～28 16～28
粉性土	粉质低液限黏土	粉质亚砂土	CLM	20～50	0～3	>2	16～28
粉性土	粉　土	粉　土	ML MI	<20	0～3	>2	16～28
粉性土	粉质中液限黏土	粉质轻亚黏土 粉质重亚黏土	CIM	<45 <40	10～20 20～30	>10 >18	28～38 38～50
黏性土	中液限黏土	轻亚黏土 重亚黏土	CI	>45 <40	10～20 20～30	>10 >18	28～38 38～50
黏性土	高液限黏土	轻黏土	CH	<70	30～50	>26	50～70
重黏土	很高液限黏土	重黏土	CV	<45	>50	>40	>70

注:(1) 表中各土组的颗粒组成均以小于 2mm 的作为 100%计;
(2) 定名时应根据粒径分组由大到小,以优先符合者定名;
(3) 表中 I_P 和 W_L 按交通部现行《公路土工试验规程》中塑、液限联合试验的新土名所决定,即 100g 锥重测得的塑性指数和液限。

图名	土路基材料的选择	图号	DL2－9

⑦其他土：重黏土几乎不透水，黏结力特强，干时难以挖掘，湿时膨胀性和塑性都很大，不宜用作路堤填料；易风化的软质岩石（如泥灰岩、硅藻岩等），浸水后易崩解，强度显著降低，变形量大，一般也不宜用来填筑路堤；对于一些特殊性质的土类，如泥炭、腐植土或含有石膏等易溶盐的土，均不宜于填筑路堤，若不得已需用于筑路时，应分不同情况，采取特殊的防护和加固措施。

在填筑路堤时，为了少占耕地，应尽量利用附近路堑或附属工程的弃方作为填料，或者把取（借）土坑布置在荒地、空地或劣地上。从山坡取土时，应注意取土坡体的稳定性，不得因取土而造成病害、出现水土流失现象，危及路基和附近建筑物的安全。

(2) 土路基材料的压实

土质路基未经压实，将在自然因素和行车荷载作用下产生大量的变形或破坏。路堤经充分压实后，具有一定的密实度，并消除了大部分因水分干湿作用而引起的自然沉陷和行车荷载反复作用产生的压实变形，提高了土的承载能力，降低了渗水性，因而也提高了水稳性。

由土的击实试验资料分析可知：土基的最大干密度表征着土基的强度和稳定性，它是衡量压实质量的一项重要指标。我国目前以压实度作为控制土基压实的标准。所谓压实度（k）就是工地上实际达到的干密度 δ 与最大干密度 δ_0 之比，即：

$$k = \delta/\delta_0 \times 100\%$$

最大干密度 δ_0 系由室内用标准击实仪进行击实试验所得的，其相应的含水量即为最佳含水量 W_0。

标准击实试验方法分轻型标准和重型标准两种，两者的落锤重量、锤落高度、击实次数不同，即试件承受的单位压实功不同。轻型标准的压实功仅相当于 6～8t 压路机的碾压效果，而重型标准相当于 12～15t 压路机的碾压效果。重型标准测得的最大干密度比轻型标准的约增加 6%～12%，而最佳含水量一般要小 2%～8%（含水量绝对值）。因此，压实度相同时，采用重型标准的压实要求比轻型标准的高。

压实度因素 k 值的确定，需根据道路所在地区的气候条件，土基的水温状况，道路等级和路面类型等因素进行综合考虑。对冰冻潮湿地区和受水影响大的路基，其压实度要求应高些；对于干旱地区及水文情况良好地段，其压实度要求低些；路面等级高，压实要求高些，路面等级低，压实要求低些。我国公路和城市道路有关部门已对土基的压实度作出了相应的规定，分别见以下两表所列。

公路土质路基压实度

填挖类别	路槽底面以下深度（cm）	压实度（%）
路　　堤	0～80	>93
	80 以下	>90
零填及路堑	0～30	>93

注：(1) 表列压实度系按交通部《公路土工试验规程》（JTJ 051—85）重型击实试验法求得最大干密度的压实度。对于铺筑中级或低级路面的三、四级公路路基，允许采用轻型击实试验法求得最大干密度的压实度。
(2) 高速公路，一级公路路堤路槽底面以下 0～80cm 和零填及路堑 0～30cm 范围内的压实度应大于 95%。
(3) 特殊干旱或特殊潮湿地区（系指年降雨量不足 100mm 或大于 2500mm），表内压实度数值可减少 2%～3%。

城市道路土质路基压实度

填挖类型	深度范围（cm）	压实度（%）		
		快速路及主干路	次干路	支路
填　方	0～80	95/98	93/95	90/92
	80 以下	93/95	90/92	87/89
挖　方	0～30	95/98	93/95	90/92

注：(1) 表中数字，分子为重型击实标准的压实度，分母为轻型击实标准的压实度，两者均以相应的击实试验法求得的最大干密度为压实度的 100%。
(2) 表列深度均从路槽底算起。
(3) 填方高度小于 80cm 及不填不挖路段，原地面以下 0～30cm 范围上的压实度应不低于表列挖方的要求。

图名	土路基材料的压实	图号	DL2-10

2.2.5 粉煤灰路堤与路基边坡的设计

(1) 粉煤灰路堤的设计

1) 概述:粉煤灰是热电厂燃烧发电而排出的炉灰、粉煤灰排放堆积,不仅占用宝贵的土地资源,而且对生态环境构成不同程度的污染。建贮灰场又要耗费国家大量的基本建设投资费用和农业用地。因此,对粉煤灰的处理和利用成为我国一个比较突出的经济和社会问题,迫切需要在岩土工程范围内开发利用粉煤灰资源,将粉煤灰作为软弱土换填材料应用。

2) 粉煤灰的工程性质:粉煤灰按其排放系统的不同,可分为干灰、湿灰及调湿灰三种。其工程性质如下:

① 自重轻:一般说来,粉煤灰相对密度比黏性土小得多,一般松散重力密度为 $6\sim7kN/m^3$,粉煤灰比土要轻得多。粉煤灰自重轻给回填土工程带来有利的一面,可降低下卧层土的压力,减少沉降,如利用该特点,道路路堤的填筑高度可提高至8m,打破了软土地区土路堤4.5m高度的极限。

② 击实性能好:粉煤灰的颗粒组成的特点,使它具有可振实或碾压的条件,击实试验曲线峰值段比天然具有相对较宽的最佳含水量区间,粉煤灰的最佳含水量变动幅度是±4%,大于土的±2%的变动幅度。因此,粉煤灰在回填施工过程中达到设计密实度的含水量容易控制,施工质量能得到保证。

3) 强度高:抗剪试验按直剪(快剪)和三轴剪(固结不排水剪)分别进行,粉煤灰的内摩擦角,黏聚力均和粉煤灰的灰种、剪切的方法、压实系数的大小和龄期长短有关。

4) 压缩性小:粉煤灰的压缩性能与击实功能、密实度和饱和度等因素有关。

5) 渗透性:由于粉煤灰颗粒组成近似砂质粉土,压实过程初期具有较大的渗透系数,但随着龄期的增加,渗透性能逐渐减弱。良好的透水性能给多雨地区的施工带来方便,并且由于透水性好,粉煤灰还具有较强的龄期效应。由于松散状态下细颗粒并有水存在时,会在常温下与氢氧化钙产生化学反应,形成具有胶凝状态的化合物,这种反应即称为火山灰反应,这种反应的产物有效填充了空隙,从而使强度和抗渗性能得到改善。

6) 对环境的影响:粉煤灰是一种碱性材料,遇水后由于碱性可溶物的析出使 pH 值升高。如上海宝钢粉煤灰 pH 值可达 10~12,同时粉煤灰中还含有一定量的微量有害元素和放射性元素,因此粉煤灰在填筑过程中是否能推广应用,在很大程度上取决于是否能满足我国现行的有关环境方面的要求。

7) 粉煤灰路堤设计:粉煤灰路堤由路堤主体部分(粉煤灰)包边土、护坡和封顶层、隔离层(排水系统)组成。根据近年来的工程实践经验,粉煤灰填筑路堤主要采取两种形式,即全部采用粉煤灰(纯灰)填筑和部分采用粉煤灰(灰土间隔)填筑。所谓纯灰填筑也并非完全使用粉煤灰,而是采用粉煤灰填芯,外包以黏性土,这就是通常所说的"包心法";灰土间隔形式则为一层粉煤灰加铺一层土,相间填筑,也就是通常所说的"分层法",这两种方法在技术、质量上要求相同,在施工工艺上也基本相似。两种粉煤灰路堤的断面形式见下面两图。

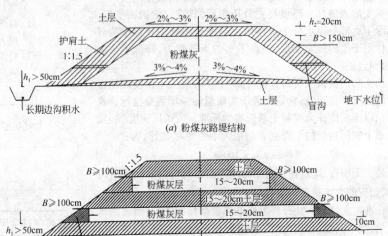

(a) 粉煤灰路堤结构

(b) 粉煤灰路堤结构

| 图名 | 粉煤灰路堤的设计与结构 | 图号 | DL2-11 |

(2) 路基边坡防护设计

路基防护是保证路基强度和稳定性的重要措施之一,其防护的重点是路基边坡,必要时包括路肩表面,以及同路基稳定有直接关系的近旁河流与山坡。由岩土修筑成的路基,大面积的暴露于大自然中,长期受各种自然因素(如雨、雪、日晒、冰冻、冲刷等)的强烈作用,在这种不利的自然条件下,岩土的物理力学性质常发生较大变化。路基浸水后湿度增大,土的强度降低,饱和后土的强度将急剧下降;岩性差的岩体,在水文变化条件下,会加剧其风化过程;路基表面在温差作用下形成胀缩循环、在湿差作用下形成干湿循环,也可导致强度的衰减和剥蚀;雨水冲刷和地下水浸入,使路基浸水和岩土表层失稳,易造成和加剧路基的水毁病害;在近旁河流的冲击、淘刷和侵蚀作用下,也会损坏路基。因此,必须对路基的进行必要的防护。路基防护的要求:

1) 路基防护应按设计、施工、养护相结合的原则,经调查研究,根据当地的气候条件、地质条件、水文条件及材料供应情况,本着因地制宜,就地取材的原则,有针对性的选取合理的防护类型。

2) 一般情况下,应对砂性土、砾卵石土、碎石土及风化破碎的软质岩石路堑边坡,以及黄土、黄土类边坡,膨胀土路堑边坡,均宜在土石方工程完成后及时防护。路堑边坡宜根据岩石的风化程度和黄土的成因类型、地层年代决定采用全面防护或局部防护。

3) 采用防护措施和选择防护类型时,应结合道路等级,投资规模和工程的重要程度,养护的难易程度,综合考虑确定。

4) 对路堤边坡应以路堤填筑高度,填料性质,决定其防护形式。

5) 对有水流冲刷的路堤边坡,可在沿河路堤坡脚处设置一定高度的护坡,护坡高度根据计算洪水位确定。

6) 坡面防护不考虑边坡地层的土压力,故要求被防护的边坡具有足够的稳定性。

路基防护工程均以路基稳定为前提,各种防护类型和措施都是针对不同地质条件下可能出现的隐患而采用的防护工程,下述防护工程设计可供参考。

① 植物防护:指种草、种草与土工网复合防护;
② 捶面;
③ 护面墙;
④ 护面墙 + 护面板防护;
⑤ 喷射混凝土;
⑥ 锚杆钢丝网喷射混凝土;
⑦ 浆砌片石护坡;
⑧ 浆砌片石框格护坡;
⑨ 组合式坡面防护。

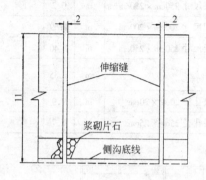
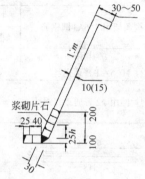

捶面护坡(单位:cm)

捶面混合材料配合比

材料配合比	捶面厚度(cm)	材料用量				
		水泥(kg)	石灰(kg)	黏土(m³)	砂子(m³)	炉渣(m³)
水泥:石灰:砂子:炉渣 (质量比)=1:3:6:9	10	8.5	28.1		0.039	0.11
	15	12.8	42.0		0.053	0.6
石灰:黏土:砂子:炉渣 (质量比)=1:2.5:5:9	10		15.0	0.02	0.05	0.14
	15		22.5	0.03	0.075	0.21
水泥:砂子:炉渣 (质量比)=1:3:7	10	9.0			0.016	0.08
	15	13.5			0.024	0.12
石灰:黏土:炉渣 (质量比)=1:1:4	10		12.0	0.02		0.10
	15		18.0	0.03		0.15

图名	路基边坡防护设计与结构(一)	图号	DL2-12(一)

锚杆钢丝网钢筋规格及用量表（m²）

材料项目	锚杆	单位	数量	备注
锚杆 $\phi16\sim\phi20$ A4 圆钢筋	杆框条架尺寸 200cm×200cm	m	0.31	
	框条架尺寸 250cm×250cm	m	0.2	
框条架用 5ϕ6A3 圆钢筋	框条架尺寸 200cm×200cm	m	1.59	
	框条架尺寸 250cm×250cm	m	1.40	
绑扎用 $\phi0.5\sim1$ 普通钢丝		m	1.85	
钢丝网用 $\phi2$ 普通镀锌钢丝	网眼孔径 20cm×20cm	m	9.9	
	网眼孔径 25cm×25cm	m	7.7	

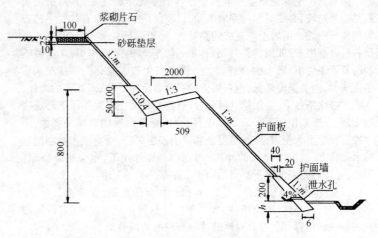

(a) 护面墙、护面板的组合形式（单位：cm）

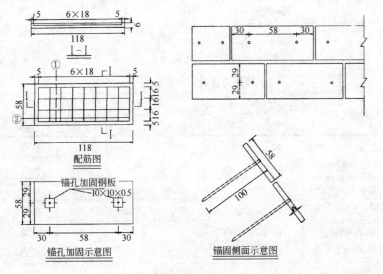

(b) 护面板结构设计图（单位：cm）

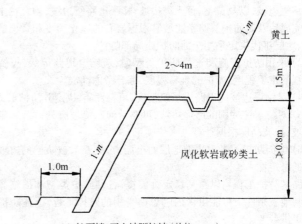

(c) 护面墙+平台坡脚护坡（单位：cm）

| 图名 | 路基边坡防护设计与结构（二） | 图号 | DL2-12（二） |

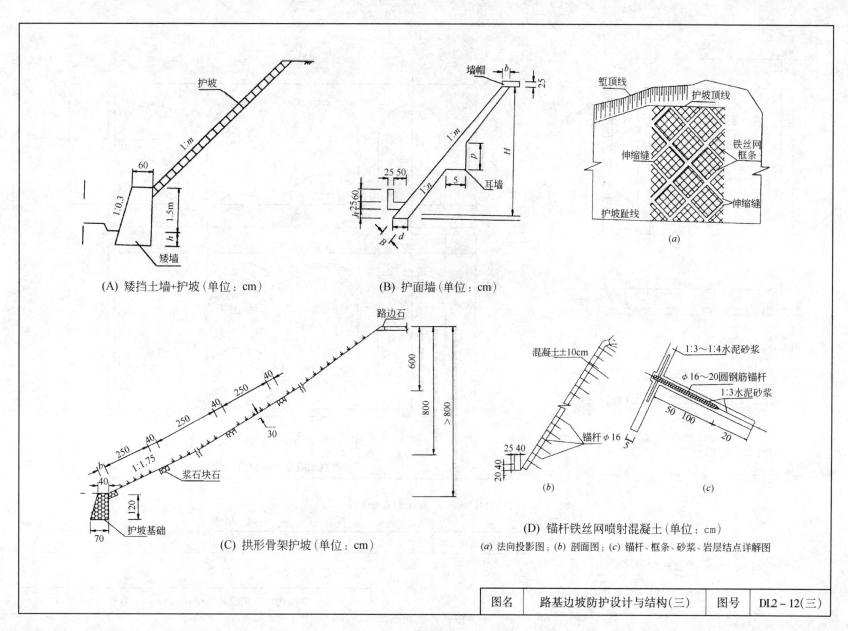

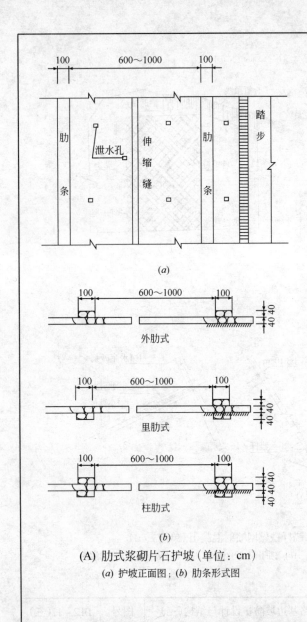

(A) 肋式浆砌片石护坡（单位：cm）
(a) 护坡正面图；(b) 肋条形式图

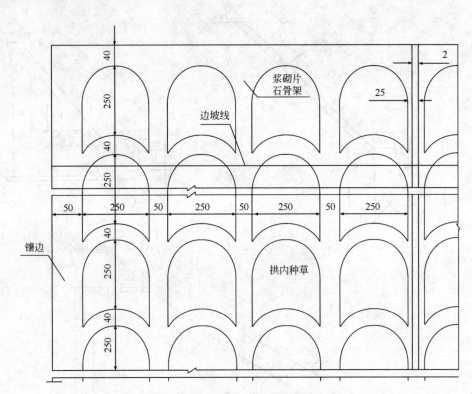

(B) 拱形浆砌片石骨架护坡法向投影图

喷射混凝土材料用量(m^2)

材料类型	配合比(重量比)	材料用量				
		水泥 (kg)	石子 (m^3)	砂 (m^3)	速凝剂 (kg)	水 (kg)
水泥混凝土	1:2:2	49	0.06	0.06	1.76	97.0

图名	路基边坡防护设计与结构（四）	图号	DL2-12(四)

路堤边坡坡度

填料种类	边坡的最大高度(m)			边坡坡度		
	全部高度	上部高度	下部高度	全部坡度	上部坡度	下部坡度
黏性土、粉性土、砂性土	20	8	12	—	1:1.5	1:1.75
砾石土、粗砂、中砂	12	—	—	1:1.5	—	—
碎(块)石土、卵石土	20	12	8	—	1:1.5	1:1.75
不易风化的石块	20	8	12	—	1:1.3	1:1.5

砌石路基边坡坡度

高度 H (m)	外坡坡度 $1:m$	内坡坡度 $1:m'$
≤5	1:0.5	1:0.3
≤10	1:0.67	1:0.5
≤15	1:0.75	1:0.6

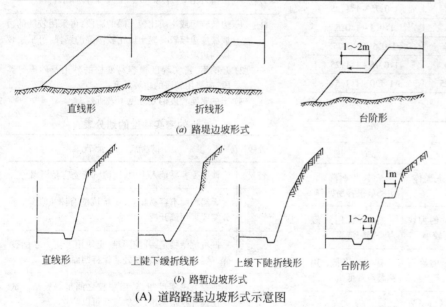

(A) 道路路基边坡形式示意图

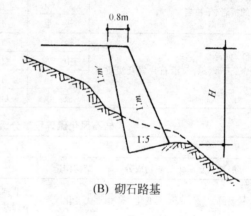

(B) 砌石路基

| 图名 | 路基边坡防护设计与结构(五) | 图号 | DL2-12(五) |

岩石方边坡坡度表

岩石种类	风化破碎程度	边坡高度 (m) <20	边坡高度 (m) 20~30
(1) 各种岩浆岩 (2) 厚层灰岩或硅、钙质砂砾岩 (3) 片麻、石英、大理岩	轻度	1:0.1~1:0.2	1:0.1~1:0.2
	中等	1:0.1~1:0.3	1:0.2~1:0.4
	严重	1:0.2~1:0.4	1:0.3~1:0.5
	极重	1:0.3~1:0.75	1:0.5~1:1.0
(1) 中薄层砂、砾岩 (2) 中薄层灰岩 (3) 较硬的板岩、千枚岩	轻度	1:0.1~1:0.3	1:0.2~1:0.4
	中等	1:0.2~1:0.4	1:0.3~1:0.5
	严重	1:0.3~1:0.5	1:0.5~1:0.75
	极重	1:0.5~1:1.0	1:0.75~1:1.25
(1) 薄层砂、页岩 (2) 千枚岩、云母、绿泥、滑石片岩及炭质页岩	轻度	1:0.2~1:0.5	1:0.3~1:0.5
	中等	1:0.3~1:0.5	1:0.5~1:0.75
	严重	1:0.5~1:1.0	1:0.75~1:1.25
	极重	1:0.75~1:1.25	1:1.0~1:1.5

土质挖方边坡坡度表

密实程度	边坡高度 (m) <20	边坡高度 (m) 20~30
胶结	1:0.3~1:0.5	1:0.5~1:0.75
密实	1:0.5~1:0.75	1:0.75~1:1.0
中密	1:0.75~1:1.0	1:1.0~1:1.5
较松	1:1.0~1:1.5	1:1.5~1:1.75

注：(1) 边坡较短或土质比较干燥的路段，可采用较陡的边坡坡度；边坡较高或土质比较潮湿的路段，可采用较缓的边坡坡度。
(2) 开挖后，密实程度很容易变松的砂土及砂砾等路段，应采用较缓的边坡坡度。
(3) 土的密实程度的划分见下表所列。

岩石风化碾碎程度分级表

分级	外观特征				
	颜色	矿物成分	结构构造	破碎程度	强度
轻度	较新鲜	无变化	无变化	节理不多，基本上是整体，节理基本不张开	基本上不降低，用锤敲很容易回弹
中等	造岩矿物失去光泽、色变暗	基本不变	无显著变化	外裂成 20~50cm 的大块状，大多数节理张开较小	有减低，用锤敲声音仍较清脆
严重	显著改变	有次生矿物产生	不清晰	开裂成 5~20cm 的碎石状，有时节理张开较多	有显著降低，用锤敲声音低沉
极重	变化极重	大部成分已改变	只具外形，矿物间已失去结晶联系	节理极多，爆破以后多呈碎石土状，有时细粒部分已不具塑性	极低，用锤敲时，不易回弹

土的密实程度的划分表

分级	试坑开挖情况
较松	铁锹委容易铲入土中，试坑坑壁委容易坍塌
中密	天然坡而不容易陡立，试坑坑壁有掉块现象，部分需要采用镐开挖
密实	试坑坑壁稳定，开挖困难，土块用手使力才能破碎，从坑壁取出大颗粒处能保持凹面形状
胶结	细粒上密实度很高，粗颗粒之间呈弱胶结。试坑用镐开挖很困难，天然坡面可以陡立

| 图名 | 岩土边坡坡度及岩石风化碾碎程度分级 | 图号 | DL2-13 |

2.2.6 边坡处理和边沟加固

(1) 边坡处理:护坡是路基防护构筑物的一种。其作用是保证路基边坡稳定、防止边坡的风化剥蚀、冲刷和坍塌。从防护构筑物与路基的关系上可分为直接防护和间接防护两类。直接防护是构筑物直接做在路基上,成为路基的一部分,如护坡、挡土墙等;间接防护是构筑物设置在路基附近或河道的适当位置,借以改变水流作用条件,以达到保护路基的目的,如丁坝、顺坝、导流坝,以及其他调治结构物。

按防护工程的作用还可以分为:坡面防护,用以防护易受自然作用破坏的土质边坡;冲刷防护,用以防护水流对路基的冲刷作用,支挡路堤安全与稳定的建筑物等。常用护坡施工的一般要求:

1) 一般属于简易的护坡,如草皮护坡、抛石防护坡脚等,在实际使用上,易于实施,因此不作介绍;

2) 根据实践经验,干砌片石护坡不宜采用双层式,故多按单层式设计(厚度为 30cm),高度不大于 6m,允许流速为 $v=3m/s$,基础形式一般为浅基础,上述条件不能满足要求时,则可改为浆砌片石护坡;

3) 护坡最小施工厚度视料石情况,一般为 30cm,如计算厚度较小时,可采用 25cm;

4) 护坡在起止端位置,为防止水流淘刷,应在 0.5m 宽度范围内将护坡增厚,予以加固;

5) 路基填料为黏性土时,应设置碎石或砂垫层;非黏性土时,则可不设。砂垫层厚度按 0.1~0.2m 考虑;

6) 为了保证路基边坡稳定,应将护坡做成与路肩边缘同高,并于横向平铺 0.5m;

7) 为了防止发生不均匀沉陷,路基填料应分层压实,在砌筑护坡前进行削坡工艺,而不能采用贴坡工艺,并按设计边坡度要求施工;

8) 干砌片石护坡的片石应符合质量要求,不得使用风化软石、扁平、细长、尖角等石料,砌筑时必须互相嵌固挤紧,不得有松动现象;

9) 浆砌片石护坡,控制设计流速为 6m/s,高度为 10m。超出上述条件时,应与其他防护结构作方案比较,确定经济合理的防护措施。不应再套用标准图。

(2) 泄水槽:防止道路路面排水对填方路基边坡的冲刷,应考虑设坡泄水槽、边沟泄水槽及跌水等构造物。一般采用浆砌片石块石或其他预制块料。砌筑砂浆为 M7.5 水泥砂浆或混合砂浆,勾缝则用 1:3 水泥砂浆。

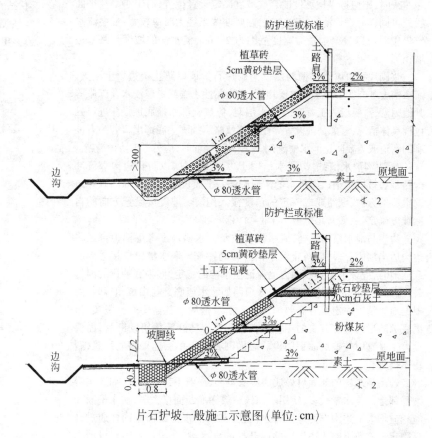

片石护坡一般施工示意图(单位:cm)

| 图名 | 边坡处理要求与施工示意图 | 图号 | DL2-14 |

1) 边坡泄水槽:边坡泄水槽用于桥梁接坡及填方路基凹形竖曲线、小半径平曲线内侧及其他类似情况有较多路面水沿边坡排出的处所,一般不需要计算流量,即设置在凹形竖曲线处。若为反向纵坡构成的凹形竖曲线时,应设于竖曲线的最低点处,若为同向纵坡组成的凹形竖曲线时,则应按纵横坡度的合成坡度确定设置位置,对于小半径平曲线处可同样考虑。泄水槽的宽度,在竖曲线半径大时应较宽;反之流水较集中时可以较窄。一般宽度范围为 2~6m,流水槽的坡度与路基边坡相同。

浆砌片石边坡泄水槽两侧设干砌片石护坡以防止槽边填土流失。流水槽土基夯实后卧浆砌单层片石,如为黏性土壤或考虑浸水及冻胀等其他因素,需要设人工基础或透水层时,应按全部水槽加设。进口处应视具体情况,考虑是否设置导流设施及路肩加固。底部出口若为有冲刷的河道或需要防止泄水槽流;水冲刷的原地面时,应另考虑防护措施。

2) 边沟泄水槽:边沟泄水槽用于边沟出口处,以防止边沟水流冲毁路基边坡或消纳边沟排水的沟河岸坡。平面位置根据平面的设计边沟出口的方向,顺路或成一定的角度接入沟河。坡度按设置方向的自然坡度确定,一般常用范围为 1:1~1:3。

边沟与泄水槽衔接处,应根据土质及泄水槽坡度考虑消力台或将边沟适当加固一段,以防止泄水槽进口处冲掏。泄水槽出口接河沟底或洼地时,应设消力台或消力池保证泄水槽的稳定,如为有冲刷的河道时,应另考虑防护措施。丘陵山区道路如泄水槽底部与山坡相接时,可根据地质情况决定是否需要消力台。泄水槽的土基需要夯打坚实,流槽底部防滑齿应在夯实的土基上挖槽砌筑以防止流槽滑动断裂,需要设人工基础时按槽底面积铺设。流槽砌石应为单层铺砌槽底卧浆,石块不得重叠。

边沟泄水槽的断面可做成梯形或矩形,一般不计算流量,如边沟容纳局部地区排水量较多,使用断面较一般标准断面增大时,泄水槽断面应相应增大。边沟作为地区排水沟使用时,泄水槽断面应同样通过计算确定。修筑道路为边沟出路而开挖的排水沟,在出口处需要设泄水槽时,可用同样做法。下图为浆砌片石边沟出口泄水槽构造图,按泄

槽与边沟为直线连接绘制,如为斜向导流时,可调整进口护砌形式。

(3) 跌水:边沟出口处跌落高差较大时,如采用泄水槽则流速加大,将增加对土体的冲刷,泄水槽本身稳定性亦将受影响。此时可采用跌水的设施,随自然坡度变化分级采用不同跌落高度及平流长度,逐级消力减少底部冲刷。自然地势起伏适宜时,亦可采用跌水,不用泄水槽。下两图为浆砌片石跌水施工构造图式样。底部消力台或消力池式样可通用,按水量流速选用。进口衔接方法及基底处理、出口消力措施处理,均同上述边沟泄水槽。

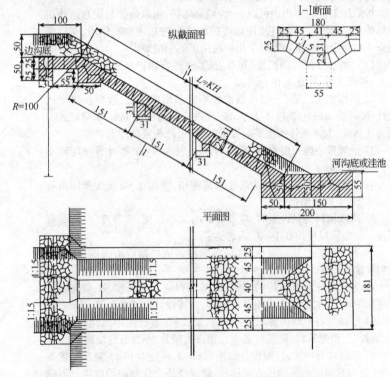

边沟出口泄水槽(流量 $Q \leqslant 0.4 \text{m}^3/\text{s}$,梯形断面 单位:m)

| 图名 | 路基边沟出口泄水槽施工示意图(一) | 图号 | DL2-15(一) |

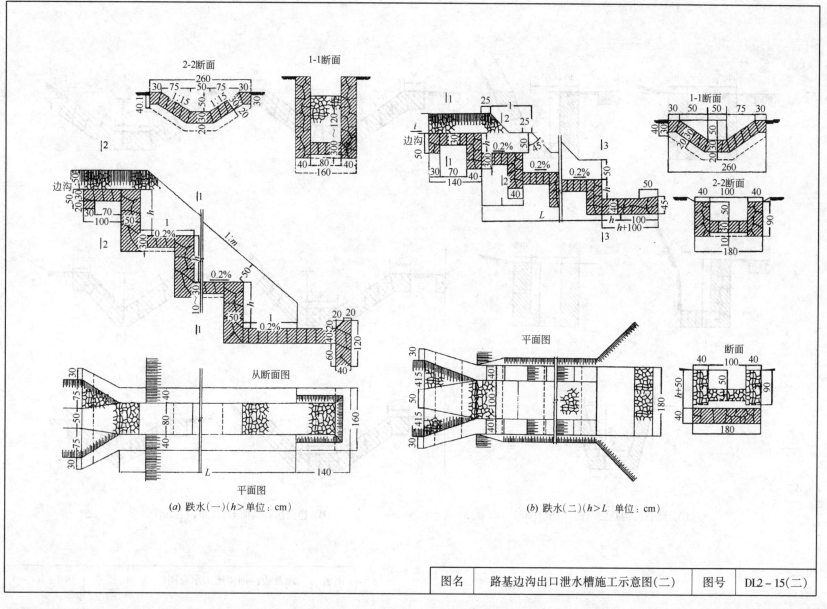

| 图名 | 路基边沟出口泄水槽施工示意图(二) | 图号 | DL2-15(二) |

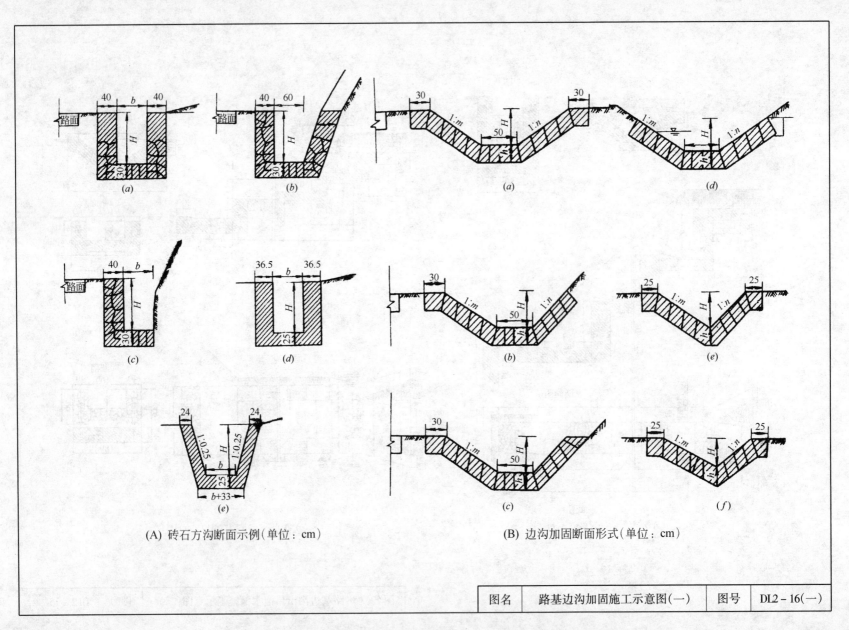

(A) 砖石方沟断面示例（单位：cm）　　(B) 边沟加固断面形式（单位：cm）

| 图名 | 路基边沟加固施工示意图（一） | 图号 | DL2-16（一） |

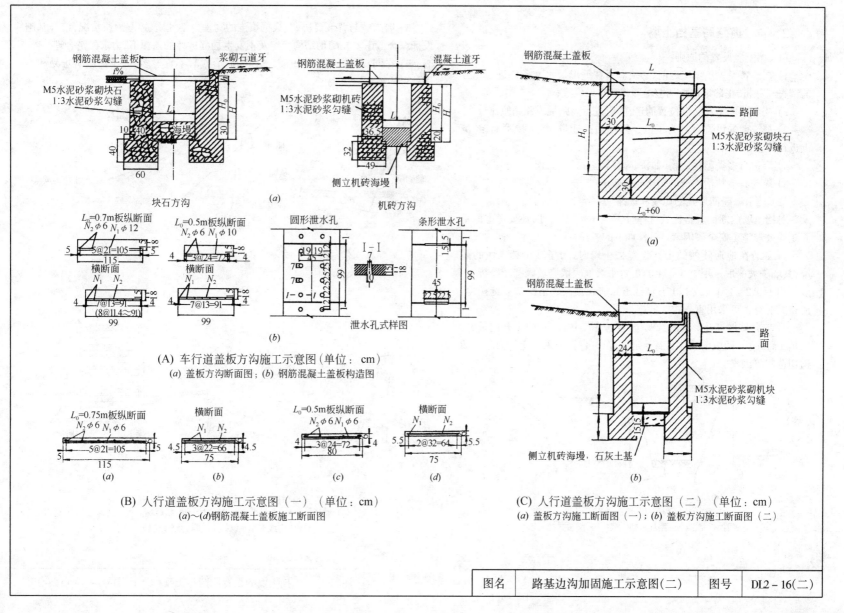

(A) 车行道盖板方沟施工示意图（单位：cm）
(a) 盖板方沟断面图；(b) 钢筋混凝土盖板构造图

(B) 人行道盖板方沟施工示意图（一）（单位：cm）
(a)～(d) 钢筋混凝土盖板施工断面图

(C) 人行道盖板方沟施工示意图（二）（单位：cm）
(a) 盖板方沟施工断面图（一）；(b) 盖板方沟施工断面图（二）

| 图名 | 路基边沟加固施工示意图(二) | 图号 | DL2-16(二) |

2.2.7 道路路基挡土墙

(1) 挡土墙设置的原则：

1) 在准备设置挡土墙之前，必须对所在地形及水文条件进行充分的调查与分析，正确地选择挡土墙形式和布设位置；

2) 挡土墙墙型及布设位置的选择，应进行高路堤或深路堑比较；

3) 挡土墙的设置有时为了减少路线的拆迁量，要从技术上、经济上进行比较；

4) 应进行多类型构造物(如桥、导流构造物等)比较；

5) 应与其他防治坍滑的措施相比较。

(2) 挡土墙断面形式的比较和选择

对挡土墙的断面进行比较选择时，除考虑圬工量外，还要考虑地基开挖或处理施工安全等因素。可作如下的考虑：

1) 如若在地形陡峻的山区设置挡土墙时，为了减少挡土墙的高度，其墙胸坡一般采用 1:0.05～1:0.2；平缓地段墙胸坡缓些较经济，一般采用 1:0.2～1:0.3 或 1:0.4；坡区道路应根据具体情况加以选择，滨河路必要时也可采用直立式。

2) 墙背坡坡度及形式的选取，主要考虑结构经济，施工开挖量少，回填工程量少，回填前墙体自身稳定，以及符合目前采用土压力理论的适用范围等因素。

3) 墙胸坡与背坡要协调，根据填土的物理力学性质、地基地质情况，结合基础设计综合考虑。在满足结构稳定及不发生局部破坏的前提下，力求经济合理。

4) 在同一路段土的挡土墙，选择断面形式时不宜过多，应考虑施工难易和墙体外形的整巧与美观。

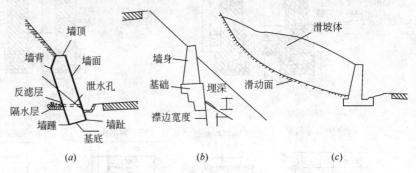

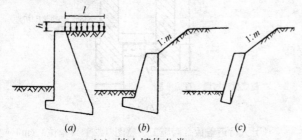

(A) 挡土墙的分类
(a) 路肩挡土墙；(b) 路堤式挡土墙；(c) 路堑式挡土墙

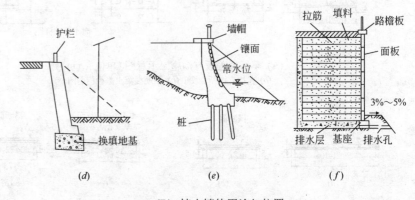

(B) 挡土墙的用途与位置
(a) 路堑墙；(b) 路堤墙；(c) 抗滑墙；(d) 路肩墙；(e) 浸水墙；(f) 加筋墙
(图中虚线表示不设挡土墙时的路基边坡)

| 图名 | 挡土墙的设置原则与类型 | 图号 | DL2-17 |

挡土墙结构形式分类表

类型	结构示意图	特点及适用范围
重力式	(示意图)	(1) 依靠墙身自重抵挡土压力作用； (2) 一般用浆砌片石砌筑，缺乏石料地区可用混凝土浇筑； (3) 型式简单，取材容易，施工简便； (4) 浆砌重力式墙一般不高于8m，用在地基良好非地震和不受水冲的地点； (5) 非冲刷地区亦可采用干砌
重力式	(示意图)	(1) 如在墙背设少量钢筋，并将墙趾展宽(必要时设少量钢筋)或基底设凸榫抵抗滑动，可减薄墙身，节省圬工； (2) 在城市道路中也可采用
衡重式	(示意图)	(1) 上墙利用衡重台上填土的下压作用和全墙重心的后移增加墙身稳定； (2) 墙胸坡陡，下墙仰斜，可降低墙高减少基础开挖； (3) 适应山区，地面横坡陡的路肩墙，也可用于路堑墙(兼拦落石)或路堤墙
钢筋混凝土悬臂式	(示意图)	(1) 采用钢筋混凝土材料，由立壁、墙趾板、墙踵板三部分组成； (2) 墙高时，立壁下部的弯矩大，费钢筋，不经济； (3) 适用于石料缺乏地区及挡土墙不高于6m地段。当墙高大于6m时，可在墙前加扶壁(前垛式)
钢筋混凝土扶壁式挡土墙	(示意图)	沿墙长，隔相当距离加筑肋板(扶壁)使墙面板与墙踵板联结。此悬臂式受力条件好，在高墙时较悬臂式经济
带卸荷板的柱板式	(示意图)	(1) 由立柱、底梁、拉杆、挡板和基础座组成，借卸荷板上的土重平衡全墙； (2) 基础开挖较悬臂式少； (3) 可预制、拼装，快速施工； (4) 适用于路堑墙，特别是用于支挡土质路堑高边坡或处理边坡坍滑
锚杆式	(示意图)	(1) 由肋柱、挡板、锚杆组成，靠锚杆锚固在岩体内拉住肋柱； (2) 适用于石料缺乏，挡土墙超过12m或开挖基础有困难地区，一般置于路堑墙； (3) 锚头为楔缝式，或砂浆锚杆
自立式(尾杆式)	(示意图)	(1) 由拉杆、挡板、立柱、锚定块组成，靠填土本身和拉杆锚定块形成整体稳定； (2) 结构轻便，工程量节省，可以预制、拼装、快速施工； (3) 基础处理简单，有利于地基软弱处进行填土施工，但分层辗压须慎重，土也要有一定选择
加筋土式	(示意图)	(1) 由加筋体墙面、筋带和加筋体填料组成，靠加筋体自身形成整体稳定； (2) 结构简便，工程费用省； (3) 基础处理简单，有利于地基软弱处进行填土施工，但分层辗压必须与筋带分层相吻合，对筋带强度、耐腐蚀性、连接等均有严格要求，对填料也有选择

图名	路基挡土墙的形式分类	图号	DL2-18

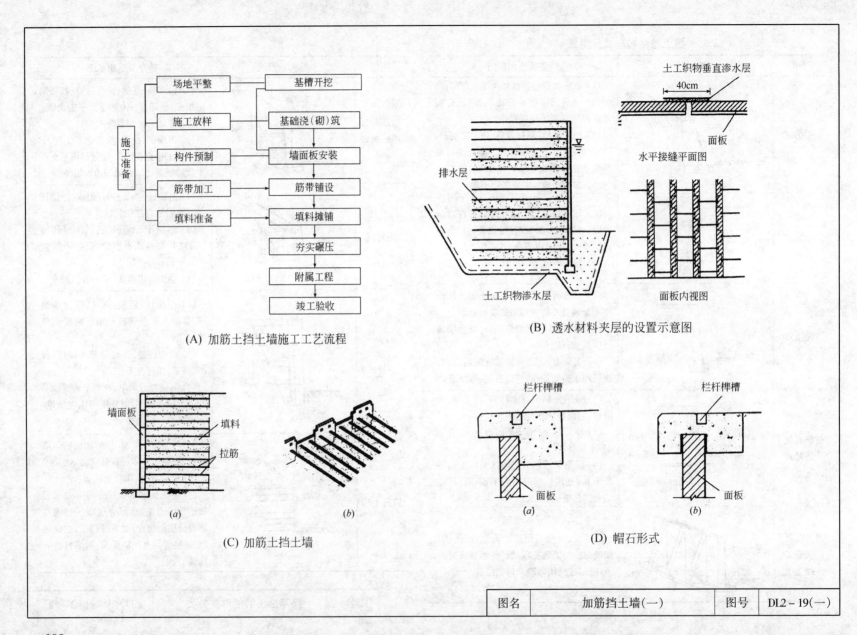

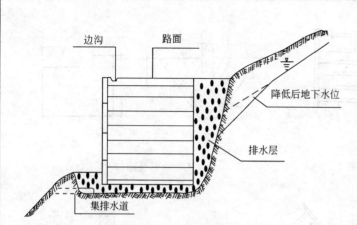

(A) 有地下水渗入时的排水层布设

(B) 加筋土挡土墙的受力分析

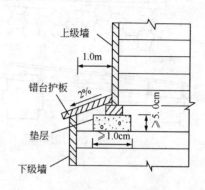

(C) 设错台的加筋土挡土墙

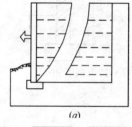

(a)

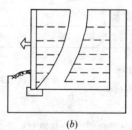

(b)

(D) 拉筋断裂

加筋土挡土墙验算项目及控制指标

验算项目		荷载组合	控制指标		
内部稳定性	筋带的强度	I V	容许拉应力 $[\sigma_t]$	$\sigma_t \leq \eta[\sigma_t]$	$\eta = 1$ $\eta = 1.50 \sim 2.00$
	筋带的抗拔	I V	抗拔安全系数 $[K_f]$	$K_f \geq [K_f]$	$[K_f] = 2.0$ $[K_f] = 1.2$
外部稳定性	基底滑移	I V	抗滑稳定系数 $[K_c]$	$K_c \geq [K_c]$	$[K_c] = 1.3$ $[K_c] = 1.1$
	倾覆	I V	倾覆稳定系数 $[K_0]$	$K_0 \geq [K_0]$	$[K_0] = 1.5$ $[K_0] = 1.2$
	基底应力	I、V	容许承载力 $[\sigma]$	$\sigma_{max} \leq K[\sigma]$	$K = 1$
	整体滑动	I V	容许稳定系数 $[K_s]$	$K_s \geq [K_s]$	$[K_s] = 1.25$ $[K_s] = 1.1$

图名	加筋挡土墙（二）	图号	DL2-19（二）

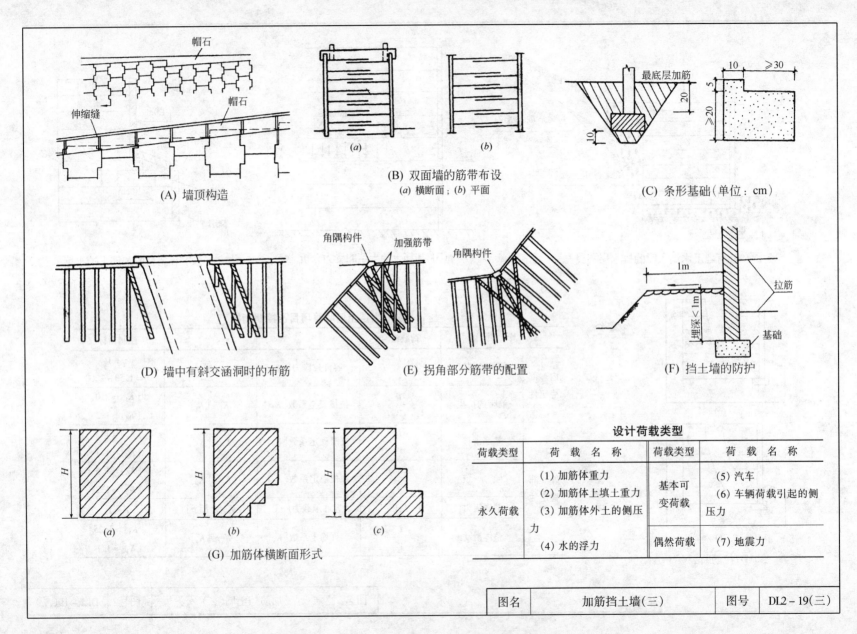

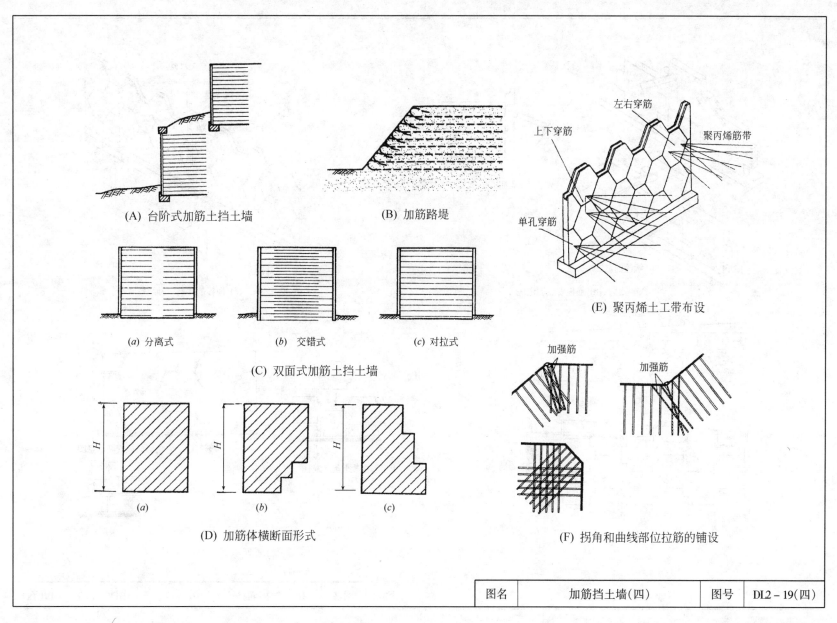

| 图名 | 加筋挡土墙(四) | 图号 | DL2-19(四) |

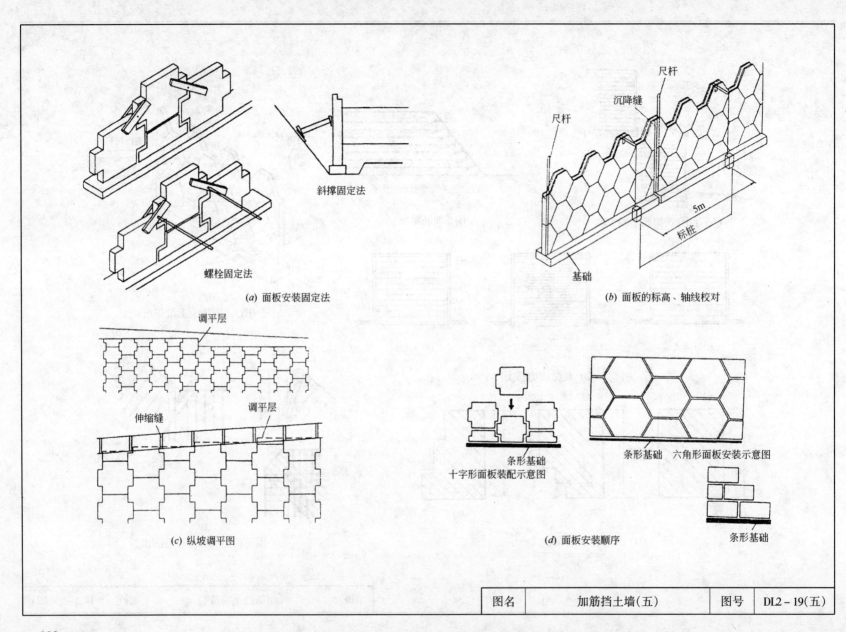

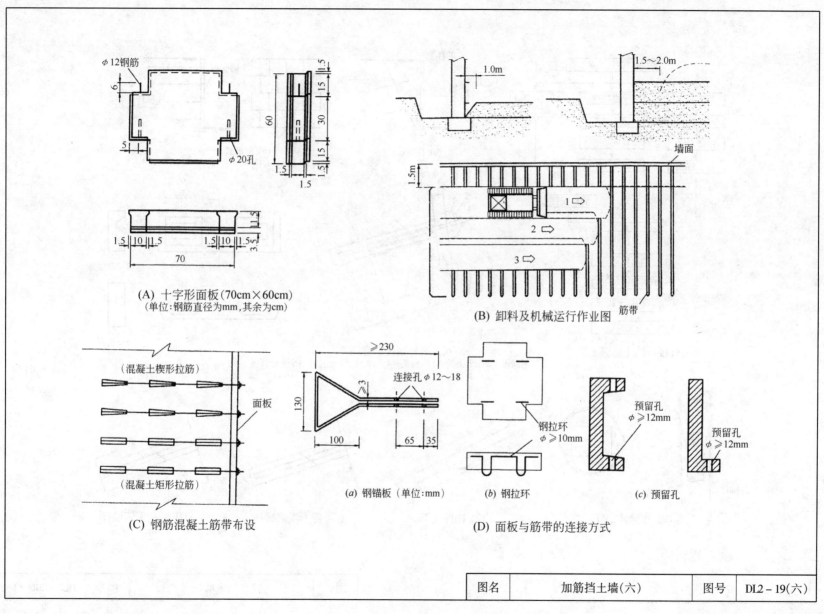

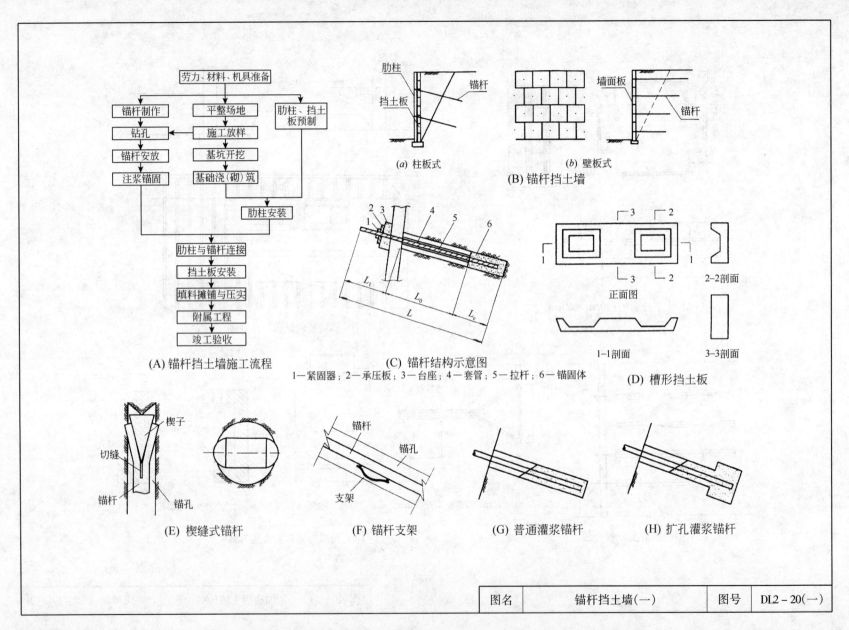

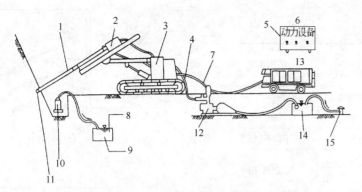

(a) 冲击回转钻机配置图

（全液压钻机，不用空压机）

1—钻杆；2—冲锤；3—钻机；4—送水软管；5—电线；6—动力设备（配电设备或发电机）；
7—风管；8—泥浆处理；9—水箱或聚水坑；10—潜水砂泵；11—冲击钻头或环形钻头；
12—水泵；13—空压机；14—水箱；15—取水口或给水泵

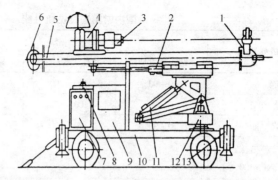

(b) YTM-87型土锚钻机

1—卡头；2—主梁伸缩油缸；3—进排水接头；4—动力头；5—主梁；
6—进给液压马达；7—配电箱；8—液压油箱；9—泵；10—底盘；
11—主梁俯仰油缸；12—立轴；13—液压支腿

国外锚孔钻机性能参数

性能参数	钻机类型				
	日本 RPD–65LC	日本 RPD–65HC	德国 HB101	德国 HB105	意大利 WD101
钻孔直径(mm)	101～137	60～80	64～127	视锚固要求而定	168
钻孔深度(m)	10～60	0～150	950	6000	最大9300
扭矩(N·m)	4000	1000	1800	1800	0～212
冲击次数(次/min)	1350	2000	0～140	0～55	
进给力(kN)	40	40	最大25	最大25	60
钻臂长(mm)	2600	2600	6250	6250	最长9550
发动机功率(kW)	50	50	74	74	74
重量(t)	6.8	6.6	8.3	8.3	12.95
外型尺寸 （长×宽×高）(mm)	5700×2100 ×2250	5700×2100 ×2330	6610×2300 ×2200	6610×2300 ×2200	6300×2050 ×2750

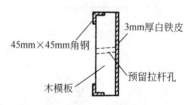

(c) 肋柱模板内钉铁皮、外加角钢

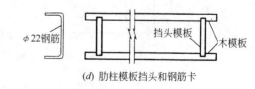

(d) 肋柱模板挡头和钢筋卡

图名	锚杆挡土墙（二）	图号	DL2-20（二）

国内常用锚孔钻机性能

钻机型号	技术性能			适用土层
	钻孔角度(°)	钻孔直径(mm)	钻孔深度(m)	
YTM-87	0~90	100~200	30~60m 可带套管	各种土层
土星-881L	0~90	100~150	50m 可带套管	各种土层
SGZ-Ⅲ	0~90	100~200	40	不塌孔土层
岩芯钻机(XY-3、XY-4、XU-600、XJ-100等)	0~90	100~200	30~50	不塌孔土层
DYY-50	0~90	100~150	50	各种土层、基岩土层

锚杆固结剂技术性能

项目	初凝时间(min)	抗压强度(20℃)(MPa)		水率(%)
		4h	3d	
指标值	≥8	≥10	≥25	≤1

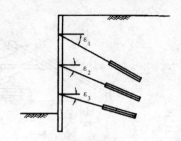

(a) 锚杆的倾斜度

注：$\varepsilon_1 > \varepsilon_2 > \varepsilon_3$

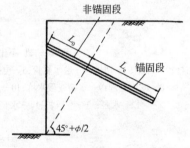

(b) 锚杆非锚固段与锚固段

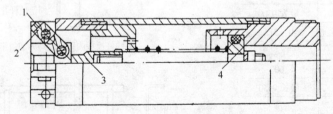

(c) 液压伸缩式扩孔钻具构造示意图
1—刀头；2—扩孔刀；3—推盘；4—活塞

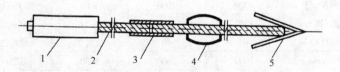

(d) 高强螺纹钢筋锚杆
1—塑料套管；2—杆件；3—连接器(可以是螺纹连接或焊接)；
4—对中导向器；5—锚尖

图名	锚杆挡土墙(三)	图号	DL2-20(三)

2.3 特殊路基的设计与施工

2.3.1 过湿地段和浸水地段设计与施工

1. 一般规定

(1) 如若在水稻田内填筑路堤，首先应排除路基范围内的积水。

(2) 当地下水位较高，路基填筑高度不能达到最小填土高度时，必须设置砂砾垫层、隔离层或盲沟，以隔绝毛细水上升至土基或基层。

(3) 地表疏干后，地基土含水量接近最佳含水量时，应清除表层不良土层，经碾压密实后填筑路堤。低等级公路，当稻田表土无过多耕种植物时，稻田表土可不清除，疏干后直接填筑。当地面不能疏干，含水量过大无法压实时，应挖去湿土，换填好土或砂砾，然后压实。

(4) 水稻田地区的路堤边坡宜作护墙或浆砌护坡。当土质和气候适宜时，填方边坡也可采用种植草皮、灌木等植物防护。

(5) 跨越水田的路基应不影响农田排灌，当设计农用排灌涵洞位置不当、数量不足时，应及时按程序提出变更设计，经批准后执行。

(6) 通过水田的路堑，必须在坡顶上修筑拦水土埝，土埝须认真夯实，以防止田间积水渗入路堑，土埝距路堑坡顶的距离依土质情况而不同。对于高速公路、一级公路，挖方地区应在坡顶5m外筑埝并挖截水沟，其他公路应在坡顶3m外筑埝。

(7) 路堤填土宜选用透水性良好的土。严禁挖取田间耕土，如需远运取土时，应考虑挖土后平整造田，或远离路基挖渔塘。要尽可能采取纵向运土填筑路堤，避免侧取土；否则应将路旁取土坑表层的种植土妥善保留，待竣工后再将其匀铺于坑底以便恢复农田。

(8) 合理安排施工时间，争取在晴朗少雨季节施工，要求进度计划逐步推进，防止全线拉开；根据现场地形、运输等具体条件，制订详细施工组织设计，并加强施工期间排水，特别是雨水排除工作。

2. 过湿土填筑路基的材料要求及处理方法

稻田、水网地区具有地势低、沟渠多、地基土含水量高、变形量大等特点。当素土天然含水量大于最佳含水量时，这种土统称为过湿土。过湿土直接填筑路堤时，应按设计要求及有关规定执行。修筑二级或二级以上公路时，采用石灰等外掺剂，进行改性处理，并改善过湿土路基填筑条件，提高路基强度。

(1) 材料要求

1) 土：填土不应使用有机土或含有草根、树根及其他有害物质的土。

2) 石灰：石灰技术指标应符合有关规范及设计要求，采用Ⅲ级以上的石灰。若采用磨细生石灰粉，其粒径小于0.15mm的颗粒应达到80%，且不大于0.5mm。粉状物不应有含水量。

3) 固化剂：采用NCS—Ⅰ型固化剂，掺入4%时，在重型击实标准压实度93%的情况下，其7d无侧限抗压强度值应不小于0.6MPa。

(2) 施工的一般规定

1) 工地气温低于5℃、有降雨或浓雾时，不应进行用NCS或生石灰粉处治过湿土的施工。一般情况下，这种项目不宜安排在雨期或冬期施工。

2) 在使用NCS或生石灰等外掺剂时，操作工人应采取必要的劳动保护措施。如戴风镜、防尘面具、手套、帽子等专用劳保物品。

3) 施工段上，石灰土的拌和、摊铺、碾压和整形的全部操作应在当天完成。使用外掺剂处治过湿土施工时，应严格按设计配合比要求施工。

(3) 过湿土直接用于填筑路堤的施工

降雨天数较少，气温较高的季节及过湿土天然含水量相对较低时，不必掺入外掺剂。施工中常采取如下措施降低天然含水量：

1) 取土坑内加强排水，使土源含水量降低，将表层含水量较低的土方直接用于路堤填筑，含水量较大的过湿土挖出堆放坑边，堆高3m左右。

2) 堆土中游离水自由下渗和向外蒸发，放置7d后冬期一般可降低含水量4%左右，春季可降低5%左右，夏期则可降低6%~8%。

3) 取土堆放时，宜将下层含水量较大、不易粉碎的土放在堆顶，以便翻拌时将土块粉碎，降低含水量。

4) 堆放期间，可翻拌2~3次，以利于降低含水量、粉碎土块，在接近最佳含水量时上路摊铺、晾晒、碾压。

(4) 用生石灰粉改善过湿土的施工

在湿土中掺干灰，产生水化吸水，降低过湿土的含水量，降低黏性土的塑性指数，从而便利施工碾压。

1) 将生石灰粉掺入已堆放一周的备土中，掺灰总剂量应符合设计要求。采用两次掺拌时，第一次可掺入总剂量的60%左右。

2) 用装载机或挖掘机翻拌一次，闷料2~3d后，石灰土的含水量可下降3%左右（与气温、相对湿度有关）；再翻拌一次，直至土团不结块，易于打碎，待含水量接近最佳含水量时，再上路摊铺。

3) 将其余灰量上路摊铺时掺入，用已消解好的石灰使掺灰量达到要求。掺灰时要均匀，并用旋耕机进一步粉碎土块和翻拌灰土。

4) 为了有利于旋耕机的翻拌和晾晒脱水，每层土的松铺厚度一般控制在20~25cm。在4℃以上的晴朗天气，旋耕机每翻拌一次，既可拌匀灰土，粉碎土团，又有利于水分自然蒸发，在接近最佳含水量时进行碾压。

5) 当采用路拌法时，将经过初步晾晒的土运至施工作业段摊铺，采用重型铧犁和重型缺口圆盘耙等机械粉碎1~2遍并经整平后，将规定剂量的全部或2/3生石灰粉均匀撒布于上，再用上述机械粉碎、拌和4~6遍，然后用两轮压路机全面碾压一遍。上述工序应在同一天内完成。

图名	过湿地段和浸水地段设计与施工(一)	图号	DL2-21(一)

6) 施工中,应随时检查翻拌深度,使处治土层全部翻透,严禁在处治土层中有素土夹层,同时也应防止翻松过深而破坏下承土层的表面。

7) 初步碾压的土层闷料一昼夜后,若采用两次掺拌的方法,则将剩余的1/3生石灰粉均匀铺撒到土层上,再进行翻拌、粉碎至土颗粒在50mm以下。最后整平,并碾压达到要求的密实度。

(5) 固化材料处治过湿土

NCS是一种复合黏性土的固化材料,它具有较高的吸水性,较好的施工延迟性,对改善过湿土压实条件,加快施工进度,缩短工期有显著成效。主要适用于塑性指数大、含水量过高、粉砂含量较高的粉性土、黏性土及亚黏土的处理。NCS处治过湿土采用路拌法施工,可参照上述规定的作业法施工。摊铺及压实要点如下:

1) 由取土坑挖出的土,若含水量过大,可将挖出的土堆置坑旁经初步晾晒,再运至施工作业段摊铺;或将挖出的土先运至作业段一侧,经初步晾晒后,用平地机或推土机推运至作业段上。

2) 随时检查混合料的含水量,使其含水量保持在允许范围内。避免含水量过大出现"弹簧"和表皮推移现象。

3) 碾压过程中如遇有起皮、"弹簧"等现象时,应停止碾压,及时翻松重新拌和处理或掺加一定的外掺剂拌和压实。

4) 每层处治土碾压完成,应按规定及要求检查压实度。

3. 过湿地段的路基基底处理

水稻田地区路基施工时,由于一般地势平坦,水(渠)道纵横,土中有机质含量较高,其上部表土层常年或季节性处于过湿状态。

(1) 排除路基范围内的积水,晾晒湿土,路堤两侧护坡道外开挖纵向排水沟,在路基范围内开挖纵横向排水沟,排除积水,切断或降低地下水。护坡道外边沟应根据地形情况设置土质、石质或浆砌片石边沟。

(2) 在护坡道外侧的排水沟外修筑土埂,防止外来水流入。

(3) 原地面为淤泥、淤泥质土、泥炭土层等不良土质时,可参照本章将在下一节"软土地基"中相关方法处理。

(4) 路基围内稻田的小土埂,采用推土机或挖掘机整平,对小型排水沟应排水、清淤,然后按设计要求换填碎石土或石灰土。

(5) 清除地表耕植土,路基范围内的草木、杂物都应清除到路基外。清表后用压路机进行稳压至设计规定的压实度,并注意随时检查隐患并予以处理。

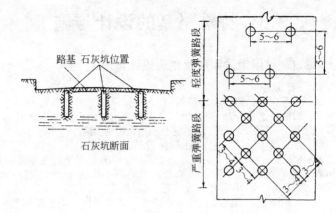

石灰浅坑法(尺寸单位:m)

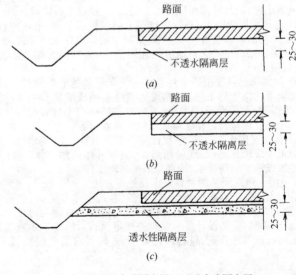

(a)、(b)不透水式隔离层;(c)透水式隔离层

| 图名 | 过湿地段和浸水地段设计与施工(二) | 图号 | DL2-21(二) |

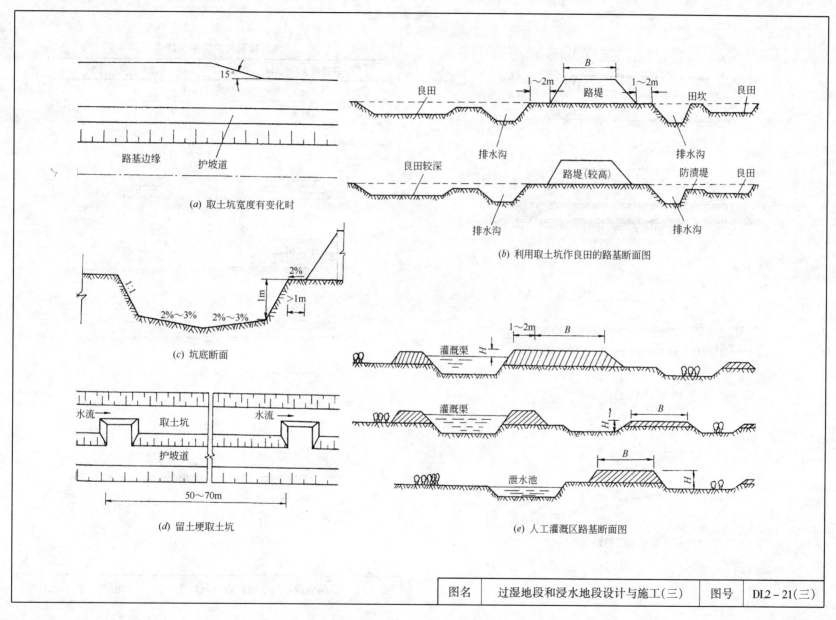

路基填高与护坡道宽度表

路基填土高度(m)	护坡道最小宽度(m)
≤3	1
3~6	2
6~12	>2~4

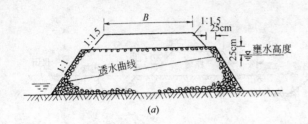
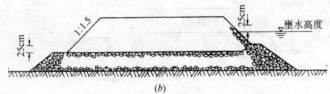
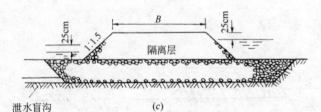

(A) 透水路堤
(a) 无压力式；(b) 压力式；(c) 下渗式

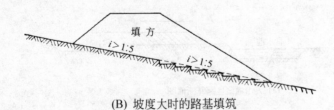

(B) 坡度大时的路基填筑

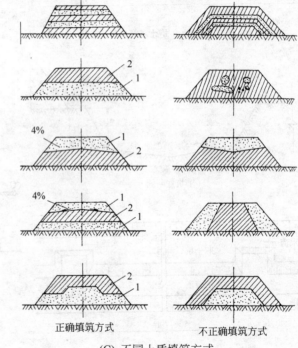

正确填筑方式　　不正确填筑方式

(C) 不同土质填筑方式

1—透水性良好土；2—透水性不良土

| 图名 | 过湿地段和浸水地段设计与施工(四) | 图号 | DL2-21(四) |

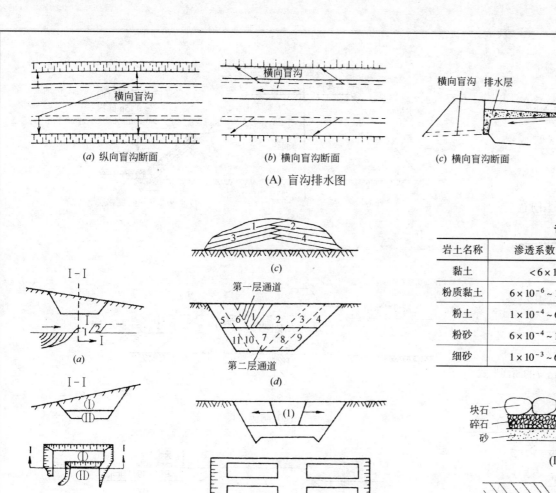

(A) 盲沟排水图
(a) 纵向盲沟断面
(b) 横向盲沟断面
(c) 横向盲沟断面

(B) 坡脚平台的设置

(C) 路堑开挖施工

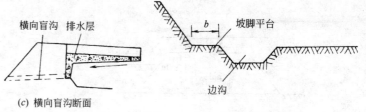

各种岩土的渗透系数值

岩土名称	渗透系数(cm/s)	岩土名称	渗透系数(cm/s)
黏土	$<6\times10^{-6}$	中砂	$6\times10^{-3}\sim2\times10^{-2}$
粉质黏土	$6\times10^{-6}\sim1\times10^{-4}$	粗砂	$2\times10^{-2}\sim6\times10^{-1}$
粉土	$1\times10^{-4}\sim6\times10^{-4}$	砾石	$6\times10^{-2}\sim1\times10^{-1}$
粉砂	$6\times10^{-4}\sim1\times10^{-3}$	卵石	$1\times10^{-1}\sim6\times10^{-1}$
细砂	$1\times10^{-3}\sim6\times10^{-3}$	漂石	$6\times10^{-1}\sim1$

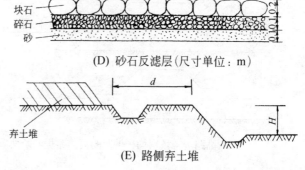

(D) 砂石反滤层(尺寸单位:m)

(E) 路侧弃土堆

图名	过湿地段和浸水地段设计与施工(五)	图号	DL2-21(五)

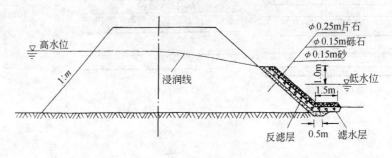

(C) 管涌防治

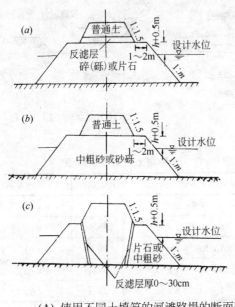

(A) 使用不同土填筑的河滩路堤的断面形式

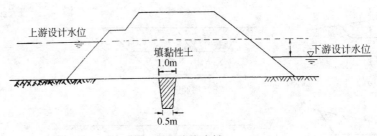

(D) 防渗齿墙

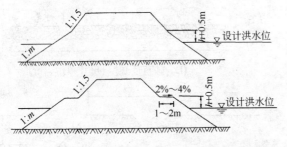

(B) 高路堤、填料均一地段的河滩路堤的断面形式

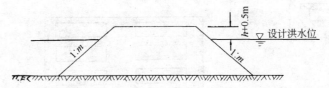

(E) 路堤标高由洪水位控制地段的河滩路堤的断面形式

| 图名 | 过湿地段和浸水地段设计与施工(六) | 图号 | DL2-21(六) |

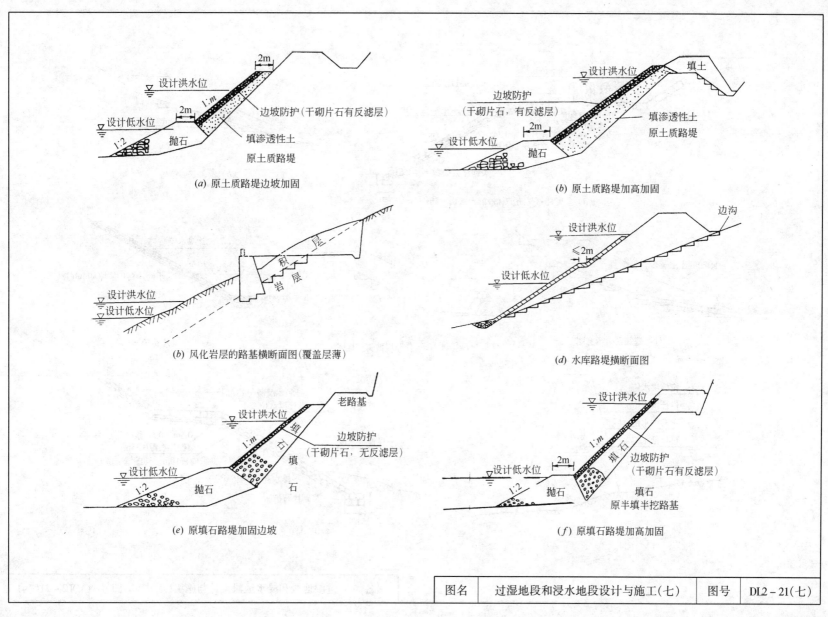

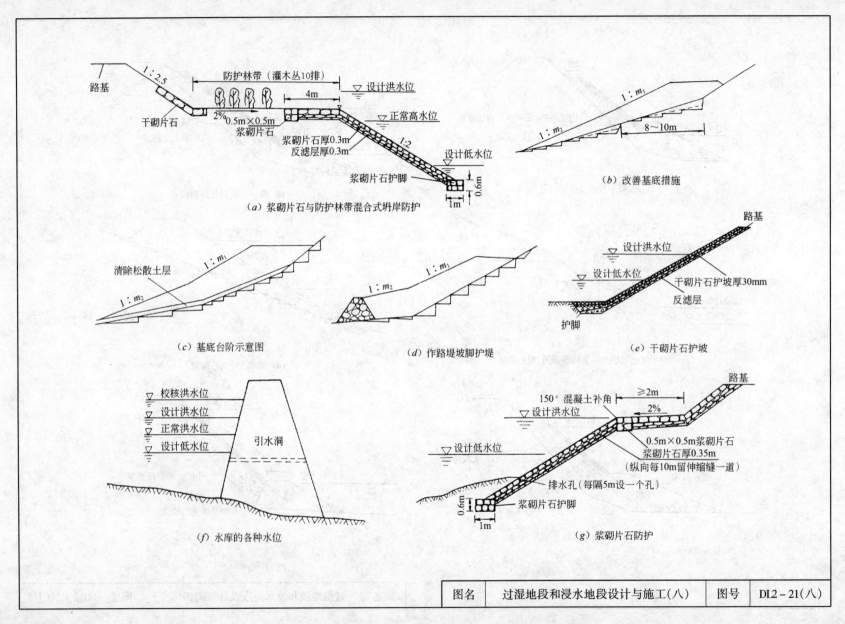

2.3.2 软土地区路基的设计与施工

五种软土的特征（按成因分类）

类型	成因	沉积特征	分布概况
滨海沉积	滨海相 三角相 泻湖相 溺谷相	在软弱海浪暗流及潮汐的水动力作用下，逐渐停积淤成。表层有硬壳 0～3m，下部为淤泥夹带粉性细砂透镜体，软土厚 4～60m，常含有贝壳及海生物残骸，表层硬壳之下，局部中间含薄层泥炭透镜体。滨海相有机质黏土常与砂粒相互混杂，极疏松，透水性强，易于压缩固结。三角洲相沉积分选性差，结构不稳定，带有粉砂薄层的交错层理，水平渗透性好。泻湖相、溺谷相沉积颗粒极细，空隙比大，强度低，多夹有薄层泥炭或腐殖质。泻湖相厚度大，分布广，溺谷相一般更深，但分布范围窄，松软	沿海现代海岸地区；温州、乐清湾；连云港地区
湖泊沉积	湖相 三角洲相	淡水湖盆沉积物在稳定的湖水期逐渐沉积，沉积相带有季节性，粉土颗粒占较多，表层硬壳厚 0～5m，软土淤积厚度一般为 5～25m，泥炭层或腐殖质多呈透镜体状，但不多见	洞庭湖、江苏太湖、洪泽湖周边地带
河滩沉积	河床相 河漫滩相 牛轭湖相	平原河流流速较小，水中夹带的黏土颗粒缓慢沉积而成，成层情况不均匀，以有机质及黏土为主，还有夹砂层，厚度一般小于 20m	长江、黄河中下游、珠江下游及河口、汉江下游、淮河平原、闽江下游、松辽平原等
谷地沉积	谷地相	在山区或丘陵地区，地表水带有大量含有机质的黏性土，汇积于平缓谷地之后，流速减低，淤积而成软土。一般呈零星"鸡窝状"分布，不连续厚度小于 5m 居多。其主要成分与性质差异很大，上覆硬壳厚度不一，软土地层坡度较大，极易造成道路变形	南方、西南山区、或丘陵区。如广东、湖南丘陵区沟谷地带
沼泽沉积	沼泽相	因地表水排泄不当的低洼地带，且蒸发量不足以干化淹水地区的情况下形成的沉积物，多以泥炭为主，下部分布有淤泥或底部与泥炭交互层，厚度一般小于 10m	江苏盐城、泗洪一带

五种软土的特征（按土质分类）

类型	代号	软土特征
泥炭	P_t	位于塑性图A线以下或以上，常为内陆湖沼沉积，有机质含量大于50%且有机质大部分未完全分解呈纤维状。天然含水量一般大于300%，空隙比一般大于5，快剪内摩擦角一般小于12°
腐殖土	H_s	位于塑性图A线以下或以上。有机质含量大于50%且有机质大部分未完全分解，有臭味，呈黑泥状。天然含水量一般大于200%，空隙比一般大于4，快剪内摩擦角一般小于5°
有机质土	O	位于塑性图A线以下。有机质含量在5%～50%之间，天然含水量大于60%，空隙比一般大于1.5，快剪内摩擦角一般小于5°，但含有未分解的有机质时可高达10%
黏性土	C	位于塑性图A线以上。有机质含量大于5%，天然含水量一般大于35%，空隙比一般大于1.0，快剪内摩擦角一般小于5°，这种软土最为常见
粉性土	M	位于塑性图A线以上，有机质含量小于5%，天然含水量一般大于30%，空隙比一般大于0.95，快剪内摩擦角一般小于7°，这种软土并不多见

按泥炭厚度分类

分类名称	厚度及说明
沼泽化地区	泥炭厚度在干燥状态时20cm，不干燥状态时30cm
中等沼泽	泥炭厚度 2.0～4.0m
浅沼泽	泥炭厚度 0.2～2.0m
深沼泽	泥炭厚度大于 4.0m

图名	软土的类型与特征	图号	DL2-22

软土路基处理的方法、加固原理与适用范围

分类	处理方法	加 固 原 理	使 用 范 围
排水固结法	堆载预压法、填空预压法、降水预压法、电渗排水法	通过布置垂直排水井,改善地基的排水条件及采用加压、抽气、抽水和电渗等措施,以加速地基土的固结和强度增长,提高地基土的稳定性,并使沉降提前完成	适用于处理厚度较大的饱和软土和冲填土地基,但对于较厚的泥炭层要慎重对待
胶结法	水泥搅拌桩	水泥搅拌法施工时可分为湿法(也称深层搅拌法)和干法(也称粉体喷射搅拌法)两种。湿法是利用深层搅拌机,将水泥浆与地基土在原位拌和;干法是利用粉喷机,将水泥粉或石灰粉与地基土在原位拌和。搅拌后形成柱状水泥土体,可提高地基承载力,减少沉降,这样能大大增加地基稳定性和防止渗漏	适用于淤泥、淤泥质土、含水量较高、地基承载力不大于 120kPa 的黏性土、粉土等软土地基。在有较厚泥炭土层的软土地基上,宜通过试验来确定其适用性能,并可适量添加磷石膏,以提高搅拌桩身的强度。当地下水含水量有大量硫酸盐时,应选用抗硫酸水泥。冬期施工时应注意对负温对处理效果的影响
胶结法	高压喷射注浆法	利用钻机把带有喷嘴的注浆管钻到设计深度的土层,将浆液高压冲击土体,使土体与浆液搅拌混合,并按一定的浆土比例和质量重新组合,在土中形成一个固结体	适用于淤泥、淤泥质土、黏性土、黄土、砂土、人工填土和碎石土等地基。对于湿陷性黄土以及土中含有较多的大粒径块石、坚硬黏性土、大量植物根茎或过多有机质时,应根据现场试验结果确定其适用程度。对地下水流速较大或涌水工程以及对水泥有严重侵蚀的地基,应慎用。尤其适用于软弱地基的加固
胶结法	灌浆法	通过注入水泥浆液或化学浆的措施,使土粒胶结,以提高地基承载力,减少沉降,增加稳定性,防止渗漏	适用于处理淤泥、淤泥质土、粉土和含水量较高且地基承载力标准值不大于 120kPa 的黏性土等地基。当用于处理泥炭或地下水具有侵蚀性时,宜通过试验以确定其使用程度
胶结法	水泥土夯实桩	利用人工开挖深孔,将预先拌合好的水泥土灌入孔内,然后用夯锤夯实,通过胶结作用形成桩体	适用于地下水位以上的素填土、淤泥质土和粉土等
加筋土	加筋土	通过带状拉筋与填土的摩擦力来平衡,减小作用于挡土墙的土压力	适用于人工填土、砂土的路提、挡土墙、桥台、水坝等
加筋土	土工织物	其原理是利用土工织物的强度、韧性等力学特性,以扩散土中应力,增大土体的刚度和抗拉强度,与土体构成各种复合土工结构	适用于砂土、黏性土和软土的加固,或用于反滤、排水和隔离的材料
加筋土	树根桩	利用就地灌注的小直径灌注桩(直径在 75~250mm),使之与土体构成复合地基,提高地基承载力,增加地基的稳定性和减少沉降	适用于各类土。主要用于既有建筑物的加固及稳定土坡、支挡结构物
加筋土	锚固法	通过锚固在边坡或地基岩层或土中受拉杆件的锚固力,承受由于土压力、水压力或风力所施加在结构的推力,维持结构的稳定	锚固法适用于可靠锚固的土层或岩层。对软弱黏土宜通过重复高压灌浆或采用多段扩体或端头扩体以提高锚固段锚固力。对液限大于 50% 的黏性土。其相对密度是小于 0.3 的松散砂土以及有机质含量较高的土层中,均不得作为永久性锚固地层

图名	软基处理常用方法与加固原理(一)	图号	DL2-23(一)

续表

分类	处理方法	加 固 原 理	使 用 范 围
挤密法、置换法、挤密置换法	钢渣桩	用振动桩成孔灌注工艺将废钢渣分批投入并振密直至成桩,与原地基一起形成复合地基,提高地基承载力	主要应用于淤泥、淤泥质土、杂填土、饱和及非饱和的黏性土、粉土
	振冲置换法	利用振冲器或沉桩机,在软弱黏土地基中成孔,再在孔内分批填入碎石等坚硬材料,制成桩体,与原地基构成复合地基,从而提高地基的承载力	不排水剪切强度 $20kPa \leqslant C_u \leqslant 50kPa$ 的饱和软黏土、饱和黄土和冲填土。对不排水剪切强度小于 $20kPa$ 的地基,应慎重对待。能使天然地基承载力提高 20%~60% 左右
	CFG 桩	利用振动打桩机击沉直径 300~400mm 的桩管,在管内边振动边填入碎石、粉煤灰、水泥和水按一定比例的配合材料,形成半刚性的桩体,与原地基形成复合地基,从而提高地基承载力,也可用其他方法成孔	主要应用于淤泥、淤泥质土、杂填土、饱和及非饱和的黏性土、粉土。能使天然地基承载力提高 70% 以上
	砂桩	用水力振冲器或沉桩机成孔,填砂料,使之置换部分软黏土并使土中水分逐步排除而固结,以提高地基承载力	主要应用于软弱黏性土。但应用时,一定要慎重,且需要较长的时间,对不排水剪切强度小于 15kPa 的软土,应采用袋装砂井桩
	夯坑基础	利用 50~100kN 的锥形夯锤,从 6m 高处落下所夯出的夯坑为基槽,直接浇筑混凝土。由于夯击使下部土体得以夯实,侧壁得以挤密,从而提高地基承载力,减少压缩沉降	软黏土非饱和的黏性土、杂填土、湿陷性黄土
	强夯法	利用 80~300kN 的重锤从 8~20m 的高处落下的冲击能,夯击地基土,在地基土中产生冲击波和很大的动应力,使地基土得到夯实	碎石土、砂土、杂填土、素填土、湿陷性黄土和低饱和度的粉土与黏性土。对于高饱和度的粉土和黏性土,需经试验论证后,方可使用,且应设置竖向排水通道。该法最大处理深度达 40m。强夯的震动可能会对周围环境造成不良影响。因此,使用时要考虑周围的环境因素
	振冲法	利用振冲器的水平振动力使饱和的无黏性土和砂质粉土液化,颗粒重新排列而密实。如在振动时填入砂、石等材料,对土层还具有挤密作用	不添加砂、石材料的振冲挤密法,一般宜用于 0.5mm 以上颗粒占土体 20% 以上的砂土。添加砂、石材料的振冲挤密法宜用于颗粒小于 0.005mm 的黏粒含量不超过 10% 的粉土和砂土
	挤密碎石法	利用成孔过程中沉管对土的横向挤密及振密作用,使土体向桩周挤压,桩周土体得以挤密,同时分层填入并夯实碎石,形成碎石桩,使桩与土形成复合地基	松散的非饱和黏性土、杂填土、湿陷性黄土、疏松的砂性土。对饱和软黏土,应慎重使用,可处理液化

图名	软基处理常用方法与加固原理(二)	图号	DL2-23(二)

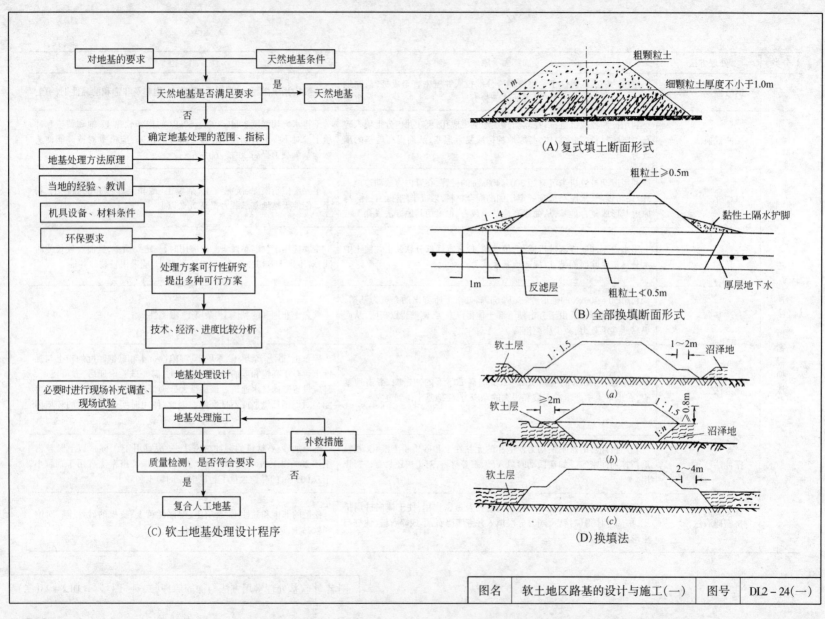

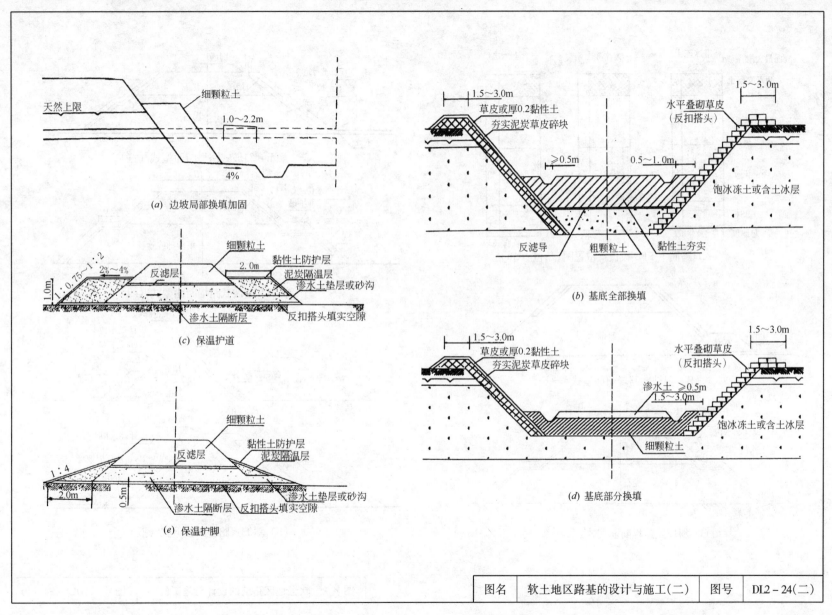

| 图名 | 软土地区路基的设计与施工(二) | 图号 | DL2-24(二) |

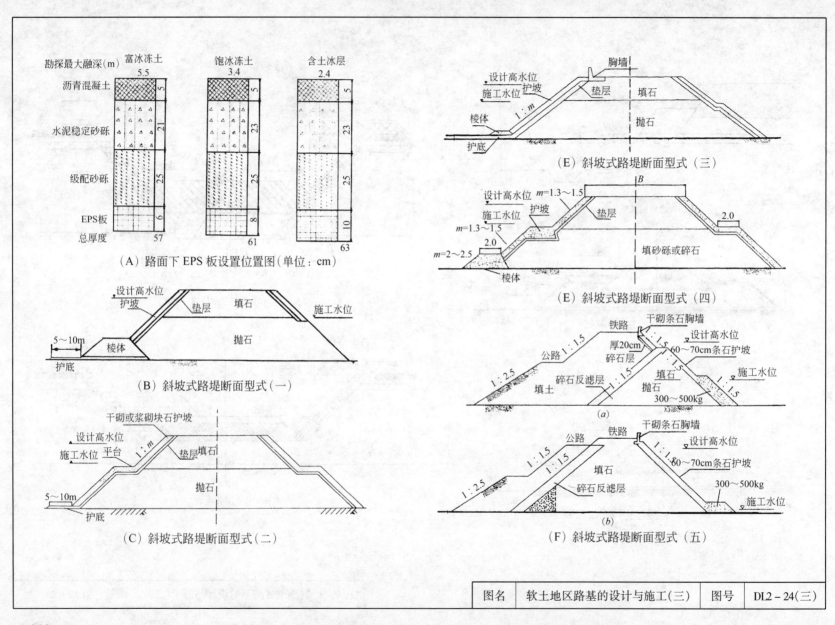

| 图名 | 软土地区路基的设计与施工(三) | 图号 | DL2-24(三) |

直墙式路堤墙混凝土方块的最小质量

设计波高(m)	方块质量(t)
2.6~3.5	30
3.6~4.5	40
4.6~5.5	50
5.6~6.0	60
6.1~6.5	80
6.6~7.0	100

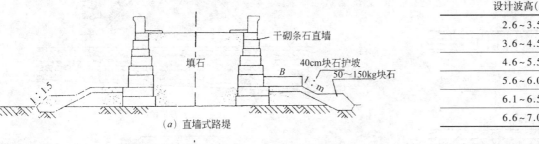

(a) 直墙式路堤

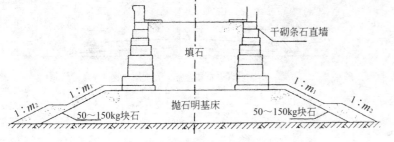

(b) 明基床直墙式路堤

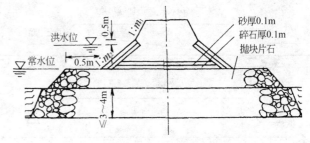

(c) 加设片(块)石护坡抛石挤淤图

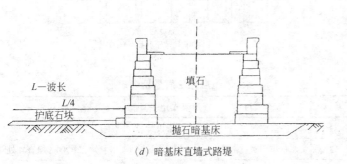

(d) 暗基床直墙式路堤

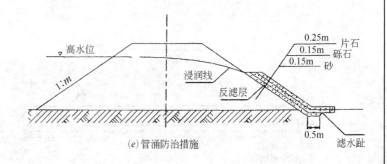

(e) 管涌防治措施

图名	软土地区路基的设计与施工(四)	图号	DL2-24(四)

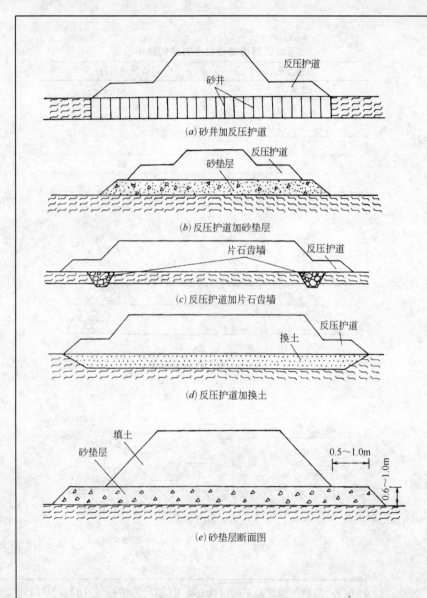
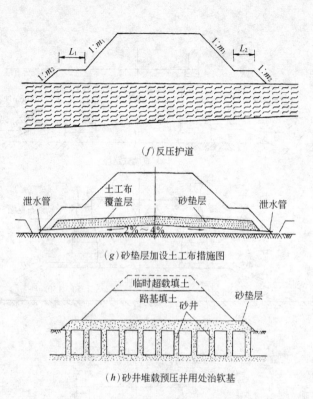

砂垫层施工质量检查表

项次	检查项目	规定值或允许偏差	检查方法和频率
1	砂垫层厚度	不小于设计	钢尺,每200m检查4处
2	砂垫层宽度	不小于设计	钢卷尺,每200m检查4处
3	反滤层设置	符合设计	每200m检查4处

图名	软土地区路基的设计与施工(五)	图号	DL2-24(五)

砂井施工顺序表

处理方法	图 示	施工程序
砂井排水法 — 打入或振动桩法		① 把套管固定在确定位置上； ②、③ 在套管内放入射水管并射水； ④ 把套管沉至预定深度，管内泥浆顺利流出； ⑤ 填灌砂料或放入砂袋； ⑥ 拔出套管
砂井排水法 — 射水沉桩法		① 吊起钢管桩放在确定位置； ② 将钢管桩锤击或振动打入； ③ 到预定深度后放入砂袋或灌砂； ④ 将砂或砂袋放至桩底； ⑤ 将钢管拔出； ⑥ 钢管完全拔离地面
振冲法		①、② 一面射水，一面把振冲器插沉入土； ③、④ 从四周向孔内投入砂料，用喷射和振动法使砂密实，同时把振冲器慢慢拔出

续表

处理方法	图 示	施工程序
压实砂桩法 — 打入法		① 安装内、外管，用外管刃脚将砂子压入； ② 手锤击内管的同时，以外管刃脚撞击砂，插入外管； ③、④ 固定外管，以内管击实端部砂并拔出内管； ⑤ 投入砂子，将外管稍稍拔出，同时用内管压实砂； ⑥、⑦ 重复动作与反复操作，最后拔出外管
压实砂桩法 — 振动法		① 在导管端部设置砂拴； ② 在导管上部振动，把导管插入土中； ③ 边投入砂，边将导管上下振动，并提高砂拴； ④、⑤、⑥ 将导管上下振动，边将砂压入土中； ⑦ 拔出导管

砂袋材料性能

材料名称	拉伸试验		弯曲180°试验		
	抗拉强度（MPa）	伸长率（%）	弯心直径（cm）	伸长率（%）	破坏情况
麻袋布	1.92	5.5	7.5	4	完整
聚丙烯编织布	1.70	25.0	7.5	23	完整

图名	软土地区路基的设计与施工(六)	图号	DL2-24(六)

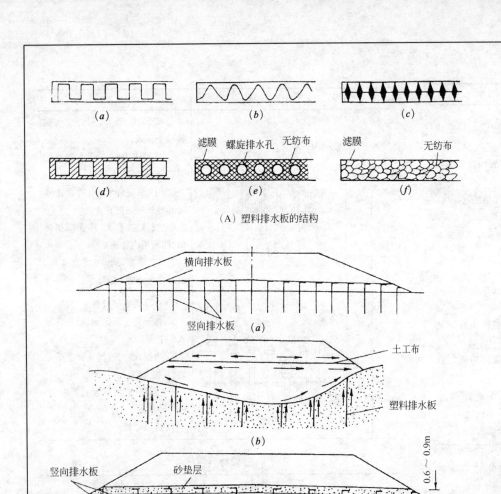

(A) 塑料排水板的结构

(B) 塑料排水板措施图

塑料排水板性能

指标 项目 型号		TJ-1	SPB-IB
外形尺寸(mm)		100×4	100×4
材料	板芯	聚乙烯、聚丙烯	聚氯乙烯
	滤膜	纯涤纶	涤纶无纺布
纵向沟槽数		38	38
沟槽面积		152	152
板芯	抗拉强度(N/cm^2)	210	170
	180°弯曲	不脆不断	不脆不断
	扁平压缩变形		
滤膜	滤膜重(N/m^2)	0.65，含胶≥40%	0.50
	抗拉强度(N/cm^2)	>30	44.3
	耐破度(N/cm)	71.1	51.0
	撕裂度(N) 干		1.34
	饱和		
	顶破强度(N)	103	
	渗透系数(cm/s)	$1×10^{-2}$	$4.2×10^{-4}$

图名	软土地区路基的设计与施工(七)	图号	DL2-24(七)

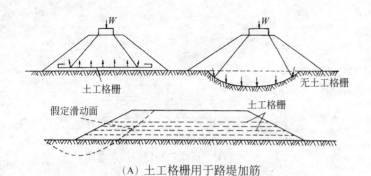

(A) 土工格栅用于路堤加筋

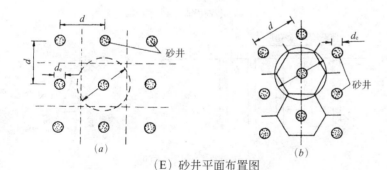

(C) 土工格栅用于边坡坡面加固

(E) 砂井平面布置图

(a) 正方形排列；(b) 等边三角形排列

图中：d—砂井间距；d_e—砂井的有效排水范围的等效圆直径；d_w—砂井直径

(B) 土工布加筋土

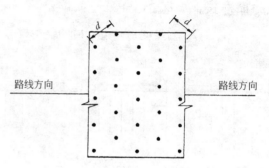

(D) 塑料排水板平面布置图

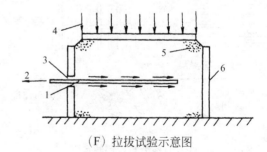

(F) 拉拔试验示意图

1—试样；2—拉力；3—缝隙；4—法向压力；5—土、砂；6—试验箱

图名	软土地区路基的设计与施工（八）	图号	DL2-24（八）

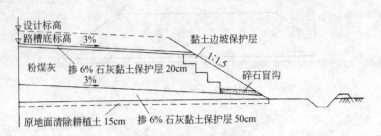

(A) 粉煤灰路堤的结构横断面

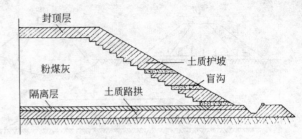

(B) 粉煤灰路堤结构示意图

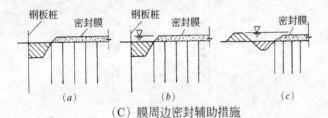

(C) 膜周边密封辅助措施

(a) 板桩密封方法；(b) 板桩加覆水密封方法；(c) 围埝内全面覆水密封方法

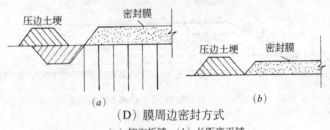

(D) 膜周边密封方式

(a) 挖沟折铺；(b) 长距离平铺

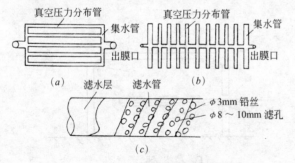

(E) 真空分布管和滤水管

(a) 条形排列分布管；(b) 鱼刺形排列分布管；(c) 滤水管

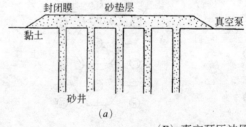

(F) 真空预压法原理

(a) 真空预压法；(b) 应力分析

1—总应力；2—原来的水压力；3—降水后水压力；4—不考虑水头损失的水压力

| 图名 | 软土地区路基的设计与施工(九) | 图号 | DL2-24(九) |

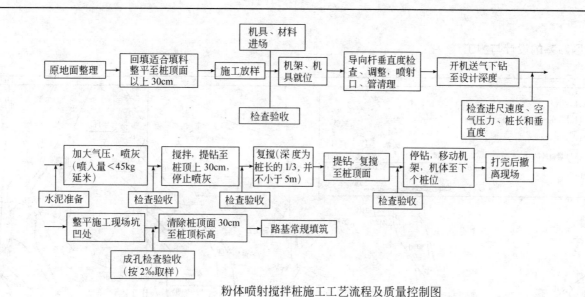

粉体喷射搅拌桩施工工艺流程及质量控制图

粉煤灰路堤实测检查项目表

检查项目	检验方法	规定值或允许偏差
压实度	100m长度内,每层检验三处,每处测点不少于三个,必要时可适当增加测点数	不低于规定值
弯沉值	单向每个车道20m测一点	不低于计算容许弯沉值
中线平面偏位(mm)	每100m用经纬仪检查1点,弯道增检起点、终点、中点	±50
宽度(mm)	每100m用尺丈量三处	不小于设计宽度
高程(mm)	每100m用水准仪检查5点	±20
平整度(mm)	每100m检查三处,每处用3m直尺连续量三尺,每尺检查一点	±15
路拱横坡	每100m检测二个断面	±0.5%

粉煤灰路堤质量控制的项目、频度和质量标准

项目	频度	质量标准
含水量	根据观察,异常时随时测定	在最佳含水量允许范围内
碾压检查	全面随时观察	无明显轮迹,无湿软、"弹簧"现象产生
压实度	100m长范围内,每层检查三处,每处不少于三个测点	不低于设计规定的压实度
护坡宽度	每100m测量三处	不小于设计宽度

图名	软土地区路基的设计与施工(十)	图号	DL2-24(十)

2.3.3 黄土地区路基的设计与施工

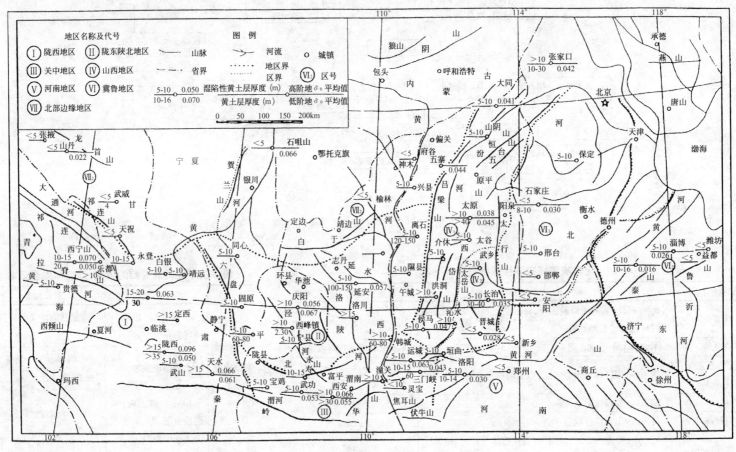

中国湿陷性黄土工程地质分区图

| 图名 | 黄土地区路基的设计与施工(一) | 图号 | DL2-25(一) |

黄土路堑边坡形式选择

形式	简图	优点	缺点	适用条件	备注
直线形（一坡到顶）		(1) 施工检验方便； (2) 坡面平直，水流顺畅	(1) 当边坡较高又较缓时，坡面汇水面积大，易于引起坡面冲刷； (2) 当遇有两种土层组成的边坡时，设计出的边坡坡率不能完全符合土的成层特性； (3) 边坡高陡时养护检修较困难	(1) 均质黄土，结构疏松，边坡高在12m以内； (2) 均质黄土，结构密实，边坡高在20m以内； (3) 非均质黄土，边坡高在12m以内	(1) 在降雨较多地区，不宜采用折线形边坡； (2) 小平台宽2～3m，其间距一般按年降水量确定。年降水量250mm的地区，间距12m，平台上不设截水沟。年降水量在250～500mm的地区，间距10m，平台设截水沟；年降水量在500～750mm的地区，间距8m，平台设截水沟。平台和截水沟均应适当加固； (3) 大平台宽度根据边坡稳定性验算结果确定，一般为4～6m
折线形（上缓下陡）		(1) 符合一般黄土地层强度自上而下增大的规律； (2) 施工时有安全感	(1) 坡面中间变坡点附近易受坡面水冲刷，引起边坡的破坏； (2) 施工和养护比较困难	(1) 均质黄土，上部疏松下部密实。边坡高12～20m； (2) 非均质黄土，边坡高在12m以内	
阶梯形（小平台）		(1) 减缓坡面水的冲刷； (2) 减少坡脚压力； (3) 可堆积坡面少量剥落土块； (4) 便于养护维修	(1) 施工比较困难； (2) 平台和截水沟均应加固	(1) 均质黄土，结构疏松，边坡高大于12m； (2) 均质黄土，结构密实，边坡高大于20m； (3) 非均质黄土，边坡高大于12m	
阶梯形（大平台）		(1) 减少坡脚压力，增强边坡稳定性； (2) 可堆积坡面剥落土块及少量坍方体； (3) 便于养护维修	平台和截水沟均须加固	(1) 边坡高大于30m； (2) 高烈度地震区的较高边坡	

裂隙法边坡计算图之一（坡顶水平）

| 图名 | 黄土地区路基的设计与施工（二） | 图号 | DL2-25(二) |

黄土路堑边坡防护加固措施表

序号	防护加固类型	图示	说明
1	边坡坡面拍实		(1) 适用于土质疏松的边坡； (2) 用三棱板拍打密实或用小轻碾自坡顶沿坡面碾实
2	种草或灌木 (小冠花、紫穗槐)	草泥抹面 3~5cm	(1) 适用于边坡缓于1:1，草皮能就地取材，且雨量多适宜草类生长的地区； (2) 阴雨天施工为宜
3	草泥抹面	100cm 20cm 平均厚10~15cm	(1) 适于年降雨量较小，冲刷不甚严重的地区，边坡缓于1:1； (2) 采用较粘的土，其配合比为每$1m^3$黏土掺入铡碎的草10~12kg； (3) 为增强草泥与边坡的连接，在边坡上打入一些木楔，其间距为30~40cm
4	三合土或 四合土抹面	40cm 泥墙 草泥抹面	(1) 适于雨雪量大，任何坡度的边坡； (2) 材料配合比：三合土：石灰：细砂：黄土 = 1:2:5 (质量比) 四合土：石灰：黄土：细砂：炉渣 = 1:3:5:9 (质量比)
5	土护墙	≮100cm 50cm	(1) 适用于坡脚已破坏的坡段； (2) 修筑方法与打土墙同
6	浆砌片石护墙	h h=冻深+0.25m	适用于坡脚易受水冲刷、坡面剥落较严重、坡脚已破坏、边坡含有砂夹层的坡段

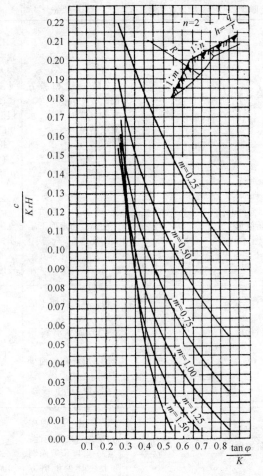

裂隙法边坡计算图之二（坡顶为1:2斜坡）

图名	黄土地区路基的设计与施工（三）	图号	DL2-25(三)

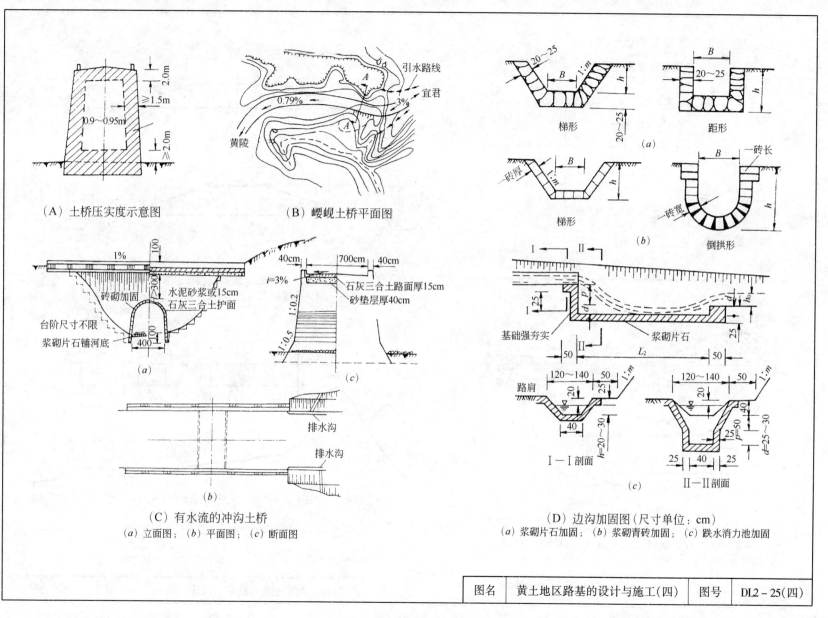

2.3.4 盐渍土地区路基的设计与施工

盐渍土按含盐性质分类

盐渍土名称	离子含量比值	
	Cl^-/SO_4^{2-}	$CO_3^{2-}+HCO_3^-/Cl^-+SO_4^{2-}$
氯盐渍土	>2	—
亚氯盐渍土	1~2	—
亚硫酸盐渍土	0.3~1	—
盐酸盐渍土	<0.3	—
碳酸盐渍土	—	<0.3

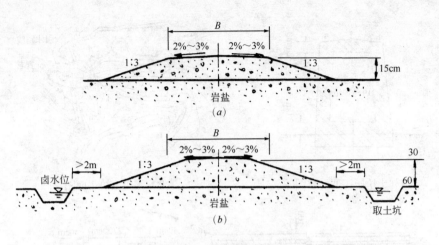

(A) 盐湖地区盐路基设计参考
(a) 无边沟取土坑的路基断面;(b) 设有取土坑及护坡道的路基断面

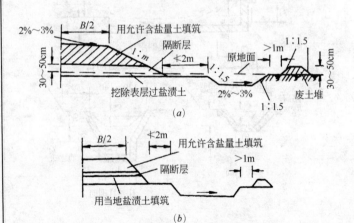

(B) 设隔断层的路基参考图
(a) 在路基底部设隔断层的路基断面;(b) 在路堤内部设隔断层的路基断面

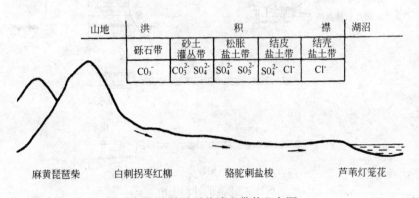

(C) 内陆地区盐渍土带状分布图

| 图名 | 盐渍土地区路基的设计与施工(一) | 图号 | DL2-26(一) |

盐渍土路基边缘高出地面最小高度表

路基土名称	路基边缘高出地面最小高度(m)	
	弱盐渍土及中盐渍土	强 盐 渍 土
中砂、细砂	0.3~0.4	0.5~0.7
极细砂、砂性土	0.4~0.5	0.7~0.8
黏 性 土	0.5~0.7	0.8~0.9
粉 性 土	0.7~1.0	0.9~1.3

盐渍土路基边缘高出长期地下水位最小高度表

路基土名称	路基边缘高出长期地下水位的最小高度(m)	
	弱盐渍土及中盐渍土	强 盐 渍 土
中砂、细砂	1.0~1.2	1.1~1.3
砂 性 土	1.3~1.7	1.4~1.8
黏 性 土	1.8~2.3	2.0~2.5
粉 性 土	2.1~2.6	2.3~2.8

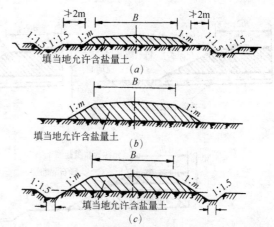

盐渍土含盐量在容许范围内时的设计参考图
(a) 设有护坡道和取土坑的路基断面；(b) 无边沟取土坑的路基断面；
(c) 设有边沟的路基断面

盐渍土路基填料可用性分类表

编号	土的盐渍化程度	硫酸盐渍土及亚硫酸盐渍土	氯盐渍土及亚氯盐渍土		
		不分地区	Ⅵ₂、Ⅶ₂自然区	Ⅵ₁、Ⅶ₁、Ⅶ₄、Ⅶ₆自然区	Ⅱ₂、Ⅱ₃、Ⅱ₄、Ⅲ、Ⅴ、Ⅶ₃、Ⅶ₅自然区
1	弱盐渍土	可 用	可 用	可 用	可 用
2	中盐渍土	可 用	可 用	可 用	可 用
3	强盐渍土	在一定条件下可用①	可 用	有条件时可用②	采取措施后可用③
4	过盐渍土	不可用	有条件时可用②	采取措施后可用③	不可用

注：① 低级路面可用，高级路面不可用；
② 水文、水文地质条件好时可用，或地下水位虽高，但为饱和矿化水时也可用；
③ 指提高路基、设置毛细隔断层等措施。

盐渍土按盐渍化程度分类

盐渍土名称	土层的平均含盐量(以质量百分数计)	
	氯盐渍土及亚氯盐渍土	硫酸盐渍土及亚硫酸盐渍土
弱盐渍土	0.3~1.0	0.3~0.5
中盐渍土	1~5	0.5~2.0
强盐渍土	5~8	2~5
过盐渍土	>8	>5

图名	盐渍土地区路基的设计与施工(二)	图号	DL2-26(二)

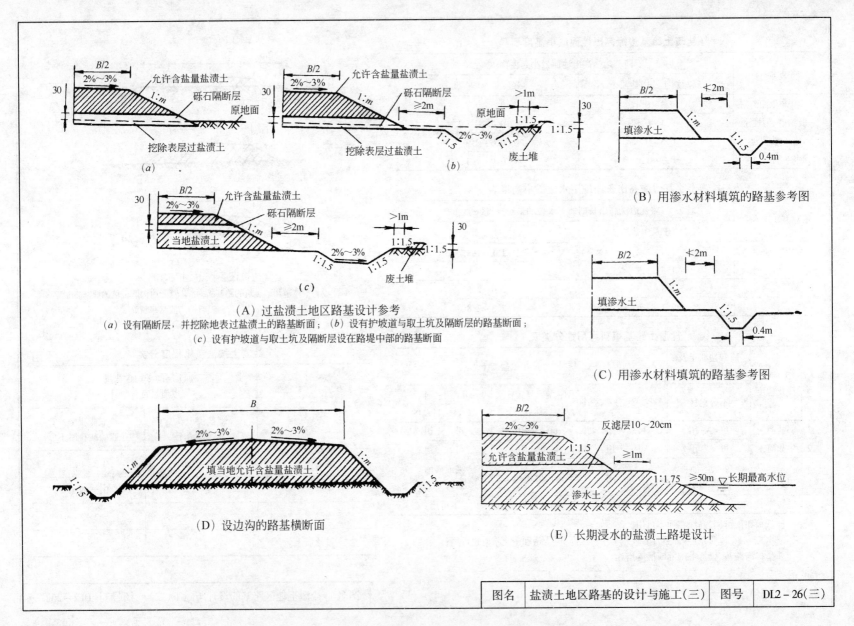

| 图名 | 盐渍土地区路基的设计与施工(三) | 图号 | DL2-26(三) |

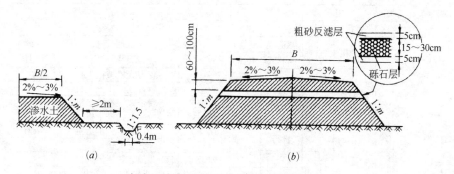

(A) 不铲除地表过盐渍土的路基断面
(a) 用渗水土修筑的路基设计参考图；(b) 路堤中设置砾石隔断层设计参考图

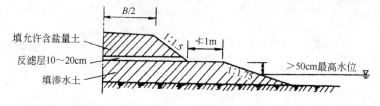

(C) 长期浸水的盐渍土路堤参考图

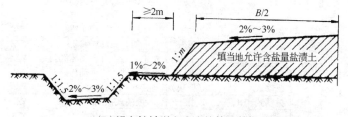

(D) 设有护坡道和取土坑的路基横断面形式

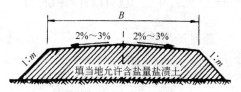

(B) 无边沟与取土坑路基段面

盐渍土路基边坡坡度表

土的类别	盐渍化程度	
	弱盐渍土及中盐渍土	强盐渍土
黏性土	1:1.50	1:1.50～1:1.75
砂性土	1:1.50	1:1.50～1:2.00

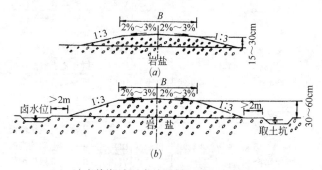

(E) 盐湖地区岩盐路基设计参考图
(a) 无边沟取土坑的路基断面；(b) 设有取土坑及护坡道的路基断面

| 图名 | 盐渍土地区路基的设计与施工(四) | 图号 | DL2－26(四) |

2.4 道路路基施工

2.4.1 路基施工机械

1. 路基施工机械的型号编制及使用范围

路基施工机械的型号编制方法

类名称	组名称	组代号	型名称	型代号	特性代号	产品名称	产品代号
挖掘机械	单斗挖掘机	W(挖)	履带式	—	D(电)	履带式电动挖掘机	WD
					Y(液)	履带式液压挖掘机	WY
			汽车式	Q(汽)	—	汽车式机械挖掘机	WQ
					Y(液)	汽车式液压挖掘机	WQY
			轮胎式	L(轮)	—	轮胎式机械挖掘机	WL
					D(电)	轮胎式电动挖掘机	WlD
					Y(液)	轮胎式液压挖掘机	WLY
			步履式	B(步)	—	步履式机械挖掘机	WB
					Y(液)	步履式液压挖掘机	WBY
	多斗挖掘机		斗轮式	U(轮)	—	斗轮式机械挖掘机	WU
					D(电)	斗轮式电动挖掘机	WUD
					Y(液)	斗轮式液压挖掘机	WUY
			链斗式	T(条)	—	链斗式机械挖掘机	WT
					D(电)	链斗式电动挖掘机	WTD
					Y(液)	链斗式液压挖掘机	WTY
	挖掘装载机	WZ			Y(液)	液压挖掘装载机	WZY
	多斗挖沟机	G(沟)	斗轮式	L(轮)	—	斗轮式机械挖沟机	GL
					D(电)	斗轮式电动挖沟机	GLD
					Y(液)	斗轮式液压挖沟机	GLY
			链斗式	D(斗)	—	链斗式机械挖沟机	GD
					D(电)	链斗式电动挖沟机	GDD
					Y(液)	链斗式液压挖沟机	GDY
			链齿式	C(齿)	—	链齿式液压挖沟机	GC
	掘进机	J(掘)	盾构式	D(盾)	—	盾构掘进机	JD
			顶管式	G(管)	—	顶管掘进机	JC

续表

类名称	组名称	组代号	型名称	型代号	特性代号	产品名称	产品代号
	掘进机	J(掘)	隧道式	S(隧)	—	隧道掘进机	JS
			涵洞式	H(涵)	—	涵洞掘进机	JH
铲土运输机械	推土机	T(推)	履带式	—	Y(液)	履带式机械推土机	T-
						履带式液压推土机	TY
					S(湿)	履带式湿地推土机	TS
			轮胎式	L(轮)	—	轮胎式推土机	TL
	铲运机	C(铲)	自行轮胎式		D(斗)	普通装斗铲运机	CD
					S(升)	升运式铲运机	CS
					Z(装)	斗门装料式铲运机	CZ
			拖式	T(拖)	—	机械拖式铲运机	CT
					Y(液)	液压拖式铲运机	CTY
	装载机	Z(装)	履带式	—	—	履带式装载机	Z
			轮胎式	L(轮)	—	轮胎式装载机	ZL
	平地机	P(平)	自行式	—	Y(液)	液压式平地机	PY
			拖式	T(拖)	—	机械拖式平地机	PT
					Y(液)	液压拖式平地机	PTY
压实机械	静作用压路机	Y(压)	拖式	T(拖)	K(块)	拖式凸块压路机	YTK
					Y(羊)	拖式羊足压路机	YTY
			自行式		2(两)	两轮光轮压路机	2Y
					2J(两铰)	两轮铰接光轮压路机	2YJ
					3(三)	三轮光轮压路机	3Y
					3J(三铰)	三轮铰接光轮压路机	3YJ
	振动压路机	Y(压)	光轮式		ZB(振并)	两轮并联振动压路机	YZB
					ZC(振串)	两轮串联振动压路机	YZC
					4Z(四振)	四轮振动压路机	4YZ
			组合式	Z(组)	Z(振)	光轮轮胎组合振动压路机	YZZ
			轮胎驱动式		Z(振)	轮胎驱动光轮振动压路机	YZ
					ZK(振块)	轮胎驱动凸振动压路机	YZK
			振荡式	D(荡)	Z(振)	振荡式振动压路机	YZD
			拖式	T(拖)	Z(振)	拖式振动压路机	YZT
	轮胎压路机	YL(压轮)	自行式	—	—	自行式轮胎压路机	YL
			拖式	T(拖)	—	拖式轮胎压路机	YLT

| 图名 | 路基施工机械的型号编制 | 图号 | DL2-27 |

土方工程机械使用条件

路基种类	主导机械	辅助机械	填挖高度(m)	水平运距(m)	集中工作量(m^3)	最小工作面长度或高度(m)
1. 路堤 (1) 路侧取土	a. 自行平地机		<0.75			
	b. 73kW 推土机		<3	10~40	不限	300~500
	c. 102~146kW 推土机		<3	10~80	不限	
	d. 6~8m^3 拖式铲运机	73kW 推土机	<5	100~250	>5000	50~80
	e. 6~8m^3 拖式铲运机	73kW 推土机	>6	250~700	>5000	80~100
(2) 远运取土	a. 6~8m^3 拖式铲运机		不限	>700	>5000	50~80
	b. 9~12m^3 拖式铲运机		不限	>1000	>5000	50~80
	c. 9m^3 以上自行铲运机		不限	>700	>5000	50~80
	d. 挖掘机配合自卸汽车等		不限	500~5000	>10000	2.5~3.5
	e. 装载机配合自卸汽车		不限	500~5000	>1000	
2. 路堑 (1) 路侧弃土	a. 自行平地机		<0.6			
	b. 73kW 推土机		<3	10~40	不限	300~500
	c. 102~146kW 推土机		<3	10~80	不限	
	d. 6~8m^3 拖式铲运机	59kW 推土机	<6	100~300	>5000	50~80
	e. 6~8m^3 拖式铲运机	59kW 推土机	<15	300~600	>5000	100
(2) 纵向利用	f. 9~12m^3 拖式铲运机		>115	>1000	>5000	200
	a. 73kW 推土机		不限	20~70	不限	
	b. 102~146kW 推土机		不限	<100	不限	
	c. 6~8m^3 拖式铲运机		不限	80~700	>5000	100
	d. 9~12m^3 拖式铲运机	59kW 推土机	不限	>1000	>5000	100
	e. 9m^3 以上自行铲运机		不限	>500	>5000	100
	f. 挖掘机配合自卸汽车等		不限	500~5000	>10000	2.0~2.5
	g. 装载机配合自卸汽车		不限	500~5000	>1000	
3. 半填半挖路基	102~146kW 推土机		不限	20~80	不限	

注: 本表均指松土, 如土质坚硬时应先用松土机将土疏松。

图名	路基施工机械的使用条件	图号	DL2-28

土方工程机械的使用范围

机械名称、特性	作业特点及辅助机械	适 用 范 围
推土机 操作灵活,运转方便,需工作面小,可挖土、运土,易于转移,行驶速度快,应用广泛	1. 作业特点 (1) 推平;(2) 运距 100m 内的堆土(效率最高为 60m);(3) 开挖浅基坑;(4) 推送松散的硬土、岩石;(5) 回填、压实;(6) 配合铲运机助铲;(7) 牵引;(8) 下坡坡度最大 35°,横坡最大为 10°,几台同时作业,前后距离应大于 8m 2. 辅助机械 土方挖后运出,需配备装土、运土设备推挖三、四类土,应用松土机预先翻松	(1) 推一至四类土 (2) 找平表面,场地平整 (3) 短距离移挖回填,回填基坑(槽)、管沟并压实 (4) 开挖深不大于 1.5m 的基坑(槽) (5) 堆筑高 1.5m 内的路基、堤坝 (6) 拖羊足碾 (7) 配合挖土机从事集中土方、清理场地、修路开道等
铲运机 操作简单灵活,不受地形限制,不需特设道路,准备工作简单,能独立工作,不需其他机械配合能完成铲土、运土、卸土、填筑、压实等工序,行驶速度快,易于转移;需用劳力少,动力少,生产效率高	1. 作业特点 (1) 大面积整平;(2) 开挖大型基坑、沟渠;(3) 运距 800～1500m 内的挖运土(效率最高为 200～350m);(4) 填筑路基、堤坝;(5) 回填压实土方;(6) 坡度控制在 20°以内 2. 辅助机械 开挖坚土时需用推土机助铲,开挖三、四类土宜先用松土机预先翻松 20～40cm;自行式铲运机用轮胎行驶,适合于长距离,但开挖亦须助铲	(1) 开挖含水率 27%以下的一～四类土 (2) 大面积场地平整、压实 (3) 运距 800m 内的挖运土方 (4) 开挖大型基坑(槽)、管沟,填筑路基等。但不适于砾石层、冻土地带及沼泽地区使用
平地机 操作比较灵活,运转方便,需要的工作面大,能从事平土、路基整形、修整边沟和斜坡,修筑路堤等工程	1. 作业特点 (1) 高度 0.75m 以内路侧取土填筑路堤; (2) 高度在 0.6m 以内路侧弃土,开挖路堑 2. 辅助机械 (1) 开挖排水沟、截水沟;(2) 路基石及场地平整,修整边坡	(1) 平一至三类土 (2) 找平表面,场地平整 (3) 长距离切削平整 (4) 截水沟
反铲挖掘机 操作灵活,挖土、卸土均在地面作业,不用开运输道	1. 作业特点 (1) 开挖地面以下深度不大的土方;(2) 最大挖土深度 4～6m,经济合理深度为 1.5～3m;(3) 可装车和两边甩土、堆放;(4) 较大较深基坑可用多层接力挖土 2. 辅助机械 土方外运应配备自卸汽车,工作面应有推土机配合推到附近堆放	(1) 开挖含水量大的一至三类的砂土或黏土 (2) 管沟和基槽 (3) 独立基坑 (4) 边坡开挖
装载机 操作灵活,回转移位方便、快速;可卸土方和散料,行驶速度快	1.作业特点 (1) 开挖停机面以上土方;(2) 轮胎式只能装松散土方,履带式可装较实土方;(3) 松散材料装车;(4) 吊运重物,用于铺设管 2. 辅助机械 土方外运需配备自卸汽车,作业面需经常用推土机平整并推松土方	(1) 外运多余土方 (2) 履带式改换挖斗时,可用于开挖 (3) 装卸土方和散料 (4) 松散料的表面剥离 (5) 地面平整和场地清理等工作 (6) 回填土

图名	路基施工机械的使用范围(一)	图号	DL2－29(一)

续表

机械名称、特性	作业特点及辅助机械	适 用 范 围
正铲挖掘机 装车轻便灵活,回转速度快,移位方便;能挖掘坚硬土层,易控制开挖尺寸,工作效率高	1. 作业特点 (1) 开挖停机面以上土方;(2) 工作面应在1.5m以上;(3) 开挖高度超过挖土机挖掘高度时,可采取分层开挖;(4) 装车外运 2. 辅助机械 土方外运应配备自卸汽车,工作面应有推土机配合平土、集中土方进行联合作业	(1) 开挖含水量不大于27%的一至四类土和经爆破后的岩石与冻土碎块 (2) 大型场地整平土方 (3) 工作面狭小且较深的大型管沟和基槽路堑 (4) 独立基坑 (5) 边坡开挖
反铲挖掘机 操作灵活,挖土、卸土均在地面作业,不用开运输道	1. 作业特点 (1) 开挖地面以下深度不大的土方;(2) 最大挖土深度4~6m,经济合理深度为1.5~3m;(3) 可装车和两边甩土、堆放;(4) 较大较深基坑可用多层接力挖土 2. 辅助机械 土方外运应配备自卸汽车,工作面应有推土机配合推到附近堆放	(1) 开挖含水量大的一至三类的砂土或黏土 (2) 管沟和基槽 (3) 独立基坑 (4) 边坡开挖
拉铲挖掘机 可挖深坑,挖掘半径及卸载半径大,操纵灵活性较差	1. 作业特点 (1) 开挖停机面以下土方;(2) 可装车和甩土;(3) 开挖截面误差较大;(4) 可将土甩在基坑(槽)两边远处堆放 2. 辅助机械 土方外运需配备自卸汽车、推土机,创造施工条件	(1) 挖掘一至三类土,开挖较深较大的基坑(槽)、管沟 (2) 大量外借土方 (3) 填筑路基、堤坝 (4) 挖掘河床 (5) 不排水挖取水中泥土
抓铲挖掘机 钢绳牵拉灵活性较差,工效不高,不能挖掘坚硬土;可以装在简易机械上工作,使用方便	1. 作业特点 (1) 开挖直井或沉井土方;(2) 可装车或甩土;(3) 排水不良也能开挖;(4) 吊杆倾斜角度应在45°以上,距边坡应不小于2m 2. 辅助机械 土方外运时,按运距配备自卸汽车	(1) 土质比较松软,施工面较狭窄的深基坑、基槽 (2) 水中挖取土,清理河床 (3) 桥基、桩孔挖土 (4) 装卸散装材料
装载机 操作灵活,回转移位方便、快速;可卸土方和散料,行驶速度快	1. 作业特点 (1) 开挖停机面以上土方;(2) 轮胎式只能装松散土方,履带式可装较实土方;(3) 松散材料装车;(4) 吊运重物,用于铺设管 2. 辅助机械 土方外运需配备自卸汽车,作业面需经常用推土机平整并推松土方	(1) 外运多余土方 (2) 履带式改换挖斗时,可用于开挖 (3) 装卸土方和散料 (4) 松散土的表面剥离 (5) 地面平整和场地清理等工作 (6) 回填土

图名	路基施工机械的使用范围(二)	图号	DL2-29(二)

2. 路基施工机械的主要技术性能

黄河系列推土机主要技术性能

项目		型号	单位	T180A	T200	TY200	TS200A/TS200B	T220		TY220		TYS220
发动机	型号			寇明斯 NII200-C₁	上柴 6135AZK-3	上柴 6135AZK-3	上柴 6135AZK-3	冠明斯 NT855		寇明斯 NT855		寇明斯 NT855
	额定输出功率		kW	132.3	147	147	147	162		162		162
	额定转速		r/min	1850	1800	1800	1800	1800		1800		1800
	最大扭矩		N·m	784	941	941	942	1029		1029		1029
	比油耗		g/(kW·h)	≤230	≤233	≤233	≤233	≤230		≤230		≤230
行走机构	最大牵引力		kN	180	196	363	216/206	235		451		240
	最大爬坡度		(°)	30	30	30	30	30		30		30
	平均比压		kPa	72.52	71.54	72.52	28.42/39.20	74.48		75.46		41
	履带板数			76	76	76	90	76		76		90
	履带板宽度		mm	560	560	560	1200/910	560		560		910
	链轮节距		mm	216	216	216	216	216		216		216
	最小离地间隙		mm	405	405	405	450	405		405		405
行驶速度	前进	1速	km/h	2.5	2.43	0~3.41	2.43	2.5		0~3.6		0~3.6
		2速		3.8	3.70	0~6.25	3.70	3.7		0~6.5		0~6.5
		3速		5.38	5.24	0~10.23	5.24	5.3		0~11.2		0~11.2
		4速		7.73	7.52	—	7.52	7.9		—		—
		5速		10.40	10.12	—	10.12	9.9		—		—
	后退	1速	km/h	3.25	3.16	0~4.18	3.16	3.0		0~4.3		0~4.3
		2速		4.90	4.81	0~7.58	4.81	4.3		0~7.7		0~7.7
		3速		7.00	6.81	0~12.31	6.81	6.4		0~13.2		0~13.2
		4速		10.05	9.78	—	9.78	9.4		—		—
推土铲	宽度		mm	4365	4365(3725)	4365(3725)	4750/4170	4365(3725)		4365(3725)		4360
	高度			1032	1032	1032	1150/1250	1055(1315)		1055(1315)		1320
	最大提升高度			1025	1025	1052	1130	1210		1210		1330
	最大切土深度			545	545	680	550	540		540		500
松土器	齿数			3	3	3		3	1	3	1	
	最大提升高度		mm	550	550	550		555	493	555	493	
	最大宽度		mm	1800	1800	1800		2000		2000		
	最大松土深度		mm	670	670	670		665	695	665	695	
外形尺寸	长		mm	6030	6030(5720)	6030(5720)	6083/6083	6060(5750)		6060(5750)		6060
	宽			4365	4365(3725)	4365(3725)	4750/4170	4365(3725)		4365(3725)		4360
	高			3360	3360(3360)	3360(3360)	3110/3110	3457(3457)		4357(3457)		3160
整机质量			t	22.6	22.45(22.23)	22.5(22.28)	24.0/22.9	23.43(23.21)		23.67(23.45)		25.7

注：表中括号内数字为直铲数据，括号外数字为角铲数据。

图名	推土机的主要技术性能（一）	图号	DL2-30（一）

移山系列推土机主要技术性能

项目		型号 单位	T120	T140	T160(D60A8)	T180(D60E8)	TS180(D60P8)	TY160(D65A8)	TY180(D65E8)
发动机	型号		4146T	6130T6A	6130T8A	6130ZT2	6D125-1	6130T8B	6130Z12A
	额定输出功率	kW	73.6	103	118	133(129)	125	118	133
	额定转速	r/min	1500	1600	1850	1850	1850	1850	1850
	最大扭矩	N·m			765	824(794)	765	765	824
	比油耗	g/(kW·h)	228	233	238(159)	238(159)	159	238(216)	238(216)
行走机构	最大牵引力	kN	125.3	141		187			
	最大爬坡度	(°)	30	30	30	30	30	30	30
	平均比压	kPa	60	62	62(63)	63(63)	28	63(65)	64(64)
	履带板数				74	78	88	74	78
	履带板宽度	mm	500	500	510	510	950	510	510
	链轮节距	mm			203	203	203	203	203
	最小离地间隙	mm		400	400	400	510	400	400
行驶速度	前进 1速	km/h	2.40	2.56	2.7	2.6	2.7	0~3.8	0~3.9
	2速		3.84	4.10	3.7	3.5	3.7	0~6.6	0~6.8
	3速		5.49	5.86	5.4	4.7	5.4	0~10.6	0~10.9
	4速		7.90	8.43	7.6	7.0	7.6	—	—
	5速		10.53	11.23	11.0	10.3	11.0		
	后退 1速	km/h	3.03	3.23	3.5	3.3	3.5	0~4.9	0~5.0
	2速		4.86	5.17	4.9	4.5	4.9	0~8.5	0~8.6
	3速		6.93	7.39	7.0	6.1	7.0	0~13.6	0~13.7
	4速		9.99	10.66	9.8	9.1	9.8	—	—
推土铲	宽度	mm	3776	3776	3970(3415)	3970(3415)	3970	3970(3415)	3970(3415)
	高度		1050	1045	1040(1150)	1050(1150)	1020	1040(1150)	1050(1150)
	最大提升高度		900	1212	1110(1095)	1250(1125)	1185	1110(1095)	1250(1125)
	最大切土深度		180	439	530(545)	545(585)	425	530(545)	545(585)
液压泵	型号		齿轮泵	CBF-F90A	齿轮泵	齿轮泵	齿轮泵	齿轮泵	齿轮泵
	工作压力	MPa	12	齿轮泵	13.7	13.7	13.7	13.7	13.7
	流量	L/min	220	90mL/r	250	250	250	250	250
外形尺寸	长	mm	5412	5560	5135(5025)	5360(5230)	5550	5135(5025)	5360(5230)
	宽		3776	3776	2970(3416)	3970(3416)	3970	2970(3416)	4260(3416)
	高		2790	2913	2658(3020)	2920(3020)	2946(3055)	2658(3020)	2900(3020)
	整机质量	t	14.7	15.9	15.69(16.07)	17.3(17.18)	17.55	15.89(16.27)	17.5(17.38)

注：1. 机械型号括号内为相对应的日本小松型号；
　　2. 表中括号内数字为直铲的数据，括号外数字为角铲数据。

图名	推土机的主要技术性能（二）	图号	DL2-30（二）

履带推土机主要技术性能

项目		单位	TY100	T200	T120A	征山 T180	征山 T200	TY-220	上海 320
发动机	型号		6130T4	6135AK-2	6135K-2a	6135B	6135AZK	卡明斯 NT855C	卡明斯 NTA-855C
	额定输出功率	kW	73.5	99.2	88.2	132.3	147	161.7	239
	额定转速	r/min	1800	1500	1500	1800	1800	1800	2000
	最大扭矩	N·m				960	1050		1412
行走机构	最大牵引力	kN	90	120	118	184	219.9		
	最大爬坡度	(°)	30	30	30	30	30	30	
	平均比压	kPa	65	59	64	68.9	70	77	94
	履带宽度	mm	500	500	500	560	560	560	560
	履带中心距	mm	1880	1880	1880	2000	2000	2000	2140
	履带接地长度	mm		2475	2500	2700	2730	2730	3150
	最小离地间隙	mm	386	300	300	400	400	405	500
行驶速度	前进 1速	km/h	2.36	2.27	2.28	2.375	2.34	0~3.6	0~3.6
	前进 2速		3.78	3.64	3.64	3.57	3.51	0~6.5	0~6.6
	前进 3速		4.51	5.20	4.35	5.00	4.93	0~11.2	0~11.5
	前进 4速		6.45	7.49	6.24	7.11	7.00		
	前进 5速		10.13	10.44	10.43	9.65	9.15		
	后退 1速	km/h	2.79	2.73	2.73	3.11	3.06	0~4.3	0~4.4
	后退 2速		4.46	4.37	4.37	4.70	4.60	0~7.7	0~7.8
	后退 3速		5.33	6.24	5.23	6.49	6.40	0~13.2	0~13.5
	后退 4速		7.63	8.99	7.50	9.34	9.16		
推土铲	宽度	mm	3810	3760	3760	4200	4155(3540)	4365(3725)	4130
	高度		860	1100	1000	1100	1100(1270)	1055(1315)	1590
	最大提升高度		800	1000	1000	1160	1200	1290(1210)	1560
	最大切土深度		650	300	350	350	530	535(540)	560
松土器	齿数		3	3		3	3	3	3
	最大提升高度	mm	550	600		400	400	355	965
	最大宽度	mm	1960						
	最大松土深度	mm	550	800		600	650	665	1240
外形尺寸	长	mm	6900	6506	5366	7080	5890	6060(5460)	6880(8560)
	宽		3810	3760	3760	4200	4155	4365(3725)	4130
	高		2970	2875	3010	2985	3144	3395(3395)	3640
整机质量		t	16	14.7	16	23.8	24.5	23.67(23.45)	33.9(39.1)
生产厂家			长春工程机械厂	四川建筑机械厂	上海彭浦机器厂	沈阳桥梁厂	沈阳桥梁厂	山东推土机总厂	上海彭浦机器厂

注：表中括号内数字为直铲数据，括号外数字为角铲数据，上海 320 型括号内数字为装松土器后的数据。

图名	推土机的主要技术性能（三）	图号	DL2-30（三）

国产履带式单斗挖掘机主要技术性能

项目		单位	北京工程挖掘机厂	上海建筑机械厂	贵阳矿山机器厂	抚顺挖掘机制造厂	北京建筑机械厂	北京建筑机械厂
		型号	WY10	WY15	WY15	WY16	WY40	WY50
主要参数	斗容量	m^3	0.1	0.15	0.15	0.16	0.4	0.5
	整机质量	t	3.05	4.2	4.6	4.8	11.5	12
	发动机功率/转速	kW/(r/min)	18/2000	21/2000	37/2000	30/2600	40/1500	63/2000
液压系统	系统型式		双泵定量	定量	定量	三泵定量	定量	三泵有级变量
	液压泵型式		双联齿轮泵	双联齿轮泵	双联齿轮泵	双联齿轮泵	双排直列偏心柱塞泵	三联齿轮泵
	最大流量	L/min	2×32	2×50	2×50	2×40	2×55	2×100
	工作压力	MPa	14	10×21	16	17.55	21	16
	油箱容量	L	96	100	100	88		
回转装置	驱动方式、转角		摆线马达 360°	钢球马达 360° 动臂摆动 ±50°	斜盘轴向马达 臂摆 ±50°、360°	液压马达 360°	液压马达 360°	液压 360°
	最大转速	r/min	10	10	10	9.4		9
	转台尾部半径	m	1.4	1.5	1.6	1.53	6.4	
行走装置	型式、驱动方式		履带、液压	履带、液压	履带、液压	履带、液压	履带、液压	履带、液压
	行走速度	km/h	1.45	1.5~2.2	1.8	1.6	1.6	3
	爬坡能力	%	45	≥40		57	42	70
	接地比压	kPa	31	35	29	33	44	40
	离地间隙	mm	200	330	315	385	290	345
	履带全长/轴距	m	1.9/1.5	2.2/—	2.25/—	2.29/—		
	履带全宽	m	1.36	1.57	1.57	1.75		
	履带板宽	cm	30	32	32	40		
反铲装置	最大挖掘深度	m	2.4	3.0	3.42	4.00	4.50	
	最大挖掘半径	m	4.3	4.8	5.32	7.18	7.38	
	最大挖掘高度	m	2.5	3.64	4.70	5.10	7.30	
	最大卸载高度	m	1.84	2.40	3.20	3.80	5.04	
	最大挖掘力	kN	18.4	17	26	45	51	
正铲装置	铲斗容量	m^3						
	最大挖掘高度	m						
	最大挖掘半径	m						
	最大挖掘深度	m						
	最大卸载高度	m						
外形尺寸	全 长	m	4.42	5.03	5.30	5.90	7.10	7.163
	全 宽	m	1.4	1.687	1.75	1.91	2.478	2.435
	全 高	m	2.2	2.2	2.4	2.32	2.95	2.675
理论生产率		m^3/h	30			34	80	120

| 图名 | 挖掘机的主要技术性能（一） | 图号 | DL2-31（一） |

续表

项目		单位	抚顺挖机制造厂	贵阳矿山机器厂	北京建筑机械厂	合肥矿山机械厂	上海建筑机械厂	贵阳矿山机械厂
		型号	WY100B	R912	RH6	R922	R942HD	WY125
主要参数	斗容量	m³	1.0	0.36~1.16	0.42~1.26	0.24~1.70	0.4~2.0	1.25
	整机质量	t	29.4	18.1	18.7~21.3	21	31.1	27
	发动机功率/转速	kW/(r/min)	117/1800	70/2000	65/1900	100/1900	125/1800	112/2300
液压系统	系统型式		全功率变量	恒功率变量	分功率调节	总功率变量	全功率变量	全功率变量
	液压泵型式		斜轴式变量泵	LPVD$_{64}$	轴向柱塞泵		双联轴向变量泵	双联轴向变量泵
	最大流量	L/min	2×180	2×126	2×152	2×155	2×200	2×174
	工作压力	MPa	28	30	30	30	30	30
	油箱容量	L	460	370		400	515(高压)	400
回转装置	驱动方式、转角		液压马达360°	液压360°	液压马达360°	液压马达360°	液压360°	液压360°
	最大转速	r/min	6.7	10	9	10	0~7.8	0~8
	转台尾部半径	m	2.6	2.375		2.575	2.92	
行走装置	型式、驱动方式		履带、液压马达	履带、液压	履带、液压	履带、液压	履带、液压马达	履带、液压
	行走速度	km/h	2.2	0~2.2	0~2.5	2.6	0~2.6	0~3
	爬坡能力	%	45	78	最大牵引力26t	80	80	80
	接地比压	kPa	60	40	50	50	67	52
	离地间隙	mm	514	433	480	433	520	
	履带全长/轴距	m	4.65/3.705	3.895		3.662	4.528/3.6	
	履带全宽	m	3.0	2.60		2.850	3.2	
	履带板宽	cm	60	60		60	60	
反铲装置	最大挖掘深度	m	5.855	5.5	5.00~8.70	8.0	8.1	6.75
	最大挖掘半径	m	10.535	8.5	8.70~11.80	11.0	11.6	10.562
	最大挖掘高度	m	9.015	7.5	7.90~10.70	9.6	9.5	9.566
	最大卸载高度	m	7.345			6.8	7.55	6.948
	最大挖掘力	kN	113.4	89	120	斗杆120,铲斗140	斗杆155,铲斗146	斗杆140,铲斗120
正铲装置	铲斗容量	m³				1.05	1.6~1.8	
	最大挖掘高度	m				8.8	7.8	
	最大挖掘半径	m				9.6	8.6	
	最大挖掘深度	m				6.2	2.9	
	最大卸载高度	m				6.2	3.9	
外形尺寸	全长	m		8.65	8.900	9.25	10.265	9.270
	全宽	m	3.00	2.60	2.595	3.00	3.253	3.000
	全高	m	3.148	2.95	3.200	3.20	3.330	3.750
理论生产率		m³/h	200		160			225

图名	挖掘机的主要技术性能(二)	图号	DL2-31(二)

续表

项 目		单 位	长江挖掘机厂	杭州重型机械厂	杭州重型机械厂	抚顺挖掘机厂	贵阳矿山机械厂	刘家峡水工机械厂	合肥矿山机械厂
		型 号	WY160B	WY200	WY250	WY40ZR	SDWY60	SLWY60	SLWY80
主要参数	斗容量	m³	1.6	2.0	2.5	0.4	0.3~0.6	0.6	0.8
	整机质量	t	38.5	56	57.5	16	15	23	15
	发动机功率/转速	kW/(r/min)	128/1800	176/1500	220/1500	100/2150	59/1800	59/1800	59/1800
液压系统	系统型式		全功率变量	全功率变量	双泵双回路	分功率调节	定量	定量	变量
	液压泵型式		轴向柱塞泵	轴向柱塞泵	轴向柱塞泵	斜盘柱塞泵	双联齿轮泵	齿轮泵	柱塞泵
	最大流量	L/min	2×220	2×350		2×273	2×112	218	2×144
	工作压力	MPa	28	30	28	25	15	14	25
	油箱容量	L			800	240		140	300
回转装置	驱动方式、转角		液压马达360°	低速马达360°	低速马达360°	液压马达360°	液压马达360°	液压马达360°	液压马达360°
	最大转速	r/min	0~6.9	6	5.35	7.0	6.5	6.0	7.55
	转台尾部半径	m	3.10			2.59		2.44	2.575
行走装置	型式、驱动方式		履带、轴向马达	履带、轴向马达	履带、轴向马达	履带浮箱,液压	履带浮箱,液压	履带浮箱,机械	履带浮箱,机械
	行走速度	km/h	1.77	1.8	2	陆地4,沼泽3	1.8	0.84,2.61	0~2.3
	爬坡能力	%	80	45	35	58	45	50	48
	接地比压	kPa	88	106	100	11.4	32	13	19
	离地间隙	mm	528	400		1150		1050	574
	履带全长/轴距	m	4.588/3.63			7.48/65		7.9	5.254/4.51
	履带全宽	m	3.2, 3.35			5		5.57	3.3~3.84
	履带板宽	cm	60,70			140	三角型76	150	100
反铲装置	最大挖掘深度	m	6.10			4.05	4.5~6.2	4.3	5.0
	最大挖掘半径	m	10.60			8.15	8~10	9.6	10.5
	最大挖掘高度	m	8.10			7.14	6~8.6	9.0	
	最大卸载高度	m	5.83			5.55	4.3~6.5	7.5	7.3
	最大挖掘力	kN	反180,正200		正300	35		65	60
正铲装置	铲斗容量	m³							
	最大挖掘高度	m	8.10	11.0	9.1				
	最大挖掘半径	m	8.05	11.0	9.0				
	最大挖掘深度	m	3.25	2.45	2.98				
	最大卸载高度	m	5.70	7.0	6.5				
外形尺寸	全 长	m	反10.9,正7.6	6.9		7.48	8.685	10.5	9.80
	全 宽	m	3.20	4.5		5.30	2.760	6.0	3.38
	全 高	m	4.05	4.19		3.58	3.110	5.8	3.65
	理论生产率	m³/h	280		360	90		90~100	125

| 图名 | 挖掘机的主要技术性能(三) | 图号 | DL2-31(三) |

续表

项 目		单 位	上海建筑机械厂	贵阳矿山机器厂	合肥矿山机械厂	合肥矿山机械厂	上海建筑机械厂	上海建筑机械厂
		型 号	WY50	WY60	WY60A	WY80	WY100	WY100ZH
主要机参数	斗容量	m³	0.5	0.6	0.6	0.8	0.4~1.2	1.2
	整机质量	t	13	14.2	17.8	18.5	25	28
	发动机功率/转速	kW/(r/min)	59/1500	59/1800	69/2150	69/21500	110/1800	110/1800
液压系统	系统型式		变量	定量	定量	全功率变量	定量	定量
	液压泵型式		轴向柱塞泵	双联齿轮泵	轴向柱塞泵	双联斜轴泵	双列径向柱塞泵	双列径向柱塞泵
	最大流量	L/min	2×100	2×112	2×125	2×169	2×109	2×109
	工作压力	MPa	24	15	25	28	32	32
	油箱容量	L		150	300	300	240	
回转装置	驱动方式、转角		液压马达360°	液压马达360°	液压马达360°	液压马达360°	低速马达360°	液压360°
	最大转速	r/min	7	6.5	8.65	8.65	7.88	8
	转台尾部半径	m		2.491	2.50	2.72	2.985	
行走装置	型式、驱动方式		履带、液压传动	履带、液压传动	履带、液压传动	履带、液压传动	履带、液压传动	履带、液压传动
	行走速度	km/h	1.52	1.8	3.4	3.2	1.6/3.2	1.6/3.2
	爬坡能力	%	45	45	45	45	45	45
	接地比压	kPa	51	32	50,31,28	51,48,32	42,52,66	56
	离地间隙	mm			452	452	475	520
	履带全长/轴距	m		3.26/3.511	3.26/4.05	3.26/4.05	4.008/3.14	
	履带全宽	m		2.47	2.65	2.65	3.0	
	履带板宽	cm		51	50,80,90	50,80,90	50,70,85	
反铲装置	最大挖掘深度	m	4.00	4.70	5.14	5.52,9.15	5.703	6.20
	最大挖掘半径	m	7.51	7.72	8.46	8.86,13.10	6.8~12.0	9.80
	最大挖掘高度	m	6.00	6.01	7.49	7.84,8.33	7.57	8.20
	最大卸载高度	m	4.45	4.34	5.60	5.57,7.23	5.39	6.30
	最大挖掘力	kN	56.4		100	112	120	120
正铲装置	铲斗容量	m³			正0.6,装载1.1	正0.8,装载1.2	1.0~1.5	
	最大挖掘高度	mm			6.35,6.60		3.00~7.92	
	最大挖掘半径	m			6.54,6.71		9.175	
	最大挖掘深度	m			2.96,3.20		2.95	
	最大卸载高度	m			3.96,3.79		2.50	
外形尺寸	全 长	m	4.10+2装	7.90	9.28	9.50	9.53	9.73
	全 宽	m	2.59	2.47	2.65	2.65	3.10	3.10
	全 高	m	3.00	3.20	3.22	3.40	3.40	3.40
理论生产率		m³/h	85	90	120	192	200	

图名	挖掘机的主要技术性能(四)	图号	DL2-31(四)

国产自行式铲运机主要技术性能

型号 项目	CL-7	CL-11	CL-16	CL-24	CL-40
铲土斗几何容量(m^3)	7	11	16	24	40
最高行驶速度(km/h)	50	50	50	50	50
整机质量≤(t)	16	24	40	57	75
牵引车质量≤(t)	11	17	24	36	58
最大切土深度(mm)	250	300	300	350	350
运输状态刀片离地间隙(mm)	400	500	500	500	500
比功率(kW/m^3)	21	21	19	16	15

国产轮式装载机主要技术性能

技术规格		机型	ZL-10	ZL-15	ZLM-15	ZL-16	ZL-20
标准斗容量(通用斗,m^3)			0.5	0.75	0.75	0.9	1.0
额定负荷(kg)			1000	1500	1500	1600	2000
铲斗可装载范围(m^3)							
车辆使用重量(t)			4.5	4.8	5.8	5.5	7.7
行车速度(km/h)	前进	第一档	10	10	5.6	8	9
		第二档	25	24	24	36	25
		第三档					
		第四档					

国产拖式铲运机主要技术性能

	机型 项目	CTY-2.5	CT-6	CT-6	CTY-7
铲土斗	几何容积(m^3)	2.5	6	6	7
	堆尖容积(m^3)	2.75	8	8	9
	铲刀宽度(mm)	1900	2600	2600	2700
	切土深度(mm)	150	300	300	300
	铺土厚度(mm)		380	380	400
	操纵方式	液压	钢丝绳	钢丝绳	液压
发动机	型号	东-75拖拉机	6135	T-100拖拉机	6120
	功率(kW)	44	88	74	118
	转速(r/min)	1500	1500	1000	2000
车轮规格	前轮数	2	2	2	2
	后轮数	2	2	2	2
	前轮轮胎规格	9.00~20	21.00~24	14.00~20	21.00~24
	后轮轮胎规格	9.00~20	21.00~24	18.00~24	21.00~24
	前轮轮距(m)	0.90	2.10	1.40	2.10
	后轮轮距(m)	1.65	1.92	1.98	2.10
	轴距(m)	3.50	5.84	4.84	5.80
外形尺寸(m)		5.6×2.44×2.4	10.4×3.08×3.06	8.77×3.12×2.54	9.7×3.1×2.8
整机质量(t)		斗1.98	14	斗7.3	14

图名	铲运、装载机的主要技术性能	图号	DL2-32

国产平地机主要技术性能

项目 型号	型式	标定功率(kW)	铲刀 宽×高(mm)	铲刀 提升高度(mm)	铲刀 切土深度(mm)	前桥摆动角(左、右)(°)	前轮转向角(左、右)(°)	前轮倾斜角(左、右)(°)	最小转弯半径(mm)	最大行驶速度(km/h)	最大牵引力(kN)	整机质量(t)	外形尺寸(长×宽×高)(mm)	生产厂家
PY160A	整体	119	3705×555	540	500	16	50	18	7800	35.1	78	14.7	8146×2575×3258	天津工程机械厂
PY160B	整体	118	3660×610	550	490	16	50	18	8200	35.1	80.0	14.2	8146×2575×3340	天津工程机械厂
PY180	铰接	132	3965×610	480	500	15	45	17	7800	39.4		15.4	10280×2595×3305	天津工程机械厂
PY180(850)	铰接	120	3658×661	508	686	18			7400	42		13.682	8458×2438×3302	哈尔滨第一机器制造厂
PY220	整体	161.8	4267×710	335	470	15	58		12200	43.1	166.6	21	8572×4267×3645	温州冶金机械厂
PY250(16G)	铰接	186	4877×787	419	470	18	50	18	8600	42.1	156	24.85	10014×3140×3537	天津工程机械厂
F105	铰接	82	3355×530	415	450	15	45	17	6700	38.7	50	9	8695×2310×3110	天津工程机械厂
F105A	铰接	82	3355×530	415	450	15	37	17	7100	38.7	70	9.3	8695×2310×3110	天津工程机械厂
F155	铰接	112	3660×610	480	500	15	45	17	7300	35.4	74	13.5	9646×2545×3273	天津工程机械厂
F155A	铰接	112	3660×610	480	500	15	48	17	7600	35.4	100	13.8	9645×2545×3273	天津工程机械厂
F205	铰接	134	3965×610	480	500	17	45	15	7800	36.6	88	15.7	10242×2595×3305	天津工程机械厂
SHM5-125	整体	125	3660×625						12000	38		15.06	10520×2500×3510	长春运输机械厂

| 图名 | 平地机的主要技术性能(一) | 图号 | DL2-33(一) |

国外平地机生产厂家及产品主要技术性能

项目 型号	型式	标定功率（kW）	铲刀 宽×高（mm）	铲刀 提升高度（mm）	铲刀 切土深度（mm）	前桥摆动角（左、右）（°）	前轮转向角（左、右）（°）	前轮倾斜角（左、右）（°）	最小转弯半径（mm）	最大行驶速度（km/h）	轮距（mm）	桥距（mm）	整机质量（t）	生产厂家
130G	铰接	101	3658×610	440	450	32	50	18	7300	39.4	2015	5920	12.365	卡特皮勒公司
140G	铰接	112	3658×610	464	438	32	50	18	7300	41	2015	5920	13.54	卡特皮勒公司
160G	铰接	132	4267×610	464	438	32	50	18	7300	41	2015	5920	16.03	卡特皮勒公司
GD405A-1	铰接	82	3100×625	360	440	26	33.5	22	5600	42	1800	4900	8.88	小松公司
GD505A-2	铰接	97	3710×655	530	505	30	36	20	6600	43.4	1920	5870	10.88	小松公司
GD600R-1	整体	108	3710×620	410	565	30	35	23	10400	44.8	1970	6000	12.2	小松公司
GD655A-3	铰接	123	4010×655	400	570	30	40	23	6900	43.6	1970	6000	13.04	小松公司
GD705R-2	整体	134	4320×700	420	680	26	40	20	11500	44	2050	6150	17.5	小松公司
830	铰接	107	3658×610	520	889	36		17.5	7417	40.6			12.6	德莱赛公司（美国）
850	铰接	124/142	3658×661	520	864	36		17.5	7417	42.2	2060	5918	13.682	德莱赛公司
870	铰接	152	3658×661	520	860	36		17.5	7417	36.5	2060	5918	14.7	德莱赛公司
710/710A	整体/铰接	101/101	3658×635	451		±16	44	18	10900/7800	39.1	2083	6096	12.3	柴皮恩公司（加拿大）
720/720A	整体/铰接	114/114	3658×635	451		±16	44	18	10700/7900	44.7	2121	5918/6071	13.68	柴皮恩公司
730/730A	整体/铰接	140/140	3658×635	451		±16	44	18	10700/7900	43.5	2121	5918/6071	14.588	柴皮恩公司
FG85A	铰接	111	3650×610	444		±17	48	17.5	7150	32.8	1950	5970	12.89	菲亚特·阿里斯公司
GD200A-1	铰接	48	2200×480	270	210	26	49		4500	31.1	1665	3600	5.1	小松公司
BG300A-1	铰接	56	3100×580	330	270	26	36.6	19	5500	30.4	1680	4910	7.5	小松公司

图名	平地机的主要技术性能（二）	图号	DL2-33（二）

三轮两轴光轮压路机主要技术性能

项 目	型 号											
	3Y6/8	3Y8/10			3Y10/12		3Y12/15				3Y14/16	3Y15/18	3Y18/20
额定质量(t) 　未加载 　加载后	6 8	8 10	8 10	8 10	10 12	10 12	12 15	12 15	12 15	12 15	14 16	15 18	18 20
碾轮直径(mm) 　前轮 　后轮	1000 1400	1000 1400	1020 1500	1060 1600	1060 1500	1020 1500	1120 1750	1100 1600	1120 1750	1060 1600	1100 1700	1170 1800	1250 1800
碾轮宽(mm) 　前轮 　后轮	1100 500	1100 500	1270 530	1250 500	1250 500	1270 530	1270 350	1300 500	1270 530	1250 500	1300 530	1270 530	1320 600
线载荷(N/cm) 　前轮:未加载 　　　加载后 　后轮:未加载 　　　加载后	215.7 284.4 353.0 470.7	284.4 358.0 470.7 588.4	221.6 277.5 517.7 647.1	219.6 277.5 610.0 637.4	274.6 333.4 637.4 767.0	255.0 315.7 619.7 730.5	308.9 385.4 397.4 924.7	362.8 451.0 706.0 882.5	308.9 386.3 739.4 924.6	333.4 421.6 767.0 961.2	343.2 411.8 912.0 1049.2	386.4 462.8 924.7 1110.0	392.2 441.3 980.6 1127.7
轴距(mm)	2390	2390	3330	2500	2800	3330	3640	2900	3640	2800	3000	3640	3150
最小转弯半径(mm)	4430	4430	4300	5345	5900	7300	8350	6000	7500	5900	6300	7500	6500
离地间隙(mm)	240	240	315	270	320	315	395	320	315	320	370	320	420
爬坡能力			1:5	1:5	1:5	1:5	1:5	1:5	1:5	1:5	1:7	1:5	1:5
横向允许倾斜度	15°	15°	15°		15°	15°	20°	15°		20°	15°	15°	
行驶速度:(km/h) 　1 速 　2 速 　3 速 　4 速	1.89 3.51 7.40 14.30	1.89 3.51 7.40 14.30	1.8 3.6 6.2 	2.0 3.5 8.0 	1.9 3.2 7.5 	1.6 3.2 5.4 	2.2 4.5 7.5 15	2 4 8 	2.2 4.5 7.5 	1.9 3.2 7.5 	2 4 8 	2.3 4.5 7.7 	2 4 8
外形尺寸(mm) 　长 　宽 　高	4013 1894 2090	4013 1894 2090	4920 2260 2115	4322 2116 2672	4622 2116 2722	4920 2260 2115	5287 2215 2255	4738 2100 2750	5275 2260 2115	4622 2116 2722	4990 2160 2770	5300 2860 2140	5150 2320 29
柴油机: 　型 号	2135K-1	2135K-1	495A	495AY	4135K-2	2135	4135C-1	4135C-1	4135	4135K-2	4135C-1	4135	4135AK-2
生产厂家	徐州工程机械厂	徐州工程机械厂	洛阳建筑机械厂	上海工程机械厂	上海工程机械厂	洛阳建筑机械厂	三明重型机械厂	徐州工程机械厂	洛阳建筑机械厂	上海工程机械厂	徐州工程机械厂	洛阳建筑机械厂	徐州工程机械厂

图名	压路机的主要技术性能(一)	图号	DL2-34(一)

两轮两轴光轮压路机主要技术性能

项 目	型 号							
	2Y6/8	2Y6/8	2Y6/8A	2YJ6/8	2Y8/10	2Y8/10	2Y8/10A	2YJ8/10
额定质量(t) 无水 　　　　　　加水	6 8	6 8	6 8	6 8	8 10	8 10	8 10	8 10
碾轮宽度(mm)	1270	1270	老 1270 1250	1450	1270	1270	老 1270 1250	1450
碾轮直径(mm) 转向轮/驱动轮	1020/1320	1020/1320	老 1020、1000/ 老 1320、1250	1060/1200	1020/1320	1020/1320	老 1020、1000/ 老 1320、1250	1060/1200
线载荷(N/cm) (加载后)转向轮/驱动轮	254/378	254/378	254/378	220/330	385/472	385/472	385/472	276/414
轴 距(mm)	3100	3100	老 3300 3200	2800	3100	3100	老 3300 3200	2800
离地间隙(mm)	285	285	老 220 300	270	285	285	老 220 300	270
最小转弯半径(mm)	6200	6200	6200	6000	6200	老 6500 6000	老 6500 6000	6000
行驶速度(km/h) 1 速 2 速 3 速	2 4 	2 4 	老 2/1.8 老 4/3.6 7.2	2 4 7	2 4 	2 4 	老 2/1.8 老 4/3.6 7.2	2 4 7
最大爬坡能力(%)	20	20	20	20	20	20	20	20
外形尺寸(mm) 长 宽 高	4440 1610 2620	4440 1560 2440	4630 1560 3360	4305 1754 2520	4440 1610 2620	4440 1560 2440	4630 1560 3360	4305 1754 2520
柴油机型号	2135K-1	2135K-1	2135K-1	495AY	2135K-1	2135K-1	2135K-1	495AY
生产厂家	洛阳建筑机械厂	邯郸建筑机械厂	徐州工程机械厂	上海工程机械厂	洛阳建筑机械厂	邯郸建筑机械厂	徐州工程机械厂	上海工程机械厂

图名	压路机的主要技术性能(二)	图号	DL2-34(二)

自行式振动压路机主要技术性能

型号 项目	单轮振动						组合式	
	YZ2	YZ45	YZ8	YZ10B	YZ12	YZ18	YZ28A	YZZJ7
机器质量(t)	2	4.5	8	11	11.6	18	8	7.3
振动轮直径(mm)	750	950	1200	1523	1500	1600	1200	1200
宽度(mm)	895	1100	1600	2134	2150	2100	1650	1650
振动频率(Hz)	50	46.7	40	30	28	28	50	358
激振力高(kN)	18.62	74	86	202	172	295	72.7	62.72
低(kN)		45	53	95		244	8.3	
振幅高(mm)			0.8	1.74	1.6		0.95	0.69
低(mm)			0.5	0.82			0.4	
线载荷静态(N/cm)	131.3	270	250	225.4	233	500	202	176.4
动态(N/cm)	207.8	409	537.8	946.6	800	1403	505	558.6
总计(N/cm)	339	679	787.5	1172	1033	1903	707	735
轴距(mm)	1850	2400	2800	2850	2825	3420	2400	2730
最小离地间隙(mm)	160	290	395	355			290	200
最小转弯半径(mm)	5000	4000	6200	5200	5900	6000	5400	6000
爬坡能力(%)	20	25	25	30	25	32	35	30
行走速度1速(km/h)	2.43	1.9	4.5	3.2	2.8	5.5	6	2
2速(km/h)	5.77	4.0	9	6	5	9.5	12	4
3速(km/h)			8.5		12.6	11.5		8~11
发动机型号	285	485	F4L912	4135AK-2	4135AK-2	6135K-12C	F3L912	495AY
功率(kW)	13	25.7	48	74	74	132	38	40
转速(r/min)	2000	2000	2300	1500	1500	2100	2300	2200
外形尺寸 长(mm)	2635	3350	4360	5545	5557	6520	4570	4875
宽(mm)	1063	1470	1839	2387	2300	2635	1800	1910
高(mm)	1630	1750	2880	3035	3100	2950	2675	2470
生产厂家	邯郸建筑机械厂	洛阳建筑机械厂	邯郸建筑机械厂	徐州工程机械厂	上海工程机械厂	洛阳建筑机械厂	徐州工程机械厂	云南公路机械厂

图名	压路机的主要技术性能(三)	图号	DL2-34(三)

2.4.2 路基施工机械的外貌图与合理选择

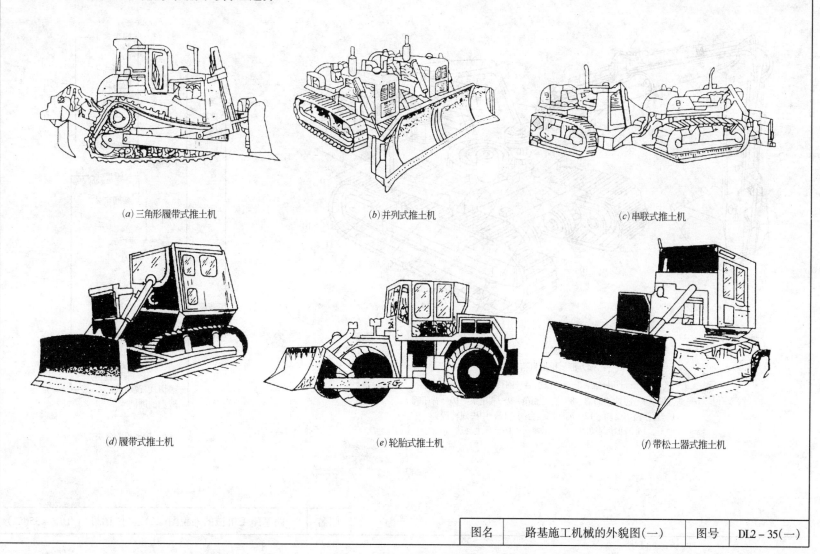

(a) 三角形履带式推土机　　(b) 并列式推土机　　(c) 串联式推土机

(d) 履带式推土机　　(e) 轮胎式推土机　　(f) 带松土器式推土机

| 图名 | 路基施工机械的外貌图(一) | 图号 | DL2-35(一) |

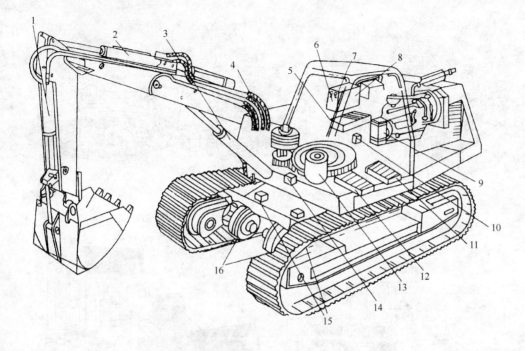

(a) 液压挖掘机结构图

1—铲斗缸；2—斗杆缸；3—动臂缸；4—回转马达；5—冷却器；
6—滤油器；7—磁性滤油器；8—液压油箱；9—液压泵；10—背压阀；
11—后四路组合阀；12—前四路组合阀；13—中央回转接头；
14—回转制动阀；15—限速阀；16—行走马达

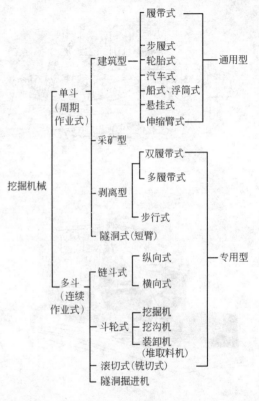

(b) 挖掘机的分类

| 图名 | 路基施工机械的外貌图(二) | 图号 | DL2-35(二) |

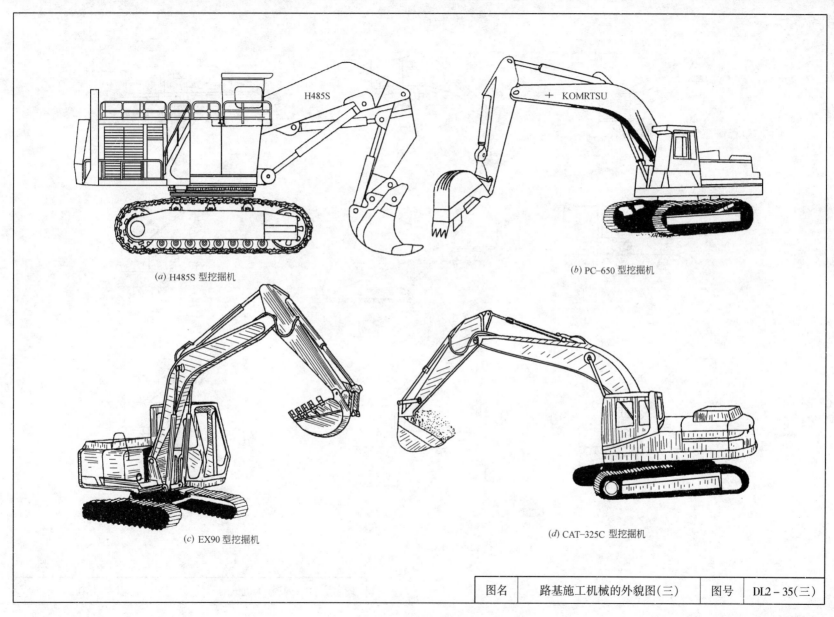

(a) H485S 型挖掘机
(b) PC-650 型挖掘机
(c) EX90 型挖掘机
(d) CAT-325C 型挖掘机

| 图名 | 路基施工机械的外貌图(三) | 图号 | DL2-35(三) |

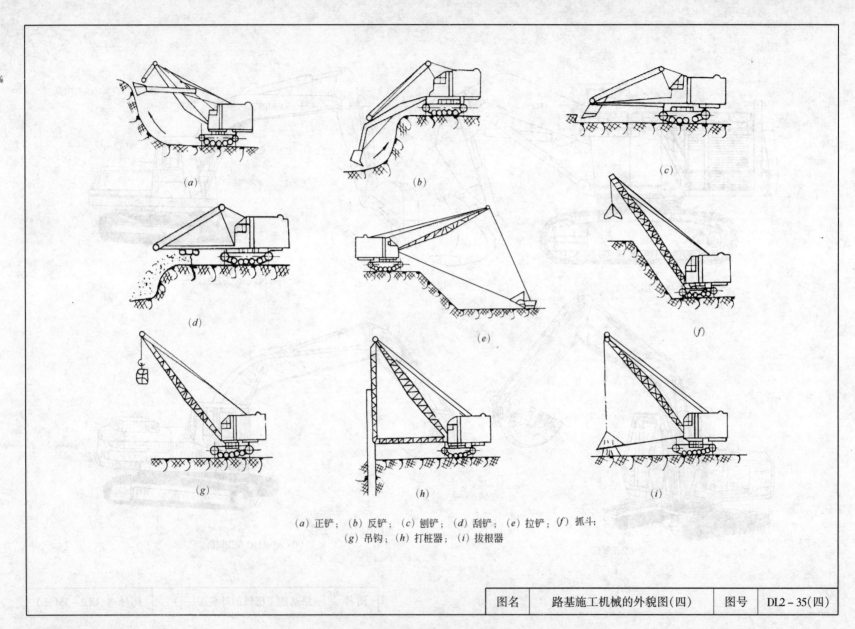

(a) 正铲； (b) 反铲； (c) 刨铲； (d) 刮铲； (e) 拉铲； (f) 抓斗；
(g) 吊钩； (h) 打桩器； (i) 拔根器

| 图名 | 路基施工机械的外貌图(四) | 图号 | DL2-35(四) |

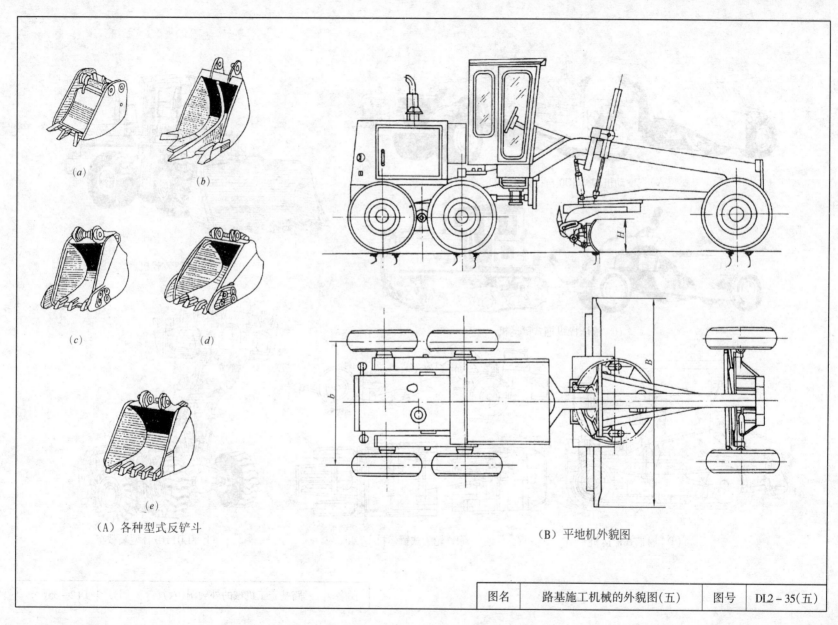

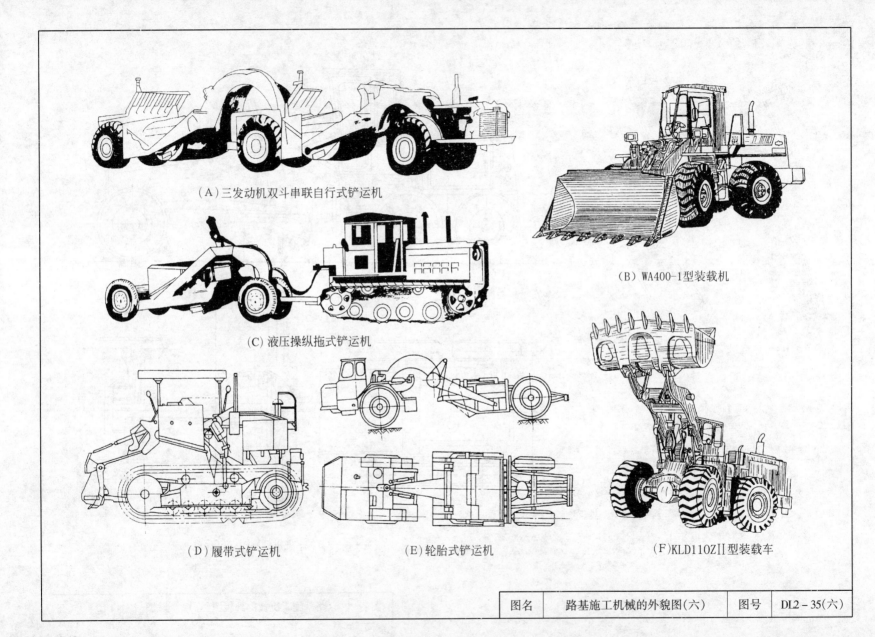

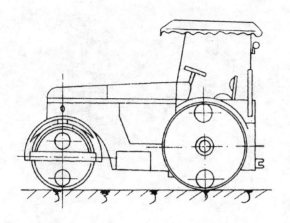
(A) 三轮光轮压路机

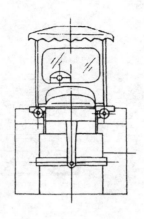

(B) 铰接车架式振动压路机

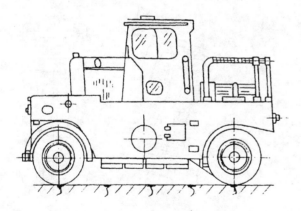
(C) 自动式轮胎压路机

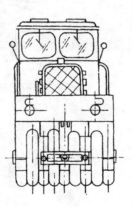

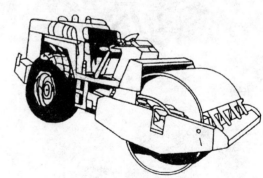
(D) 铰接式振动压路机

| 图名 | 路基施工机械的外貌图(七) | 图号 | DL2-35(七) |

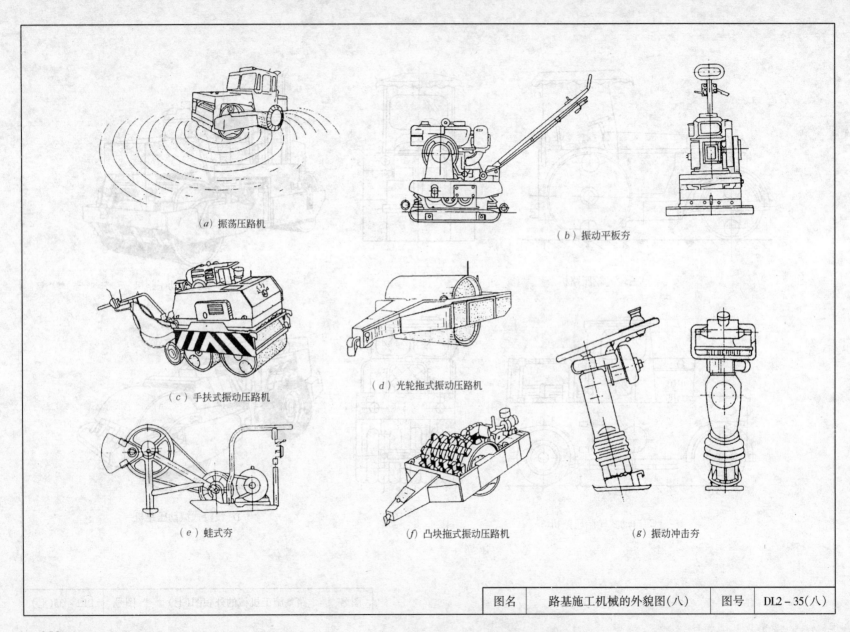

道路施工机械的合理选择

作业内容		使用的施工机械	施工机械的主要功能
清理草木	除掉灌木丛、杂草等	机动平地机 小型推土机	铲除矮草、杂草及表土
	除掉灌木丛、树木、漂石	推土机、凿岩机 空气压缩机	根据树木的种类和直径,除了推土机外,还可使用带耙齿的推土机、伐木机、剪切刀,以便高效率
挖方	软土开挖	机动平地机 推土机 牵引式铲运机 机动铲运机	修补道路、整地 短距离挖土运输 中距离挖土运输 中、长距离挖土运输
	硬土开挖	中、大型推土机、凿岩机、空气压缩机	适用于风化岩、软岩、漂石、混合土质 松土器不能挖掘时,采用炸药来爆破
挖掘装载	一般性挖土、装载	推土机	推土机适用于100m以内的运距。在堆土场等地作为挖掘机的装载辅助机械来进行挖掘作业时,以大、中型推土机为宜
		装载机、挖掘机 履带式装载机	对于挖掘能力要求不大的较松的土质,以使用轮式装载机为宜;挖掘能力要求较大时,挖掘机和履带装载机较能发挥效率
		牵引式铲运机 运铲运机	铲运机是根据运距、地形、土质来选用的。松软土质或坡度较大时,一般都使用牵引式铲运机,运距较长而现场条件较好的时候,则使用机动铲运机
		斗轮式挖掘机 挖掘机	适用于土方量大的挖掘、装载工程,挖掘机工作半径大,并能旋转360°,能比地面高或低的地方进行工作,其工作范围很广
		抓斗式挖掘机 拉铲挖掘机	抓斗式挖掘机适用于垂直深孔的挖掘;拉铲挖掘机适用于在河川等低而宽大的地方进行挖掘
	构筑物基础的挖掘	推土机、装载机	大的基础挖掘时,到内部进行挖掘、装载
		挖掘机、拉铲挖掘机	较小的基础挖掘时,在地面位置进行挖掘、装载
	沟的开挖	平地机、推土机 抓斗式挖掘机 单斗式挖掘机、挖沟机	适用于便道侧沟的开挖 适用于工程现场的简易排水路的开挖 适用于上下水道、煤气管等的埋设沟的开挖,挖掘精度要求较高
运输	道路上的运输	推土机、拖式铲运机 自行式铲运机	推土机适用于100m以内的较短距离的运输,对于500m以下的中距离使用拖式铲运机;如若再长距离时使用自行式铲运机
		湿地推土机 履带式翻斗车	土质松软,但其规模不大,无需改良路面时,使用湿地推土机或胎带式翻斗车
		四轮驱动挖掘机	搬运岩石等,不能使用铲运机时,可以使用轮式样挖掘机装运到50~150m运距

图名	道路施工机械的合理选择(一)	图号	DL2-36(一)

续表

作业内容		使用的施工机械	施工机械的主要功能
运输	用皮带或链条进行输送	皮带输送机、斗式提升机	皮带式输送机适用于水平方向的运输,而斗式提升机则适用于垂直方向的运输
	用管道进行输送	管道	填筑工程等需要搬运大量土壤时,将土与水混合在一起,用管道压送
	用钢丝绳进行输送	架空索道	适用于修筑混凝土坝用的混凝土的搬运工程或在山地使用
	用水路进行输送	运土船	适用于大规模的填筑工程或用输送,主要是靠江河湖海的地区
铺土	一般性的铺平工作	推土机、铲运机、湿地推土机、机动平地机动	在一般的铺平工作中,运土多为推土机或铲运机;用翻斗车运土时,则用推土机、湿地推土机或机动平地机来铺土
	大面积或高精度铺平工作	带自动平行装置的平地机、带自动水准仪的湿地推土机	农田建设、水路填土的平地、道路的平地等
	铺砌材料等的铺平	碎石撒布机、沥青路面修整机	铺砌材料(基层材料为沥青)的铺平,铺土厚度受到更严格限制时,使用碎石撒布机或沥青路面修整机
夯实	道路填土、江河筑堤、填筑堤坝等的夯实	土壤夯实机、轮胎式样压路机、振动压路机、压路机	适用于大面积而较厚的填土层的夯实。振动压路机在砂质成分多的地方使用效果最好,羊足压路机适用于黏性土成分多的地方
	填土坡面的夯实	夯具、外部位振动器、牵引式振动器、压路机	沿着坡面进行夯实时使用。规模小的时候使用夯具或振动器,大规模的土压实时,则用振动式压路机
	桥座、涵洞的回填、侧沟等基础的夯实	夯具,振动棒	在面积受到限制的地方用来压实
路面基层铺筑	路拌法施工	石灰撒布车、洒水车 自行式稳定土拌和机 振动压路机	用于二级路以下的路面基础施工,对配合比要求严格控制的二级路以上的基层不适宜
	厂拌法施工	厂拌稳定土拌和设备 自卸卡车、稳定土摊铺机 振动压路机	用于二级、一级汽车专用路和高速公路施工,对于对配合比要求严格控制的路面基层,均可使用
路面面层铺筑	沥青混凝土路面铺筑	沥青混凝土搅拌设备 沥青混凝土摊铺设备 自卸卡车、轮胎压路机 振动压路机、撒砂机	适用于层铺法施工的高速公路和次高等级公路的沥青混凝土路面施工
	水泥混凝土路面铺筑	水泥混凝土搅拌设备 水泥混凝土搅拌输送车 轨道式水泥混凝土摊铺设备 滑模式水泥混凝土摊铺设备 振动压路机、锯缝机 纹理加工机、养生剂喷洒车	对于高等级塑性水泥混凝土路面,可用滑模式摊铺机,也可用带有自动找平机构的轨道式摊铺机;RCC路面的摊铺可用带双强振夯板的沥青混凝土摊铺机或RCC专用摊铺机

图名	道路施工机械的合理选择(二)	图号	DL2-36(二)

2.4.3 路基机械化施工工艺

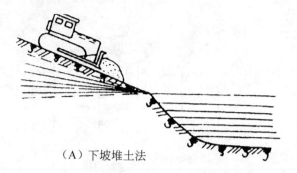

（A）下坡堆土法

说 明

下坡推土法是借助推土机向下运动的重力作用，能增大铲土深度和运土量，从而提高了推土能力、缩短推土时间，据有关计算，这种施工方法可提高推土机生产率30%～40%。

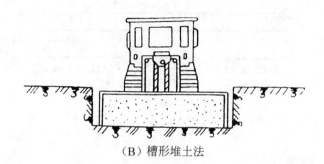

（B）槽形堆土法

说 明

槽形推土法是应用在较远距离运土，它可减少推土散失，增加每次运土量，以提高工效。运土时要掌握推土机的最大负荷，沟深不能超过履带高度的80%，后退时应注意方向，不能上沟沿而造成机身严重倾斜。

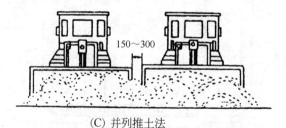

（C）并列推土法

说 明

并列推土法是对于大面积的施工场地时，采用2～3台推土机并列作业，两机或三机的铲刀横向距离应保持在0.15～0.3m以上，同时平均运距不宜超过70m或小于20m，后退时应避免推土机发生互撞事故。这种施工方法可提高推土机生产率20%～50%。

（D）分堆集中，一次推送法

说 明

分堆集中，一次推送法是在推土运距较远而土质较坚硬、切土深度不大的情况下进行，可进行多次铲土、分批集中、一次推送，这样可提高推土机生产率。

| 图名 | 推土机施工工艺(一) | 图号 | DL2-37(一) |

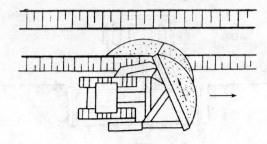

（A）斜角推土法

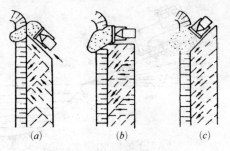

（B）"之"字斜角推土法

(a)、(b)"之"字形推土法；(c)斜角推土法

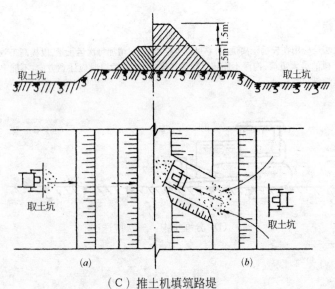

（C）推土机填筑路堤

(a)路堤填土高度小于1.5m时；(b)路堤填土高度大于1.5m时

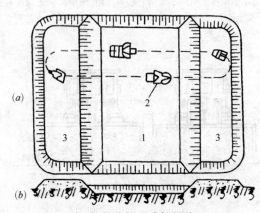

（D）推土机分边挖堑壕

(a)平面图；(b)断面图

1—堑壕；2—推土机；3—弃土场

| 图名 | 推土机施工工艺（二） | 图号 | DL2-37(二) |

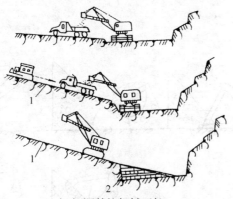

(A) 深基坑机械开挖
1—坡道；2—搭枕木垛

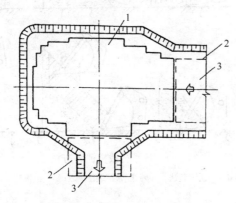

(B) 利用后开挖基础部位作车道
1—先开挖设备基础部位；2—后开挖设备基础或地下室、沟道部位；
3—挖掘机、汽车进出运输道

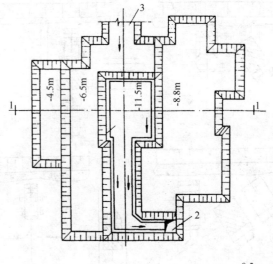

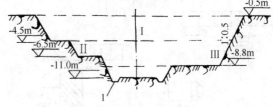

(C) 土方开挖图
1—排水沟；2—集水井；3—土方机械进出口
Ⅰ、Ⅱ、Ⅲ、Ⅳ—开挖次序

| 图名 | 装载机施工工艺(一) | 图号 | DL2-38(一) |

255

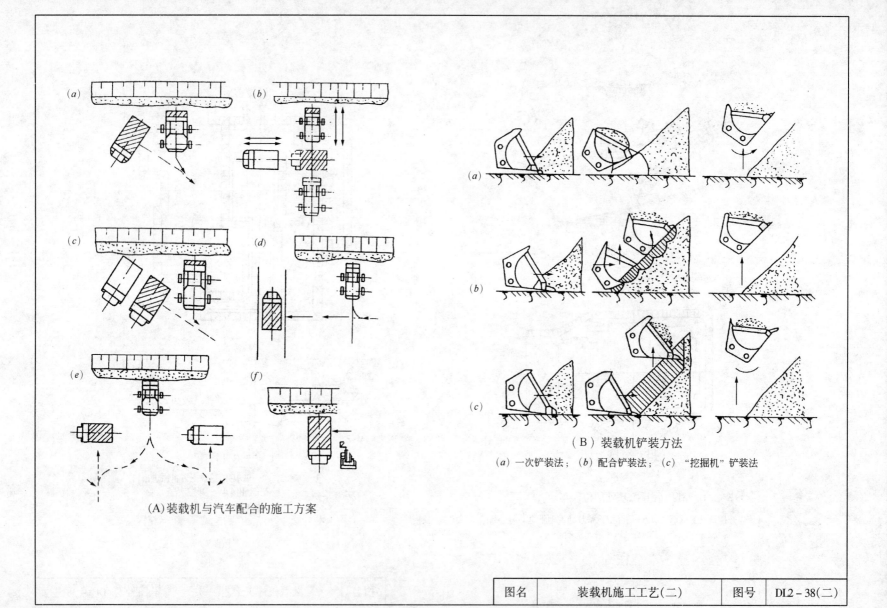

(A) 装载机与汽车配合的施工方案

(B) 装载机铲装方法

(a) 一次铲装法；(b) 配合铲装法；(c) "挖掘机"铲装法

| 图名 | 装载机施工工艺(二) | 图号 | DL2-38(二) |

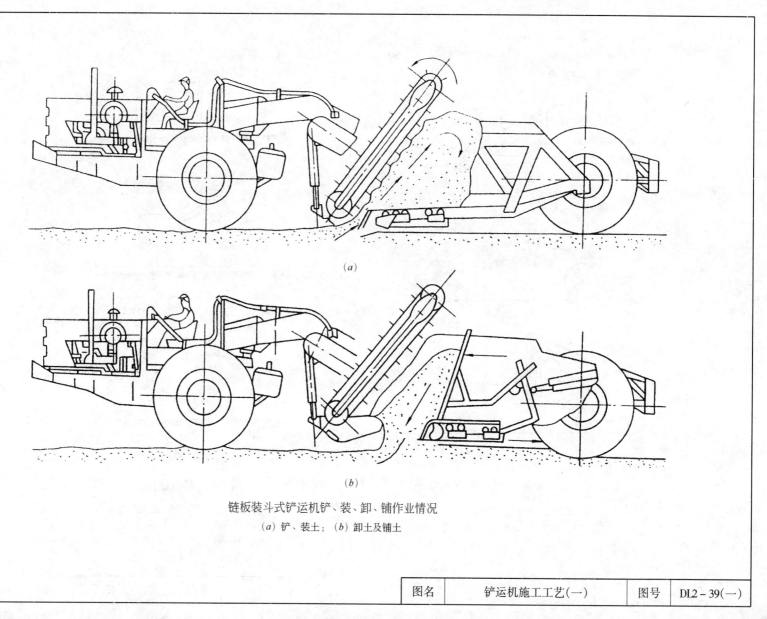

链板装斗式铲运机铲、装、卸、铺作业情况
(a) 铲、装土；(b) 卸土及铺土

| 图名 | 铲运机施工工艺(一) | 图号 | DL2-39(一) |

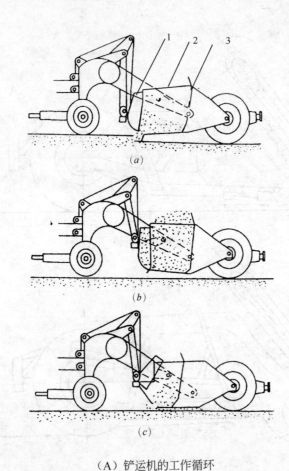

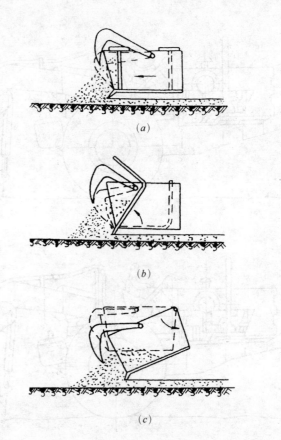

（A）铲运机的工作循环

(a) 铲装过程；(b) 运土过程；(c) 卸土过程
1—斗门；2—铲斗；3—卸土板

（B）铲运机的卸土方式

(a) 强制卸土式；(b) 半强制卸土式；(c) 自由卸土式

| 图名 | 铲运机施工工艺（二） | 图号 | DL2-39(二) |

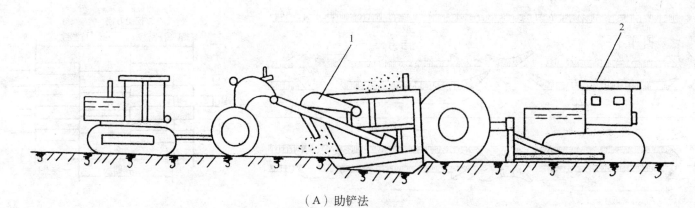

（A）助铲法

1—铲运机铲土；2—推土机助铲

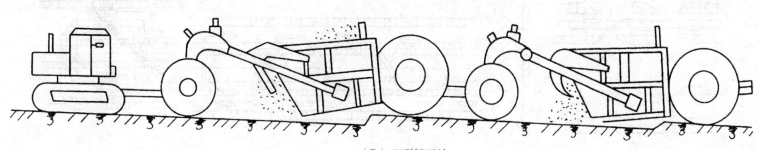

（B）双联铲运法

| 图名 | 铲运机施工工艺(三) | 图号 | DL2-39(三) |

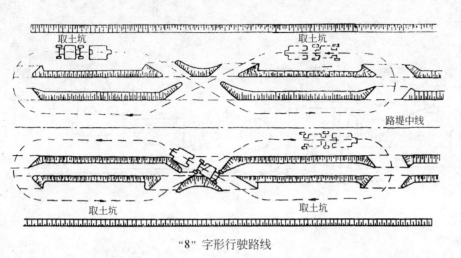

"8"字形行驶路线

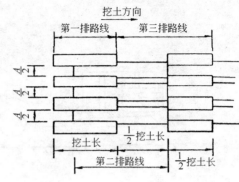

交错铲土法

A—铲斗宽

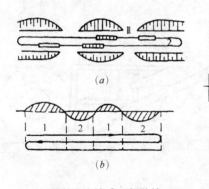

大环形及连续式开行路线

(a) 大环形开行路线；(b) 连续式开行路线
1—铲土；2—卸土

锯齿形开行路线

1—铲土；2—卸土

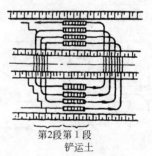

螺旋形开行路线

| 图名 | 铲运机施工工艺(四) | 图号 | DL2-39(四) |

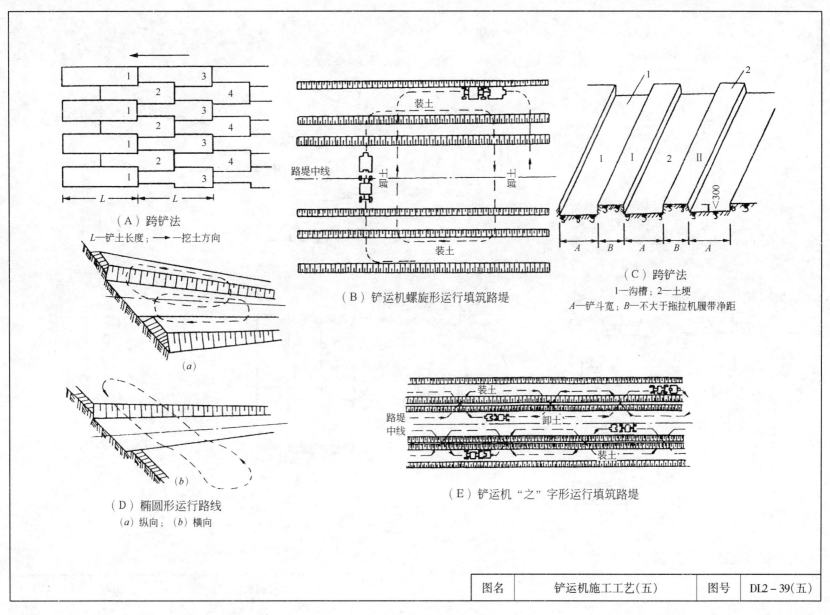

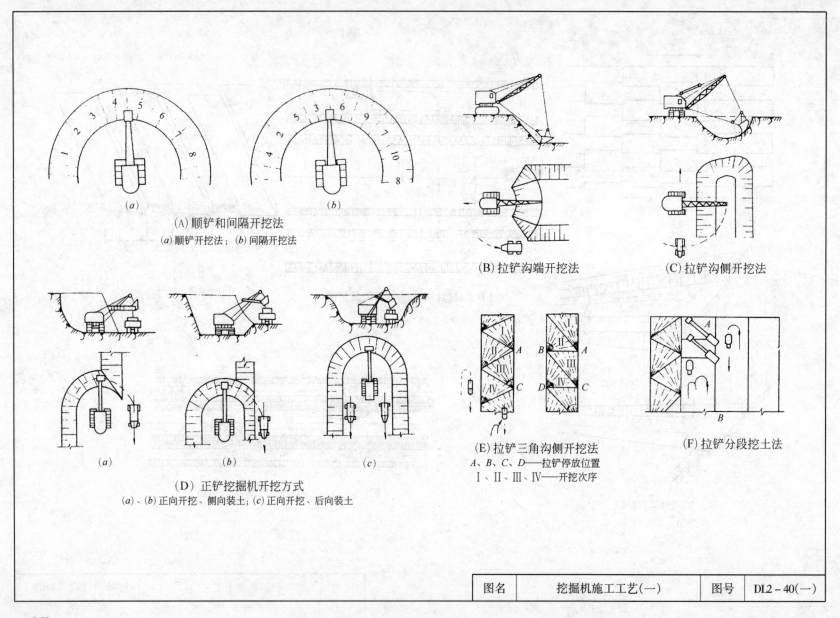

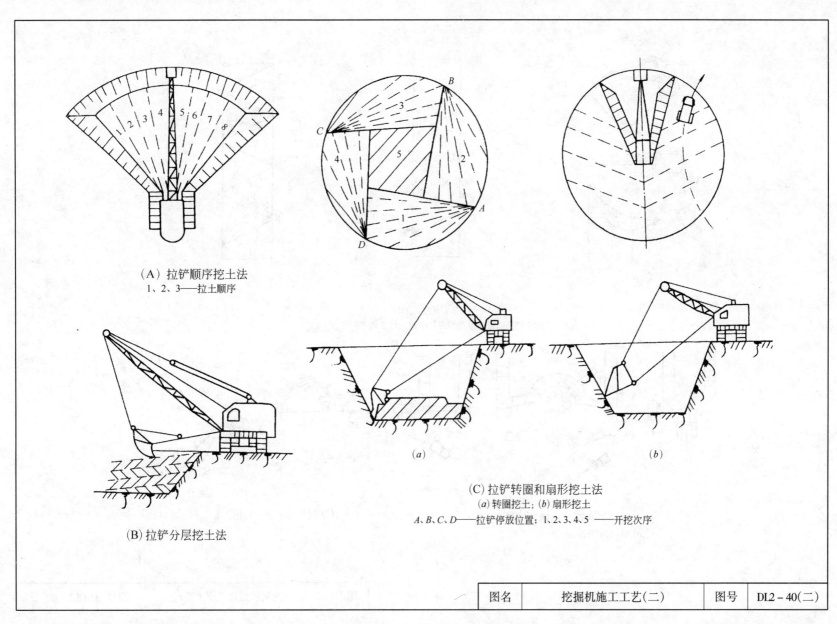

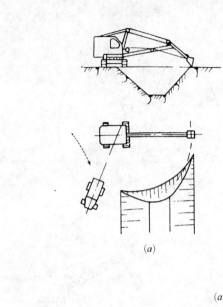
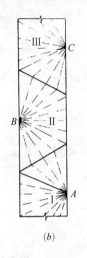
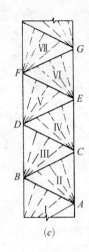

(A) 反铲沟角开挖法

(a) 沟角开挖平剖面；(b) 扇形开挖平面；(c) 三角开挖平面

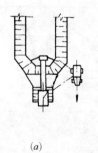
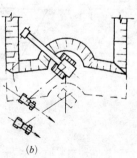
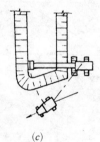

(B) 反铲沟端及沟侧开挖法

(a)、(b) 沟端开挖法；(c) 沟侧开挖法

(C) 反铲多层接力开挖法

| 图名 | 挖掘机施工工艺(三) | 图号 | DL2-40(三) |

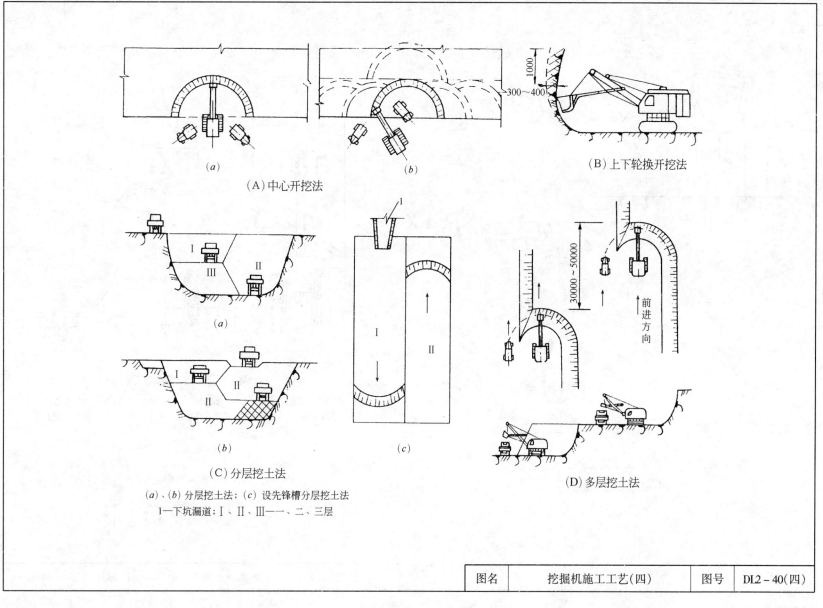

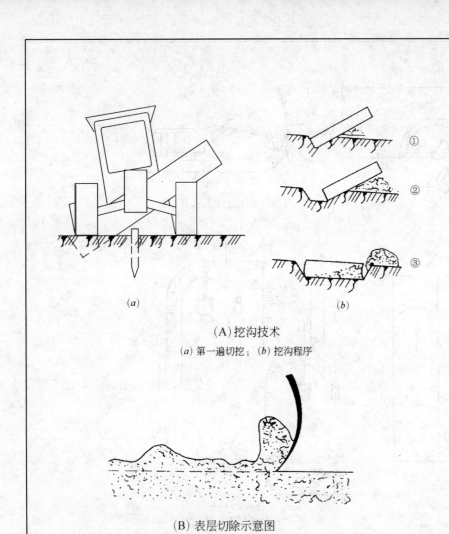

(A) 挖沟技术
(a) 第一遍切挖；(b) 挖沟程序

(B) 表层切除示意图

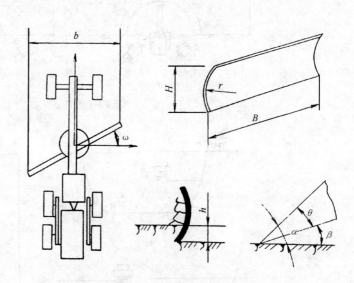

(C) 切削刀具的主要工作参数示意图

α—切削角（又称铲土角）；β—切削后角；b—切削宽度；h—切削深度；
ω—回转角；H—刀具高度；B—刀具宽度；θ—刃角；r—刀面圆弧半径

| 图名 | 平地机施工工艺(一) | 图号 | DL2-41(一) |

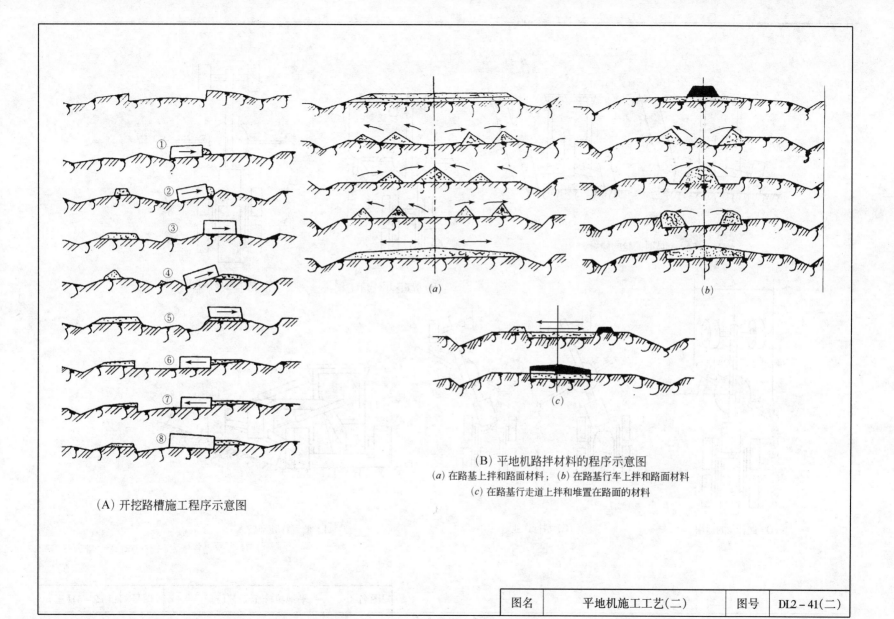

(A) 开挖路槽施工程序示意图

(B) 平地机路拌材料的程序示意图
(a) 在路基上拌和路面材料；(b) 在路基行车上拌和路面材料
(c) 在路基行走道上拌和堆置在路面的材料

| 图名 | 平地机施工工艺(二) | 图号 | DL2-41(二) |

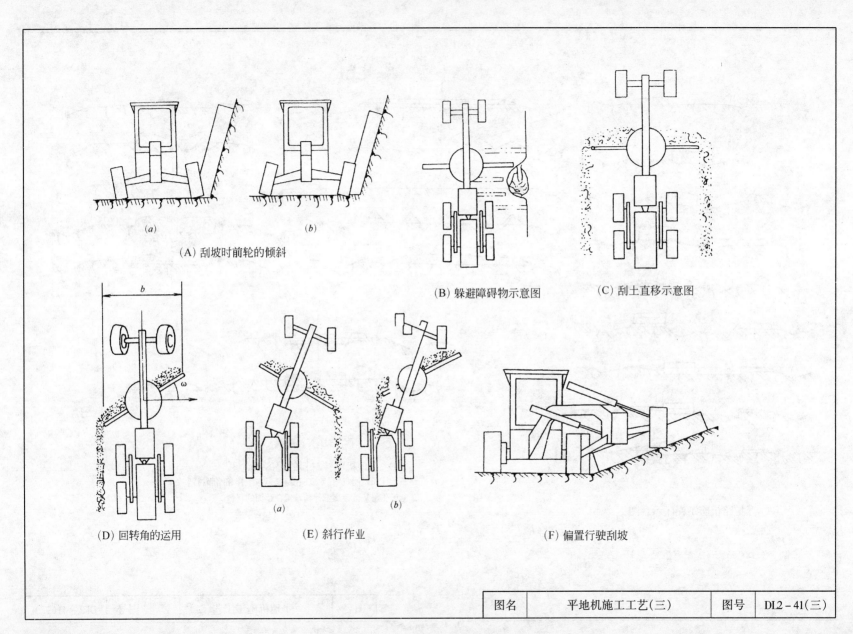

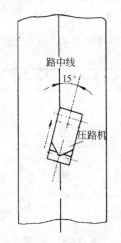

(A) 终压时消除路面纵向轮迹的方法

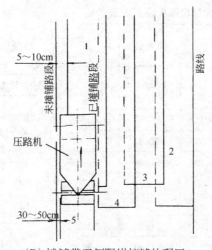

(B) 摊铺带无侧限纵接缝的碾压

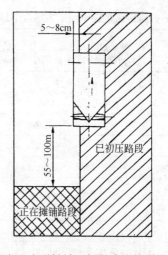

(C) 分车道摊铺无侧限边缘的碾压

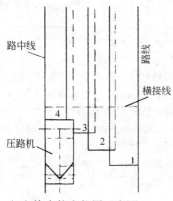

(D) 换向停车位置示意图

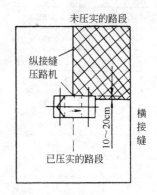

(E) 横接缝的碾压

| 图名 | 压实机械施工工艺 | 图号 | DL2-42 |

各类压路机在不同应力场合下压实后的实际最大铺层厚度(m)　表1

压路机型式及质量	路堤				底基层	基层
	岩石填方[①]	砂砾石	粉 土	黏 土		
拖式振动压路机						
6t	0.75	0.60	※0.45	0.25	※0.40	※0.30
10t	※1.50	※1.00	※0.70	※0.35	※0.60	※0.40
15t	※2.00	※1.50	1.00	※0.50	※0.80	—
6t 凸块	—	0.60	※1.45	※0.30	※0.40	—
10t 凸块	—	1.00	※0.70	0.40	0.60	—
自行振动压路机						
7(3)t	—	※0.40	※0.30	0.15	※0.30	※0.25
10(5)t	0.75	※0.50	※0.40	0.20	※0.40	※0.30
15(10)t	※1.50	※1.00	※0.70	※0.35	※0.60	※0.40
8(4)t 凸块	—	0.40	※0.30	※0.20	0.30	—
8(7)t 凸块	—	0.60	※0.40	※0.30	0.40	—
15(10)t 凸块	—	1.00	※0.70	※0.40	0.60	—
两轮振动压路机						
2t	—	0.30	0.20	0.10	0.20	※0.15
7t	—	※0.40	0.30	0.15	※0.30	※0.25
10t	—	※0.50	※0.35	0.20	※0.40	※0.30
13t	—	※6.0	※0.45	0.25	※0.45	※0.35
18t 凸块	—	0.90	※0.70	※0.40	0.60	—

注 ①：仅适用于为压实岩石填方而特殊设计的压路机。
※：是最适用的标记。

小型压实机压实后的最大铺层厚度 H 与相应的生产率 Q　表2

设备类别及质量	岩石填方	砂和砂石	粉 砂	黏 土
振动平板压实机				
50～100kg	—	0.15/15	—	—
100～200kg	—	0.20/20	—	—
400～500kg	—	0.35/35	0.25/25	—
600～800kg	0.50/60	0.50/60	0.35/40	0.25/20
振动夯实机 75kg	—	0.35/10	0.25/8	0.20/6
双轮压路机 600～800kg	—	0.20/50	0.10/25	—
两轮振动压路机 1200～1500kg	—	0.20/80	0.15/50	0.10/30

注：表内数值以 $H(m^3)/Q(m^3/h)$ 表示。

说　明

碾压不同材料时的最大铺层厚度取决于材料类别及密实度要求，这对压路机的生产率有很大影响，瑞典 Dyndpac 公司给出的通常情况下，采用各种不同类型振动压路机碾压路堤材料、基层和底基层的实际最大铺厚度如表1所列，供压路机的选择型号时参考。

适用于各类小型压实设备的最大铺层厚度和压实生产率如表2编号表示所示。

| 图名 | 压实机械的最大压实厚度 | 图号 | DL2-43 |

各种压实机械的合理选择

项目	压实机具主要类型	适应压实范围	最佳压实厚度(cm) 黏性土	最佳压实厚度(cm) 非黏性土	压实遍数 黏性土	压实遍数 非黏性土	备注
各种压实机具的特性	人工夯实	黏性土或非黏性土	10	10	3~4	2~3	由于压实度关系到土的含水量、碾压机具等各种因数影响,表列仅仅作为一般的参考,施工时应以实验为准
	拖式光面压路机	黏性土或非黏性土	15~25	15~25	8~12	3~5	
	5t 自行光面压路机	黏性土或非黏性土	10~15	10~25	10~12	6~9	
	拖式中型羊脚碾	黏性土	15~20	—	10~12	—	
	拖式重型羊脚碾	黏性土	20~30	—	8~10	—	
	轮胎式压路机	黏性土或非黏性土	30~40	35~40	6~8	2~3	
	夯锤、挖掘机上的夯板	黏性土或非黏性土	80~120	120~150	2~4	2~4	
	振动压路机	非黏性土	—	35~40	—	2~3	
	拖拉机、推土机	黏性土或非黏性土	20	20	6~8	6~8	
	6m² 拖式铲运机	黏性土或非黏性土	25	25	6	6	

项目	机械名称 \ 土的类型	细粒土	砂类土	砾石土	巨粒土	适用情况	备注
各种土质适宜的碾压机械	6~8t 两轮光轮压路机	A	A	A	A	用于预压平	根据《公路路基施工技术规范》(JTJ 033—95)。表内: A—代表适用 B—代表无适当机械时可用 C—代表不适用
	12~18t 三轮光轮压路机	A	A	A	B	最常使用	
	25~50t 轮胎式压路机	A	A	A	A	最常使用	
	羊脚碾	A	C 或 B	C	C	粉、黏土质砂可用	
	振动压路机	B	A	A	A	最常使用	
	凸块或振动压路机	A	A	A	A	最宜使用于含水量较高的细粒土	
	手扶式振动压路机	B	A	A	C	用于狭窄地点	
	振动平板夯	B	A	A	B 或 C	用于狭窄地点	
	振动冲击夯	A	A	A	C	用于狭窄地点	
	夯锤(板)	A	A	A	A	夯击影响深度最大	
	推土机、铲运机	A	A	A	A	仅用于摊平土层和预压	

图名	压实机械的合理选择	图号	DL2-44

2.4.4 路基填方施工工艺

填方路堤基本要求

主要项目	路堤施工基本要求
原地面清除干净	(1) 填土前,必须将原地面上杂草、树根、农作物残根、腐殖土、垃圾杂物全部清除,并应将路堤填筑范围内清理留下的坑、洞、墓穴填平,用原地的土或砂性土回填,分层夯实至填筑高程
注意选用填方土料	(2) 填筑路堤的土方,不得使用淤泥、腐殖土,或含杂草、树根等以及含水饱和的湿土,所用填土应与旧路堤相同最好,否则,宜选用透水性较好的土,填料最小强度、最大粒径如下:
路基填料最小强度和最大粒径(JTJ 033—95)	(见下表)
防止路中积水	(3) 填土过程中,应由路中向路边进行,可分段分层填筑,先填低洼地段,后填一般段,须保持一定的路拱和纵坡,随时防止雨水聚积,影响填方质量
分层填筑厚度防止贴坡	(4) 填方必须根据路基设计断面分层填筑、分层压实。分层厚度一般为松铺 30cm,压实厚约为 20cm,路基填筑压实的宽度应不小于设计宽度,以便最后削整边坡。严禁边坡不足,进行帮宽贴坡
阶梯相互搭接	(5) 为使新、老土密结粘合,旧路帮宽必须挖成阶梯以利分层搭接,当新填土方纵向划分若干路段施工时,亦应留有阶梯,以便逐层相互搭接进行压实
排水清淤填筑路基	(6) 当路基穿过河浜、水塘等,应在路基坡脚以外两侧筑土坝(由土袋堆筑),排除坝与坝之间积水,并清除淤泥后,在河床(或塘底)可先铺一层砾石砂、粗砂或碎石(透水性良好的材料),厚约 15~30cm,作为隔离层,然后分层填筑,分层压实

分类		填料最小强度(CBR)		填料最大粒径(cm)
		一级以上道路	二级以下道路	
路基	路床 0~80cm	>10	>7	10
	上路堤 80~150cm	>5	>3	15
	下路堤 >150cm	>3	≮3	15
	路堑路床	>10	>7	10

注: 1. 填石路堤,最大粒径一般不宜超过层厚的 2/3,宜以 30cm 为限;
2. 软弱易压碎的石料,最大粒径可等于层厚;
3. 大于规定粒径的土块,应在运达路基上时打碎

| 图名 | 路基填方施工工艺(一) | 图号 | DL2-45(一) |

土方路基填筑施工方法

主要项目	土 方 路 堤 填 筑 方 法	
斜坡上分层填筑法		在稳定的斜坡上填筑路堤时,当: (1) 横坡为 1:10～1:5 时,应清除草皮、树根等杂物以及淤泥和腐殖土,并翻松表土,再进行填筑。 (2) 横坡陡于 1:5 时,除清除草木等杂物、淤泥、腐殖土外还应将原地面斜坡挖成阶梯,阶梯(台阶)宽度一般 ≥1.0m
混合填筑法		混合填筑法又称路堤联合填筑法,在陡坡路段,下层采用横向填筑方式,上层(至填筑一定高度后)改用水平分层填筑法,其大约深度相当于路基应力工作区深度,并有利于碾压
旧路单面加宽法		为使新、老路基紧密结合,加宽路基之前,须将老路加宽一侧挖成阶梯形,然后分层填筑,层土层夯,使之密实。加宽宽度较大时,应用压路机械碾压坚实。阶梯宽度一般为1m,阶高为0.5m左右
旧路双面加宽法		当原有旧路基为两面加宽时,应将路基两侧边坡均挖成阶梯式,然后分层填筑,分层碾压,以利新、老路堤紧密结合
旧路加宽加高法		当原有旧路基既要加宽,同时还需加高时,除应将加宽的一面旧路边坡挖成阶梯式,然后分层填筑外,在新、老路已达到相同高度,加高部分应按断面全宽度分层填筑
填筑分层留有横坡法		新填筑的路堤或旧路加高,在填筑过程应随时注意防止雨水聚集浸湿,必须留有一定横坡,并做好路堤边沟,以利纵、横向排水通畅,及时清除路堤上的存水

图名	路基填方施工工艺(二)	图号	DL2-45(二)

续表

主要项目		土 方 路 堤 填 筑 方 法
填筑层次衔接法	相互覆盖	 路堤填筑分段纵向衔接必须采取分层相互搭接、相互覆盖的做法，以利结合
	分层搭接	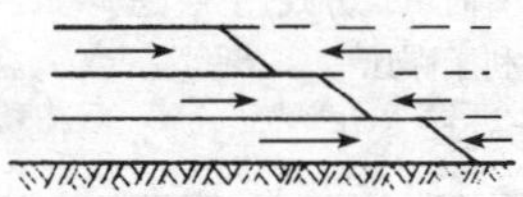 分层搭接或阶梯接法，在路段划分较长，难以相互配合采用覆盖法时，阶梯法最广泛被采用，可先行留出阶梯，随时可由下一路段配合，纵向衔接的梯级亦可采用斜坡式，如左图
机械化作业	施工布置	(1) 机械施工时，应根据工地地形、路基横断面形状和土方调配图等，合理的规定运行路线。土方集中施工时，应有全面、详细的运行作业图据以指导施工
	机械堆填	(2) 两侧取土，填高在3m以内的路堤可用推土机从两侧分层堆填，并配合平地机分层整平。土的含水量不够时，用洒水车洒水，并用压路机分层碾压。可用平地机配合少量人工整修边坡和路基表面及路拱拱度
	挖推填法	(3) 在山坡上作半挖半填路基时，应从高处开始用推土机挖切，顺路中线逐渐向下，将土向下推到半填路基上，并从填土最低处开始填筑碾压，此时可根据现场作业面，运用压路机或手扶式振动压路机分层碾压密实
	多机配套铲运联合作业	(4) 取土场运距在1km范围内时，可用铲运机运送，配合推土机开道、翻松硬土、平整取土地段、清除障碍和助推等 (5) 取土场运距超过1km范围时，可用松土机械翻松，用挖土机、装载机配合自卸汽车运输，用平地机平整取土，压路机配合洒水车碾压 (6) 挖掘机、装载机与自卸汽车配合运输时，要合理布置取土场地的汽车运输路线，设置必要的标志。汽车配备数量，应根据运距远近和车型确定，其原则是满足挖装设备能力的需要
	因地制宜组织土石方运输	(7) 夜间施工，应具备足够的照明设备 (8) 土石方的运输应视当地条件、运距、设备等情况，采用不同的运输机具：推土机、铲运机、胶带运输机、自卸汽车、绞车牵引的索道等 (9) 当装卸范围内有一定高差，而汽车等受到地形和其他条件限制时，可采用架空索道运输。其规模视工程数量、运距、地形、设备条件而定

图名	路基填方施工工艺（三）	图号	DL2-45（三）

分界相对含水量建议值

分界相对含水量 w_i 自然区划 \ 土组	砂性土 w_1	砂性土 w_2	砂性土 w_3	黏性土 w_1	黏性土 w_2	黏性土 w_3	粉性土 w_1	粉性土 w_2	粉性土 w_3	附 注
$II_{1,2,3}$ II_{1a}, II_{2a}	0.70	0.75	0.80	$\frac{0.50}{0.55}$	$\frac{0.60}{0.65}$	$\frac{0.70}{0.75}$	$\frac{0.55}{0.60}$	$\frac{0.60}{0.65}$	$\frac{0.70}{0.75}$	黏性土:分母适用于 $II_{1,2,3}$ 区 粉性土:分母适用于 II_{2a} 副区
II_4, II_5	0.75	0.80	0.85	0.50	0.60	0.70	0.55	0.65	0.75	
III	0.70	0.78	0.85				$\frac{0.50}{0.55}$	$\frac{0.60}{0.65}$	$\frac{0.70}{0.75}$	分子适用于粉土地区; 分母适用于粉质亚黏土二地区
IV	0.65	0.75	0.80	0.60	0.65	0.75	0.60	0.65	0.75	
V				0.57	0.70	0.75	0.60	0.70	0.75	
VI	0.70	0.78	0.85	0.55	0.63	0.75	0.55	0.65	0.75	
VII	0.65	0.73	0.80	0.55	0.63	0.70	0.55	0.65	0.75	

注:w_1—干燥和中湿状态路基的分界相对含水量;w_2—中湿和潮湿状态路基的分界相对含水量;w_3—潮湿和过湿状态路基的分界相对含水量。

路基干湿类型

路基干湿类型	平均相对含水量 $\overline{w}_x$ 与分界相对含水量关系	平均稠度 B_m	一 般 特 征
干 燥	$\overline{w}_x < w_1$	> 1.00 $B_m \geq w_{c1}$	路基干燥、稳定,路基上部土层的强度不受地下和地面积水的影响。$H > H_1$
中 湿	$w_1 \leq \overline{w}_x < w_2$	$0.75 \sim 1.0$ $w_{c1} > B_m \geq w_{c2}$	路基上部土层处于地下水或地表积水影响的过渡带区内。$H_2 < H \leq H_1$
潮 湿	$w_2 \leq \overline{w}_x < w_3$	$0.50 \sim 0.75$ $w_{c2} > B_m \geq w_{c3}$	路基上部土层处于地下水或地表积水的毛细影响区内。$H_3 < H \leq H_2$
过 湿	$\overline{w}_x \geq w_3$	< 0.5 $B_m < w_{c3}$	路基极不稳定,冰冻区春融翻浆,非冰冻区雨期软弹。$H \leq H_3$

注:(1) H——路槽底面距地下水位或地表积水位高度,m;(2) H_1、H_2、H_3——分别为路基干燥、中湿、潮湿状态的临界高度,m;(3) w_{c1}、w_{c2}、w_{c3}——分别为沥青路面路基干燥、中湿、潮湿状态的分界稠度。

图名	路基填方施工工艺(四)	图号	DL2-45(四)

路基临界高度参考值

道路自然区划	砂性土 H_1	砂性土 H_2	砂性土 H_3	黏性土 H_1	黏性土 H_2	黏性土 H_3	粉性土 H_1	粉性土 H_2	粉性土 H_3	备注
$III_{2,3}$	1.1~1.3	0.9~1.1	0.6~0.9	1.6~2.2	1.2~1.6	0.9~1.2	1.8~2.4	1.4~1.8	1.0~1.4	
IV_3				0.8~0.9	0.5~0.6	0.3~0.4	0.9~1.0	0.6~0.7	0.3~0.4	
$IV_{5,6}$				0.9~1.1	0.5~0.7	0.3~0.4				
V_1	1.1~1.3	0.9~1.1	0.6~0.9	1.6~2.0	1.2~1.6	0.8~1.2	1.7~2.2	1.3~1.7	0.9~1.3	
$VI_{1,3,4}$	1.6~1.9	1.2~1.5	0.9~1.2	1.9~2.1	1.4~1.7	1.1~1.4	2.1~2.4	1.6~1.9	1.1~1.4	
VI_2	1.1~1.4	0.9~1.1	0.6~0.9	1.6~2.2	1.2~1.6	0.7~1.2	1.8~2.3	1.4~1.8	0.9~1.4	
$VII_{1,4}$	1.8~2.1	1.4~1.6	1.0~1.3	1.8~2.1	1.4~1.6	1.1~1.2	2.1~2.4	1.6~1.8	1.1~1.3	
$VII_{2,6}$				1.8~2.5	1.4~1.8	1.1~1.4	2.2~2.7	1.6~2.1	1.1~1.5	1. 公路自然区划按现行的《公路自然区划标准》执行
VII_3	1.2~1.5	0.9~1.2	0.6~0.9	1.7~2.3	1.3~1.7	0.7~1.3	2.0~2.4	1.6~2.0	1.0~1.6	2. 表中数值为距地下水位的临界高度(m)
VII_5	2.2~2.6	1.8~2.2	1.4~1.8	2.2~2.6	1.8~2.2	1.4~1.8	2.7~3.1	2.0~2.4	1.3~1.7	3. H_1——干燥状态的路基临界高度,(m)
$II_{1,2}$				2.7~3.0	2.0~2.2		3.4~3.8	2.6~3.0	1.9~2.2	4. H_2——中湿状态的路基临界高度,(m)
II_3	1.9~2.2	1.3~1.6		2.3~2.7	1.6~2.0		2.8~3.2	2.0~2.4	1.4~1.8	5. H_3——潮湿状态的路基临界高度,(m)
II_4				2.4~2.6	1.9~2.1	1.2~1.4	2.6~2.8	2.1~2.3	1.4~1.6	
II_5	1.1~1.5	0.7~1.1		2.1~2.5	1.6~2.0		2.4~2.9	1.8~2.3		
$III_{1,4}$							2.4~3.0	1.7~2.4		
$III_{2,3}$	1.3~1.7	1.1~1.3	0.9~1.1	2.1~2.7	1.6~2.1	1.2~1.6	2.4~2.8	1.8~2.4	1.4~1.8	
$IV_{1,2,3,5}$				1.5~1.9	1.1~1.4	0.8~1.0	1.7~2.1	1.2~1.5	0.8~1.1	
IV_4	1.0~1.1	0.7~0.8		1.7~1.8	1.0~1.2	0.8~1.0				
IV_6	1.0~1.1	0.7~0.8		1.6~2.0	1.1~1.5	0.7~1.1	1.8~2.0	1.3~1.6	0.9~1.1	
IV_7				1.7~1.8	1.4~1.5	1.1~1.2				
V_1	1.3~1.6	1.1~1.3	0.9~1.1	2.0~2.4	1.6~2.0	1.2~1.6	2.2~2.6	1.7~2.2	1.3~1.7	
$V_{2,3,4,5}$				1.7~2.2	0.7~1.1	0.3~0.6	1.9~2.5	1.3~1.6	0.5~0.7	
$VI_{1,3,4}$	1.9~2.2	1.5~1.8	1.1~1.4	2.2~2.4	1.7~2.0	1.4~1.6	2.4~2.6	1.9~2.2	1.4~1.6	
VI_2	1.4~1.7	1.1~1.4	0.9~1.1	2.2~2.7	2.6~2.2	1.2~1.6	2.3~2.7	1.8~2.3	1.4~1.8	
$VIII_{1,4}$	2.1~2.2	1.6~1.9	1.3~1.6	2.1~2.2	1.6~1.9	1.3~1.6	2.3~2.5	1.8~2.0	1.3~1.5	
$VIII_{2,6}$				2.3~2.8	1.9~2.3	1.6~1.9	2.5~2.9	2.1~2.5	1.6~1.8	
VIII_3	1.5~1.8	1.2~1.5	0.9~1.2	2.3~2.8	1.7~2.3	1.3~1.7	2.4~3.1	2.0~2.4	1.6~2.0	
VIII_5	2.8~3.2	2.2~2.6	1.7~2.1	3.1~3.5	2.4~2.8	1.9~2.3	3.6~4.0	2.0~2.4	1.4~1.8	

图名	路基填方施工工艺（五）	图号	DL2-45(五)

桥涵等构筑物处的土方填筑

主要项目	填筑方法和要求
填料要求	桥涵及其他构筑物处的填料,除设计文件另有规定外,一般应采用砂类土或渗水性土。当采用非渗水性土时,应在土中增加外掺剂,如石灰、水泥等。但严禁使用淤泥、沼泽土、冻土以及含有草皮、树根、生活垃圾、杂物和含水量过大的土用作填料
分层回填注意隐蔽工程检验	桥涵及其他构筑物处的填土,应按分层回填并根据对桥涵圬工所要求的强度等适时进行。同时还应注意必须在隐蔽工程检验合格后方可开始回填
锥坡填土	应与桥台台背填土同时进行,并应按设计宽度一次填足,不得分层更短高度填土
桥台背填筑	桥台背填土顺路线方向长度,应自台身起,顶面不小于桥台高度加2m,底面不小于2m。填筑必须分层夯实,不得以松散土一次到顶,以免桥台承受过大的主动压力,并保证路基坚实,减少接坡沉降
拱桥桥台背的填土	拱桥台背填土长度不应小于台高的3-4倍,亦应分层夯实,分层填筑,同时还应控制两桥台台背必须对称平衡,并按设计宽度在每一层次,一次填足,边坡按标准要求留好坡度
路基沟壕填筑	地下管线埋置后的沟壕覆土,不应一次回填,必须分层夯填;并不得在积水情况下,水中回填,如沟壕具有板桩支撑亦应填土密实稳定后拔除。为防止拔桩后沉降过大,宜在拔桩后,同时在板桩缝中慎入粗中砂
涵管处的填筑	要求涵管两侧对称平行分层填筑,一方面应使填土夯实,一方面要保证涵管不受损坏,故填土初期一般薄层(15cm左右)轻击,至管顶填高60cm后方可压实

图名	路基填方施工工艺(六)	图号	DL2-45(六)

土石路基施工方法和要求

主要项目	施 工 方 法 和 要 求
土石路堤及其填料	（1）土石路堤是指利用砾石土、卵石土、块石土天然土石混合材料填筑而成的路堤。土石路堤的施工，其基底应进行清理，其处理要求与填土路基同样，即清除树根、草皮等杂物与腐殖土，并压实后填筑土石
石块粒度的限制	（2）天然土石混合材料中所含石块强度大于20MPa时，石块的最大粒度不得超过压实层厚的2/3，超过的应予清除；当所含石块强度为软质岩（强度小于15MPa）或极软岩（强度小于5MPa）时，石块最大粒度不得超过压实层厚，超过的应击碎
分层填筑厚度	（3）土石路堤必须分层填筑，逐层压实。不得采用倾填法施工。分层的填筑厚度应根据所用压实机械类型和规格确定，一般宜不超过40cm
按填料渗水性能确定填筑方法	（4）压实后渗水性较大的土石混合填料，应分层或分段填筑，一般不宜纵向分幅填筑，如确需纵向分幅填筑，应将压实后渗水性良好的土石混合料填筑于路堤两侧，以利排水
按土石混合料不同确定填筑方法	（5）当所用土石混合填料来自不同路段，其岩性或土石混合比相差较大时，一般应分层或分段填筑。如不能分层分段填筑，应将硬质石块的混合料铺筑在填层的下面，并不使石块过分集中或重叠，其上再铺软质石料混合料，进行整平压实
按填料中石料含量确定铺筑方法	（6）土石混合填料的石料含量超过70%时，应先铺大块石料，且大面向下，放置平稳，再铺小块石料、石渣或石屑嵌缝找平，然后碾压。当石料含量小于70%时，土石可混合铺筑，但应注意掌握勿使硬质石块、特别是尺寸大的硬质石块集中
填料最大粒径的要求	（7）对于一级以上道路土石路堤的路床顶面以下50cm范围内，应填筑砂类土或砾石土并分层压实。填料最大粒径不得大于10cm。其他道路填筑砂类土的厚度为30cm，最大粒径应为15cm

填石路基施工方法和要求

主要项目	施 工 方 法 和 要 求
填石路堤及其用料	（1）采用开山石料填筑的路堤称为填石路堤。填石路堤所用石料的强度不应小于15MPa（用于护坡的不得小于20MPa）。强风化的软岩不得用于填筑路基，也不得作为填缝料。易风化的软岩不得用于路堤上部或路堤的浸水部分，否则给路堤留下隐患
倾填限制与分层填筑要求	（2）填石路堤，除在二级以下且铺设低级路面公路的陡峻山坡段施工特别困难或大量爆破以挖作填时，可采用倾填方式将石料填筑于路堤下部外，一级以上公路和铺设高级路面的各级公路均应逐层填筑，分层压实。倾填路堤在路床底面下不小于1m范围内仍应分层填筑压实
填层厚度与石料块度	（3）填石分层厚度，对一级以上公路不宜大于0.5m；其他等级公路不宜大于1.0m。石料最大块度不宜超过层厚的2/3，否则应破碎解体或码砌于坡脚，以防走动

图名	路基填方施工工艺（七）	图号	DL2-45（七）

续表

主要项目	施工方法和要求
路堤倾填先行码砌边坡	(4)填石路堤倾填之前,应用较大石块码砌一定高度且厚度不小于2m的路堤边坡,以保护路堤的边坡
机械摊铺配合人工找平	(5)逐层填筑时,应安排好石料运行路线,专人指挥,水平分层,先低后高,先两侧后中央卸料,并用大型推土机摊平。个别不平处,配合人工用细石块、石屑找平
人工铺填操作要求	(6)人工铺填块径25cm以上石料时,应先铺填大块石料,大面向下,摆平放稳,再以小石块找平,石屑填塞空隙后压实。人工铺填块径25cm以下石料时,可直接分层摊铺,分层碾压
对路床顶面以下填筑砂类土的要求	(7)一级以上公路填石路堤的路床顶面以下50cm范围内应填筑砂类土或砾石土,并分层压实。填料最大粒径不得大于10cm。其他公路填筑砂类土厚度应为路床顶面以下30cm,最大粒径应为15cm
路堤高度与码砌厚度要求	(8)填石路堤高度小于或等于6m时,其边坡应于填筑同时用硬质石料码砌,其厚度不小于1m;当高度大于6m时,其厚度不小于2m。否则将不符合施工要求
不同岩性填料的使用	(9)填石路堤的填料如来自不同路堑或隧道,且其岩性相差较大,则应将不同岩性的填料分层或分段填筑。如路堑或隧道基岩为不同岩种互层,亦可使用挖出的混合石料填筑路堤。但石料强度、块径应符合本表所列第(1)、(2)两条的有关要求

高填方路基施工方法和要求

主要项目	施工方法和要求		
高填方路堤及其最小边坡高度的规定	(1)按照《公路路基施工技术规范》(JTJ 033—95)规定:根据填料和路基土的种类,填方边坡高于下列边坡高度的路堤,称为高填方路堤		
	填料种类 \ 地基土种类 边坡高度(m)	长年蓄水的稻田土	旱地、石质地基、季节性蓄水稻田土
	细粒土(黏质土、粉质土)	6.00	20.00
	粗粒土(砂类土,不包括砾卵石土)	6.00	12.00
	粗粒土、巨粒土(砾、卵石土、漂、块石土)	6.00	20.00
	不易风化的石质填料	6.00	20.00

图名	路基填方施工工艺(八)	图号	DL2-45(八)

续表

主要项目	施 工 方 法 和 要 求
高填方路堤的验算要求	(2) 高填方路堤无论填筑在何种地基土上,如设计没有验算其稳定性、地基承载力或沉降量等项目时,宜向有关方面提出补做,以利施工并确保工程质量(事先采取必要措施防止隐患)
地基强度与必要的处理加固	(3) 在施工准备对原地面清理时,应注意倘发现地基强度不符合设计要求,必须进行加固处理时,应按特殊土路基要求处理,并征求设计部门意见或监理工程师认可
做足边坡不得缺补	(4) 高填方路堤应严格按设计要求的边坡度填筑,路堤两侧必须做足,不得缺填帮宽,导致缺陷。路堤两侧超填宽度一般应控制在 0.3~0.5m,逐层填、压密实,最后整修削坡
高路堤浸水边坡宜缓	(5) 高填方路堤受水浸淹部分应采用水稳性及渗水性好的填料。其边坡度如设计无特殊规定时,不宜小于 1:2(竖:横)
软弱土基高填方下部用料要求	(6) 在软弱土基上进行高填方路基施工时,除应对软基进行必要的处理外,从原地面以 1~2m 的高度范围内,不得填筑细粒土,应填筑硬质石料,并用小碎石、石屑等材料嵌缝、整平、压实
急倾斜地高填方防止积水	(7) 高填方路堤填筑过程,尤应注意防止局部积水,以免影响填筑质量。特别在原地面倾斜较急的坡面上半填半挖时,除应挖成阶梯与填方衔接分层填压外,要挖好截水沟,引导泄水于路堤之外
注意孔隙水压,协调施工速度	(8) 对于软弱土基的高填方路堤,设计规定应观测地基孔隙水压力的变化情况时,应按照实行。当孔隙水压力增大,致使稳定系数降低时,应放慢施工速度或暂停填筑,待孔隙水压力降到能保证路堤稳定时,再进行施工
考虑路堤沉降预留余填(超填)高度	(9) 高填方路堤考虑到沉降因素而设计规定超填时,应按照设计规定办理。当未明确规定,施工时亦应考虑到在不同填土高度情况下的沉落度,预留下沉(余填)高度。下列路基预加沉落度表(JTJ 033—86)可供一般参考:

土类名称	填 土 高 度 (m)		
	0~5	5~10	10~20
细砂	2.5	2.0	1.0
砂性土、砂土	3.0	2.5	1.5
微含砾石的砂类土	3.5	3.0	2.0
黏性土、石质土	4.0	3.5	2.5
泥炭、重黏土、松土	5.0	4.5	3.0

注:表列预加沉落度数值按填土高度的%计。仅作概估用。

图名	路基填方施工工艺(九)	图号	DL2-45(九)

土质道路基压实度标准

主要项目	土质路基压实度标准的一般规定				

<table>
<tr><td rowspan="8">城市道路土质路基压实度标准有关说明</td><td colspan="5">1. 城市道路土质路基的压实度标准如下所列。表中给出的轻、重两种击实标准的压实度,一般情况下应采用重型击实标准,特殊情况下也可以采用轻轻击实标准</td></tr>
<tr><td rowspan="5">压实度标准</td><td rowspan="2">填挖类型</td><td rowspan="2">深度范围(m)</td><td colspan="3">最低压实度标准(%)</td></tr>
<tr><td>快速路及主干路</td><td>次干路</td><td>支 路</td></tr>
<tr><td rowspan="3">填 方</td><td>0~80</td><td>95/98</td><td>93/95</td><td>90/92</td></tr>
<tr><td>80~150</td><td>93/92</td><td>90/92</td><td>87/90</td></tr>
<tr><td>>150</td><td>87/90</td><td>87/90</td><td>87/90</td></tr>
<tr><td colspan="2">挖 方</td><td>93/95</td><td>93/95</td><td>90/92</td></tr>
<tr><td colspan="5">(1) 表中所列数字:最低压实度分子为重型击实标准的压实度,分母为轻型击实标准的压实度,两者均以相应的标准击实试验法求得最大干密度为100%。
(2) 表中所指其深度均由路床顶面算起。
(3) 填方高度小于80cm及不填不挖路段原地面以下0~30cm范围内,土的压实度应不低于表列中挖方的要求</td></tr>
</table>

<table>
<tr><td rowspan="6">公路土质路基压实度标准及有关说明</td><td colspan="4">2. 路堤、零填及路堑和路堤基底均应进行压实。土质路基(含土石路基)的压实度标准如下所列:</td></tr>
<tr><td rowspan="4">压实度标准</td><td rowspan="2">填挖的类型</td><td rowspan="2">路床顶面计起其深度范围(cm)</td><td colspan="2">路面压实度(%)</td></tr>
<tr><td>高速公路、一级公路</td><td>其他等级的公路</td></tr>
<tr><td rowspan="2">路 堤</td><td>0~80</td><td>95</td><td>93</td></tr>
<tr><td>大于80</td><td>90</td><td>90</td></tr>
<tr><td>零填及路堑</td><td>0~30</td><td>95</td><td>93</td></tr>
<tr><td colspan="4">(1) 上表所列压实度以重型击实验法为准,对于铺筑中级或低级路面的三级、四级公路路基,允许采用轻型击实法,其压实度标准应在第四栏压实度值基础上增加5个百分点;
(2) 当二级公路修建高级路面时,其压实度标准应按高一档次的规定执行;
(3) 平均年降雨量少于150mm,且地下水位低的特殊干旱地区的压实度标准可降低2~3个百分点;
(4) 过湿地区和不能晾晒的多雨地区,其压实度标准按"过湿土压实标准"(见填方路基的压实的有关内容)执行;
(5) 检查压实度时取土样的底面位置,用灌砂法、灌水(水袋)法,试验时为每一压实层底部;用环刀法试验时环刀中部处于其1/2深度;用核子仪作试验时,应根据其类型,按其说明书的要求、步骤执行;
(6) 路堤底部基底经清理平整后应压实。压实深度范围为清平整后地面以下30cm。压实度标准应按基底上路堤填土高度对照表中第二栏相应深度及第三栏道路等级确定</td></tr>
</table>

图名	路基填方施工工艺(十)	图号	DL2-45(十)

填方路堤的压实

主要项目	城市道路填方路堤压实方法和要求										
土的最佳含水量和最大干密度	1. 不同性质的土壤,其最大干密度和最佳含水量也不相同,见下表所示:										
	土壤类型	砂 土		亚砂土		粉 土		粉质黏土		黏 土	
	最佳含水量(%)	8~12		9~15		16~22		12~20		19~25	
	最大干密度(t/m³)	17.64~18.42		18.13~20.47		15.78~17.64		18.13~19.11		15.48~16.66	

	击实试验	2. 在对于土壤的最大干密度和最大含水量的试验,应根据有关技术规范和工程的实际要求,分为重型击实和轻型击实两种试验。采用重型击实法可以增加最大干密度的绝对值,同时提高了土基的压实标准。为了保证路堤的压实质量,施工过程中必须及时进行必要的压实度试验。其击实试验方法的种类、试验用材料见下表所列:									
通过击实试验求最佳含水量的压实度	击实试验方法种类	试验方法	类别	锤底直径(cm)	锤重(kg)	落高(cm)	试筒尺寸			层数	每层击数	击实功(kJ/m³)	最大粒径(mm)
							内径(cm)	高(cm)	容积(cm³)				
		轻型 Ⅰ 法	Ⅱ.1	5	2.5	30	10	12.7	977	3	27	598.2	
			Ⅱ.2	5	2.5	30	15.2	12	2177	3	59	598.2	
		重型 Ⅱ 法	Ⅱ.1	5	4.5	45	10	12.7	977	5	27	2687.0	
			Ⅱ.2	5	4.5	45	15.2	12	2177	3	98	2677.2	
	试料用量	使用方法	类别	试筒内径(cm)			最大粒径(cm)			试料用量(kg)			
		干土法 试样重复使用	A	10			5			3			
				10			25			4.5			
				15.2			38			6.5			
		干土法 试样不重复使用	B	10			~25			至少5个试样,每个3次			
				15.2			~38			至少5个试样,每个6次			
		湿土法 试样不重复使用	C	10			~25			至少5个试样,每个3次			
				15.2			~38			至少5个试样,每个6次			

压实最佳含水量的调节	3. 填筑路堤要求分层铺筑、分层碾压密实,并应符合填方压实的有关技术要求。因此,必须掌握被压实土层接近最佳含水量时迅速进行碾压,一般土壤压实最佳含水量的 ±2% 以内时压实
	4. 当填方土壤的含水量不足时,必须采用人工加水来达到其压实最佳含水量,其中所需要的加水量可按下式估算:
	$$V = (w - w_0)Q/1 + w_0$$ V——所需加水量(kg); w_0——土壤原来的含水量(以小数计); w——土壤的压实最佳含水量(以小数计); Q——需要加水的土壤的重量(kg)

图名	路基填方施工工艺(十一)	图号	DL2-45(十一)

续表

主要项目	城市道路填方路堤压实方法和要求
压实最佳含水量的调节	当需要加的水适宜在前一天均匀地浇洒于土面(或取土表面),使其渗透土壤中。用水车喷洒比人工喷洒要均匀些,如若加水不均匀、土壤的干湿就会不均匀
填方松铺厚度	5. 对于一级以上的公路或城市快速干道路基填方,要特别掌握控制压实松铺土壤的厚度,一般情况下不应大于300mm,并为慎重计,宜作试验路段,并以试验结果确定其厚度
机械填筑整平碾压	6. 采用铲运机、推土机和倾卸汽车推运土料填筑路堤时,应平整每层填土,且自中线向两边设置2%~4%的横向坡度,及时碾压,雨期施工更应注意其坡度的掌握
碾压的原则及方法要求	7. 压路机碾压道路路基时,应遵循先轻后重、先低后高、先慢后快、以及轮迹重叠等原则。其具体的要求: (1) 首先检查所填土壤的厚度、平整度及含水量等均应符合其要求后才能进行碾压,以保证压实的质量; (2) 根据施工现场压实试验所提供的松铺厚度和控制压实遍数而进行碾压。若控制压实遍数超过10遍,则可考虑减少填土的厚度,一经检查合格后,才能转入下一道工序; (3) 若采用振动压路机碾压时第一遍应不采用振动而是进行静压,然后采取由慢到快、由小振到大振,以保证其压实的质量; (4) 各种压实机械开始碾压时应是慢速进行,最快不得超过4km/h(约66~67m/min),碾压直线路段由边到中,小半径曲线段由内侧向外侧,纵向进退式进行; (5) 压实机械在施工过程中,应注意纵、横向碾压接头必须重叠压实。横向接头对振动式压路机一般重叠0.4~0.5m就可以,三轮压路机一般重叠后轮的1/2,前后相邻两区段的纵向接头处重叠1.0~1.5m,并要求达到无漏压、无死角标准
多雨潮湿地区过湿土壤的压实标准	8. 在多雨潮湿地区当只能用过湿土壤填筑路堤进行压实时,根据《公路路基施工技术规范》(JTJ 033—95)规定:可按如下方法施工: (1) 当土壤的天然稠度为1.0~1.1时,将土壤翻拌晾晒,分层压实,并允许采用轻型击实试验法。其压实的标准见下表所列: 天然稠度为1.0~1.1的过湿土壤压实标准(轻型) | 填挖类型	路床顶面计起深度范围(cm)	压实度(%)	
		高速公路、一级公路	其他公路
---	---	---	---
路堤	0~80	98	95
	>80	95	90
零填及路堑	0~30	98	95	 (2) 防止取土坑内土的含水量增加,宜采取排水措施不让取土坑浸水,并在坑上以苫布等物覆盖,严禁在下雨的时候取土或挖水中的土来作填筑土壤的材料; (3) 对潮湿土壤铺在路堤上必须反复翻拌,同时将大块土破碎晾晒,摊铺整齐且形成较大的路拱,然后进行碾压,由路边向路中压实; (4) 对过湿土壤填筑路堤时必须经试验路段确定的压路机形式、规格、填层厚度、压实遍数等,应作为碾压的主要依据。若其试验段不能达到标准要求的干密度时,则应采取综合稳定技术处理后再进行压实作业; (5) 填筑路堤的过湿土壤的压实试验应以湿法试验值为准; (6) 检验过的湿土填筑的压实度标准可按湿土的标准执行

| 图名 | 路基填方施工工艺(十二) | 图号 | DL2-45(十二) |

2.4.5 路基挖方施工工艺

土路堑开挖方法和要求

主要项目	土质路堑开挖方法和要求	
挖掘土壤的方法的简介	(1) 土质路堑的开挖,一般都要根据挖方量的大小、土壤的性质以及施工方法的不同来决定,如按挖掘方向的变化,可分别采用全宽掘进、横向通道掘进等方法,同时,还可分为单层挖进法、双层或双层以上的挖进法	
单层横向全宽掘进法	(图示)	(2) 横向全宽掘进法是对路堑整个宽度而说,沿路线纵向一端或两端向前开挖。如左图所示为单层掘进的深度,等于路基设计的高度,所以,向前掘进一段,即完成该路堑路基的一段。图示:(a)为横剖面图;(b)为纵剖面图所注数字为掘进顺序
双层二次横向全宽掘进法	(图示)	(3) 人工挖掘时每层的高度一般为 1.5～2.0m(最大),当路堑较深时(同时也为了扩大施工操作面),横向全宽掘进也可分为两个或两个以上的阶梯,同时分层进行开挖,如左图所示双层挖掘示意图。每层阶梯留有运土路线,同时要注意临时的排水,以防止上下层干扰。图示:(a)为横剖面图;(b)为平面图;Ⅰ、Ⅱ为开挖层次
双层纵向通道掘进法	(图示)	(4) 若土方量比较集中的深路堑,可以采用双层纵向通道掘进法进行。即首先沿路堑纵向挖掘出一条通道,然后再沿此通道两侧进行拓宽,既可避免单层深度过大,又可以扩大作业面,同时对施工临时排水可用作导沟。注意:左图中的数字为挖掘顺序
混合掘进法	(图示)	(5) 对于特别深而厚的深路堑,其土方量又大,为扩大作业面和加速施工进度,也可以采用上述两种方法的混合掘进法进行。如左图所示,先沿路堑纵向挖出通道1,然后再沿横向两侧,挖出若干条辅助道,因此,可以集中较多的人力和机具,沿纵横向通道同时平行作业。混合通道要特别注意运土与临时排水的统一安排,确保施工的方便和安全。图中(a)为横剖面图;(b)为平面图

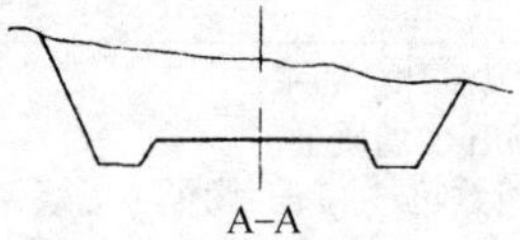

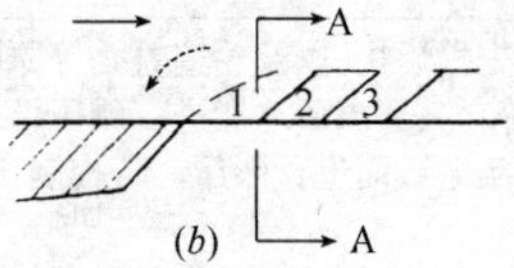

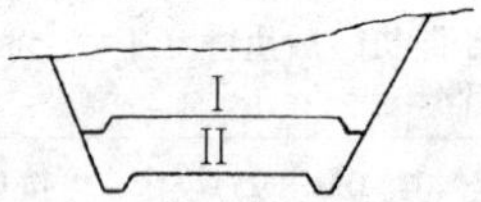

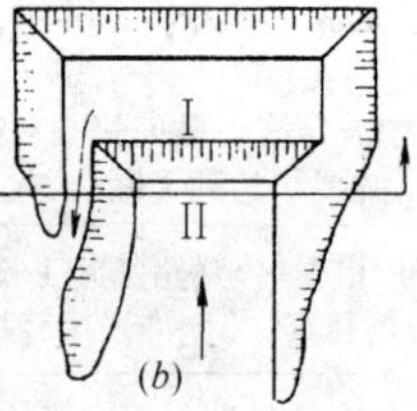

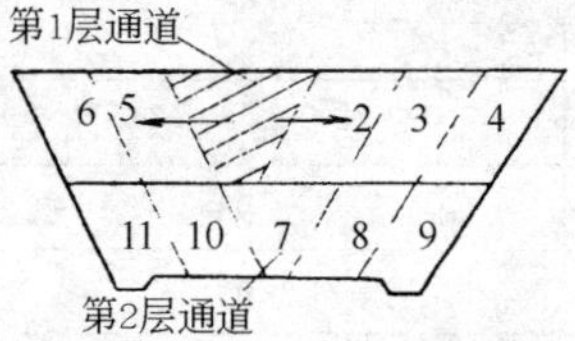

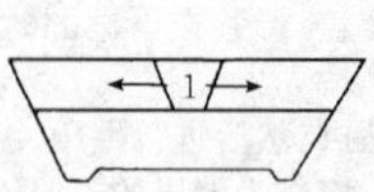

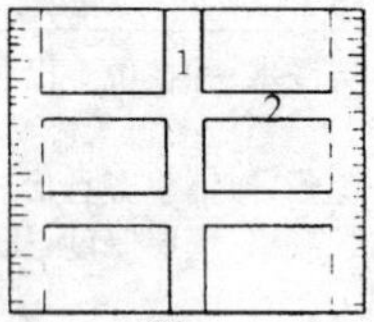

图名	路基挖方施工工艺(一)	图号	DL2-46(一)

续表

主要项目		土路堑开挖方法和要求
机械施工要点	推土机推铲作业	(6) 当采用分层纵挖法挖掘路堑长度不大于100m,掘深不大于3m,地面坡度较陡时,宜采用推土机作业,其适当运距可从20～70m,最远在100m左右。如地面横坡平缓,表面宜横向铲土,下层的土宜纵向推运。当路堑横向宽度较大时,宜采用两台或多台推土机横向联合作业;当路堑系傍陡峻山坡时,宜用斜铲推土
	推土机铲挖坡道	(7) 推土机作业每一铲挖地段的长度应能满足一次铲切达到满载的要求,一般为5～10m,铲挖宜在下坡道进行,对普通土为10%～18%,下坡最大不得大于30%;对于松土不宜大于10%;下坡推土机坡不宜大于15%,地形困难时不得大于18%;傍山卸土的运行道应设有向内稍低的横坡,但应同时留有向外排水的通道
	铲运机型和土质	(8) 当采用分层纵挖路堑长度在100m以上,宜采用铲运机作业;对松土、普通土可采用非液压型机械;对硬土应采用液压型的机械;当铲运土夹石的土时,其中石块块径大于50cm(弃方)或块径大于填土厚度的石块含量不应大于5%
	铲斗与适宜运距	(9) 对于拖式铲运机和铲运推土机,其铲斗容积为4～8m³ 的适当运距为100～400m;容积为9～12m³ 的为100～700m,纵向移挖作填时为1000m;自行式铲运机适当运距可照上述运距加倍,铲运机在路基上作业距离不宜小于100m
	运土道要求	(10) 铲运机运土道,单道宽度不应小于4m,双道8m;纵坡;重载上坡不宜大于8%,有困难时不应大于15%;空驶上坡,纵坡不得大于50%;避免急转弯道,路面表层保持平整
	铲运机作业要求	(11) 铲运机作业面的长、宽度应能使铲装易于达到满载,在起伏地形的工地,应充分利用下坡铲装;取土应沿工作面有计划地均匀进行,不得局部过度取土而造成坑洼积水 为有利于铲运机作业,应将取土地段内的树根和大石块预先加以清除。有条件时宜配备一台推土机(或使用铲运推土机)配合铲运机作业
	平地机的配合作业	(12) 在开挖边沟、修筑路拱、削刮边坡、整平路基顶面时,可采用平地机配合土方机械作业
防止超挖与超挖处理		(13) 路堑开挖,无论为人工或机械作业,均须严格控制路基设计高度,若有超挖,应用与填方相同的土壤填补,并压实至规定要求的密实度。如不能达到规定要求,应用合适的筑路材料补填压实

石方开挖的一般规定

主要项目	石方开挖一般规定
开挖方式的确定	(1) 开挖石方应根据岩石的工程地质类别及其风化程度和节理发育程度等确定开挖方式。对于软石和强风化岩石,能用机械直接开挖的均应采用机械开挖,如此类石方数量不大,工期允许,亦可人工开挖。凡不能使用机械或人工直接开挖的石方,则用爆破法开挖
方案报批手续	(2) 具有重要缆线、地下管线等的有关爆破设计方案资料,除应经行业主管部门审批并应报送地方公安部门请予查核协助外,对实行工程监理制度者还应报经监理工程师审批

图名	路基挖方施工工艺(二)	图号	DL2-46(二)

续表

主要项目		石方开挖一般规定
专业人员施爆		(3) 爆破作业必须具有从事该专业执照和经过专业培训并取得爆破专业证书的专业人员施爆
爆破施工主要程序		(4) 爆破法开挖石方的施工程序为：施爆区管线调查；炮位设计及报批；配备专业施爆人员；用机械或人工清除施爆区覆盖层和强风化岩石；根据设计炮位和孔深钻孔（视工程量大小，采用机械或人工打眼）；爆破器材检查与试验；炮孔（坑道、药室）检查与废碴清除；装药并安装引爆器材；布置安全岗哨和施爆区安全员；炮孔堵塞；撤离施爆区和飞石、强地震波影响区内的人、畜；发出起爆信号后，起爆；清除瞎炮；测定爆破效果（包括飞石、地震效应，即地震波对施爆区内外构造物造成的影响或损失）
爆破类型及其使用	按爆破作用指数区分类型	(5) 根据爆破作用指数 n 的大小与爆破类型的不同而区分为如下所列： $$\text{爆破作用指数 } n = \frac{\text{漏斗半径}(r)}{\text{最小抵抗线}(W)}$$

爆破作用指数 n	$n>1$	$n=1$	$n<1$	$n>0.75$	$n=0.7\sim 0.75$	$n<0.7$
爆破类型	"加强抛掷爆破"	"标准抛掷爆破"	"减弱抛掷爆破"	能产生抛掷作用，形成可见漏斗，属"抛掷爆破"	形成可见漏斗，不产生抛掷作用，属"松动爆破"	不能形成爆破漏斗，为"内部爆破"

	爆破类型的采用	(6) 公路石方开挖所得石料，一般应用于路堤填料和砌筑人工构造物；在确定爆破类型时应结合工程情况，对一级以上等级的公路填石路堤不允许倾填，不得使用抛掷爆破，即宜采用松动爆破、减弱松动爆破或控制爆破，三级以下公路可以使用抛掷爆破
边坡稳定与施工排水	炮孔间距	(7) 石方开挖应充分注意边坡稳定，一般宜采用中小型爆破。对于风化较严重、节理发育或岩层产状对边坡稳定不利的石方开挖，宜用小型排炮微差爆破，小型排炮药室距设计边坡线的水平距离，应不小于炮孔间距的1/2
	建筑物保护	(8) 开挖层靠边坡的两列炮孔，特别是靠顺层边坡的一列炮孔，宜采用减弱松动爆破。如在开挖的边坡外有必须保证安全的重要建筑物，即使采用减弱松动爆破也无法保证建筑物安全时，可采用人工开凿、控制爆破或化学爆破
	注意排水	(9) 石方开挖区须注意施工排水，应在纵、横向形成坡面开挖面，其坡度应满足排水要求，以确保爆破出的石料不受积水浸泡

图名	路基挖方施工工艺（三）	图号	DL2-46（三）

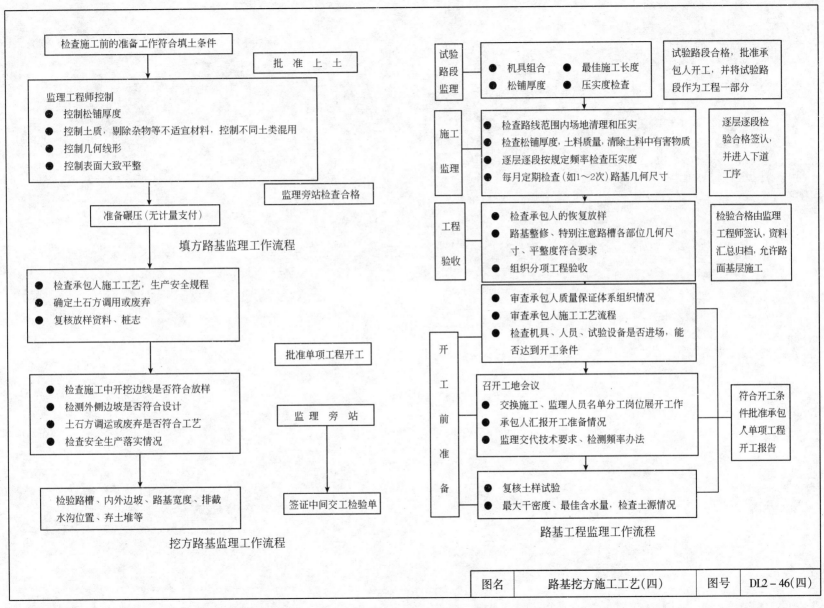

3 道路路面工程

3.1 概 述

1.路面等级与类型

(1) 公路等级与路面等级 (JTJ 001—97)

公路等级	高速公路	一级公路	二级公路	三级公路	四级公路
采用的路面等级	高级	高级	高级或次高级	次高级或中级	中级或低级

(2) 道路路面面层类型 (JTJ 00—97)

路面等级	面层类型	路面等级	面 层 类 型
高级路面	沥青混凝土、水泥混凝土	中级路面	碎、砾石,半整齐石块,其他粒料
次高级路面	沥青贯入式、沥青碎石、沥青表面处治	低级路面	粒料加固土,其他当地材料加固或改善土

(3) 沥青路面类型的选择 (JTJ 014—97)

公路等级	路面等级	面层类型	设计年限(年)	设计年限内累计标准车次
高速和一级公路	高级路面	沥青混凝土	15	>400
二级公路	高级路面	沥青混凝土	12	>200
	次高级路面	热拌沥青碎石混合料、沥青贯入式	10	100~200
三级公路	次高级路面	乳化沥青碎石混合料、沥青表面处治	8	10~100
四级公路	中级路面	水结碎石、泥结碎石、级配碎砾石、半整齐石块路面	5	≤10
	低级路面	粒料改善土		

2. 各种路面的拱坡度 (JTJ 011—97)

路面类型	沥青混凝土、水泥混凝土	其他沥青路面	半整齐石块	碎、砾石等料路面	低级路面
路拱坡(%)	1~2	1.5~2.5	2~3	2.5~3.5	3~4

图名	路面等级和路面坡度	图号	DL3-1

各级道路路面主要技术性能表

序号	路面等级	力学性质及持久性	面层状况	材料选择	施工与费用
1	高级路面	强度、刚度和耐久性均要求高	平整、无尘、耐磨、高强	质地较高的材料（如水泥、沥青类）	优质，造价高，运输成本及养护费低
2	次高级路面	强度、刚度、耐久性一般	平整、无尘，能保证快速常年通行	质地较高的材料（如沥青类）	施工用人工多，须定期维修，运输成本及养护费高
3	中级路面	强度和刚度、耐久性均较次高级路面低	平整度差，易生尘，不能保证快速通行	多用泥、水结级配面料	须经常维护，造价低，养护及运输成本高
4	低级路面	强度、耐久性均较差	平整度差，易生尘，只能保证低速车行，能在良好季节维修通行	多类粒料加固的土路	须经常维修，养护工作量大，运输成本高

路 拱 形 式

路拱形式	简 图	说 明	路拱形式	简 图	说 明
直线型路拱		当路面横坡较小时，宜采用直线形路拱，其计算公式为： $y = x_1$ 式中 y——纵距，cm； x_1——横距，cm。	抛物线型路拱		对中、低级路面其横坡较大时，宜采用一次半抛物线路拱： 计算公式为 $y = h_o \left(\dfrac{x^{3/2}}{B/2} \right)$ 式中 x——横距(cm)； r——路面中心与 x 处的高差(cm)； h_0——路面中心与边缘的高差。

图名	各级道路路面技术性能与拱形式	图号	DL3－2

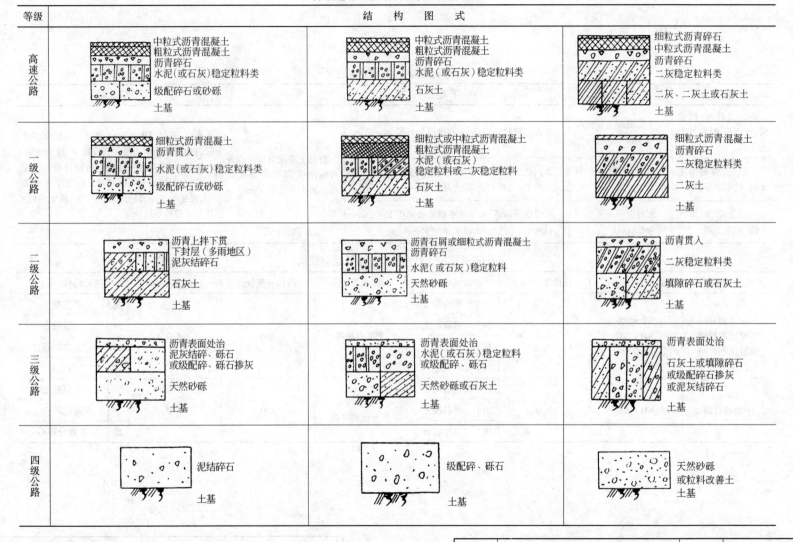

1. 水泥混凝土路面结构层次

道路等级	水泥混凝土板	基层	垫层	说明
高速公路、一级公路、城市快速路、城市主干路	水泥混凝土板的厚度为24cm或以上	水泥稳定砂砾、石灰工业废渣类基层 20～33cm	根据土基潮湿情况以及可能产生冻害的情况设置。最小厚度为15cm	面层、基层厚度由设计确定。基层厚度还应满足基层顶面当量回弹模量 E_t 值的规定 垫层厚度可按当地经验,由设计确定。在冻区,水泥混凝土路面结构总厚度小于有关"水泥混凝土路面防冻最小厚度"规定值时,其差值通过垫层补足
二级公路、城市主干路、城市次干路	水泥混凝土板的厚度为22cm	水泥稳定砂砾、石灰工业废渣类基层 20～25cm 石灰土、二灰土、水泥土基层 20～30cm		
三级公路、城市次干路、城市支路	水泥混凝土板的厚度为20cm	水泥稳定砂砾、石灰工业废渣类基层 15～25cm 石灰土、二灰土、水泥土基层 15～30cm		

2. 普通混凝土特种路面宽度及路面结构

路面等级	路面长度(m)	路面宽度(m)	路面结构(cm)		路面等级	路面长度(m)	路面宽度(m)	路面结构(cm)	
轻型比利时路 中型比利时路 重型比利时路	600+200 300+200 200	4.0	28 24 18 18	素混凝土 素混凝土 二次碎石 石灰石	平滑石块路	110	4.0	28 24 18 18	素混凝土 素混凝土 二次碎石 石灰石
中型卵石路	300+200	4.0	28 20 18	素混凝土 素混凝土 二次碎石	车支线 拳石比利时路	890	4.0	20 20 18	素混凝土 级配碎石 未筛分碎石

图名	水泥混凝土路面结构组成(一)	图号	DL3-4(一)

3. 水泥混凝土路面结构组成

序号	结构组合图式	适用条件	说 明
1	水泥混凝土板 整体型基层	适用于干燥、中湿、潮湿路段,冰冻地区潮湿路段宜加厚或设两种材料的整体型结构,也可采用Ⅱ、Ⅲ的结构组合	可根据需要设1~3种整体型基层(包括底层、基层或底基层)
2	水泥混凝土板 整体型底层 级配型基层	适用于冰冻地区中湿、潮湿及翻浆路段应按防冻胀基层设计	基层结构受力合理,但施工比较麻烦
3	水泥混凝土板 级配型底层 整体型基层		施工方便,级配型基层中应掺灰或其他结合料,以提高其整体性及均匀性
4	水泥混凝土板 级配型基层	适用于冰冻地区干燥路段,非冰冻地区干燥、中湿路段	
5	水泥混凝土板 嵌锁型基层	(1) 适用于岩基(如隧洞内)及丰产石料的地区 (2) 用钢渣时,适用条件同1类	岩基用平整层厚3~5cm,用石屑时,其粒径不大于2cm,直接铺在土上的应在基层下设隔离层

图名	水泥混凝土路面结构组成(二)	图号	DL3-4(二)

1. 沥青路面的结构组成

路面结构图	路面结构名称	主要说明
面层 基层 底基层 垫层 土基	面 层	面层是直接接受车轮荷载反复作用和自然因素影响的结构层，由一至三层组成，表面层根据使用要求设置抗滑耐磨、密实的沥青层；中面层、下面层应根据道路的等级、沥青厚度、气候条件等选择适当的沥青结构层
	基 层	基层设置在面层之下，并与面层一起将车轮荷载反复作用传到底基层、垫层、土层，起主要承重作用的层次。基层材料的强度指标应有较高的要求
	底基层	底基层设置在基层之下，并且与面层基层一起受车轮荷载反复作用，起次要承重作用的层次。底基层材料的强度指标要求可比基层材料略低就可以
	垫层	设置在底基层与土基之间的结构层，起排水、隔水防冻、防污等作用
	注意：	基层、底基层视道路等级或交通量的需要可以设置一层或两层。当基层或底基层较厚，则需要进行分层施工时，可分别称为上基层、下基层，或上底基层、下底基层

2. 半刚性基层上沥青层的推荐厚度

公路等级	高速公路	一级公路	二级公路	三级公路	四级公路
沥青层推荐厚度(cm)	12～18	10～15	5～10	2～4	1～2.5

3. 沥青路面各类结构层的最小厚度

结构层的类型		施工最小厚度(cm)	结构适应厚度(cm)	结构层的类型	施工最小厚度(cm)	结构适应厚度(cm)
沥青混凝土、热拌沥青碎石	粗粒式	5.0	5～8	沥青石屑	1.5	1.5～2.5
	中粒式	4.0	4～6	沥青砂	1.0	1～1.5
	细粒式	2.5	2.5～4	沥青贯入式	4.0	4～8
石灰稳定类		15.0	16～20	沥青上拌下贯式	6.0	6～10
石灰工业废渣类		15.0	16～20	沥青表面处治	1.0	层铺1～3,拌和2～4
级配碎(砾石)		8.0	10～15	水泥稳定类	15.0	16～20
泥结碎石		8.0	10～15	填隙碎石	10.0	10～12

图名	沥青混凝土路面结构组成（一）	图号	DL3－5(一)

4. 沥青路面的基层与底基层类型

路面结构类型		主要材料名称	材料的使用范围和主要要求
有机结合料稳定类		沥青贯入碎石、乳化沥青碎石混合料、热拌沥青碎石	乳化沥青碎石混合料、沥青贯入碎石常作高速公路及一级公路的底基层,也可作二级及二级以下公路的基层和底基层;热拌沥青碎石适应高速公路、一级公路的路面基层
无机结合料稳定类(又称半刚性类型)	水泥稳定土	水泥稳定土	该材料具有良好的力学性能、水稳定性和抗冻性,但是,它容易产生收缩裂缝、初期强度高,水泥掺量一般为4%~6%,因此,宜采用 32.5MPa 的水泥
		水泥稳定砂砾	当路面厚度为 15~20cm 最合适,水泥剂量为矿料的 4%~6%,混合料组成的设计可参照有关技术规定
	石灰稳定类	石灰稳定土(又称石灰土)	这种材料的强度和水稳定性较好,但容易产生裂缝,它能适应各类路面基层,在冰冻地区水文不良地段,应在其下铺设隔水防冻层
		石灰碎、砾石土(或石灰碎砾石土、石灰碎石土)	路面材料中掺入的碎砾石粒经范围,以 1~4cm 最合适,其最大颗粒不得大于 6cm。如掺入的碎砾石,大于 0.5cm 的颗粒不宜小于 50%,碎、砾石或砂砾掺入量,一般以占混合料总重的 30%~50% 为合适
	工业废渣稳定类	石灰粉煤灰类、石灰粉煤灰(二灰)、石灰粉煤灰土(二灰土)等	对于石灰工业废渣,特别是二灰材料,均具有良好的力学性能、板体性、水稳定性和一定的抗冻性,其抗冻性较石灰土高得多。可适用于各种交通类别道路的基层和底基层,但是二灰土不宜作高级沥青路面的基层
		石灰粉煤渣类、石灰粉煤渣、石灰粉煤渣土等	对于石灰工业废渣,特别是二灰材料,均具有良好的力学性能、板体性、水稳定性和一定的抗冻性,其抗冻性较石灰土高得多。可适用于各种交通类别道路的基层和底基层,但是二灰土不宜作高级沥青路面的基层
粒料类	嵌锁型结构	水泥碎石、泥灰结碎石	对于泥结碎石、砾石的水稳定性较差,在中湿和潮湿的地段,应该采用泥灰结碎、砾石。土层矿料粒径不要小于 4cm,嵌缝料应与主层矿料的最小粒径相衔接
		填隙碎石	主要是采用单一尺寸的粗粒碎石作主集料,形成嵌锁作用,若用石屑填满碎石间的空隙,则增加其密实度和稳定性。铺筑一层的厚度,常为最大碎石粒径的 1.5~2.0 倍,即 10~12cm。这种填隙碎石的施工方法特别适应于干旱缺水施工的地区
	级配型结构	级配碎、砾石	对于级配碎、砾石的路基,应密实稳定,其粒径应按有关规定选用。为防止冻胀和湿软,应注意控制小于 0.5mm 细料的含量和塑性指数。在中湿和潮湿的路段,可用作沥青路面的基层,应在级配碎、砾石中掺灰,细料含量可以增加,其掺灰剂量为细料含量的 8%~12%
		天然级配砂砾石	其使用的主要范围、要求基本上与级配碎、砾石相同,这里不再重复

5. 沥青路面的垫层

主要项目	基本情况的说明
垫层的主要材料	一般可选择粗砂、砂砾、碎石、煤渣、矿渣等主要材料,以及水泥或石灰煤渣稳定粗粒土、石灰粉煤灰稳定粗粒土等来作为路基垫层材料
垫层的主要宽度	对于高速公路、一级公路、二级公路的排水垫层,应该铺至路基的同等宽度,主要是有利于路面结构的排水,保护路基的稳定。对于三、四级公路的垫层宽度可比底基层每侧至少要宽出 25cm 以上

| 图名 | 沥青混凝土路面结构组成(二) | 图号 | DL3-5(二) |

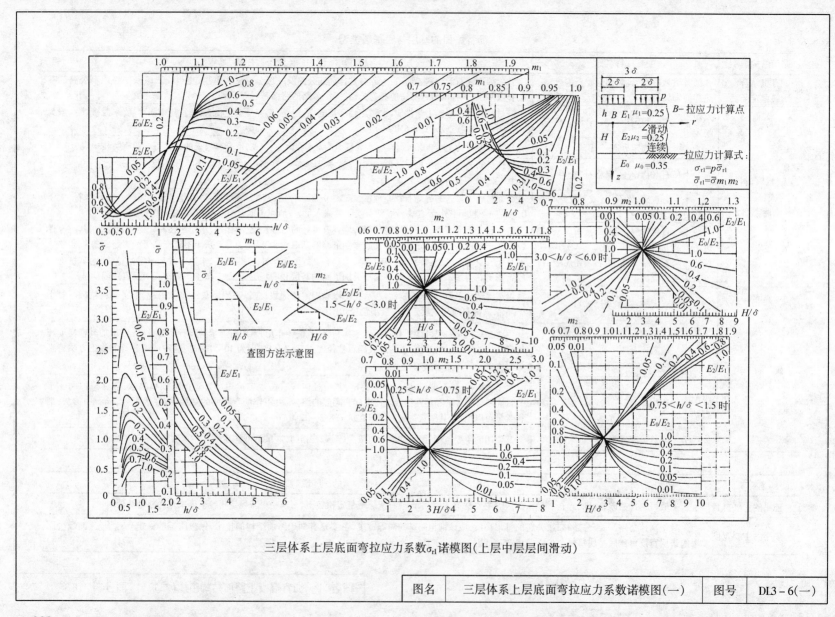

三层体系上层底面弯拉应力系数 $\bar{\sigma}_{r1}$ 诺模图（上层中层层间滑动）

| 图名 | 三层体系上层底面弯拉应力系数诺模图(一) | 图号 | DL3-6(一) |

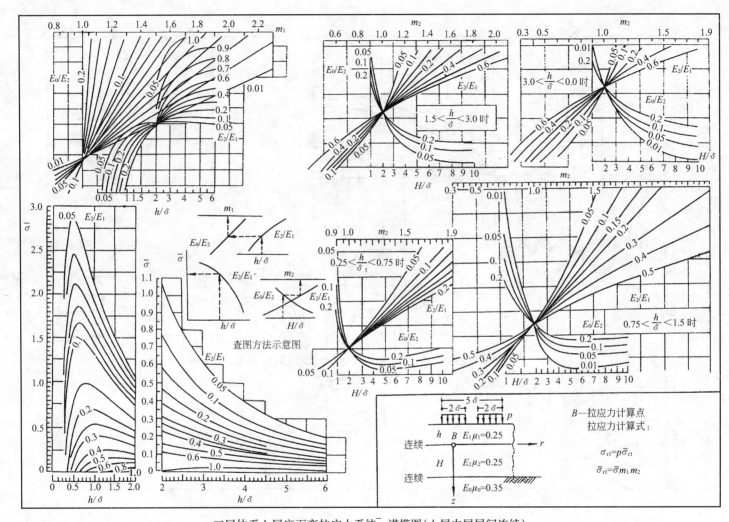

三层体系上层底面弯拉应力系统 $\bar{\sigma}_{r1}$ 诺模图（上层中层层间连续）

| 图名 | 三层体系上层底面弯拉应力系数诺模图(二) | 图号 | DL3-6(二) |

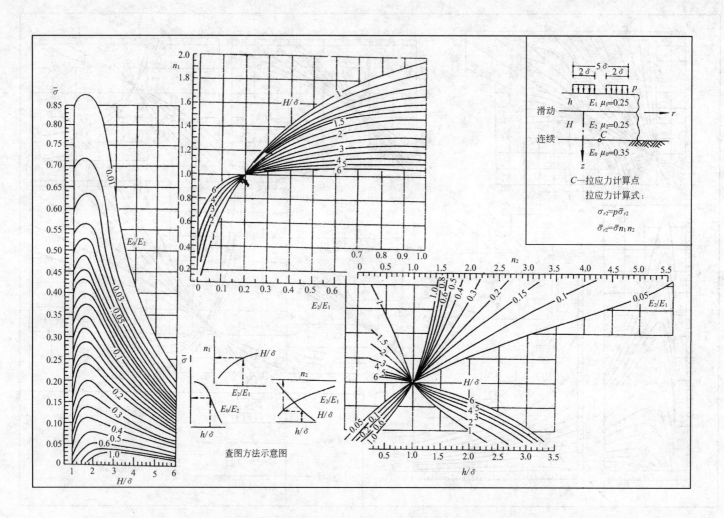

三层体系中层底面弯拉应力系统 $\bar{\sigma}_{r2}$ 诺模图(上层中层层间滑动)

| 图名 | 三层体系上层底面弯拉应力系数诺模图(三) | 图号 | DL3-6(三) |

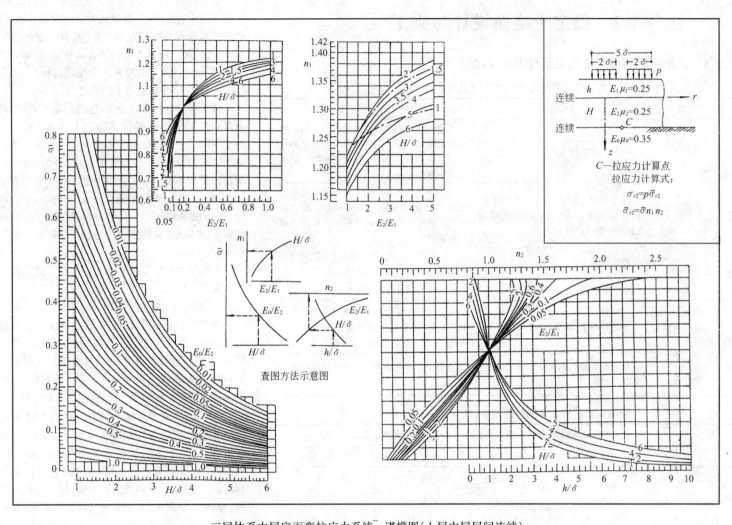

三层体系中层底面弯拉应力系统 $\bar{\sigma}_{r2}$ 诺模图(上层中层层间连续)

| 图名 | 三层体系上层底面弯拉应力系数诺模图(四) | 图号 | DL3-6(四) |

3.2 稳定土路面设计与施工

3.2.1 无机结合料稳定土的类型与组成设计

无机结合料稳定土的类型及其适用性

混合料类型		材料组成	适用性
石灰稳定土	石灰土	石灰稳定细粒土	不得用作二级公路和二级以上公路高级路面的基层。不宜用作冰冻地区潮湿路段以及其他地区过分潮湿路段的基层。适用于各级道路的底基层
	石灰稳定粒料	稳定中粒土和粗粒土,包括砂砾土、碎石土、级配砂砾(无土)和级配碎石(包括未筛分碎石)	适用于各级公路的底基层以及二级和二级以下公路的基层,但砂砾或碎石含量50%的悬浮式石灰土砾料不宜用作高等级路面的基层
石灰工业废渣稳定土	二灰、二灰土、二灰砂	稳定细粒土、砂	不应用作二级公路和二级以上公路高级路面的基层,适用于各级道路的底基层
	二灰粒料	稳定砂砾、碎石、矿渣、煤矸石等	适用于各级公路的基层和底基层
水泥稳定土	水泥土(含水泥石灰综合稳定土)	稳定砂性土、粉性土和黏性土	不宜用作二级公路和二级以上公路高级路面的基层,禁止用作高等级沥青路面的基层,适用于各级道路的底基层
	水泥碎石、水泥砂砾	稳定级配碎石和未筛分碎石,稳定砂砾	适用于各种交通类别道路的基层和底基层

无机结合料稳定土的抗压强度(JTJ 034—2000)

混合料类型	高速公路、一级公路		二级和二级以下公路	
	基层(MPa)	底基层(MPa)	基层(MPa)	底基层(MPa)
石灰稳定土	—	≥0.8	≥0.8①	0.5~0.7②
石灰工业废渣稳定土	0.8~1.1③	≥0.6	0.6~0.8	≥0.5
水泥稳定土	3~5③	1.5~2.5③	2.5~3.0④	1.5~2.0④

在各种粉碎或原来松散的土或矿质碎石、砾石、或工业废渣中,掺入一定数量的无机结合料及水,经拌和得到的混合料经压实及养生后,具有一定的强度和稳定性,在广义上统称为无机结合料稳定土(如石灰稳定土、水泥稳定土等),也常称为半刚性材料。

1. 无机结合料稳定土的类型

按无机结合料品种分类,这类稳定材料可以分为:石灰稳定土、石灰工业废渣稳定土及水泥稳定土。按照土中的单个颗粒(指碎石、砾石和砂颗粒,不指土块或土团)的粒径大小和颗粒组成,可分为细粒土,颗粒的最大粒径小于10mm,其中小于2mm的颗粒含量不少于90%;中粒土,颗粒的最大粒径小于30mm,且其中小于20mm的颗粒含量不少于85%;粗粒土,颗粒的最大粒径小于50mm,且其中小于40mm的颗粒含量不少于85%。

无机结合料稳定土的类型及其在道路工程中的适用性见下表所列。

2. 无机结合料稳定土的设计指标

无机结合料稳定土的7d浸水抗压强度应符合下表的规定。其中表内①在低塑性(塑性指数小于7)地区,石灰稳定砂砾土和碎石的7d浸水抗压强度应大于0.5MPa;②低限用于塑性指数小于7的黏性土,而且低限值宜仅用于二级以下公路,高限用于塑性指数大于7的黏性土;③设计累计标准轴次小于12×10⁶的高速公路用低限值;设计累计标准轴次大于12×10⁶的高速公路用中值;主要行驶重载车辆的高速公路用高限值。对于具体一条高速公路,应根据交通状况用某一强度标准;④二级以下公路可用低限值,行驶重载车辆的二级公路应取高限值,对于某一具体公路应采用一个值,而不用某一范围。

| 图名 | 无机结合料稳定土的类型及设计指标 | 图号 | DL3-7 |

1. 石灰稳定土组成材料的质量要求

(1) 石灰

1) 石灰的技术指标与技术标准(见表所列)。

2) 石灰的使用要求:石灰质量应符合表中的技术标准。对于高速公路和一级公路,宜采用磨细生石灰粉。在使用中,应尽量缩短石灰的存放时间。如果石灰需要存放较长时间,应采取堆放成高堆,并采取覆盖封存措施,妥善保管。对于等外石灰、贝壳石灰、珊瑚石灰等应通过试验,石灰稳定土的强度必须符合设计要求。

(2) 土与集料

1) 土:用于石灰稳定土的黏性土塑性指数范围为 1.5~20。塑性指数大于 15 的黏性土更适宜于用石灰和水泥综合稳定。塑性指数 10 以下的粉质黏土和砂土,需要采用较多的石灰进行稳定,应采取适当的施工措施,或采用水泥稳定。土中的硫酸盐含量不得超过 0.8%,有机质含量不得超过 10%。

2) 集料:适宜作石灰稳定混合料的集料有级配碎石、未筛分碎石、砂砾、碎石土、砂砾土、煤矸石和各种粒状矿渣等。当用石灰稳定不含黏土或无塑性指数的粒料时,应添加 15% 左右的黏性土,该类混合料中粒料的含量应在 80% 以上,并具有良好的级配所用的碎(砾)石集料的最大粒径和压碎值应符合表中的要求。

(3) 水:人或牲畜饮用水源均可用于石灰稳定土的施工。遇有可疑水源时,应进行试验鉴定。

2. 石灰稳定类混合料的配合比设计

(1) 石灰土的配合比设计方法

石灰土配合比以石灰剂量表示,石灰剂量 = 石灰质量/干土质量。石灰剂量与土的种类、石灰品种关系甚大,应通过原材料的质量试验,重型击实试验及强度检验来确定。石灰稳定土配合比设计的方法为:通过击实试验或计算,确定稳定土的最大干密度和最佳含水量,按工地要求的压实度制作试件,根据抗压强度检验结果,确定材料配比。

(2) 石灰稳定集料的配合比设计方法

石灰稳定集料配合比设计可以按照石灰土配合比设计相同的方法进行。石灰土稳定集料配合比表示为,石灰:土:碎石(砾),均以质量表示。在石灰稳定集料中,石灰同所加土的总质量与碎石(或砾石)的质量比宜为 (1:4)~(1:5),即碎(砾)石在混合料中的质量应不少于 80%。

钙质石灰和镁质石灰分类界限(JTJ 032—2000)

石灰种类	生石灰	消石灰
钙质石灰	≤5%	≤4%
镁质石灰	>5%	>4%

石灰剂量推荐范围(参照 JTJ 034—93)

稳定土品种	基 层	底 基 层
砂砾土和碎石土	3,4,5,6,7	—
黏性土(塑性指数 <12)	10,12,13,14,16	8,10,11,12,14
黏性土(塑性指数 >12)	5,7,9,11,13	5,7,8,9,11

集料的最大粒径和压碎值要求

公路等级	高速公路、一级公路		二级和二级以下公路	
结构层位	底基层	基层	底基层	基层
最大粒径(方孔筛)(mm)≥	37.5	37.5	53	37.5
压碎值(%)≥	35	—	40	30/35[①]

注:① 分子适用于二级公路,分母适用于二级以下公路。

石灰的技术标准(JTJ 034—2000)

石灰品种	检测项目	钙质石灰 I	II	III	镁质石灰 I	II	III
生石灰	有效 (CaO+MgO) 含量 (%) ≥	85	80	70	80	75	65
	未消化残渣含量 (5mm 筛余量)(%) ≤	7	11	17	10	14	20
消石灰	有效 (CaO+MgO) 含量 (%) ≥	65	60	55	60	55	50
	含水量 (%) ≤	4	4	4	4	4	4
	细度 0.71mm 方孔筛余 (%)	0	1	1	0	1	1
	0.125mm 方孔筛余 (%)	13	20	—	13	20	—

图名	石灰稳定土的组成设计	图号	DL3-8

石灰工业废渣稳定土的配合比范围参考值

稳定土类型	材料比例	底基层	基层
二灰	石灰:粉煤灰(CaO 含量 2%~6%的硅铝粉煤灰)	1:2~1:9	
二灰土	石灰:粉煤灰	1:2~1:4(粉土为 1:2)	
	石灰粉煤灰:土	30:70~90:10	
二灰集料	石灰:粉煤灰	—	1:2~1:4
	石灰粉煤灰:集料	—	20:80~15:85
石灰煤渣土	石灰:煤渣	1:1~1:4	
	石灰煤渣:细粒土	1:1~1:4	
石灰煤渣集料	石灰:煤渣:集料	(7~9):(26~33):(67~58)	

石灰粉煤灰稳定土中集料的技术要求

道路等级	高速公路及一级公路		二级和二级以下公路	
结构层位	基层	底基层	基层	底基层
最大粒径(方孔筛)(mm)≥	31.5	37.5	37.5	53
压碎值(%)≥	30	35	35	40
应符合级配编号	表 5.4.3-2 中 2 或 4	—	表 5.4.3-2 中 1 或 3	—

二灰级配集料混合料中集料的颗粒组成范围

级配编号		通过下列筛孔(mm)的重量百分比							
		37.5	31.5	19.0	9.5	4.75	2.36	1.18	0.6	0.075
砂砾	1	100	85~100	65~85	50~70	35~55	25~45	17~35	10~27	0~15
	2	—	100	85~100	55~75	39~59	27~47	17~35	10~25	0~10
碎石	3	100	90~100	72~90	48~68	30~50	18~38	10~27	6~20	0~7
	4	—	100	81~98	52~70	30~50	18~38	10~27	6~20	0~7

1. 概述

可用的工业废渣包括:粉煤灰、煤渣、高炉矿渣、钢渣(已经过崩解达到稳定)及其他冶金矿渣和煤矸石等。这里重点介绍石灰粉煤灰混合料组成设计的内容。

2. 石灰工业废渣稳定土组成材料的质量要求

(1) 石灰、粉煤灰和煤渣

石灰质量应符合表中Ⅲ级消石灰或Ⅲ级生石灰的技术指标,其他要求同石灰稳定土。

粉煤灰中 SiO_2、Al_2O_3 和 Fe_2O_3 总含量应大于 70%,烧失量不应超过 20%,比表面积宜大于 $2500cm^2/g$(或 0.3mm 筛孔通过量不小于 90%,0.075mm 筛孔通过量不小于 70%)。干粉煤灰和湿粉煤灰都可以应用,湿粉煤灰的含水量不宜超过 35%。

煤渣的最大粒径不应大于 30mm,颗粒组成宜有一定级配,且不宜含杂质。

(2) 土

宜采用塑性指数 12~20 的黏性土(粉质黏土)。土中土块的最大尺寸不应大于 15mm。不应选用有机质含量超过 1.0%的土。

(3) 集料

二灰稳定土中集料的最大粒径和压碎值应符合表中的要求。集料应具有良好的级配,不宜使用有塑性指数的土。集料的颗粒组成范围应满足表中的要求。

3. 石灰粉煤灰稳定土的配合比设计

《公路路面基层施工验收规范》(JTJ 032—2000)对石灰工业废渣稳定混合料的材料配合比范围,作出了如表中的规定。

二灰稳定土配合比的设计方法与石灰稳定土相同,这里不再重述。

图名	石灰工业废渣稳定土的组成设计	图号	DL3-9

1. 水泥稳定类土组成材料的技术要求

（1）水泥

硅酸盐水泥、矿渣硅酸盐水泥和火山灰质硅酸盐水泥，都可用于水泥稳定土，但应选用初凝时间45min以上和终凝时间较长(宜在6h以上)的水泥，宜采用32.5或42.5级的水泥。快硬水泥、早强水泥及已受潮变质的水泥不应使用。

（2）土与集料

适宜用水泥稳定的材料有：级配碎石、未筛分碎石、砂砾、碎石土、砂砾土、煤矸石和各种粒状矿渣等，集料中不宜含有塑性指数较大的细土，或应控制其含量。用于各种类别道路等级不同层位的集料的最大粒径和压碎值要求，见表所列。

细粒土的均匀系数应大于5，液限不超过40%，塑性指数不应超过17。中粒土和粗粒土中小于0.6mm颗粒含量在30%以下时，塑性指数可略大。塑性指数大于17的土，宜用石灰稳定或用水泥和石灰综合稳定。有机质含量超过2%的土，必须先用石灰进行处理，闷料一夜后再用水泥稳定。硫酸盐含量超过0.25%的土不应用水泥稳定。

集料的颗粒组成应符合表中的要求，对于级配不良的碎石、碎石土、砂砾、砂砾土、砂等，宜外加某种集料改善其级配。用水泥稳定粒径较均匀的砂时，可在砂中添加少量塑性指数小于10的黏性土(粉质黏土)或石灰土。在具有粉煤灰时，添加20%～40%的粉煤灰效果更好。

2. 水泥稳定类混合料配合比设计方法

（1）水泥剂量范围的确定

水泥稳定土中水泥剂量 = 水泥质量/干土质量，即以水泥质量占全部粗细土颗粒(砾石、砂粒、粉粒和黏粒)的干质量百分率表示。根据表中推荐的水泥剂量，通过试验选取最适宜稳定的土，确定必需的水泥剂量和混合料最大干密度和最佳含水量，可参照上表"适宜于水泥稳定的集料的颗粒组成范围"中设计方法进行。工地上实际采用的水泥剂量，应比室内试验确定的水泥剂量约多0.5%(集中厂拌法施工)～1.0%(路拌法施工)。

综合稳定土的组成设计内容包括：通过试验选取最适宜稳定的土，确定必需的水泥和石灰剂量以及混合料的最佳含水量。水泥和石灰的比例宜采用60:40、50:50或40:60。当水泥用量占结合料总量的30%以上时，强度指标应参照上表"无机结合稳定土的抗压强度"的设计要求。

（2）水泥稳定集料的配合比计算法

在水泥稳定集料中，集料含量高达95%左右，较石灰稳定集料和二灰稳定集料更难以用重型击实法确定其最大干密度，故可以采用计算法进行配合比设计。

水泥稳定土中集料的技术要求

道路等级	高速公路及一级公路		二级和二级以下公路	
结构层位	基层	底基层	基层	底基层
最大粒径(方孔筛)(mm) ≥	31.5	37.5	37.5	53
压碎值(%) ≥	30	30	35	40

适宜于水泥稳定的集料的颗粒组成范围

道路等级	结构层位	筛孔尺寸(方孔筛)(mm)											
		53	37.5	31.5	26.5	19.0	9.5	4.75	2.36	1.18	0.6	0.075	0.002
二级和二级以下公路	底基层	100						50~100			17~100	0~50	0~30
	基层	—		90~100		66~100	54~100	39~100	28~84	20~70	14~57	8~47	0~30
高速公路、一级公路	底基层	—	100					50~100			17~100	0~30	
		—		100	90~100	67~90	45~68	29~50	18~38		8~22	0~7	
	基层			100	90~100	72~89	47~67	29~49	17~35		8~22	0~7	

水泥剂量范围

土的类型	水泥剂量(%)	
	基层	底基层
中粒土和粗粒土	3,4,5,6,7	3,4,5,6,7
塑性指数小于12的土	5,7,8,9,11	4,5,6,7,9
其他细粒土	8,10,12,14,16	6,8,9,10,12

图名	水泥稳定土的组成设计	图号	DL3-10

3.2.2 稳定土拌和机械

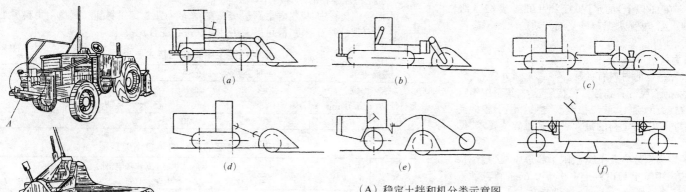

（A）稳定土拌和机分类示意图

(a) 后悬挂轮胎式；(b) 后悬挂履带式；(c) 专用发动机驱动工作转子的拖式；(d) 履带拖拉机牵引的拖式；
(e) 单轴轮胎牵引车牵引的中间悬挂式；(f) 四轮独立驱动的中间悬挂式

（B）国外自行式雷克斯土壤稳定机外貌

A—离心水泵；B—拌和鼓

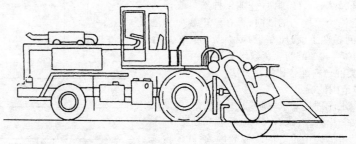

（C）国产WB230型稳定土拌和机外形

| 图名 | 稳定土拌和机械的分类与外貌 | 图号 | DL3-11 |

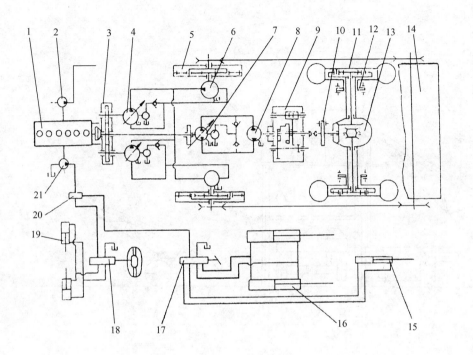

（A）国产WB230型轮胎式稳定土拌和机传动系统原理示意图

1—柴油机；2—气泵；3—分动箱；4—液压泵；5—行星减速器；6—液压马达；7—液压泵；
8—液压马达；9—变速箱；10—手制动器；11—轮边减速器；12—脚制动器；13—后桥；
14—工作转子；15—拖板油缸；16—转子升降油缸；17—电磁换向阀；18—液压转向器；
19—转向油缸；20—优先阀；21—辅助液压泵

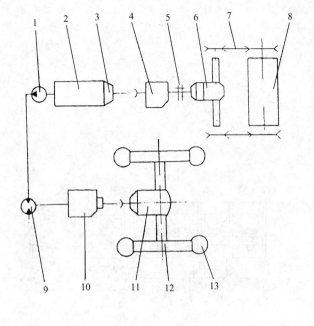

（B）美国CATERPILLAR公司的SS-250型稳定土
拌和机传动系统原理简图

1—液压泵；2—柴油机；3—主离合器；4—二档变速箱；5—安
全联接盘；6—双速传动轴；7—链传动；8—拌和转子；9—液压马达；
10—三速变速箱；11—后桥总成；12—带轮边减速器的半轴；13—轮胎

| 图名 | 稳定土拌和机的传动系统图 | 图号 | DL3－12 |

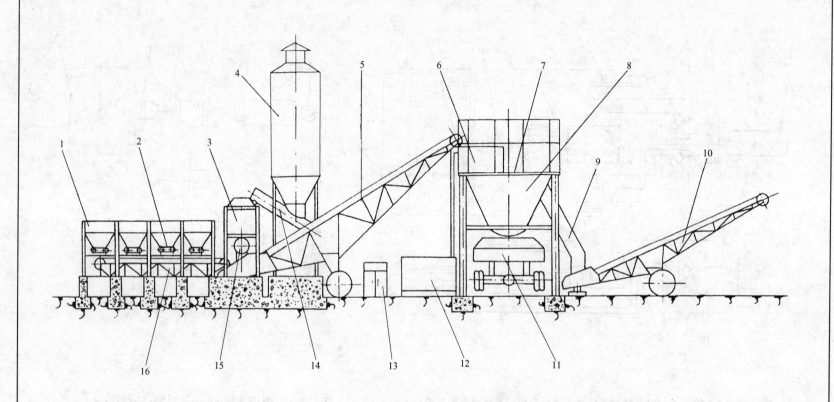

WBC200—型稳定土厂拌设备总体布置示意图
1—配料料斗；2—皮带给料机；3—小粉料仓；4—粉料筒仓；5—斜置集料皮带输送机；6—搅拌机；7—平台；8—混合料储仓；9—溢料管；
10—堆料皮带输送机；11—自卸汽车；12—供水系统；13—控制柜；14—螺旋输送机；15—叶轮给料机；16—水平集料皮带输送机

图名	稳定土厂拌设备总体布局示意图(一)	图号	DL3-13(一)

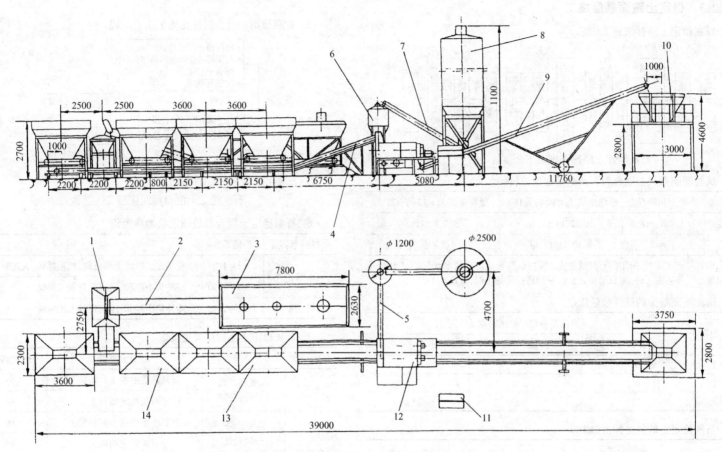

WBC300型稳定土厂拌设备示意图(尺寸单位：mm)

1—石灰粉配给机；2—石灰粉上料皮带机；3—石灰粉储仓；4—集料输送机；5—螺旋输送机；6—小仓；7—螺旋输送机；8—大仓；9—输料皮带机；10—混合料储仓；11—配电控制系统；12—搅拌系统；13—带破拱配料斗总成；14—配料斗总成

| 图名 | 稳定土厂拌设备总体布局示意图(二) | 图号 | DL3-13(二) |

3.2.3 稳定土路面基层施工

1. 石灰稳定土路拌法施工工艺

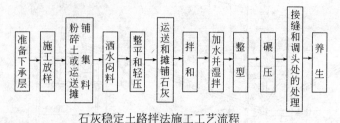

石灰稳定土路拌法施工工艺流程

2. 试验配制石灰土混合料石灰剂量建议值(%)

结构层次	砂砾土和碎石土	塑性指数 $I_p<12$ 的黏性土	塑性指数 $I_p>12$ 的黏性土
基层	3、4、5、6、7	10、12、13、14、16	5、7、9、11、13
底基层	8、10、11、12、14	5、7、8、9、11	

注：工地实际施工证明，采用的石灰剂量应比室内试验确定的剂量多 0.5%～1.0%，采用集中厂拌法施工时，可只增加 0.5%，采用路拌法施工时，宜增加 1%。

3. 试配所需最少的试件数量规定

稳定土类型	下列偏差系数时的试验数量		
	小于 10%	10%～15%	小于 20%
细粒土	6		
中粒土	6	9	
粗粒土		9	13

4. 石灰稳定土的强度标准(MPa)

用的层次	公路等级	
	二级和二级以下公路	高速和一级公路
基层	≥0.8①	—
底基层	0.5～0.7②	≥0.8

5. 石灰稳定土混合料配比施工工艺流程

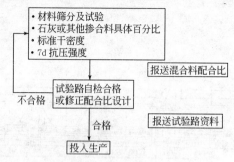

石灰稳定土混合料配比施工工艺流程

6. 石灰稳定土混合料松铺系数的参考值

材料名称	松铺系数	说明
石灰土	1.53～1.58	现场人工摊铺土和石灰，机械拌和，人工整平
	1.65～1.70	路外集中拌和，运到现场人工摊铺
石灰土砂砾	1.52～1.56	路外集中拌和，运到现场人工摊铺

7. 石灰稳定土基层压实度要求

结构层次	公路等级	稳定土类型	压实度(%)
基层	二级和二级以下的公路	石灰稳定中粒土和粗粒土	97
		石灰稳定细粒土	93
底基层	高速公路、一级公路	石灰稳定中粒土和粗粒土	96
		石灰稳定细粒土	95
	二级和二级以下的公路	石灰稳定中粒土和粗粒土	95
		石灰稳定细粒土	93

①在低塑性土地区，石灰稳定砂砾土和碎石土的7d浸水抗压强度应大于0.5MPa；
②低限用于塑性指数小于7的黏性土，高限用于塑数指数大于7的黏性土。

| 图名 | 石灰稳定土基层施工(一) | 图号 | DL3-14(一) |

8. 石灰稳定土基层施工技术要求
(1) 细粒土应尽可能粉碎,土块最大尺寸不应大于15mm;
(2) 配料必须准备;
(3) 石灰必须摊铺均匀(路拌法);
(4) 洒水、拌和必须均匀;
(5) 应严格掌握基层厚度和高程,其路拱横坡应与面层一致;
(6) 应在混合料小于或略小于(如小于最佳含水量1%~2%)最佳含水量时进行碾压,直到达到按重型击实试验法确定的要求压实度;
(7) 应用12t以上压路机碾压。用12~15t三轮压路机碾压时,每层压实厚度不应超过15cm;用18~20t三轮压路机碾压时,每层压实厚度不应超过20cm。

9. 接缝和"调头"处的处理法
(1) 路拌法施工时

缝的形式	施 工 处 理 方 法
横缝及"调头"处理	(1) 两工作段的搭接部分,应采用对接形式。前一段拌和后留5~8m不进行碾压,后一段施工时,将前段留下未压部分一起进行再拌和; (2) 拌和机械及其他机械不宜在已压成的石灰稳定土层上"调头",如"调头",则应采取保护措施,即覆盖一层10cm厚的砂或砂砾,使表层不受破坏
纵缝的处理	(1) 在前一幅施工时,在靠中央一侧用方木或钢模板做支撑,方木或钢模板的高度与稳定土层的压实厚度相同; (2) 混合料拌和结束后,靠近撑木(或板)的一条带,应人工进行补充拌和,然后进行整型和碾压; (3) 在铺筑另一幅时,或在养生结束后,拆除支撑木(或板); (4) 第二幅混合料拌和结束后,靠第一幅的一条带,应人工进行补充拌和,然后进行整型和碾压

(2) 中心站集中拌和(厂拌)法施工时

缝的形式	施 工 处 理 方 法
横向接缝	(1) 用摊铺机摊铺混合料时,每天的工作缝应做成横向接缝,摊铺机应驶离混合料末端; (2) 人工将末端混合料弄整齐,紧靠混合料放两根方木,方木的高度与混合料的压实厚度相同,整平紧靠方木的混合料; (3) 方木的另一侧用砂砾或碎石回填约3m长,其高度应高出方木几厘米; (4) 将混合料碾压密实; (5) 在重新开始摊铺混合料之前,将砂砾或碎石和方木除去,并将下承层顶面清扫干净和拉毛; (6) 摊铺机返回到已压实层的末端,重新开始摊铺混合料; (7) 如压实层末端未用方木作支撑处理,在碾压后末端成一斜坡,则在第二天开始摊铺新混合料之前,应将末端斜坡挖除,并挖成一横向垂直断面
纵向接缝	在不能避免纵向接缝的情况,纵缝必须垂直,严禁斜缝,并按下述方法处理: (1) 在前一幅摊铺时,在靠后一幅的一侧用方木或钢模板做支撑,方木或钢模板的高度与稳定土层的压实厚度相同; (2) 养生结束后,在摊铺另一幅之前,拆除支撑木(或板)

准备下承层 → 施工放样 → 运输和摊铺主要集料 → 必要时洒水 → 运输和摊铺掺配集料 → 洒水拌和 → 整型 → 碾压

级配砾石施工工艺流程图

| 图名 | 石灰稳定土基层施工(二) | 图号 | DL3-14(二) |

1. 水泥稳定土路拌法施工工艺流程

水泥稳定土路拌法施工工艺流程

2. 各级公路可用或适用水泥稳定的集料的颗粒组成范围

(1) 用作二级及二级以下公路底基层时

组成范围						规　定
筛孔尺寸 (mm)	50	5	0.5	0.074	0.002	(1) 颗粒的最大粒径不应超过50mm[①]; (2) 土的均匀系数[②]应大于5,细粒土的液限不应超过40,塑性指数不应超过17[③]; (3) 宜采用均匀系数大于10,塑性指数小于12的土。塑性指数大于17的土,宜采用石灰稳定,或用水泥和石灰综合稳定
通过百分率(质量)	100	50~100	15~100	0~50	0~30	

① 指方孔筛,如为圆孔筛,则最大粒径可为所列数值的1.2~1.25倍,下同;
② 通过量为6%的筛孔尺寸与通过量为10%的筛孔尺寸的比值,称为土的均匀系数;
③ 此规定是针对细粒土而言,对于中粒土和粗粒土,如土中小于0.5mm的颗粒含量在30%以下,塑性指数稍大些是可以的。

(2) 适用于一般公路基层的土的颗粒组成曲线图

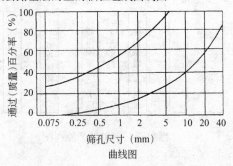

曲线图

(3) 用作二级及二级以下公路基层时

筛孔尺寸(mm)	通过百分率(%)
40	100
20	55~100
10	40~100
5	30~90
2	18~68
1	10~55
0.5	6~45
0.25	3~36
0.075	0~30

(4) 用作一级公路和高速公路底基层或基层时

编　号		1	2
通过下列筛孔率(mm) (%)	40	100	
	30	90~100	100
	20	75~90	90~100
	10	50~70	60~80
	5	30~55	30~50
	2	15~35	15~30
	0.5	10~20	10~20
	0.075	0~7[①]	0~7[①]
液　限(%)		<25	<25
塑性指数		<6	<6

注：1. 集料中0.5mm以下细土有塑性指数时,小于0.075mm的颗粒含量不应超过5%;细土无塑性指数时,小于0.075mm的颗粒含量不应超过7%;
2. 表列编号1(1号级配)适用于一级公路或高速公路的底基层;
3. 表列编号2(2号级配)适用于一级公路或高速公路的基层。

图名	水泥稳定土基层施工(一)	图号	DL3-15(一)

3. 水泥稳定土适用水泥与石灰结合料品种要求

材料名称	适用品种与质量要求
水泥	(1) 普通硅酸盐水泥、矿渣硅酸盐水泥和火山灰质硅酸盐水泥； (2) 应选用终凝时间较长(宜在6h以上)的水泥，宜采用强度等级较低(如32.5MPa)的水泥； (3) 不应使用块硬水泥、早强水泥以及已受潮变质的水泥
石灰	消石灰粉或生石灰粉

4. 试验配制水泥稳定土混合料水泥剂量（%）

结构层次	中粒土和粗粒土	塑性指数 $I_p < 12$ 的土	其他细粒土
基 层	3、4、5、6、7	5、7、8、9、11	8、10、12、14、16
底基层	3、4、5、6、7	4、5、6、7、9	6、8、9、10、12

注：在能估计合适剂量的情况下，可以将五个不同剂量缩减到三或四个。

5. 试配水泥稳定土混合料选择水泥剂量最小的试验数量

稳定土类型	下列偏差系数时的试验数量		
	小于 10%	10%～15%	小于 20%
细粒土	6	—	—
中粒土	6	9	—
粗粒土	—	9	13

6. 水泥稳定土的强度标准（MPa）

公路等级 用的层位	二级和二级以下公路	一级和高速公路
基 层	2～3	3～4
底基层	≥1.5	≥1.5

注：此为水泥稳定土的7d浸水抗压强度。

7. 水泥稳定土水泥最小剂量

拌和方法 土　类	路 拌 法	集中(厂)拌和法
中粒土和粗粒土	4%	3%
细 粒 土	5%	4%

注：工地实际采用的水泥剂量应比室内试验确定的剂量多0.5%～1.0%。集中厂拌法施工时，可只增加0.5%，采用路拌法施工时宜增加1%。

8. 水泥稳定土混合料松铺系数参考表

材料名称	松铺系数	说　明
水泥土	1.53～1.58	现场人工摊铺土和水泥，机械拌和，人工整平
水泥稳定砂砾	1.30～1.35	

9. 水泥稳定土结构层的施工要求及压实度

层次	公路等级及料的类型		压实度(%)	施工要求
基层	高速公路和一级公路		98	(1) 土块应尽可能粉碎，土块最大尺寸不应大于15mm； (2) 配料必须准确； (3) 水泥必须摊铺均匀； (4) 洒水、拌和必须均匀； (5) 应严格掌握基层厚度和高程，其路拱横坡应与面层一致； (6) 应在混合料处于或略大于最佳含水量时进行碾压； (7) 应用12t以上的压路机碾压，用12～15t三轮压路机碾压时，每层压实厚度不应超过15cm；用18～20t三轮压路机碾压时，每层压实厚度不应超过20cm
基层	二级和二级以下公路	水泥稳定中粒土和粗粒土	97	
基层	二级和二级以下公路	水泥稳定细粒土	93	
底基层	高速公路和一级公路	水泥稳定中粒土和粗粒土	96	
底基层	高速公路和一级公路	水泥稳定细粒土	95	
底基层	二级和二级以下公路	水泥稳定中粒土和粗粒土	95	
底基层	二级和二级以下公路	水泥稳定细粒土	93	

图名	水泥稳定土基层施工（二）	图号	DL3-15（二）

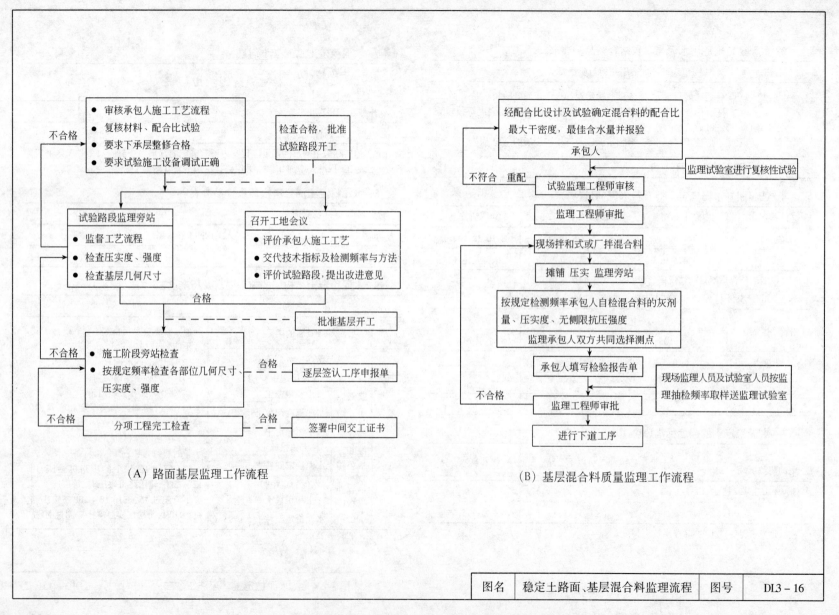

路面基层施工质量验收标准

工程类别	主要项目	检查频度	质量标准	返工时处理措施的参考意见	简要说明
无结合料底基层	压实度	每一作业段或不大于2000m²检查6次以上	达到要求的96%以上，填隙碎石以固体体积率表示，不得小于83%	继续碾压，局部含水量过大不良地点，挖出并更换好的填土	主要以灌砂法为准，每个点受压路机的作用次数力求相等
	塑性指数	每1000m²检查一次，异常情况时可随时试验	应小于所规定的值	塑性指数高时，应掺砂或石屑，或者石灰、水泥处治	一般在料场和施工现场进行，采用标准搓条法试验
	承载比	每3000m²检查一次，观察中出现异常情况时可随时增加试验	应小于所规定的值	废除，更换合格的材料，或采购其他措施	一般均在料场和施工现场进行，取样进行室内试验
	弯沉值试验	每一评定段(不超过1km)中的每车道约40~50个测量点	其合格率为97%以上	继续碾压，局部处理	碾压完成后进行仔细检查
	含水量	据观察，出现异常情况时应随时试验	最佳含水量-1%~+2%	含水量多时采用晾晒，过于时补充洒水	开始碾压时及碾压过程中都注意检验质量
无结合料基层	级配	每2000m²一次	在规定的质量范围内	调查原材料，按需要修正现场配合比	整平结束前取样，含土集料应用湿筛分法进行
	均匀性	随时观察	无粗细集料离析现象出现	局部加所缺集料，补充拌和	摊铺、拌和及整平过程中进行
	压实度	每一作业段或不超过2000m²检查6次以上	级配集料基层和中间层98%填隙碎石固体体积率85%	继续碾压。局部含水量过大的不良地点挖除并换好材料	用灌砂法为准。每点受压路机的作用次数力求相等
	塑性指数	每1000m²一次，异常时随时试验	必须小于规定值	限制0.5mm以下细土用量。用石灰或水泥处治	料场取样和施工现场取样，塑限用标准搓条法试验
	集料压碎值	据观察，异常时随时试验	不超过规定值	废除，然后换合格的材料	料和施工现场观察和取样
	承载比	每3000m²一次，据观察，异常时随时增加试验	不小于规定值	废除，然后换合格的材料	材料及施工现场观测并取样进行室内试验
	弯沉值检验	每一评定(不超过1km)每车道40~50个测点	95%或97.7%概率的上波动界限不大于计算得的容许值	继续碾压，局部处理，加结合料处理等方法	碾压完成后检验
水泥或石灰稳定土及水泥石灰综合稳定土	级配	每2000m²一次	在规定范围内	调查原材料，按需要修正现场配合比	在现场摊铺整平过程中取样
	集料压碎值	据观察，异常时随时试验	不超过规定值	废除并换合格的材料	在料场和施工现场进行
	水泥或石灰剂量	每2000m²一次，至少6个样品。用滴定法或用直读式测钙仪试验，并与实际水泥用量校核	-1%	检查原因，进行调整	在现场摊铺整平过程中取样

图名	稳定土路面基层施工质量验收标准(一)	图号	DL3-17(一)

续表

工程类别	主要项目		检查频度	质量标准	返工时处理措施的参考意见	简要说明
水或石灰稳定土及水泥石灰综合稳定土	水泥含量	水泥稳定土	据观察，异常时随时试验	最佳含水量1%~2%	含水量多时，进行晾晒；过干时补充洒水	拌和过程中，开始碾压时及碾压过程中检验；注意水泥稳定土规定的延迟时间
		石灰稳定土		最佳含水量±1%		
	拌和均匀性		随时观察	无灰条、灰团、色泽均匀无离析现象	补充拌和，处理粗集料窝和粗集料带	
	压实度	稳定细粒土	第一作业段或不超过2000m²检查6次以上	一般公路93%以上，高速和一级公路95%以上	继续碾压。局部含水量过大或材料不良地点，挖除并换填好混合料	以灌砂法为准，每个点受压路机的作用次数力求相等
		稳定中粒土和稳定粗粒土		一般公路的底基层95%，基层97%，高速和一级公路的底基层96%，基层98%		
	抗压强度		稳定细粒土，每2000m²检查6个试件；稳定中粒土和粗粒土，每2000m²分别为9个和13个试件	符合有关技术规定的要求	调查原材料，按需要增加结合料剂量，改善材料颗粒组成或采用其他措施，如提高压实度等	在平整过程中，随机取样，每次的样品不应混合，制件时不再拌和，试件密实度与现场达到密实度相同
	延迟时间		每个作业段落检查一次	不得超过有关技术规定的值	适当处理，认真改进施工方法	这里仅指稳定和综合稳定土，记录从加水拌和到碾压结束的时间
石灰工业废渣	配合比		每2000m²检查一次	石灰1%（石灰剂量少于4%时，-0.5%)以外		按要求的剂量控制
	级配		每2000m²检查一次	不超过有关技术规定的值		在平整过程中取样
	含水量		在观察中，若发现异常时应随即试验	最佳含水量±1%（二灰土为±2%)	当含水量过多时，应进行晾晒，当过干时摊开洒水	拌和过程中，开始碾压时以及碾压过程中均需检验
	拌和均匀性		随时观察	无灰条，灰团，色泽均匀，无离析现象	补充拌和，处理粗集料窝和粗集料带	注意拌和均匀
	压实度	二灰土	每一作业段或者不大于2000m²检查6次以上	一般公路为93%以上，高速和一级公路为95%以上	继续碾压。局部含水量过大或材料不良地点挖除并换填好混合料	一般以灌砂法为准，每个点受压路机的作用次数力求相等
		其他含粒料的石灰工业废渣		一般公路底基层95%、基层97%，高速和一级公路底基层96%、基层98%		
	抗压强度		细粒土每天两组，每组6个试件，中粒和粗粒土每天分别为9个和13个试件	符合有关技术规定的要求	调查原材料，按需要增加石灰用量，调整配合比，提高压实度或采取其他措施	试件密实度与现场达到的密度相同

图名	稳定土路面基层施工质量验收标准（二）	图号	DL3-17（二）

3.3 柔性路面设计与施工

3.3.1 柔性路面常用材料

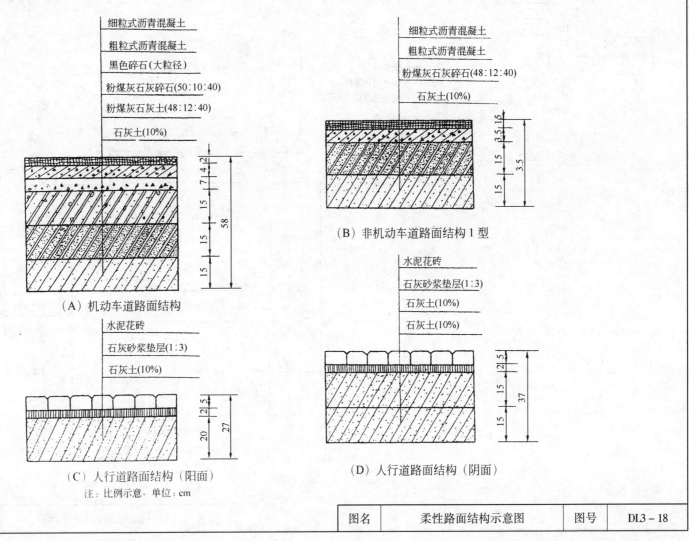

| 图名 | 柔性路面结构示意图 | 图号 | DL3-18 |

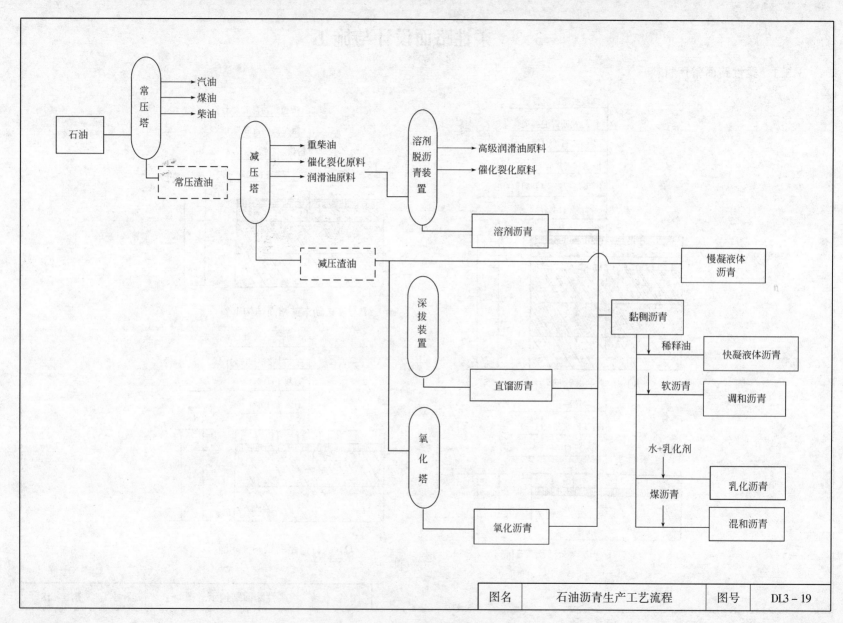

| 图名 | 石油沥青生产工艺流程 | 图号 | DL3-19 |

道路用液体石油沥青技术质量要求

序号	试验项目		快凝		中凝						慢凝						试验方法 JTJ 052—93
			AL(R)-1	AL(R)-2	AL(M)-1	AL(M)-2	AL(M)-3	AL(M)-4	AL(M)-5	AL(M)-6	AL(S)-1	AL(S)-2	AL(S)-3	AL(S)-4	AL(S)-5	AL(S)-6	
1	黏度(s)	$C_{25,5}$	<20	—	<20	—	—	—	—	—	<20	—	—	—	—	—	T0621
		$C_{60,5}$	—	5~15	—	5~15	16~25	26~40	41~100	101~200	—	5~15	16~25	26~40	41~100	101~180	
2	蒸馏(体积%)不大于	225℃前	>20	>15	<10	<7	<3	<2	0	0	—	—	—	—	—	—	T0632
		315℃前	>35	>30	<35	<25	<17	<14	<8	<5	—	—	—	—	—	—	
		360℃前	>45	>35	<50	<35	<30	<25	<20	<15	<40	<35	<25	<20	<15	<5	
3	蒸馏后残留物性质	针入度(25℃,100g,5s)(1/10mm)	60~200	60~200	100~300	100~300	100~300	100~300	100~300	100~300	—	—	—	—	—	—	T0604
		延度25℃(cm),不小于	60	60	60	60	60	60	60	60	—	—	—	—	—	—	T0605
		浮标度(50℃)(s)	—	—	—	—	—	—	—	—	<20	>20	>30	>40	>45	>45	T0631
4	闪点(TOC)(℃),不低于		30	30	65	65	65	65	65	65	70	70	100	100	120	120	T0633
5	含水量(%),不大于		0.2	0.2	0.2	0.2	0.2	0.2	0.2	0.2	0.2	0.2	0.2	0.2	0.2	0.2	T0612

注：1. 本表根据中华人民共和国国家标准(GB 50092—96);
2. 黏度使用道路沥青黏度计测定, $C_{T,d}$ 的脚标第一个数字 T 代表温度(℃), 第二个数字代表孔径(mm)。

| 图名 | 道路石油沥青技术质量要求(一) | 图号 | DL3-20(一) |

重交通道路石油沥青质量要求（GB 50092—96）

序号	试 验 项 目		标　　　号					试 验 方 法	
			AH—130	AH—110	AH—90	AH—70	AH—50	JTJ 052—93	CB—94
1	针入度 $P(25℃,10g,5s)(1/10mm)$		120~140	100~120	80~100	60~80	40~60	T0604	GB/T 4509
2	延度 $D(15℃,5cm/min)(cm)$，大于		100	100	100	100	100	T0605	GB/T 4508
3	软化点 $T_{R\&B}$,(℃)		40~50	41~51	42~52	44~54	45~55	T0606	GB/T 4507
4	闪点(COC)T_i,(℃)，不低于		230	230	230	230	230	T0611	GB/T 367
5	溶解度(溶剂:三氯乙烯)(%)，大于		99.0	99.0	99.0	99.0	99.0	T0607	GB/T 11148
6	含蜡量 W(蒸馏法)(%)，不大于		3	3	3	3	3	T0615	GB/T 0425
7	密度(15℃)(g/cm³)		实 测 记 录					T0603	GB/T 8928
8	薄膜烘箱加热试验(163℃,5h)	质量损失(%)不大于	1.3	1.2	1.0	0.8	0.6	T0609	GB/T 5304
		加热后针入度比(%)，不小于	45	48	50	55	58	T0609,T0604	GB/T 5304, GB 4508
		加热后延度(25℃)(cm)，不小于	75	75	75	50	40	T0609,T0605	GB/T 5304, GB 4508

中、轻交通道路石油沥青质量要求

序号	项　目	标　　　号							试 验 方 法	
		A-200	A-180	A-140	A-100甲	A-100乙	A-60甲	A-60乙	JTJ 052—93	SH 0522—92
1	针入度(25℃,100g,5s)(0.1m)	201~300	161~200	121~160	81~120	81~120	41~80	41~80	T0604	GB/T 4509
2	延度(25℃,5cm/min)(cm)，不小于	—	100	100	80	60	60	40	T0605	GB/T 4508
3	软化点(环球法)(℃)，不小于	30~45	35~45	38~48	42~52	42~52	45~55	45~55	T0606	GB/T 4507
4	溶解法(三氯乙烯)(%)，不小于	99.0	99.0	99.0	99.0	99.0	99.0	99.0	T0607	GB/T 11148

图名	道路石油沥青技术质量要求（二）	图号	DL3-20（二）

沥青面层用粗集料质量技术要求

指　　标		高速公路、一级公路	其他等级公路
石料压碎值	不大于（%）	28	30
洛杉矶磨耗损失	不大于（%）	30	40
视密度	不小于（t/m³）	2.50	2.45
吸水率	不大于（%）	2.0	3.0
对沥青的粘附性	不小于	4级	3级
坚固性	不大于（%）	12	—
细长扁平颗粒含量	不大于（%）	15	20
水洗法＜0.075mm颗粒含量	不大于（%）	1	1
软石含量	不大于（%）	5	5
石料磨光值	不小于（BPN）	42	实测
石料冲击值	不大于（%）	28	实测
破碎砾石的破碎面积不小于（%）			40
拌和的沥青混合料路面表面层　中下面层		90	40
贯入式路面		50	40

注：1. 坚固性试验根据需要进行；
　　2. 用于高速公路、一级公路时，多孔玄武岩的视密度限度可以放宽至 2.45t/m³；
　　3. 石料磨光值是为高速公路、一级公路的抗滑表层需要而试验的指标，石料冲击值根据需要进行；
　　4. 钢渣的游离氧化钙的含量应不大于3%，浸水后的膨胀率应不大于2%。

沥青面层用天然砂规格

方孔筛（mm）	圆孔筛（mm）	通过各筛孔的质量百分率（%）		
		粗砂	中砂	细砂
9.5	10	100	100	100
4.75	5	90~100	90~100	90~100
2.36	2.5	65~95	75~100	85~100
1.18	1.2	35~65	50~90	75~100
0.6	0.6	15~29	30~59	60~84
0.3	0.3	5~20	8~30	15~45
0.15	0.15	0~10	0~10	0~10
0.075	0.075	0~5	0~5	0~5
细度模数 M_x		3.7~3.1	3.0~2.3	2.2~1.6

沥青面层用矿粉质量技术要求

指　　标		高速公路、一级公路	其他等级公路
视密度	不小于（t/m³）	2.50	2.45
含水量	不大于（%）	1	1
粒度范围	＜0.6mm（%）	100	100
	＜0.15mm（%）	90~100	90~100
	＜0.075mm（%）	75~100	70~100
外　　观		无团粒结块	
亲水系数		＜1	

图名	沥青路面材料技术质量要求（一）	图号	DL3-21（一）

沥青路面透层及粘层用乳化沥青、煤沥青或液体石油沥青技术要求(JTJ 032—94C.3)

项目 \ 种类		PC-1 PA-1	PC-2 PA-2	PC-3 PA-3	BC-1 BA-1	BC-2 BA-2	BC-3 BA-3
筛上剩余量 不大于 （%）		0.3					
电荷		阳离子带正电(+)，阴离子带负电(-)					
破乳速度试验		快裂	慢裂	快裂	中或慢裂		慢裂
黏度	沥青标准黏度计 $C_{25,3}$ (s)	12~45	8~20		12~100		40~100
	恩格拉度 E_{25}	3~15	1~6		3~40		15~40
蒸发残留物含量不小于 （%）		60	50		55		60
蒸发残留物性质	针入度(100g,25℃,5s)(0.1mm)	80~200	80~300	60~160	60~200	60~300	80~200
	残留延度比(25℃)不小于(%)	80					
	溶解度(三氯乙烯)不小于(%)	97.5					
储存稳定性	5d 不大于(%)	5					
	1d 不大于(%)	1					
与矿料的粘附性，裹覆面积不小于		2/3					
粗粒式集料拌和试验		—			均匀		—
细粒式集料拌和试验		—					均匀
水泥拌和试验 1.18mm 筛上剩余量 不大于(%)		—					5
低温储存稳定度（-5℃）		无粗颗粒或结块					

注：PC-1、PA-1 作表面处治及贯入式洒布用；PC-2、PA-2 作透层油用；PC-3、PA-3 作黏层油用；
BC-1、BA-1 作拌制粗粒式沥青混合料用；BC-2、BA-2 作拌制中粒式及细粒式沥青混合料用；
BC-3、BA-3 作拌制砂粒式沥青混合料及稀浆封层用。

| 图名 | 沥青路面材料技术质量要求(二) | 图号 | DL3-21(二) |

重交通道路石油沥青技术要求(JTJ 032—94C.1)

试 验 项 目			AH-130	AH-110	AH-90	AH-70	AH-50
针入度(25℃,100g,5s)		(0.1mm)	120~140	100~120	80~100	60~80	40~60
延度(5cm/min,15℃)		不小于(cm)	100	100	100	100	80
软化点(环球法)		(℃)	40~50	41~51	42~52	44~54	45~55
闪点(COC)		不小于(℃)	230				
含蜡量(蒸馏法)		不小于(%)	3				
密度(15℃)		(g/cm³)	实 测 记 录				
溶解度(三氯乙烯)		不小于(%)	99.0				
薄膜热加试验(163℃)(5h)	质量损失	不大于(%)	1.3	1.2	1.0	0.8	0.6
	针入度比	不大于(%)	45	48	50	55	58
	延度(25℃)	不小于(cm)	75	75	75	50	40
	延度(15℃)	(cm)	实 测 记 录				

沥青面层用矿粉质量技术要求(JTJ 032—94C.12)

指 标		高速公路、一级公路	其他等级公路
视密度不小于(t/m³)		2.50	2.45
含水量不大于(%)		1	1
粒度范围	<0.6mm(%)	100	100
	<0.15mm(%)	90~100	90~100
	<0.075mm(%)	75~100	70~100
外 观		无团粒结块	
亲水系数		<1	

图名	沥青路面材料技术质量要求(三)	图号	DL3-21(三)

沥青面层用细集料质量技术要求 (JTJ 032—94C.11)

指　　标		高速公路,一级公路	其他等级公路
视密度 不小于 (t/m³)	项目	2.45	
坚固性 (＞0.3mm 部分) 不大于 (%)		12	—
砂当量 不小于 (%)		60	50

沥青面层用粗集料质量技术要求 (JTJ 032—94C.8)

指　　标			高速公路,一级公路	其他等级公路
石料压碎值		不大于 (%)	28	30
洛杉矶磨耗损失		不大于 (%)	30	40
视密度		不小于 (t/m³)	2.50	2.45
吸水率		不大于 (%)	2.0	3.0
对沥青的粘附性		不小于	4 级	3 级
坚固性		不大于 (%)	12	—
细长扁平颗粒含量		不大于 (%)	15	20
水洗法＜0.075mm 颗粒含量		不大于 (%)	1	1
软石含量		不大于 (%)	5	5
石料磨光值		不小于 (BPN)	42	实测
石料冲击值		不大于 (%)	28	实测
破碎砾石的破碎面积不小于 (%)	拌和的沥青混合料路面	表面层	90	40
		中下面层	50	40
	贯入式路面		—	40

沥青面层用石屑规格 (JTJ 032—94C.10)

公称规格	粒径 (mm)	通过下列筛孔的质量百分率 (%)				
		方孔筛 (mm)	9.5	4.75	2.36	0.6	0.075
		圆孔筛 (mm)	10	5	2.5		
S15	0～5		100	85～100	40～70	—	0～15
S16	0～3		100	85～100	20～50		0～15

沥青面层用天然砂规格 (JTJ 032—94C.9)

方孔筛 (mm)	圆孔筛 (mm)	通过各筛孔的质量百分率 (%)		
		粗砂	中砂	细砂
9.5	10	100	100	100
4.75	5	90～100	90～100	90～100
2.36	2.5	65～95	75～100	85～100
1.18	1.2	35～65	50～90	75～100
0.6	0.6	15～29	30～59	60～84
0.3	0.3	5～20	8～30	15～45
0.15	0.15	0～10	0～10	0～10
0.075	0.075	0～5	0～5	0～5
细度模数 M_x		3.7～3.1	3.0～2.3	2.2～1.6

图名	沥青路面材料技术质量要求(四)	图号	DL3-21(四)

道路用煤沥青技术要求

序号	项 目		标 号									试 验 方 法	
			T—1	T—2	T—3	T—4	T—5	T—6	T—7	T—8	T—9	JTJ 052—93	YB/T 030—92
1	黏度 (s)	$C_{30,5}$	5~25	26~70								T0621	YB/T 033—92
		$C_{30,10}$			5~20	21~50	51~120	121~200					
		$C_{50,10}$							10~75	76~200			
		$C_{60,10}$									35~65		
2	蒸馏试验 馏出量 (%)	170℃前	<3	<3	<3	<2	<1.5	<1.5	<1.0	<1.0	<1.0	T0641	YB/T 032—92
		270℃前	<30	<20	<20	<15	<15	<15	<10	<10	<10		
		300℃前	15~25	15~35	<30	<30	<25	<25	<20	<20	<15		
3	300℃蒸馏残渣软化点 (环球法)(℃)		30~45	30~45	35~65	35~65	35~65	35~65	40~70	40~70	40~70	T0641 T0606	GB 2494—80
4	水 分(%)		<1.0	<1.0	<1.0	<1.0	<1.0	<0.5	<0.5	<0.5	<0.5	T0612	GB 2288—80
5	甲苯不溶物(%)		<20	<20	<20	<20	<20	<20	<20	<20	<20	T0641	GB 2293—80
6	含萘量(%)		<5	<5	<5	<4	<4	<3.5	<3	<2	<2	T0644,T0645	YB/T 031—92
7	焦油酸含量(%)		<4	<4	<3	<3	<2.5	<1.5	<1.5	<1.5	<1.5	T0642	GB 3065.3—82
	相当 YB/T 030—92 煤沥青筑路油标号		—	—	—	ML-1	ML-2	ML-3	ML-4	ML-5			

注：1. 本表根据中华人民共和国要求(M 0672—93)和中华人民共和国黑色冶金行业标准煤沥青筑路油技术标准(YB/T 030—92)；
2. 黏度使用道路沥青黏度计测定，$C_{T,d}$脚标第1个数字代表测试温度(℃)，第2个数字代表黏度计孔径(mm)。

图名	道路用煤沥青技术质量要求	图号	DL3-22

沥青混凝土混合料的技术标准

试验项目	沥青混合料类型	高速公路、一级公路	其他等级公路	行人道路
击实次数 （次）	沥青混凝土 沥青碎石、抗滑表层	两面各75 两面各50	两面各50 两面各50	两面各35 两面各35
稳定度[①] （kN）	Ⅰ型沥青混凝土 Ⅱ型沥青混凝土、抗滑表层	>7.5 >5.0	>5.0 >4.0	>3.0 —
流值 （0.1mm）	Ⅰ型沥青混凝土 Ⅱ型沥青混凝土、抗滑表层	20～40 20～40	20～45 20～45	20～50 —
空隙率[②] （%）	Ⅰ型沥青混凝土 Ⅱ型沥青混凝土、抗滑表层 沥青碎石	3～6 4～10 >10	3～6 4～10 >10	2～5 — —
沥青饱和度 （%）	Ⅰ型沥青混凝土 Ⅱ型沥青混凝土、抗滑表层 沥青碎石	70～85 60～75 40～60	70～85 60～75 40～60	75～90 — —
残留稳定度 （%）	Ⅰ型沥青混凝土 Ⅱ型沥青混凝土、抗滑表层	>75 >70	>75 >70	>75 —

注：① 粗粒式沥青混凝土稳定度可降低 1kN；
② Ⅰ型细粒式及砂粒式沥青混凝土的空隙率为 2%～6%；
③ 沥青混凝土混合料的矿料间隙率（VMA）宜符合下表要求：

最大集料粒径 （mm）	方孔筛	37.5	31.5	26.5	19.0	16.0	13.2	9.5	4.75
	圆孔筛	50	35或40	30	25	20	15	10	5
VMA 不小于 （%）		12	12.5	13	14	14.5	15	16	18

注：① 当沥青碎石混合料试件在60℃水浴中浸泡即发生松散时，可不进行马歇尔试验，但应测定密度、空隙率、沥青饱和度等；
② 残留稳定度可根据需要采用浸水马歇尔试验或真空饱水后浸水马歇尔试验。

图名	沥青混凝土混合料的技术标准	图号	DL3－23

沥青混合料矿料级配及沥青用量范围(方孔筛)

级配类型			通过下列筛孔(方孔筛,mm)的质量百分率(%)														沥青用量(%)
			53.0	37.5	31.5	26.5	19.0	16.0	13.2	9.5	4.75	2.36	1.18	0.6	0.3	0.15	0.075	
沥青混凝土	粗粒	AC-30 Ⅰ		100	90~100	79~92	66~82	59~77	52~72	43~63	32~52	25~42	18~32	13~25	8~18	5~13	3~7	4.0~6.0
		Ⅱ		100	90~100	65~85	52~70	45~65	38~58	30~50	18~38	12~28	8~20	4~14	3~11	2~7	1~5	3.0~5.0
		AC-25 Ⅰ			100	95~100	75~90	62~80	53~73	43~63	32~52	25~42	18~32	13~25	8~18	5~13	3~7	4.0~6.0
		Ⅱ			100	90~100	65~85	52~70	42~62	32~52	20~40	13~30	9~23	6~16	4~12	3~8	2~5	3.0~5.0
	中粒	AC-20 Ⅰ				100	95~100	75~90	62~80	52~72	38~58	28~46	20~34	15~27	10~20	6~14	4~8	4.0~6.0
		Ⅱ				100	90~100	65~85	52~70	42~60	26~45	16~33	11~25	7~18	4~13	3~9	2~5	3.5~5.5
		AC-16 Ⅰ					100	95~100	75~90	58~78	42~63	32~50	22~37	16~28	11~21	7~15	4~8	4.0~6.0
		Ⅱ					100	100	95~85	50~70	30~50	18~35	12~26	7~19	4~14	3~9	2~5	3.5~5.5
	细粒	AC-13 Ⅰ						100	95~100	70~88	48~68	36~53	24~41	18~30	12~22	8~16	4~8	4.5~6.5
		Ⅱ							90~100	60~80	34~52	22~38	14~28	8~20	5~14	3~10	2~6	4.0~6.0
		AC-10 Ⅰ							100	95~100	55~75	38~58	26~43	17~33	10~24	6~16	4~9	5.0~7.0
		Ⅱ								90~100	40~60	24~42	15~30	9~22	6~15	4~10	2~6	4.5~6.5
	砂粒	AC-5 Ⅰ								100	95~100	55~75	35~55	20~40	12~28	7~18	5~10	6.0~8.0
沥青碎	特粗	AM-40	100	90~100	50~80	40~65	30~54	25~30	20~45	13~38	5~25	2~15	0~10	0~8	0~6	0~5	0~4	2.5~4.0
	粗粒	AM-30		100	90~100	50~80	38~65	32~57	25~50	17~42	8~30	2~20	0~15	0~10	0~8	0~5	0~4	2.5~4.0
		AM-25			100	90~100	50~80	43~73	38~65	25~55	10~32	2~20	0~14	0~10	0~8	0~6	0~5	3.0~4.5
	中粒	AM-20				100	90~100	60~85	50~75	40~65	15~40	5~22	2~16	1~12	0~10	0~8	0~5	3.0~4.5
		AM-16					100	90~100	60~85	45~68	18~42	6~25	3~18	1~14	0~10	0~8	0~5	3.0~4.5
	细粒	AM-13						100	90~100	50~80	20~45	8~28	4~20	2~16	0~10	0~8	0~6	3.0~4.5
		AM-10							100	85~100	35~65	10~35	5~22	2~16	0~12	0~9	0~6	3.0~4.5
抗滑表层		AK-13A						100	90~100	60~80	30~53	20~40	15~30	10~23	7~18	5~12	4~8	3.5~5.5
		AK-13B						100	85~100	50~70	18~40	10~30	8~22	5~15	3~12	3~9	2~6	3.5~5.5
		AK-16					100	90~100	60~82	45~70	25~45	15~35	10~25	8~18	6~13	4~10	3~7	3.5~5.5

| 图名 | 沥青混凝土矿料及沥青用量范围 | 图号 | DL3-24 |

沥青面层用粗集料规格(圆孔筛)

规格	公称粒径(mm)	通过下列筛孔(圆孔筛,mm)的质量百分率(%)													
		130	90	75	60	50	40	35	30	25	20	15	10	5	2.5	0.6
S_1	40~90	100	90~100	—	—	—	0~15		0~5							
S_2	40~75		100	90~100	—	—	0~15		0~5							
S_3	40~60			100	90~100	—	0~15		0~5							
S_4	30~60			100	90~100	—	0~15		—			0~5				
S_5	25~50				100	90~100	—		0~15		—	0~5				
S_6	20~40					100	90~100		—		0~15		0~5			
S_7	10~40					100	90~100						0~15	0~5		
S_8	15~35						100	95~100				0~15		0~5		
S_9	10~30								100	95~100			0~15	0~5		
S_{10}	10~20									100	95~100		0~15	0~5		
S_{11}	5~15										95~100	40~70	0~15	0~5		
S_{12}	5~10											100	95~100	0~10	0~5	
S_{13}	3~10											100	95~100	40~70	0~15	0~5
S_{14}	3~5												100	85~100	0~25	0~5

图名	沥青面层粗集料规格(一)	图号	DL3-25(一)

方孔筛与圆孔筛的对应关系

方孔筛孔径 (mm)	对应圆孔筛孔径 (mm)	方孔筛孔径 (mm)	对应圆孔筛孔径 (mm)	方孔筛孔径 (mm)	对应圆孔筛孔径 (mm)	方孔筛孔径 (mm)	对应圆孔筛孔径 (mm)
106	130	13.2	15	31.5	40	0.6	0.6
75	90	9.5	10	26.5	30	0.3	0.3
63	75	4.75	5	19.0	25	0.15	0.15
53	65	2.36	2.5	16.0	20	0.075	0.075
37.5	45	1.18	1.2				

沥青面层用粗集料规格（方孔筛）

规格	公称粒径 (mm)	通过下列筛孔（方孔筛, mm）的质量百分率(%)												
		106	57	63	53	37.5	31.5	26.5	19.0	13.2	9.5	4.75	2.63	0.6
S_1	40~75	100	90~100	—		0~15	—	0~5						
S_2	40~60		100	90~100		0~15	—	0~5						
S_3	30~60		100	90~100			0~15		0~5					
S_4	25~50			100	90~100		0~15			0~5				
S_5	20~40				100	90~100	—		0~15	—	0~5			
S_6	15~30					100	90~100			0~15	—	0~5		
S_7	10~30					100	90~100				0~15	0~5		
S_8	15~25						100	95~100	—		0~15	0~5		
S_9	10~20							100	95~100	—	0~15	0~5		
S_{10}	10~15								100	95~100	0~15	0~5		
S_{11}	5~15								100	95~100	40~70	0~15	0~5	
S_{12}	5~10									100	95~100	0~10	0~5	
S_{13}	3~10									100	95~100	40~70	0~15	0~5
S_{14}	3~5										100	85~100	0~25	0~5

图名	沥青面层粗集料规格（二）	图号	DL3-25（二）

沥青贯入式路面材料用量表(方孔筛)

厚度(cm)	矿料								石油沥青(kg/m²)			
	主层		第一遍嵌缝料		第二遍嵌缝料		封面料		分次用量			合计
	规格	数量(m³/1000m²)	规格	数量(m³/1000m²)	规格	数量(m³/1000m²)	规格	数量(m³/1000m²)	1	2	3	
4	S5	45~50	S10(S9)	12~14	S12	5~6	S14	3~5	1.8~2.1	1.6~1.8	1.0~1.2	4.4~5.1
5	S4	55~60	S8	16~18	S11(S10)	10~12	S14	3~5	2.4~2.6	1.8~2.0	1.0~1.2	5.2~5.8
6	S3(S2)	66	S8(S6)	16~18	S11(S10)	10~12	S13(S14)	4~6	2.8~3.0	2.0~2.2	1.0~1.2	5.8~6.4
7	S3	80	S6(S8)	18~20	S10(S11)	11~13	S13(S14)	4~6	3.3~3.5	2.4~2.6	1.0~1.2	6.7~7.3
8	S1(S2)	95~100	S6(S8)	20~22	S10(S11)	11~13	S13(S14)	4~6	4.0~4.2	2.6~2.8	1.0~1.2	7.6~8.2

注：1. 在寒冷地区或施工季节气温较低、沥青针入度较小时，其用量宜选用高限，反之用低限。高寒地区或干旱地区可根据需要增加用量；
2. 采用煤沥青时，按石油沥青用量×1.2计算；
3. 矿料规格括号内的数字系建议采用另一种尺寸，矿料数量不包括施工损耗数量；
4. 施工期间另备(2~3)m³/1000m²与最后一次封面料尺寸相同的石屑或粗砂、小碎石，供初期养护使用；
5. 当采用乳化沥青作结合料时，可参照有关规范执行。

图名	沥青表面处治材料规格与用量表	图号	DL3-26

沥青表面处治材料规格和用量

沥青种类	类型	厚度(cm)	集料 (m³/1000m²)						沥青用量 (kg/m²)			
			第一层		第二层		第三层		第一次	第二次	第三次	合计用量
			粒径规格	用量	粒径规格	用量	粒径规格	用量				
石油沥青	单层	1.0	S12	7~9					1.0~1.2			1.0~1.2
		1.5	S10	12~14					1.4~1.6			1.4~1.6
	双层	1.0*	S12	10~12	S14	3~5			1.2~1.4	0.8~1.0		2.0~2.4
		1.5	S10	12~14	S12	7~8			1.4~1.6	1.0~1.2		2.4~2.8
		2.0	S9	16~18	S12	7~8			1.6~1.8	1.0~1.2		2.6~3.0
		2.5	S8	18~20	S12	7~8			1.8~2.0	1.0~1.2		2.8~3.2
	三层	2.5*	S9	18~20	S11	9~11	S14	5~7	1.6~1.8	1.1~1.3	0.8~1.0	3.5~4.1
		2.5	S8	18~20	S10	2~14	S12	7~8	1.6~1.8	1.2~1.4	1.0~1.2	3.8~4.4
		3.0	S6	20~22	S10	2~14	S12	7~8	1.8~2.0	1.2~1.4	1.0~1.2	4.0~4.6
乳化沥青	单层	0.5	S14	7~9					0.9~1.0			0.9~1.0
	双层	1.0	S12	9~11	S14	4~6			0.8~1.0	0.7~0.9		1.6~1.8
	三层	3.0	S6	28~32	S10	9~11	S12 S14	4~6 3.5~4.5	2.0~2.2	1.8~2.0	1.0~1.2	4.8~5.4

注：1. 煤沥青表面处治的沥青用量可较石油沥青用量增加15%~20%；
2. 有*符号的规规格和用量宜用于城市道路。最后一层集料中已包括了(2~3)m³/1000m² 养护料；
3. 表中乳化沥青用量是指乳液用量，并适用于乳液中沥青用量为50%~60%的情况；
4. 表中集料粒径规格为(公称粒径mm)S1:40~75；S2:40~60；S3:30~60；S4:25~50；S5:20~40；S6:15~30；S7:10~30；S8:15~25；S9:10~20；S10:10~15；S11:5~15；S12:5~10；S13:3~10；S14:3~5；S15:0~5；S16:0~3。

图名	沥青贯入式路面材料用量表	图号	DL3-27

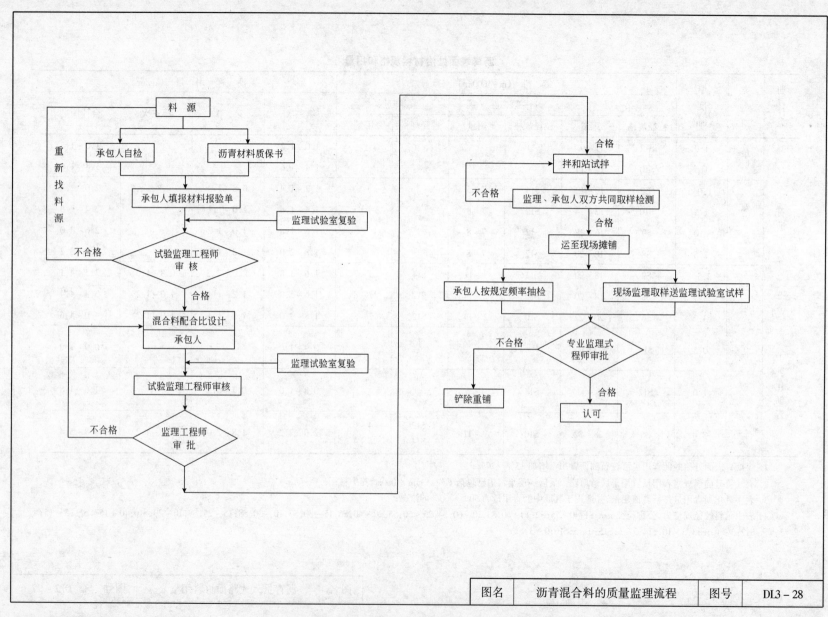

| 图名 | 沥青混合料的质量监理流程 | 图号 | DL3-28 |

3.3.2 柔性路面施工机械

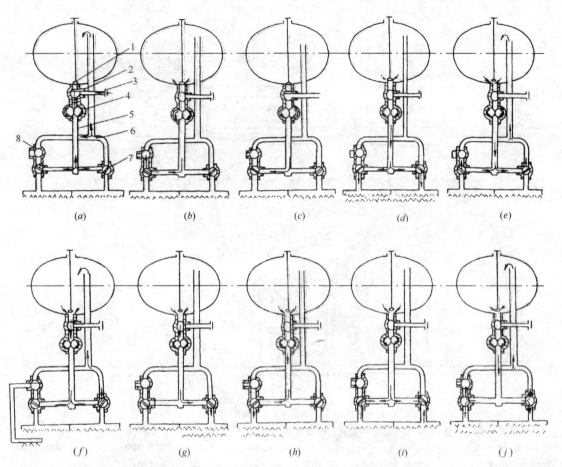

1—沥青箱总阀门；2—沥青泵三通阀；3—吸油管；4—沥青泵；5—输油总管；6—循环管道；7—右横管道三通阀；8—放油三通阀
(a) 吸入沥青；(b) 抽空沥青箱内沥青；(c) 转送沥青；(d) 全长喷撒；(e) 循环；(f) 人工撒布；(g) 右方喷撒；(h) 左方喷撒；
(i) 抽出撒布管内残余沥青；(j) 少量喷撒及吸回多余沥青

图名	沥青撒布车各种作业示意图	图号	DL3-29

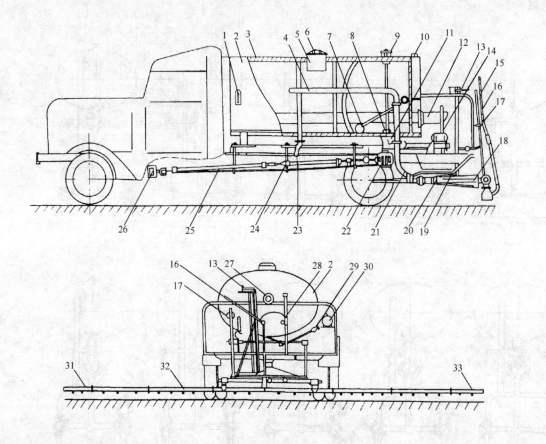

1—温度计；2—沥青箱；3—保温层；4—进料管；5—滤网；6—装料口；7—浮子；8—油箱开关；9—油箱开关手轮；10—烟囱；11—大三通阀；12—喷燃器罩；13—小三通阀操纵手柄；14—加热装置；15—撒布管升降杆；16—喷嘴角度调节手柄；17—撒布管升降操纵手柄；18—球状联结管；19—放沥青管；20—小三通阀；21—循环管；22—沥青泵；23—溢流管；24—传动轴轴承支架；25—传动轴；26—取力器；27—沥青容量指示器；28—喷燃器；29—吸沥青管；30—燃料箱；31—左撒布管；32—中撒布管；33—右撒布管

图名	自行式沥青撒布车结构示意图	图号	DL3-30

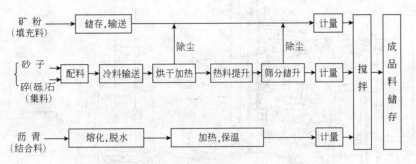

(A)强制间歇式搅拌设备工艺流程方框图

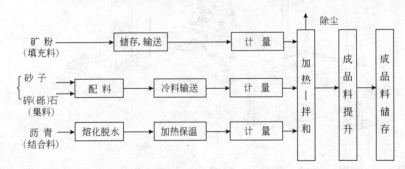

(B)滚筒式搅拌设备工艺流程方框图

| 图名 | 沥青混凝土搅拌设备工艺流程图 | 图号 | DL3-31 |

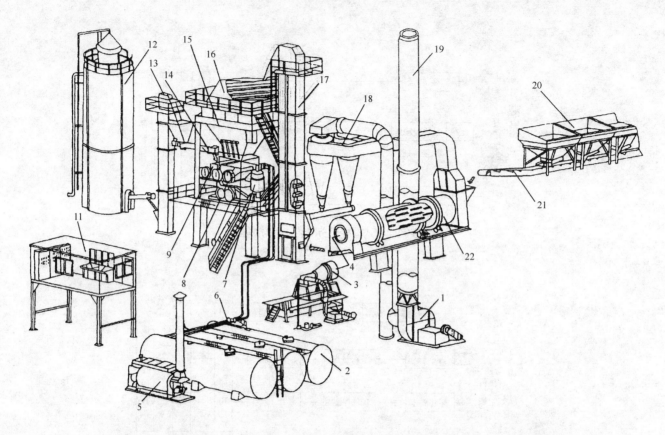

1—排风机；2—沥青保温罐；3—鼓风机；4—燃烧器；5—导热油加热装置；6—沥青输送泵；7—沥青称量桶；
8—热矿料称量斗；9—矿粉称量斗；10—搅拌器；11—操纵控制室；12—矿粉筒仓；13—矿粉提升机；
14—矿粉输送机；15—热矿料储料仓；16—振动筛；17—热矿料提升机；18—集尘器；19—烟囱；
20—冷矿料储存及配料装置；21—冷矿料输送机；22—干燥滚筒

图名	强制、间歇式沥青搅拌设备	图号	DL3－32

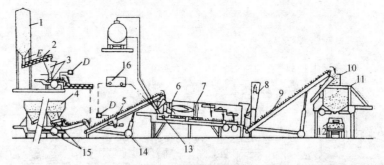

(A) 连续作业式沥青混凝土制备设备工艺过程

1—石粉储仓；2—螺旋输送机；3—石粉计量斗；4—冷料供料斗；5—胶带输送机；6—喷燃器；
7—烘干拌和筒；8—烟囱（附有除尘集尘装置）；9—热混料升运机；10—储仓进料斗及斜槽；
11—热混料储仓；12—运输车；13—沥青泵；14—轮胎；15—给料机；16—控制屏

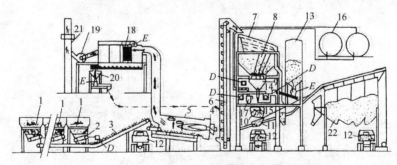

(B) 周期式作业式沥青混凝土制备设备工艺过程

1—冷矿料供料斗；2—冷料给料输送机；3—胶带输送机；4—喷燃器；5—烘干筒；6—热料提升机；
7—筛分机；8—热料储仓；9—热料计量斗；10—拌和机；11—混合料提升斗；12—自卸汽车；
13—封闭式石粉储仓；14—螺旋输送机；15—石粉计量斗；16—沥青保温罐；17—沥青计量斗；
18—布袋除尘器；19—鼓风机；20—集尘器；21—烟囱；22—热混合料成品保温储仓

| 图名 | 沥青混凝土制备工艺流程图(一) | 图号 | DL3-33(一) |

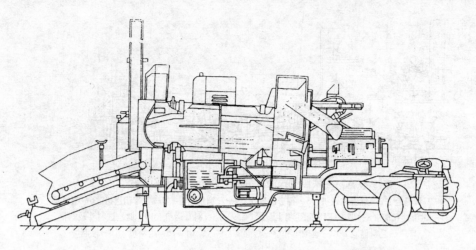

（A）移动式沥青混合料拌和设备工艺过程

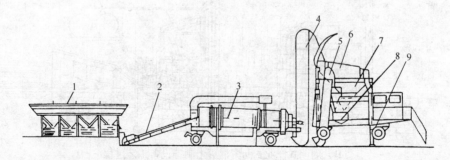

（B）半固定式沥青混合料拌和设备工艺过程

1—冷料给料器；2—冷料输送机；3—烘干筒；4—热料提升机；5—石粉提升斗；
6—筛分机；7—砂石料储仓；8—拌和器；9—支腿

| 图名 | 沥青混凝土制备工艺流程图（二） | 图号 | DL3-33（二） |

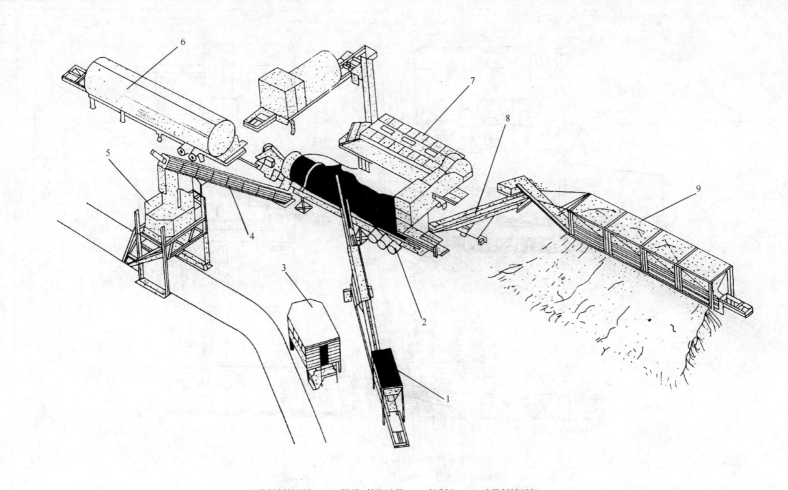

1—回收材料输送机；2—烘干、拌和滚筒；3—控制室；4—成品料输送机；
5—成品料储存仓；6—沥青保温罐；7—布袋式集尘装置；8—冷矿称重输送机；9—冷矿料储存及配料装置

图名	具有再生功能滚筒式搅拌设备	图号	DL3-34

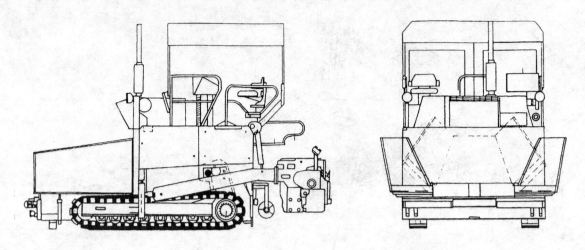

(A）履带式沥青混凝土摊铺机外形

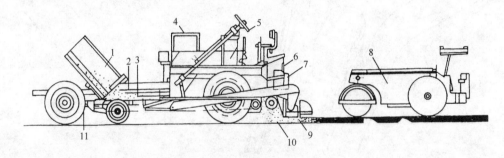

(B）摊铺沥青混凝土机械化工作过程

1—自卸车；2—摊铺机料斗；3—刮板输送机；4—发动机；5—转向机；
6—熨平板升降装置；7—调整螺杆；8—压路机；9—熨平板；
10—螺旋摊铺器；11—推动滚轮

| 图名 | 沥青混凝土摊铺机外形及流水作业图 | 图号 | DL3-35 |

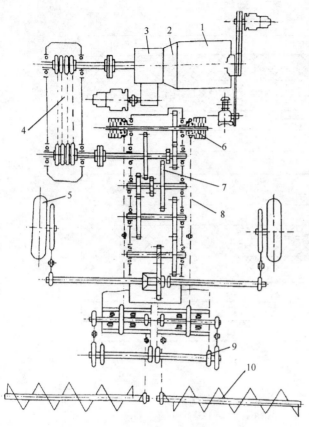

（A）LT-6型沥青混凝土摊铺机传动系统

1—发动机；2—离合器；3—主变速箱；4—传动链；5—后轮；
6—摩擦离合器；7—高低速变速箱；8—传动链；9—刮板输送器；
10—螺旋分料器

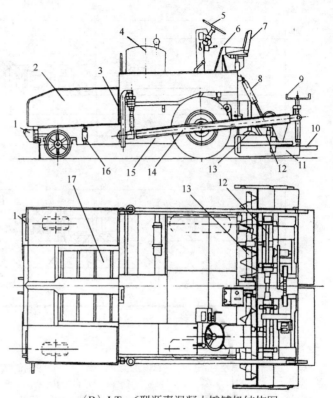

（B）LT-6型沥青混凝土摊铺机结构图

1—顶推辊；2—料斗；3—进料闸门及闸门油缸；4—柴油发动机；
5—操纵台和转向器；6—操纵手柄；7—座椅；8—熨平板提升油缸；
9—厚度调节螺杆；10—踏板；11—熨平板；12—捣实器；13—螺旋摊铺器；
14—熨平装置吊臂；15—机架；16—料斗倾斜油缸；17—刮板送料器

图名	LT-6型沥青混凝土摊铺机结构与传动图	图号	DL3-36

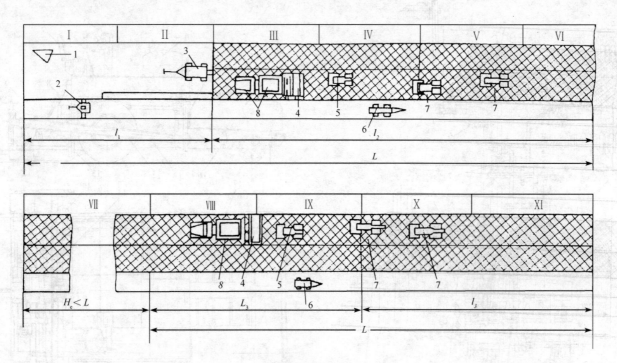

Ⅰ—基层的清理；Ⅱ—涂刷基层路缘沥青；Ⅲ—摊铺机摊铺底层混凝土；Ⅳ—用轻型压路机进行初压；Ⅴ—用重型压路机再压；
Ⅵ、Ⅶ—交替做好补缺填料工作和准备好铺筑面层摊铺工作；Ⅷ—摊铺机摊铺面层沥青混凝土；
Ⅸ—用轻型压路机初压面层；Ⅹ—用重型压路机压实；Ⅺ—轮换检查、补缺填料、修整摊铺好的混凝土路面
1—路刷；2—移动式加热沥青罐；3—喷燃设备；4—沥青混凝土摊铺机；5—6t压路机；6—加热炉；
7—12～15t重型压路机；8—自卸汽车

L—流水作业路段长度；l_1、l_2、l_3—综合班工作面长度

| 图名 | 摊铺沥青混凝土路面流水作业图 | 图号 | DL3-37 |

西安筑路机械厂强制间歇式沥青混合料搅拌设备系列产品性能参数表

型　号	LB500	LB1000	LB2000	M3000
型　式	可搬式	可搬式	可搬式	移动式
额定生产能力(t/h)	3～40	60～80	120～160	180～240

1．冷矿料配料装置

		LB500	LB1000	LB2000	M3000
料斗	数　量	4	4	5	4
	总容积(m³)	2.6×4	5.4×4	9.3×5	9×4
	斗口尺寸(长×宽)(m)	2.5×2	2.75×2	3.6×2.45	3.5×2.4
上料高度(m)		2.5	4	4.62	4.25
喂料方式		电磁振动给料机3台皮带给料机1台	电磁振动给料机3台皮带给料机1台	皮带给料机5台	皮带给料机4台
集料皮带输送机驱动电机功率(kW)		2.2	4	4	7.5

2．干燥滚筒

	LB500	LB1000	LB2000	M3000
滚筒直径×长度(m)	1.2×5.17	1.5×6.5	2.2×8	2.8×9.5
驱动电机功率(kW)	7.5	18.5	15×4	30×4
滚筒传动方式	链条传动	链条传动	摩擦传动	摩擦传动

3．主燃烧器

	LB500	LB1000	LB2000	M3000
型　式	油压雾化式	油压、空气混合雾化式	油压、空气混合雾化式	油压、空气混合雾化式
燃烧能力(Max:Min)(L/h)	600:100	955:95.5	1 677:167.7	2 400:240
控制方式	全自动	全自动	全自动	全自动

续表

型　号	LB500	LB1000	LB2000	M3000
温度控制误差(℃)	≤±5	≤±5	≤±5	≤±5

4．热矿料提升机

	LB500	LB1000	LB2000	M3000
型　式	链斗式	链斗式	链斗式	链斗式
驱动电机功率(kW)	5.5	7.5	18.5	15

5．振动筛

	LB500	LB1000	LB2000	M3000
筛网	2层4段式	2层4段式	2层4段式	2层4段式
驱动电机功率(kW)	2.2×2	5.5×2	11×2	18.5

6．热矿料储存仓

	LB500	LB1000	LB2000	M3000
型　式	4个间隔斗仓	4个间隔斗仓	4个间隔斗仓	4个间隔斗仓
总容积(m³)	5	6.25	20	25.5

7．计量装置

(1) 砂石料计量秤

	LB500	LB1000	LB2000	M3000
型　式	拉力式称重传感器、4点悬挂	拉力式称重传感器、4点悬挂	拉力式称重传感器、4点悬挂	拉力式称重传感器、4点悬挂
称量斗容量(kg)	500	1000	2000	3000

(2) 矿粉计量秤

	LB500	LB1000	LB2000	M3000
型　式	拉力式称重传感器3点悬挂	拉力式称重传感器3点悬挂	拉力式称重传感器3点悬挂	拉力式称重传感器3点悬挂
称量斗容量(kg)	100	200	400	600

图名	柔性路面施工机械的主要技术性能(一)	图号	DL3-38(一)

续表

型　式	LB500	LB1000	LB2000	M3000
(3) 沥青计量秤				
型　式	拉力式称重传感器、3点悬挂	拉力式称重传感器、3点悬挂	拉力式称重传感器、3点悬挂	拉力式称重传感器、3点悬挂
称量斗容量(kg)	100	150	300	480
8. 搅拌器				
型　式	双卧轴桨式搅拌	双卧轴桨式搅拌	双卧轴桨式搅拌	双卧轴桨式搅拌
驱动电机功率(kW)	22	30	75	75
搅拌周期(s)	36～60	36～60	36～60	45～60
9. 矿粉供给系统				
型　式	矿粉料斗、螺旋输送机供给	新粉筒仓、回收粉筒仓、螺旋输送机供给	新粉筒仓、回收粉筒仓、螺旋输送机供给	新粉筒仓、回收粉筒仓、螺旋输送机供给
矿粉筒仓容积(m³)	1.3	31×2	31×2	67×2
螺旋输送机 驱动电机功率(kW)	11	11×2	11×2	18.5×2
螺旋输送机 安装角度	43.5°	43.5°	43.5°	45°
10. 沥青供给系统				
沥青保温方式	导热油加热	导热油加热	导热油加热	导热油加热
沥青保温罐容量(L)	24000	40000	54000×2	60000×3
沥青输送泵 驱动电机功率(kW)	7.5	7.5	15	15
沥青输送泵 流量(t/h)	25	25	50	50
11. 集尘装置				
(1) 一级集尘器	4管离心式	12管离心式	惯性式	惯性式
旋风管直径×长度(mm)	450×1780	300×1010		
引风机 驱动电机功率(kW)	11	37		
引风机 风量(m³/h)	10340	29073		
引风机 风压(Pa)	2225	1844		
(2) 二级集尘器	文丘里湿式集尘	布袋式集尘或文丘里湿式集尘	布袋式集尘	布袋式集尘
水泵 电机功率(kW)	3	(5.5)		
水泵 流量(m³/h)	30	(60)		
水泵 扬程(m)	18	(18)		

续表

型　号	LB500	LB1000	LB2000	M3000
引风机 驱动电机功率(kW)	30	75(75)	132	185
引风机 风量(m³/h)	13723	37600(35099)	68760	103700
引风机 风压(Pa)	5000	3606(5266)	4030	3981
布袋 数量(只)			384	768	1152
布袋 过滤面积(m²)		444.2	888.4	1332.6
布袋 清理方式		大气反吹式	大气反吹式	大气反吹式
12. 导热油加热装置				
型　号	1120	2250	3300	3300
发热量(kJ/h)	1181667	2373885	3481698	3481698
油泵驱动电机功率(kW)	7.5	5.5	7.5	7.5
13. 成品料储存仓				
型　式	单仓矿渣棉保温电加热	双仓矿渣棉保温电加热	单仓矿渣棉保温电加热	单仓、半拖挂式矿渣棉保温电加热
储存仓容积(m³)	37	48+37	48+37	29.5
运料斗车 容量(kg)	800	1600	3200	4800
运料斗车 牵引电机功率(kW)	22	30	37	45
运料斗车 运行周期(s)	36～60	36～60	36～60	45～60
14. 电气控制系统				
控制方式	手动半自动全自动	手动半自动全自动	手动、半自动、全自动(计算机控制)	手动、全自动(计算机控制)
总装机容量(kW)	180	348	510	725
电源	380V/50Hz 3相4线	380V/50Hz 3相4线	380V/50Hz 3相4线	380V/50Hz 3相4线
控制电压	110V	110V	110V	110V
气路控制装置				
空压机 型式	往复式	往复式	螺杆式+往复式	螺杆式+往复式
空压机 驱动电机功率(kW)	7.5	7.5×3	30+7.5	30+7.5
空压机 排量(m³/min)	0.8	0.8×3	3+0.8	3+0.8
空压机 风压(MPa)	0.8	0.8	0.8	0.8

图名	柔性路面施工机械的主要技术性能(二)	图号	DL3-38(二)

国内部分沥青混合料摊铺机基本技术性能参数表

公司名称		西 安 筑 路 机 械 厂					
型 号		LT5	LT6A	LT6B	LTY8	LTU4	GTLY7500
行走型式		轮胎式	轮胎式	轮胎式	轮胎式	履带式	履带式
基本熨平板宽度(m)		2.8	2.75	2.80	2.5	2.70	2.50
摊铺的最大宽度(m)		5.0	4.50	4.50	8.0	3.60	7.5
液压伸缩最大宽度(m)		5.0		4.50	7.25	3.60	
摊铺的最大宽度(mm)		10~150	10~120	10~120	10~270	10~90	300
工作速度(m/min)		Ⅰ档 2.76 Ⅱ档 5.72 Ⅲ档 10.46	Ⅰ档 2.82 Ⅱ档 5.84	Ⅰ档 2.82 Ⅱ档 5.84	0~31.2	3~6	0~50
运行的工作速度(km/h)		14.0	2.6, 5.4, 9.9, 16.7 2.1(倒档)	16.7	0~18.0	1.1	0~4.7
接收料斗容量(t)		6.0	6.0	6.0	12.0	4.0	12.0
摊铺机的质量(t)		12.5	9.45	11.15	15.6	4	15.64
摊铺机的外形尺寸(mm)			5300×2834×2490	5300×2834×2490	6675×2685×3545	2400×3000×1580	6300×2500×2700
柴油机	型 号	DEUTZ F4L912	南 柴 X4105BG2	南 柴 X4105BG2	DEUTZ F6L912	苏州动力机械厂 295B 型	DEUTZ F6L912
	功率(kW)(r/min)	49 2300	1500	1500	82 2500	17.62 2000	822500
振捣梁振捣次数(Hz)		0~27.8	2~26		0~30		0~25
振捣梁振幅(mm)			3.2		4.2		0, 3, 6, 9, 12
熨平板振动频率(Hz)				26	0~36	30	0~60
熨平板拱度调节(%)		可 调	可 调	可 调	-1~+5	2.7	0~+4
熨平板加热方式		柴 油	柴 油		丙烷气	发动机排气	丙烷气

图名	柔性路面施工机械的主要技术性能(三)	图号	DL3-38(三)

续表

公司名称	徐 州 工 程 机 械 制 造 厂								
型 号	LTL45	LTL6000G	LTU60	LTU125	S1800/12m	超级1502	超级1700	超级1704	超级1804
行走型式	轮胎式	轮胎式	履带式	履带式	履带式	轮胎式	履带式	轮胎式	轮胎式
基本熨平板宽度(m)	2.8	2.5	2.5	3	3	2.15	3	3	3
摊铺的最大厚度(m)	4.5	6	6	12.5	12	6	8	7.5	7.5
液压伸缩最大宽度(m)	4.5	6	6		8	4.75			
摊铺的最大厚度(mm)	150	300	300	300	300	250	300	300	300
工作速度(m/min)	Ⅱ档3.44 Ⅲ档7.14	0~25	0~18	0~18	0~18	0~18	0~18	0~18	0~18
运行的工作速度(km/h)	2.8,5.7,10.5,17.7 倒档2.3	0~13	0~5	0~3.5	0~4.5	0~20	0~5	0~20	0~19
接收料斗容量(t)	11	13	12	14	13	13	12	12	13
摊铺机的质量(t)	10	14.2	14.5~16.5	19.5~25.5	15.5~20	13.8	17.7	16.9	16.7
摊铺机的外形尺寸(mm)	5395×3255×3452	5960×2500×3630	5800×2500×3650	6718×3000×3635	6305×3000×3635	5745×3250×3650	5845×3200×3675	5845×3200×3650	6050×3255×3630
柴油机 型号	南柴 X4105C_2-15	DEUTZ F6912G2A	DGUTZ F6L913Z-G5	DEUTZ F814L3F	DEUTZ BF6L913C	DEUYZ BF4L913	DEUTZ F5L413	DEUTZ F5L413	DEUTZ BF6L913C
柴油机 功率(kW)	35	69	86	157	121	70	94	94	121
柴油机 (r/min)	1500	2150	2150	2300	2150	2150	2150	2150	2150
振捣梁振捣次数(Hz)		0~25	0~25	0~25	0~30	0~25	0~25	0~25	0~30
振捣梁振幅(mm)		4	4	4或8	4	4或8	4或8	4或8	4
熨平板振动频率(Hz)				68~71	50	35~68	35~68	35~68	0~68
熨平板拱度调节(%)	0~3	0~3	0~3	0~3	0~3	0~3	0~3	0~3	0~3
熨平板加热方式	电加热	电加热	电加热	电加热	电加热	电加热	电加热	电加热	电加热

图名	柔性路面施工机械的主要技术性能(四)	图号	DL3-38(四)

国外部分沥青混合料摊铺机基本技术性能参数表

公司名称		德国 DYNAPAC 公司										
型号		F2W	F3W	F8W	F12W	F16W	F18W	F2C	F3C	F12C	F14C	F16C	F18C
行走型式		轮胎式	轮胎式	轮胎式	轮胎式	轮胎式	轮胎式	履带式	履带式	履带式	履带式	履带式	履带式
基本熨平板宽度(m)		1.4	1.7	2.0	2.5	2.5/3.0	2.50	1.4	1.70	2.5/3.0	2.5/3.0	2.5/3.0	2.5/3.0
摊铺的最大宽度(m)		2.5	3.1	5.0	6.5	7.50	7.5	3.0	3.60	7.5	8.0	8.5	9.0
液压伸缩最大宽度(m)		2.5	3.1	5.0	6.0	7.0	7.5	2.50	3.1	7.0	7.75	8.0	9.0
摊铺的最大厚度(mm)				270	300	300	300			300	300	300	300
工作速度(m/min)				0~35	0~32	0~26.5	0~26.5			0~20	0~20	0~20	0~20
运行速度(km/h)				0~20	0~19.5	0~16.5	0~16.5			0~3.8	0~3.8	0~3.8	0~3.8
接收料斗容量(t)		3.0	3.5	8.0	12.5	12.5	12.5	3.0	3.50	12.5	12.5	12.5	12.5
摊铺机的质量(t)		4	4.55	9.7	14.7	15.6	15.7	4.3	4.9	16.6	17.3	17.7	18.4
摊铺机的外形尺寸(mm)	长			5275	6450	6910	6910			6450	6450	6910	6910
	宽			2000	2500	2500	2500			2500	2500	2500	2500
	高			2600	2825	2825	2700			2825	2825	2825	2825
柴油机	型号			DEUTZ BF4M 1012	DEUTZ F6L 912F	DEUTZ F912L 912F	DEUTZ BF6L 913			DEUTZ F6L 912F	DEUIZ BF6 L913	DEUTZ F6L 912F	DEUTZ BF6L 913C
	功率(kW)	24	24	54	79	79	112	24	24	79	112	79	125
振捣梁振捣次数(Hz)				0~30	0~30	0~30	0~30			0~30	0~30	0~30	0~30
振捣梁振幅(mm)				4.2	4.2	4.2	4.2			4.2	4.2	4.2	4.2
熨平板振动频率(Hz)				0~36	0~36	0~36	0~36			0~36	0~36	0~36	0~36
熨平板拱度调节(%)					-2~+5	-2~+5	-2~+5			-2~+5	-2~+5	-2~+5	-2~+5
熨平板加热方式				丙烷气	丙烷气	丙烷气	丙烷气			丙烷气	丙烷气	丙烷气	丙烷气

图名	柔性路面施工机械的主要技术性能(五)	图号	DL3-38(五)

续表

公司名称		德国 ABC 公司									
型 号		660W	Titan255	Titan355	Titan455	340T	Titan111	Titan222	Titan322/323	Titan423	Titan511
行走型式		轮胎式	轮胎式	轮胎式	轮胎式	履带式	履带式	履带式	履带式	履带式	履带式
基本熨平板宽度(m)		1.83	2.50	2.5/3.0	2.5/3.0	1.22	1.50	2.5	2.5/3.0	2.5/3.0	3.0
摊铺的最大宽度(m)		3.81	6.0	8.0	8.0	2.60	3.74	60/7.0	9.0	12.0	12.5
液压伸缩最大宽度(m)		3.20	6.0	7.5/8.0	7.5/8.0	2.60	3.74	6.0/7.0	8.0/8.5	8.0/8.5	8.5
摊铺的最大厚度(mm)		200	300	300	300	100	250	300	300	300	300
工作速度(m/min)		0~22	0~15	0~20	0~15	0~29	0~20	0~16	0~16	0~16	0~18
运行速度(km/h)		0~18	0~16	0~16	0.9~16	0~1.7	0~8	0~3.6	0~3.6	0~3.6	0~3.3
接收料斗容量(t)		7.0	12	12	13	3.5	8	12	13.5	14	15
摊铺机的质量(t)		7.2	14	12.3~18	15.5~17.2	4.6	8.1	13.8~15	17.1~19.9	23~25.6	23~33
摊铺机的外形尺寸(mm)	长	5440	5780	5940	6185	4270	4950	5990	6235	6486	6846
	宽	1800	2500	2500	2500	1410	1500	2500	2500	2500	3000
	高	2440	2980	2980	2960	1980	2420	2980	2980	3100	3300
柴油机	型 号	DEUTZ F3L912	DEUTZ F5L912	DEUTZ F6L913	DEUTZ F6L913	DEUTZ 1402-B	DEUTZ F4L1011	DEUTZ F6L912	DEUTZ F6L913	DEUTZ BF6M1013	DEUIZ F6L913
	功率(kW)	48	62	79	79	22.4	42	106	126	167	
	(r/min)	2300	2300	2300	2300		3000	7300	2300		
振捣梁振捣次数(Hz)			0~24.5	0~27.5	0~24.5	0~25	0~25	0~25	0~27.5	0~24.5	0~24.50
振捣振幅(mm)			5	5	5		5	5	5	5	5
熨平板振动频率(Hz)			0~60	0~60	0~60	0~60	0~63.3	0~60	0~60	0~60	0~60
熨平板拱度调节(%)			-2~+4	-2~+4	-2~+4		-2~+4	-2~+4	-2~+4	-2~+4	-2~+4
熨平板加热方式			丙烷气	丙烷气	丙烷气	丙烷气	丙烷气	丙烷气	丙烷气	丙烷气	丙烷气

图名	柔性路面施工机械的主要技术性能(六)	图号	DL3-38(六)

3.3.3 柔性路面的设计、施工与质检要求

1. 柔性路面结构设计内容

路面结构是直接为行车服务的土木结构,不仅承受各类汽车荷载的作用,而且直接暴露于自然环境中,经受各种自然因素的作用。路面工程的造价占公路造价的很大部分,最大可达50%以上。因此,做好路面设计至关重要。

路面设计不能简单地理解为路面结构(验算)设计,设计内容应包括路面类型与结构方案设计、路面建筑材料设计、路面结构设计和经济评价。

(1) 路面类型与结构方案设计:路面类型选择应在充分调查与勘察道路所在地区的自然环境条件、使用要求、材料供应、施工和养护工艺等,并在路面类型选择的基础上考虑路基支承条件确定结构方案。

(2) 路面建筑材料设计:路面建筑材料设计是指定各层次材料的标准规范名称,路面建筑材料应在规范的基础上,通过严格的试验筛选,并经配比试验确定配比组成。

(3) 路面结构层厚度确定:路面结构设计就是对拟订的路面结构方案和选定的建筑材料,运用规范建议的设计理论和方法对结构进行力学验算。

(4) 经济分析:对选定的可比路面类型和结构方案,进行寿命周期费用分析,结合资金筹措和当地经济发展要求,选定成本—效益最佳方案。

2. 柔性路面结构设计步骤

(1) 据设计任务书的要求,确定路面等级和面层类型、计算设计年限内一个车道的累计当量轴次和设计弯沉值。

(2) 按路基土类与干湿类型,将路基划分为若干路段,确定各路段土基回弹模量值。

(3) 可参考前面的推荐结构表,拟定几种可能的路面结构组合与厚度方案,根据选用的材料进行配合比试验及测定各结构层材料的抗压回弹模量、抗拉强度,确定各结构层材料设计参数。

(4) 根据设计弯沉值计算路面厚度。对高速公路、一级公路、二级公路沥青混凝土面层和半刚性材料的基层、底基层,应验算拉应力是否满足容许拉应力的要求。如不满足要求,或调整路面结构层厚度,或变更路面结构组合,或调整材料配合比、提高极限抗拉强度,再重新计算。上述计算应采用多层弹性体系理论编制的专用设计程序进行。对于季节性冰冻地区的高级和次高级路面,尚应验算防冻厚度是否符合要求。

(5) 排水设计,根据路段所处位置的地质水文状况和路面结构形式,确定是否要采用路面结构内部及边缘排水系统等排水设施。

(6) 表面特性设计,制定特定路段的路面抗滑措施。

(7) 进行技术经济比较,确定采用的路面结构方案。柔性路面结构设计流程图见下图。

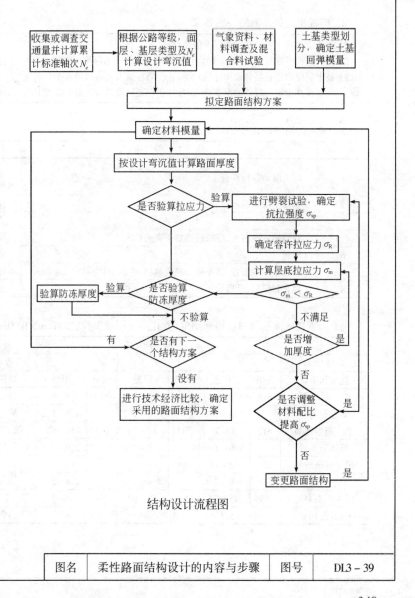

结构设计流程图

| 图名 | 柔性路面结构设计的内容与步骤 | 图号 | DL3-39 |

1. 沥青贯入式路面的一般要求

(1) 本要求适用于三级及二级以下的公路;
(2) 沥青路面厚度宜为4～8cm,但乳化沥青贯入式路面的厚度不宜超过5cm。当贯入层上部加铺拌和的沥青混合料面层时,总厚度为6～10cm;
(3) 最上层应撒布封层料或加铺拌和层,乳化沥青贯入式路面铺筑在半刚性基层上时,应铺筑下封层,沥青贯入层作为联结层使用时,可不撒表面封层料;
(4) 宜选择在干燥和较热的季节施工,并宜在雨期前及日最高温度低于15℃到来以前半个月结束,使贯入式结构层通过开放交通碾压成型。

2. 贯入式路面施工程序及注意要点

序号	施工程序	注意要点
1	施工前的各种准备	基层必须清扫干净,当有路缘石时,应在安装路缘石后施工。采用乳化沥青贯入式路面时须浇洒透层油或粘层沥青,贯入式路面厚度小于或等于5cm时,应浇洒透层或粘层沥青
2	撒布主层集料	应避免颗粒大小不均,并应检查松铺厚度,撒布后严禁车辆通行
3	碾压	先用6～8t钢管式压路机压一遍,速度宜为2km/h,然后用10～12t压路机碾压4～6遍
4、5	浇洒第一遍沥青,撒布后严禁车辆通行	第一遍沥青用量见下表,嵌缝料撒布应均匀,不足应找补,用量见下表
6	碾压	宜6～8t钢管式压路机碾压4～6遍
7	浇洒第二遍沥青,撒布第二遍嵌缝料,碾压,再浇洒第三遍沥青	施工方法同4、5、6用量同样见本表
8	撒布封层料,最后碾压	宜用6～8t压路机碾压2～4遍

3. 沥青贯入面层材料规格和用量(方孔筛)(用量单位:集料,$m^3/1000m^2$;沥青及沥青乳液,kg/m^2)

沥青品种	石 油 沥 青						沥青品种	石 油 沥 青				乳 化 沥 青			
厚度(cm)	4		5		6		厚度(cm)	7				8			
规格和用量	规格	用量	规格	用量	规格	用量	规格和用量	规格	用量	规格	用量	规格	用量	规格	用量
封 层 料	S14	3～5	S14	3～5	S13	4～6	封 层 料	S13	4～6	S13	4～6	S14	4～6	S14	4～6
第三遍沥青		1.0～1.2		1.0～1.2		1.0～1.2	第三遍沥青		1～1.2		1～1.2		1.4～1.6		1.5～1.7
第二遍嵌缝料	S12	6～7	S11	10～12	S11	10～12	第二遍嵌缝料	S10	11～13	S10	11～13	S12	7～8	S10	9～11
第二遍沥青		1.6～1.8		1.8～2.0		2.0～2.2	第二遍沥青		2.4～2.6		2.6～2.8		1.6～1.8		1.6～1.8
第一遍嵌缝料	S10	12～14	S8	16～18	S8	16～18	第一遍嵌缝料	S6		S6		S9	20～22	S8	10～12
第一遍沥青		1.8～2.1		2.4～2.6		2.8～3.0	第一遍沥青		3.3～3.5		4.0～4.2		2.2～2.4		2.6～2.8
主层石料	S5	45～50	S4	55～60	S3	66～76	主层石料	S3	80～90	S1	95～100		40～45		50～55
沥青总用量		4.4～5.1		5.2～5.8		5.8～6.4	沥青总用量		6.7～7.3		7.6～8.2		6.0～6.8		7.5～8.5

图名	沥青表面处治路面的施工(一)	图号	DL3-40(一)

4. 沥青贯入式面层材料规格和用量(圆孔筛)(用量单位:集料,$m^3/1000m^2$;沥青及沥青乳液,kg/m^2)

沥青品种	石 油 沥 青										乳 化 沥 青			
厚度(cm)	4		5		6		7		8		4		5	
规格和用量	规格	用量	规格	用量	规格	用量	规格	用量	规格	用量	规格	用量	规格	用量
封层料	S14	3~5	S14	3~5	S13	4~6	S13	4~6	S13	4~6	S14	4~6	S14	4~6
第三遍沥青		1~1.2		1~1.2		1~1.2		1~1.2		1~1.2		1.4~1.6		1.5~1.7
第二遍嵌缝料	S12	6~7	S11	10~12	S11	10~12	S10	11~13	S10	11~13	S12	7~8	S10	9~11
第二遍沥青		1.6~1.8		1.8~2.2		2~2.2		2.4~2.6		2.6~2.8		1.6~1.8		1.6~1.8
第一遍嵌缝料	S10	12~14	S9	16~18	S9	16~18	S8	18~20	S9	20~22	S9	12~14	S7	10~12
第一遍沥青		1.8~2.1		2.4~2.6		2.8~3		3.3~3.5		4.0~4.2		2.2~2.4		2.6~2.8
主层石料	S6	45~50	S5	55~60	S4	66~76	S2	80~90	S2	95~100	S6	40~50	S5	50~55
沥青总用量		4.4~5.1		5.2~5.8		5.8~6.4		6.7~7.3		7.6~8.2		6.0~6.8		7.5~8.5

5. 表面加铺拌和层时贯入层部分的材料规格和用量(方孔筛)(用量单位:集料,$m^3/1000m^2$;沥青及沥青乳液,kg/m^2)

沥青品种	石 油 沥 青						沥青品种	石 油 沥 青		乳 化 沥 青			
厚度(cm)	4		5		6		厚度(cm)	7		8			
规格和用量	规格	用量	规格	用量	规格	用量	规格和用量	规格	用量	规格	用量	规格	用量
第二遍嵌缝料	S12	5~6	S12	7~9	S12	7~9	第二遍嵌缝料	S10	8~10	S12	9~10	S9	8~12
第二遍沥青		1.4~1.6		1.6~1.8		1.6~1.8	第二遍沥青		1.7~1.9		1.8~2.0		1.5~1.7
第一遍嵌缝料	S10	12~14	S8	16~18	S8	16~18	第一遍嵌缝料	S6	18~20	S8	5~17	S6	24~26
第一遍沥青		2.0~2.3		2.6~2.8		3.2~3.4	第一遍沥青		4.0~4.2		2.5~2.7		2.4~2.6
主层石料	S5	45~50	S4	55~60	S3	66~76	主层石料	S2	80~90	S4	50~55	S3	50~55
沥青总用量		3.4~3.9		4.2~4.6		4.8~5.2	沥青总用量		5.7~6.1		5.9~6.2		6.7~7.2

注:1. 煤沥青贯入的沥青用量可较石油沥青用量增加15%~20%;
2. 表中乳化沥青用量是乳液的用量,适用于乳液浓度约为60%的情况;
3. 在高寒地区及干旱地区、风砂大的地区,材料用量可超出高限,再增加5%~10%;
4. 表面加铺拌和层部分的材料规格及沥青用量应按热拌沥青混合料的有关规定执行。

图名	沥青表面处治路面的施工(二)	图号	DL3-40(二)

6. 沥青表面处治路面材料规格和用量（JTJ 032—94）

(1) 沥青表面处治路面材料规格和用量（方孔筛）

沥青种类	类型	厚度(cm)	集料($m^3/1000m^2$)						沥青或乳液用量(kg/m^2)			
			第一层		第二层		第三层		第一次	第二次	第三次	合计用量
			粒径规格	用量	粒径规格	用量	粒径规格	用量				
石油沥青	单层	1.0	S12	7~9					1.0~1.2			1.0~1.2
		1.5	S10	12~14					1.4~1.6			1.4~1.6
	双层	1.5	S10	12~14	S12	7~8			1.4~1.6	1.0~1.2		2.4~2.8
		2.0	S9	16~18	S12	7~8			1.6~1.8	1.0~1.2		2.6~3.0
		2.5	S8	18~20	S12	7~8			1.8~2.0	1.0~1.2		2.8~3.2
	三层	2.5	S8	18~20	S10	12~14	S12	7~8	1.6~1.8	1.2~1.4	1.0~1.2	3.8~4.4
		3.0	S6	20~22	S10	12~14	S12	7~8	1.8~2.0	1.2~1.4	1.0~1.2	4.0~4.6
乳化沥青	单层	0.5	S14	7~9					0.9~1.0			0.9~1.0
	双层	1.0	S12	9~11	S14	4~6			1.8~2.0	1.0~1.2		2.8~3.2
	三层	3.0	S6	20~22	S10	9~11	S14	3.5~4.5	2.0~2.2	1.8~2.0	1.0~1.2	4.8~5.4

(2) 沥青表面处治路面材料规格和用量（圆孔筛）

沥青种类	类型	厚度(cm)	集料($m^3/1000m^2$)						沥青或乳液用量(kg/m^2)			
			第一层		第二层		第三层		第一次	第二次	第三次	合计用量
			粒径规格	用量	粒径规格	用量	粒径规格	用量				
石油沥青	单层	1.0	S12	7~9					1.0~1.2			1.0~1.2
		1.5	S11	12~14					1.4~1.6			1.4~1.6
	双层	1.5	S11	12~14	S12	7~8			1.4~1.6	1.0~1.2		2.4~2.8
		2.0	S10	16~18	S12	7~8			1.6~1.8	1.0~1.2		2.6~3.0
		2.5	S9	18~20	S12	7~8			1.8~2.0			2.8~3.2
	三层	2.5	S9	18~20	S11	12~14	S13	7~8	1.6~1.8	1.2~1.4	1.0~1.2	3.8~4.4
		3.0	S8	20~22	S11	12~14	S13	7~8	1.8~2.0	1.2~1.4	1.0~1.2	4.0~4.6
乳化沥青	单层	0.5	S14	7~9					0.9~1.0			0.9~1.0
	双层	1.0	S12	9~11	S14	4~6			1.8~2.0	1.0~1.2		2.8~3.2
	三层	3.0	S6	20~22	S10	9~11	S12 / S14	4~6 / 3.5~4.5	2.0~2.2	1.8~2.0	1.0~1.2	4.8~5.4

注：1. 煤沥青表面处治的沥青用量可较石油沥青用量增加15%~20%；
2. 表中乳化沥青的乳液用量适用于乳液中沥青用量约为60%的情况；
3. 在高寒地区及干旱、风砂大的地区，可超出高限，再增加5%~10%。

图名	沥青表面处治路面的施工（三）	图号	DL3-40（三）

1. 沥青路面评价指标关系图

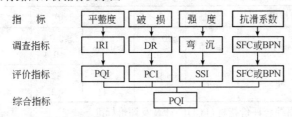

2. 沥青路面破损分类分级表(JTJ 073—96)

破损类型		分级	外观描述	分级指标	计量单位
裂缝类	龟裂	轻	初期龟裂,缝细,无散落,裂区无变形	块度:20~50cm	m²
		中	裂块明显,缝较宽,无或轻散落或轻度变形	块度:<20cm	
		重	裂块破碎,缝宽,散落重,变形明显,急待修	块度:<20cm	
	不规则裂缝	轻	缝细,不散落或轻微散落,块度大	块度:>100cm	m²
		重	缝宽,散落,裂块小	块度:50~100cm	
	纵裂	轻	缝壁无散落或轻微散落,无或少支缝	缝宽:≤5mm	长度×0.2m
		重	缝壁散落重,支缝多	缝宽:>5mm	
	横裂	轻	缝壁无散落或轻微散落,无或少支缝	缝宽:≤5mm	长度×0.2m
		重	缝壁散落重,支缝多	缝宽:>5mm	
松散类	坑槽	轻	坑浅,面积较小(<1m²)	坑深:≤25mm	m²
		重	坑深,面积较大(>m²)	坑深:>25mm	
	松散	轻	细集料散失,路面磨损,路表粗麻		m²
		重	粗集料散失,多量微坑,表面剥落		
变形类	沉陷	轻	深度浅,行车无明显不适感	深度:≤25mm	m²
		重	深度深,行车明显颠簸不适	深度:>25mm	
	车辙	轻	变形较浅	深度:≤25mm	长度×0.4m
		重	变形较深	深度:>25mm	
	波浪拥包	轻	波峰波各高小	高差:≤25mm	m²
		重	波峰波各高大	高差:>25mm	

续表

破损类型		分级	外观描述	分级指标	计量单位
其他类	泛油		路表呈现沥青膜,发亮,镜面,有轮印		m²
	修补损坏				

3. 沥青路面综合破损率(DR)的计算

综合破损率(DR)计算公式	说明
$DR = D/A = \varepsilon\varepsilon D_{ij} \cdot K_{ij}/A$	式中 D——路段内的折合破损面积(m²); A——路段的路面总面积(m²); D_{ij}——第 i 类损坏、j 类严重程度的实际破损面积(m²),如为纵、横向裂缝,其破损面积为:裂缝长度(m)×0.2m;车辙破损面积为:长度(m)×0.4m; K_{ij}——第 i 类损坏、第 j 类严重程度的换算系数,可从下表查得

路面破损换算系数(K)

破损类别	严重程度	换算系数(K)	破损类型	严重程度	换算系数(K)
龟裂	轻 中 重	0.6 0.8 1.0	松散	轻 重	0.2 0.4
不规则裂缝	轻 重	0.2 0.4	沉陷	轻 重	0.4 1.0
纵裂	轻 重	0.4 0.6	车辙	轻 重	0.4 1.0
横裂	轻 重	0.2 0.4	波浪	轻 重	0.4 0.8
坑槽	轻 重	0.8 1.0	拥包	轻 重	0.4 0.8
修补损坏		0.1	汽油		0.1

图名	柔性路面的质量评价(一)	图号	DL3-41(一)

353

4. 路面状况指数(PCI)的计算及路面破损评价标准

项目	PCI 计算公式及路面破损评价标准					
路面状况指数	$PCI = 100 - 15DR^{0.412}$		PCI 的数值范围为 0~100,其值越大,路况越好			
路面破损评价标准	评价指标	优	良	中	次	差
	PCI 值	≥85	≥70~<85	≥55~<70	≥40~<55	<40

5. 路面强度系数(SSI)计算及强度评价标准

项目	强度系数(SSI)的计算及强度评价标准									
路面强度系数 SSI	$SSI = \dfrac{路面允许弯沉值}{路段代表弯沉值}$									
路面强度评价标准	评价指标	优		良		中		次		差
	公路等级	高速一级	其他等级	高速一级	其他等级	高速一级	其他等级	高速一级	其他等级	高速一级	其他等级
	强度系数 SSI	≥1.20	≥1.00	<1.2~≥1.0	<1.0~≥0.8	<1.0~≥0.8	<0.8~≥0.6	<0.8~≥0.6	<0.6~≥0.4	<0.6	<0.4

6. 行驶质量指数(RQI)的计算及路面平整度评价标准

项目	行驶质量指数(RQI)的计算及路面平整度评价标准						
国际平整度指数(IRI)	计算公式		说明				
	$IRI = a + b \times BI$		式中 BI——平整度测试设备的测试结果; a, b——标定系数; IRI——国际平整度系数(m/km)				
行驶质量指数(RQI)	$RQI = 11.5 - 0.75 \times IRI$		式中 RQI——行驶质量指数,数值范围为 0~10。如出现负值,则 RQI 值取 0;如计算结果大于 10,RQI 值取 10				
路面平整度评价标准	评价指标	优	良	中	次	差	
	行驶质量指数 RQI	≥8.5	<8.5~≥7.0	<7.0~≥5.5	<5.5~≥4.0	<4.0	

7. 路面抗滑能力评价标准

评价指标	优	良	中	次	差
横向力系数 SFC	≥0.5	≥0.4~<0.5	≥0.3~<0.4	≥0.3~<0.4	<0.2
摆值 BPN	≥42	≥37~<42	≥32~<42	≥32~<27	<27

8. 路面综合评价指标(PQI)的计算及评价标准

(1) 路面综合评价指标(PQI)的计算

PQI 作为路面的综合评价指标。其值用分项指标加权计算得出。PQI 的数值范围为 0~100。其值越大,路况越好。

$$PQI = PCI' \times P_1 + RQI' \times P_2 + SSI' \times P_3 + SFC' \times P_4$$

式中 P_1、P_2、P_3、P_4——相应指标的权重,按 PCI、RQI、SSI 及 SFC 的重要性确定。

P_1、P_2、P_3、P_4 权重建议值及 PCI'、RQI'、SSI'、SFC' 的赋值分别见下表所列:

(2) P_1、P_2、P_3、P_4 权重建议值

	建议值	建议范围		建议值	建议范围
P_1	0.3	0.25~0.35	P_3	0.3	0.25~0.35
P_2	0.3	0.25~0.35	P_4	0.1	0~0.1

注:① 应使各权重之和为1,即 $P_1 + P_2 + P_3 + P_4 = 1$;
② 各权重可根据各地区的实际路况水平和养护对策,在建议范围内适当调整。

(3) PCI'、RQI'、SSI'、SFC' 的赋值

	PCI、RQI、SSI、SFC 评定结果				
	优	良	中	次	差
相应指标的赋值	92	80	65	50	30

(4) 路面综合评价标准

评价指标	优	良	中	次	差
路面质量指数 PQI	≥85	≥70~<85	≥55~<70	≥40~<55	<40

图名	柔性路面的质量评价(二)	图号	DL3-41(二)

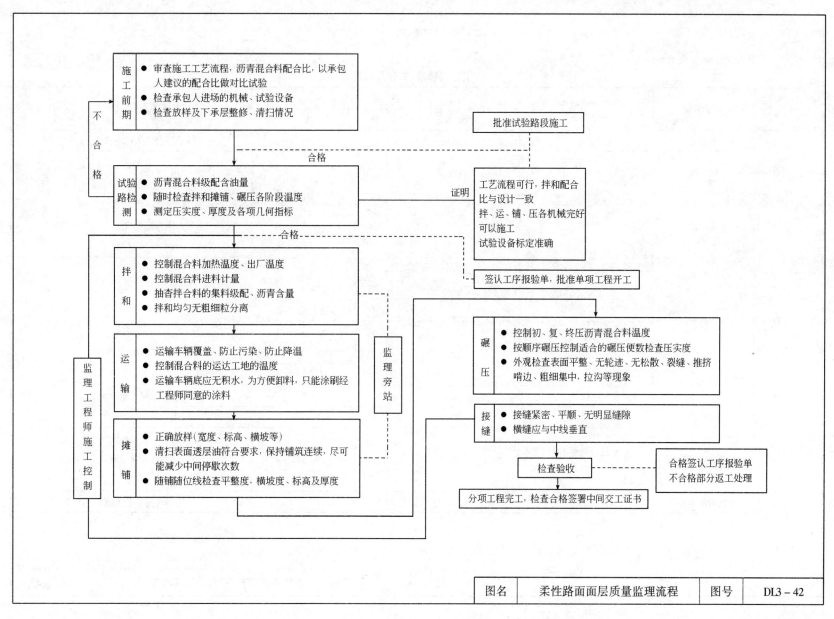

| 图名 | 柔性路面面层质量监理流程 | 图号 | DL3－42 |

质量检测项目、方法及标准

序号	主要项目	压实度(%)允许偏差(mm)	检验频率 范围	检验频率 点数		检验方法
1	压实度	>95	1000m²	1		核子密度仪检验或取芯
2	厚度	+10 −5	10000m²	1		用尺量
3	弯沉值	小于设计规定	20m	路宽(m)	<9: 2; 9~15: 4; >15: 6	用弯沉仪检测
4	平整度	≤2.0	100m	路宽(m)	<9: 1; 9~15: 2; >15: 3	用测平仪检测
4	平整度	5	20m	路宽(m)	<9: 1; 9~15: 2; >15: 3	用3m直尺和塞尺量测
5	宽度	≮设计	40m	1		用尺量
6	中线高度	±10	20m	1		用水准仪具量测
7	横断高程	±10且横坡差不大于±0.3	20m	路宽(m)	<9: 2; 9~15: 4; >15: 6	用水准仪具量测
8	井框与路面高差	≤5	每座	1		用塞尺量取最大值

| 图名 | 柔性路面质检项目、方法及标准 | 图号 | DL3−43 |

沥青面层工程交工检查与验收质量标准

路面类型	检查项目		检查频度(每一幅行车道)	质量要求或允计偏差	试验方法
沥青表面处治	外观		全线	密实,不松散	目测
	厚度	代表值	每20m 1点	-5mm	挖坑
		极值	每20m 1点	-10mm	挖坑
	平整度	标准差	全线连续	4.5mm	3m平整度仪
		最大间隙	每1km10处,各连续10尺	10mm	3m直尺
	宽度	有侧石	每1km 20个断面	±3cm	用尺量
		无侧石	每1km 20个断面	不小于设计宽度	用尺量
	纵断面高程		每1km 20个断面	±20mm	水准仪
	横坡度		每1km 20个断面	±0.5%	水准仪
	沥青用量		每1km 1点	±0.5%	抽提
	矿料用量		每1km 1点	±5%	抽提后筛分
沥青贯入式	外观		全线	密实,不松散	目测
	厚度	代表值	每20m 1点	-5mm 或 -8%	挖坑
		极值	每20m 1点	-15mm	挖坑
	平整度	标准差	全线连续	3.5mm	3m平整度仪
		最大间隙	每1km10处,各连续10尺	8mm	3m直尺
	宽度	有侧石	每1km 20个断面	±3mm	用尺量
		无侧石	每1km 20个断面	不小于设计宽度	用尺量
	纵断面高程		每1km 20个断面	±20mm	水准仪
	横坡度		每1km 20个断面	±0.5%	水准仪
	沥青用量		每1km 1点	±0.5%	抽提
	矿料用量		每1km 1点	±5%	抽提后筛分

图名	柔性路面面层工程验收标准(一)	图号	DL3-44(一)

续表

路面类型		检查项目	检查频度 （每一幅行车道）	质量要求或允许误差		试验方法
				高速公路，一级公路	其他等级公路	
沥青混凝土	沥青碎石路面	路面总厚度 代表值 　　　　　极　值	每1km　5点 每1km　5点	−8mm −15mm	−5mm或−8% −10mm或−15%	钻　孔 钻　孔
		上面层厚度 代表值 　　　　　极　值	每1km　5点 每1km　5点	−4mm −10%		钻　孔 钻　孔
		平整度 标准差 　　　最大间隙	全线连续 每1km　10处，各连续10处	1.8mm	2.5mm 5mm	3m平整度仪 3m直尺
		宽度 有侧石 　　　无侧石	每1km　20个断面 每1km　20个断面	±2cm	±3mm 不小于设计宽度	用尺量 用尺量
		纵断面高程	每1km　20个断面	±15mm	±20mm	水准仪
		横坡度	每1km　20个断面	±0.3%	±0.5%	水准仪
		沥青用量	每1km　1点	±0.3%	±0.5%	钻孔后抽提
		矿料级配	每1km　1点	符合设计级配	符合设计级配	抽提后筛分
		压实度 代表值	每1km　5点	95%（98%）	95%（98%）	钻孔取样法
		弯　沉	全线每20m　1点 全线每5m　1点	符合设计要求 符合设计要求	符合设计要求 符合设计要求	贝克曼梁 自动弯沉仪
		抗滑表层 构造深度 摩擦系数摆值	每1km　5点 每1km　5点	符合设计要求 符合设计要求	符合设计要求 符合设计要求	砂铺法 摆式仪

图名	柔性路面面层工程验收标准（二）	图号	DL3−44(二)

3.4 刚性路面设计与施工

3.4.1 概述

水泥混凝土路面是采用水泥混凝土材料修筑路面面层的路面结构形式。它具有刚度大、强度高、耐久性好和日常养护工作量小等优点。但由于水泥混凝土的脆性性质和体积变形敏感性,这种路面需设置各种接缝,使得行车舒适性不及沥青路面,噪声也高于沥青路面;另外,水泥混凝土路面一旦出现结构损坏,修复较为困难。

1. 混凝土路面构造

水泥混凝土路面由混凝土面层、基层垫层、路肩结构和排水设施等组成,如下图所示。图中左半侧为未设路面内部排水设施和采用沥青路肩的形式,右半侧为设置内部排水设施和采用水泥混凝土路肩的构造形式。

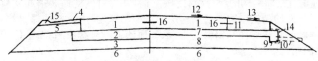

水泥混凝土路面的构造
1—混凝土面层;2—基层;3—垫层;4—沥青路肩;5—路肩基层;6—土基;
7—排水基层;8—不透水垫层(或设反滤层);9—集水管;10—排水管;
11—混凝土路肩;12—路面横缝;13—路肩横坡;14—反滤织物;
15—拦水带;16—拉杆

2. 混凝土面层类型

水泥混凝土面层直接承受行车荷载的作用和环境因素的影响,应具有较高的结构强度、耐久性和良好的表面特性(抗滑、平整、低噪声等)。

按面层水泥混凝土组成材料或施工方法的不同,可分为普通混凝土面层、碾压混凝土面层、钢筋混凝土面层、连续配筋混凝土面层、钢纤维混凝土面层、预应力混凝土面层和混凝土预制块面层等类型。水泥混凝土路面的名称是按面层类型命名的,例如:普通混凝土面层的路面可称为普通混凝土路面,其他以此类推。

(1) 普通混凝土面层

普通混凝土面层又称为素混凝土面层,是指有接缝且除接缝处及一些局部区域(如角隅、边缘、孔口周围)之外,面层内不配置钢筋的水泥混凝土面层。这是目前应用最为广泛的一种面层类型。道路路面的混凝土面层大多采用等厚断面,其厚度根据轴载大小和作用次数以及混凝土强度确定,一般变动于 18~30cm。混凝土弯拉强度变化在 4.0~5.0MPa。面层以纵横向接缝划分为矩形或棱形板块,纵缝位置一般按车道划分,横向接缝间距一般为:4~6m;板块面积不宜超过 25m²。纵缝设置拉杆以防缝隙张开,横缝宜设置传力杆以传递荷载。

(2) 碾压混凝土面层

混凝土面层采用碾压成型,施工工艺类似修筑水泥稳定粒料基层。它造价低于普通混凝土面层,养生期也较短,但其表面平整度较差,材性的变异性较大。因而,碾压混凝土面层仅适用于行车速度较低的道路、停车场等场合;或者,用作下面层,在其上浇筑高强或普通混凝土、钢纤维混凝土或沥青混凝土上面层。

(3) 钢筋混凝土面层

这是一种为防止混凝土面板产生的裂缝张开而在板内配置纵横向钢筋的混凝土面层。通常,仅在下述情况时采用:

1) 板的长度较长,如大于 6m;

2) 板下埋有沟、管线等地下设施,或者路基可能产生不均匀沉降而使板开裂;

3) 板平面形状不规则或板内开设孔口等;

4) 钢筋的配筋率(钢筋截面积占面层横断面面积的百分比)根据板长、板底摩阻状态和钢筋强度而定,一般为 0.1%~0.15%。因板较长,接缝缝隙较宽,横缝内需设置传力杆以传递荷载和防止错台。

(4) 连续配筋混凝土面层

1) 连续配筋混凝土面层除邻近构造物或与其他路面交接处设置胀缝,以及施工需要设置施工接缝外,不设接缝的混凝土面层;

2) 纵向钢筋的配筋率通常为 0.5%~0.8%,横向钢筋的配筋率为纵向的 0.125~1.5;面层的厚度为普通混凝土面层的 0.8~0.9 倍;

3) 面层的横向裂缝间距为 1.0~4.5m,裂缝缝隙宽度应控制在 0.2~0.5mm;

4) 连续配筋混凝土面层的端部需设置地梁或灌注桩等锚固措施,以防止过量的纵向位移。连续配筋混凝土面层使用性能和耐久性均佳,但钢筋用量大,造价高,仅限用于高速公路或交通繁重的道路,或加铺已损坏的旧混凝土路面。

(5) 钢纤维混凝土面层

1) 在混凝土中掺拌钢纤维,可提高混凝土的韧性和强度,减少其收缩量。钢纤维常用有剪切型、铣削型和熔抽型三种;

| 图名 | 刚性路面的结构类型、特点与设计内容(一) | 图号 | DL3-45(一) |

2) 钢纤维掺量(体积率)一般为 0.4%～1.2%;

3) 钢纤维混凝土弯拉强度高于普通混凝土,因此,其面层厚度薄于普通混凝土面层,一般为普通混凝土面层的 0.6～0.8 倍;

4) 由于钢纤维混凝土的造价高,因而主要用于设计标高受到限制的旧混凝土路面加铺层,或者用于复合式混凝土面层的上面层。

(6) 预制块混凝土面层

1) 混凝土预制块由工厂化生产,有异形和矩形两类;预制块的长边一般为 200～250mm,短边为 100～125mm,长宽比一般为 2,厚度常见为 60mm、80mm、100mm 和 120mm 几种;

2) 预制块混凝土面层具有良好的承载能力和抗滑耐磨性能,对路基的不均匀沉降也有较强的适应性,但平整度较差;

3) 这种预制块混凝土面层主要用于车速较低的道路、停车场、重载的厂矿道路、码头堆场、陡坡、弯道等对抗滑性能要求较高的路段,以及作为路基沉降未完成路段的临时面层。

3. 混凝土路面结构承载能力和损坏类型

(1) 混凝土路面结构承载能力:路面结构的承载能力是指路面达到预定的损坏状况(或者说可接受的使用性能下限)之前还能承受的行车荷载的作用次数,或者是还能使用的年限。路面承载能力随着轴载作用次数或使用年限而逐渐下降,路面结构损坏逐渐出现和发展。当承载能力接近极限或临界状态时,路面损坏达到了较严重程度,必须采取措施加以改建或重建,以满足行车要求。

(2) 路面损坏的类型:路面损坏可分为断裂类、接缝损坏类、变形类和材料类四大类型。

1) 断裂类:混凝土板块出现纵向、横向、斜向或角隅断裂裂缝。这些裂缝缝隙随时间逐渐变宽,边缘出现碎裂,进一步发展形成多条裂缝的破碎板。裂缝的出现是因为板内应力超出了混凝土材料的强度或疲劳强度。断裂损坏严重破坏混凝土板的整体性,使其很快丧失承载能力。一旦出现破碎板,路面平整度随之严重恶化。

2) 接缝损坏类:接缝处的填封料失效和脱落、接缝碎裂、唧泥、错台、拱起等损坏是混凝土路面最常见病害。接缝是混凝土路面的薄弱部位,施工及养护不当,会造成填封料失效、脱落,水和坚硬杂物随之进入,导致板底脱空和唧泥现象,接缝两侧碎裂,进而发展为错台、拱起。

3) 变形类:由于地基软弱或填土压实不足而出现沉降变形,或者季节性冰冻地基路基的冻胀,混凝土面板会出现沉陷或隆起。它不仅会影响行车舒适性,还会引起混凝土板内附加应力增大而断裂。

4) 材料类:耐久性差的集料,在冻融膨胀压力下会在其周围出现新月形发状裂缝。活性集料与水泥或外加剂中的碱会发生碱—硅反应而膨胀,使面层出现网裂。这类损坏发展会导致裂纹边缘碎落和混凝土崩解。

4. 混凝土路面结构设计的任务、内容和方法

(1) 设计任务:混凝土路面设计的任务,是以最低的寿命周期费用,在设计使用期(设计基准期)内,为道路使用者提供满足预定使用性能要求的路面结构。

设计使用期是指新建的路面从开始使用到使用性能退化到预定下限的时段。设计使用期长的路面结构,初期投资大,但使用期内年维护费用低,设计使用期短则相反。设计使用期长,设计期内的交通、环境等因素的预测误差大,会影响设计结果的可靠性。因此,设计使用期的选择,涉及投资效益和技术合理性。各国的混凝土路面的设计使用期规定 20～40 年不等,我国规定为 20～30 年,交通繁重的取高限。

(2) 设计内容:混凝土路面设计内容可分为以下七个部分:

1) 行车道路面结构的组合设计:按当地环境条件、交通要求和材料供应情况,选择路面的结构层次。各结构层的类型和厚度,组合成能提供均匀、稳定支撑,减轻或防止唧泥和错台病害,承受预计车辆荷载作用,满足使用性能要求的路面结构。

2) 面层接缝构造和配筋设计:确定面层板块的平面尺寸,选择和布设接缝的类型和位置,设计接缝的构造,确定板内的配筋量和钢筋布置。

3) 路面排水设计:设计路表水的排水方案;选择路面内部排水系统的布设方案,确定各项排水设施的构造尺寸和材料规格要求。

4) 非机动车道、路肩、人行道的铺面结构层组合设计:选择铺面的结构层次、各结构层的类型和厚度。

5) 面层厚度设计:确定满足设计使用期内使用要求所需的混凝土面层厚度。

6) 各结构层材料组成设计:选择合适的组成材料,进行配合比设计,以提供各结构层性能要求的混合料。

7) 路面表面特性设计:提供满足抗滑、低噪声要求的路面表面的技术措施。

在上述的设计内容中第 1～5 项属本章结构设计范畴。

(3) 结构设计方法:

混凝土路面结构设计有力学—经验法和经验—力学法两大类。

| 图名 | 刚性路面的结构类型、特点与设计内容(二) | 图号 | DL3-45(二) |

刚性路面面层应具有足够的强度、耐久性、表面抗滑、耐磨、平整。面层类型应依据使用要求及各种面层的技术、经济性选用：

(1) 通常采用设接缝的普通水泥混凝土。

(2) 面层板的平面尺寸较大或形状不规则，路面结构下埋有地下设施，高填方、软土地基、填挖交界段的路基有可能产生不均匀沉降时，宜选用设置接缝的钢筋混凝土面层。

(3) 承受特重交通的高速公路、大城市的快速路，可选用沥青混凝土上面层和连续配筋混凝土或横缝设传力杆的普通水泥混凝土下面层组成的复合式面层。

(4) 平整度要求较低的一般道路、停车场，可选用碾压混凝土面层。

(5) 标高受限制路段、收费站、混凝土加铺层、桥面铺装等处，可选择钢纤维混凝土面层。

(6) 广场、停车场、一般道路的桥头引道沉降等未稳定路段的路面，或景观需要，可选用矩形或异形混凝土预制块铺砌的面层。

普通水泥混凝土、钢筋混凝土、碾压混凝土或钢纤维混凝土面层板一般采用矩形。纵向和横向接缝应垂直相交，纵缝两侧的横缝不得相互错位。

纵向接缝的间距（即面层板宽度），按路面宽度（采用混凝土路肩时，包括路肩宽度）情况选定，变动于 3.0～4.5m 范围内。碾压混凝土、钢纤维混凝土面层在全幅摊铺时，可不设纵向缩缝。横向接缝的间距（即面层板长度），按面层类型和厚度选定：

(7) 普通水泥混凝土面层横向接缝一般为 4～6m，面层板的长宽比不宜超过 1.30，平面尺寸不宜大于 25m²。

(8) 碾压混凝土或钢筋混凝土面层一般为 6～10m。

(9) 钢纤维混凝土面层一般为 6～15m。

路面表面应采用拉毛、拉槽、压槽或刻槽等方法做表面构造，其深度在使用初期应满足下表的要求。

各类基层厚度的建议范围

基层类型	贫混凝土 碾压混凝土	水泥稳定粒料 二灰稳定粒料	沥青混凝土	沥青稳定碎石	级配粒料	多孔水泥碎石	多孔沥青碎石
厚度(mm)	120～200	150～250	40～60	80～100	150～200	100～140	80～100

基层类型选择

交通等级	特 重	重	中等、轻
基层类型	贫混凝土(水泥用量7%～8%) 碾压混凝土 沥青混凝土	水泥稳定粒料(水泥用量5%) 沥青稳定碎石(沥青用量3%)	水泥稳定粒料(水泥用量4%) 石灰粉煤灰稳定粒料级配粒料

水泥混凝土路面结构层最小防冻深度

路基干湿类型	路基土质	当地最大冰冻深度(m)			
		0.50～1.00	1.01～1.50	1.51～2.00	>2.00
中湿路基	低、中、高液限黏土	0.30～0.50	0.40～0.60	0.50～0.70	0.60～0.95
	粉土、粉质低、中液限黏土	0.40～0.60	0.50～0.70	0.60～0.85	0.70～1.10
潮湿路基	低、中、高液限黏土	0.40～0.60	0.50～0.70	0.60～0.70	0.75～1.20
	粉土、粉质低、中液限黏土	0.45～0.70	0.55～0.80	0.70～1.00	0.80～1.30

各级公路混凝土面层的表面构造深度(mm)要求

公 路 等 级	高速、一级公路	二、三、四级公路
一 般 路 段	≥0.70	≥0.50
特 殊 路 段	≥0.80	≥0.60

注：1. 特殊路段——对于高等级道路系指立交、平交或变速车道处，对于其他道路系指急弯、陡坡、交叉口或集镇附近；
2. 年降雨量 600mm 以下的地区，表列数值可适当降低。

| 图名 | 刚性路面结构组合设计 | 图号 | DL3-46 |

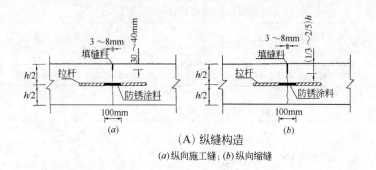

(A) 纵缝构造

(a) 纵向施工缝；(b) 纵向缩缝

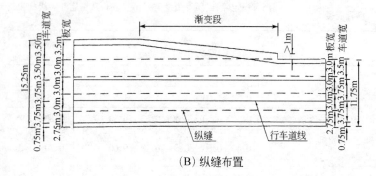

(B) 纵缝布置

1. 纵向接缝

纵向接缝的布设应视路面宽度（采用混凝土路肩时，包括路肩宽度）和施工铺筑宽度而定：

(1) 一次铺筑宽度小于路面宽度时，应设置纵向施工缝。纵向施工缝采用平缝，并应设置拉杆，纵向施工缝上部应锯切槽口、深度为30～40mm，宽度为3～8mm，槽内灌塞填缝料。其构造如图A(a)所示。

(2) 一次铺筑宽度大于4.5m时，应增设纵向缩缝。纵向缩缝采用假缝形式，并应设置拉杆。纵向缩缝锯切的槽口深度应大于施工缝，粒料基层时，槽口深度应为板厚的1/3；半刚性基层时，槽口深度应为板厚的2/5。纵缝的构造如图A(b)所示。

(3) 纵缝须与路线中线平行。在路面等宽的路段内或者路面变宽路段的等宽部分，纵缝的间距和形式应保持一致。路面变宽段向加宽部分与等宽部分之间，以纵向施工缝隔开。加宽板在变宽段起点处的宽度不应小于1m（见纵缝布置图B）。

(4) 拉杆应采用螺纹钢筋，设在板厚中央，并应对拉杆中部100mm范围内进行喷涂环氧树脂或沥青等防锈处理。拉杆尺寸及间距可按表1选用。施工布设时，拉杆间距应按横向接缝的实际位置予以调整，以保证最外侧的拉杆距横向接缝的距离不小于100mm。

(5) 连续配筋混凝土面层的纵缝，可由板内横向钢筋延伸穿过接缝代替拉杆。拉杆尺寸及间距的计算公式为：

每延米纵缝所需的拉杆截面积(mm^2)：$F_a = 1.6fBh/f_{sy}$

拉杆的长度(mm)：$L_c = f_{sy}d_1/2f_{sy} + 75$

式中 B——到自由边或未设拉杆纵缝的距离(m)；

h——板厚(mm)；

f——面层与基层间的摩阻系数，粒料基层 $f = 1.5$，半刚性基层 $f = 1.8$；

d_1——拉杆直径(mm)；

f_{sy}——钢筋的屈服强度(MPa)；

f_{sy}——钢筋与混凝土的粘着力(MPa)，一般可取混凝土抗压强度的1/10。

拉杆尺寸及间距(mm)　　　　　表1

面层厚(mm)	到自由边或未设拉杆纵缝的距离(m)					
	3.00	3.50	3.75	4.50	6.00	7.50
200～250	14×700×900	14×700×800	14×700×700	14×700×600	14×700×500	14×700×400
260～300	16×800×900	16×800×800	16×800×800	16×800×600	16×800×500	16×800×400

注：拉杆尺寸和间距的数字为直径×长度×间距。

| 图名 | 刚性路面接缝构造设计（一） | 图号 | DL3-47(一) |

2. 横向接缝

横缝一般分为横向缩缝、胀缝和横向施工缝。

(1) 横向缩缝：

1) 横向缩缝可采用假缝形式，其构造如图 D(b) 所示。特重和重交通的公路及收费广场，横向缩缝应加设传力杆；其他各级交通的公路上，在邻近胀缝或路面自由端部的 3 条缩缝内，均应加设传力杆。其构造如图 D(a) 所示。

2) 横向缩缝顶部应锯切槽口，深度为面层厚度的 1/4～1/5，宽度为 3～8mm，槽内填塞填缝料。高速、一级公路的横向缩缝槽口宜采用两次锯切法，先用薄锯片切至要求深度，再用厚锯片在同一位置作浅锯切，形成深 20mm、宽 6～10mm 的浅槽口，在浅槽口底部用条带或绳填塞后，上部灌塞填缝料，两次锯切的槽口的构造如图(C)所示。

(2) 胀缝：

1) 在邻近桥梁或其他固定构筑物处、隧道口、与柔性路面相接处、板厚改变处、小半径平曲线和凹形竖曲线纵坡变换处均应设置胀缝。在邻近构造物处的胀缝，应根据施工温度至少设置 2 条。上述位置以外的胀缝宜尽量不设或少设。其间距可根据施工温度、混凝土集料的膨胀性并结合当地经验确定。

2) 胀缝应采用滑动传力杆，并设置支架或其他方法予以固定。其构造如图 E(a) 所示。与构筑物衔接处或与其他公路交叉的胀缝无法设传力杆时，可采用鼠笼式钢筋构架型或厚边型。其构造如图 E(b)、(c) 所示。

(3) 横向施工缝：

1) 每日施工终了，或浇筑混凝土过程中因故中断浇筑时，必须设置横向施工缝。其位置宜设在胀缝或缩缝处。设在胀缝处的施工缝，其构造与"胀缝构造"中的图 F(a) 相同；设在缩缝处的施工缝应采用平缝加传力杆型，其构造如图 F(a) 所示。遇有困难而须设在缩缝之间时，施工缝采用设拉杆的企口缝形式，其构造如图 F(b) 所示。

2) 传力杆应采用光面钢筋，其长度的一半再加 5cm，应涂以沥青或加塑料套。胀缝处的传力杆，尚应在涂沥青一端加一套子，内留 3cm 的空隙，填以纱头或泡沫塑料。套子端宜在相邻板中交错布置。传力杆尺寸及间距可按表 2 选用。其最外边的传力杆与接缝或自由边的距离一般为 15～25cm。

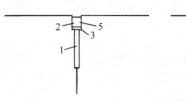
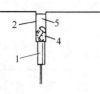

(C) 两次锯切的槽口构造

1—第一次锯切槽口；2—第二次锯切槽口；3—隔离填封料与切槽口底部的条带；
4—隔离填封料与浅槽口底部的堵塞材料；5—填封料

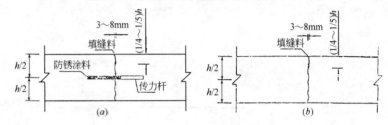

(D) 横向缩缝构造

(a) 设传力杆假缝型；(b) 假缝型

传力杆尺寸及间距　　表 2

板厚 h(mm)	直径 d_s(mm)	最小长度(mm)	最大间距(mm)
220	28	400	300
240	30	400	300
260	32	450	300
280	35	450	300
300	38	500	300

| 图名 | 刚性路面接缝构造设计(二) | 图号 | DL3-47(二) |

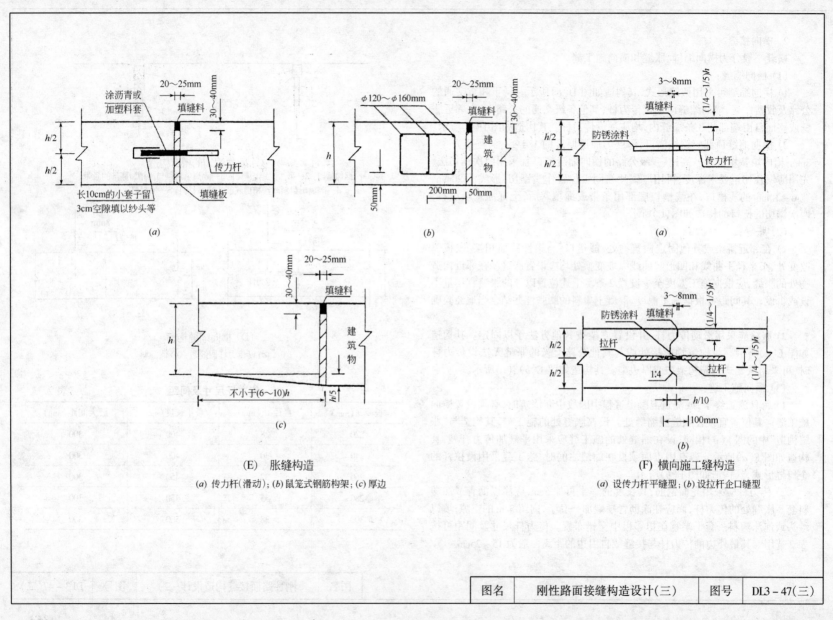

3. 交叉口接缝布设

(1) 两条道路正交时,各条道的直道部分均保持本身纵缝的连贯,而相交路段内各条道路的横缝位置须按相对道路的纵缝间距作相应变动,以保证两条道路的纵横垂直相交,互不错位。两条道路斜交时,主要道路的直道部分保持本身纵缝的连贯,而相交路段内的横缝位置须按次要道路的纵缝间距作相应变动,以保证与次要道路的纵缝相连接。相交道面弯道加宽部分的接缝布置,应尽可能不出现或少出现错缝和锐角板。

(2) 弯道加宽段起终点处的板宽不宜小于1m(加宽宽度应由零增加到1m以上)。在次要道路弯道加宽段起点(或终点)断面处的横向接缝,应采用胀缝形式。

(3) G图、H图、I图分别为普通水泥混凝土面层在收费广场、平面交叉口和加宽段的面层板平面尺寸划分的示例。

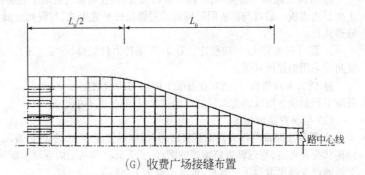

(G) 收费广场接缝布置

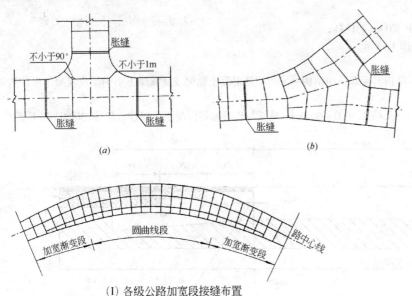

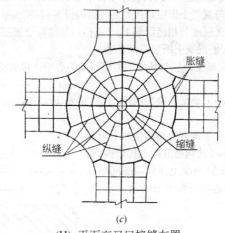

(H) 平面交叉口接缝布置

(a) T形交叉口;(b) Y形交叉口;(c) 环形交叉口接缝布置

(I) 各级公路加宽段接缝布置

图名	刚性路面接缝构造设计(四)	图号	DL3-47(四)

4. 端部处理

(1) 与桥梁相接：

1) 混凝土路面与桥梁相接,桥头设搭板时,应在搭板与混凝土面层板之间设置长 6~10m 的钢筋混凝土面层边渡板。后者与搭板间的横缝采用设拉杆平缝形式,与混凝土面层板间的横缝采用设传力杆的胀缝形式；

2) 预计膨胀量大时,应接连设置 2~3 条传力杆胀缝(参见 J 图)。当桥梁为斜交时,钢筋混凝土板的锐角应采用钢筋网补强；

3) 桥头未设搭板时,适宜在混凝土面层与桥台之间设置 10~15m 的钢筋混凝土面层板；或者设置由混凝土预制块面层或沥青面层铺成的过渡段,其长度不小于 8m。

(2) 与沥青路面相接：

1) 混凝土路面与沥青路面相接时,其间应设置至少 3m 长的过渡段。过渡段的路面采用两种路面呈阶梯状叠合布置,靠近沥青路面端的沥青上、下面层和基层向混凝土面层方向自下而上分段逐层消失,其下面铺设变厚度混凝土过渡板,板厚不得小于 200mm；

2) 过渡板与混凝土面层相接处的接缝内设置直径 25mm、长 700mm、间距 400mm 的拉杆；

3) 混凝土面层毗邻相接缝的 1~2 条横向接缝应设置胀缝,具体布置如图 K 所示。

(3) 连续配筋混凝土面层端部处理：

连续配筋混凝土面层与其他类型路面或构造相连接的端部,应设置锚固结构。端部锚固结构可采用钢筋混凝土地梁或宽翼缘工字钢梁或混凝土灌注桩等形式：

1) 钢筋混凝土地梁一般采用 3~5 个,梁宽 400~600mm,梁高 1200~1500mm,间距 5000~6000mm；地梁与连续配筋混凝土面层连成整体；其构造如下页图 L 所示。

2) 宽翼缘工字钢梁的底部锚入一般长 3000mm、厚 200mm 的钢筋混凝土枕梁内；钢梁腹板与连续配筋混凝土面层端部间填入胀缝材料；其构造如下页图 M 所示。

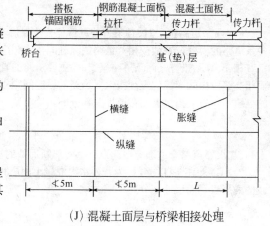

(J) 混凝土面层与桥梁相接处理

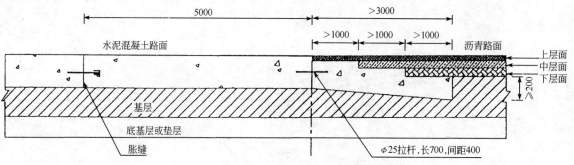

(K) 混凝土路面与沥青路面相接段的构造布置

| 图名 | 刚性路面接缝构造设计(五) | 图号 | DL3-47(五) |

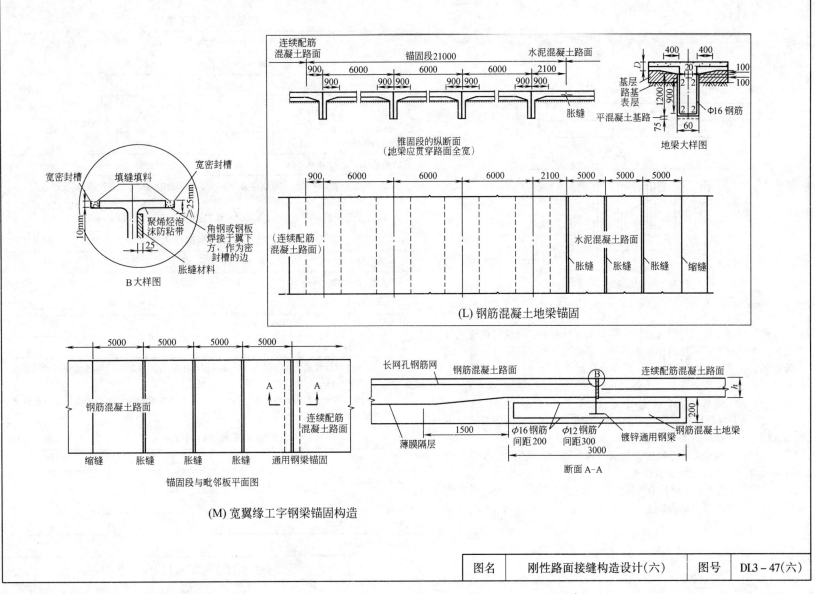

3) 端部锚固结构也可采用混凝土灌注桩,桩顶与面层连成整体,如图N所示。混凝土灌注桩一般每车道设一排。

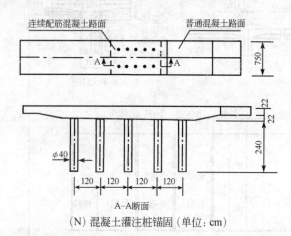

(N) 混凝土灌注桩锚固(单位:cm)

5. 接缝填缝料

接缝材料按使用性能分为接缝板和填缝料两类。填缝料按施工温度分为加热施工式和常温施工式两种。接缝板应选用能适应混凝土面板膨胀和收缩、施工时不变形、复原率高和耐久性好的材料。填缝料应选用与混凝土面板缝壁粘结力强、回弹性好、能适应混凝土面板收缩、不溶于水和不渗水、高温时不溢出、低温时不脆裂和耐久性好的材料。

(1) 高等级道路宜选用泡沫橡胶板、沥青纤维板;其他等级道路还可选用木材类或纤维类板。它们的技术要求见表3。

(2) 加热施工式填缝料主要有沥青橡胶类、聚氯乙烯胶泥类和沥青玛碲脂类。其技术要求见表4。

(3) 常温施工式填缝料有聚氨酯焦油类、氯丁橡胶类、乳化沥青橡胶类等。其技术要求见表5。

接缝板的技术要求　表3

试验项目	接缝板种类			备注
	木材类	塑料(橡胶)泡沫类	纤维类	
压缩应力(MPa)	5.0~20.0	0.2~0.6	2.0~10.0	
复原率(%)	>55	>90	>65	吸水后不应小于不吸水的90%
挤出量(mm)	<5.5	<5.0	<4.0	
弯曲荷载(N)	100~400	0~50	5~40	

注:1. 各类胀缝板吸水后的压缩应力应不小于吸水前的90%,沥青浸泡,木板厚度(2.0~2.5)±0.1cm;
2. 橡胶泡沫板实测参考值:压缩应力0.31MPa,弹性复原率99%,弯曲荷载27N。

加热施工式填缝料的技术要求　表4

试验项目	低弹性型	高弹性型
针入度(锥针法)(mm)	<5	<9
弹性复原率(%)	>30	>60
流动度(mm)	<5	<2
拉伸率(mm)(-10℃)	>10	>15

注:1. 低弹性填缝料适用于道路等级较低的混凝土路面的接缝和道路等级较高的混凝土路面的纵缝;
2. 高弹性填缝料适用于道路等级较低的混凝土路面的胀缝和道路等级较高的混凝土路面的接缝。

常温施工式填缝料的技术要求　表5

试验项目	技术要求	试验项目	技术要求
灌入稠度(s)	<20	流动度(mm)	0
失粘时间(h)	6~24	拉伸量(mm)(-10℃)	>15
弹性复原率(%)	>75		

| 图名 | 刚性路面接缝构造设计(七) | 图号 | DL3-47(七) |

3.4.2 刚性路面施工机械

3.4.2.1 钢筋及预应力机械

钢筋及预应力机械产品型号编制

类　　型				特　性	产　　品		主 参 数 代 号		
名　称	代号	名　　称	代号	代号	名　　　称	代号	名　　　称	单　位	
钢筋强化机械	G(钢)	钢筋冷拉机	L(拉)	—	钢筋冷拉机	GL	钢筋最大公称直径	mm	主 参 数
		钢筋冷拔机	B(拔)	W(卧)	卧式钢筋冷拔机	GBW	钢筋最大直径	mm	
				L(立)	立式钢筋冷拔机	GBL			
				C(串)	串联式钢筋冷拔机	—			
		钢筋冷拔调直切断机	BT(拔调)	—	钢筋冷拔调直切断机	GBT	钢筋最小直径×钢筋最大直径	mm×mm	
		钢筋扎扭机	U(扭)	—	钢筋扎扭机	GU	钢筋最大直径	mm	
钢筋加工机械	G(钢)	钢筋切断机	Q(切)	S(手)	手动钢筋切断机	GQS	钢筋最大公称直径	mm	
				D(电)	手动电动钢筋切断机	GQD			
				—	卧式钢筋切断机	GQ			
				L(立)	立式钢筋切断机	GQL			
				E(颚)	颚剪式钢筋切断机	GQE			
				C(磁)	电磁式钢筋切断机	GQC			
		钢筋调直切断机	T(调)	Y(液)	液压定长钢筋调直切断机	GTY	钢筋最小直径×钢筋最大直径	mm×mm	
				K(控)	数控定长钢筋调直切断机	GTK			
				J(机)	机械定长钢筋调直切断机	GTJ			
		钢筋调直机	T(调)	—	钢筋调直机	GT			
		钢筋弯曲机	W(弯)	—	钢筋弯曲机	GW	钢筋最大公称直径	mm	
				S(手)	手持电动钢筋弯曲机	GWS			
				K(控)	数控钢筋弯曲机	GWK			
		钢筋切断弯曲机	QW(切弯)	—	钢筋切断机	GQW			
		钢筋弯箍机	G(箍)	S(手)	手动钢筋弯箍机	GGS			
				J(机)	机械钢筋弯箍机	GGJ			

图名	钢筋及预应力机械产品型号编制(一)	图号	DL3-48(一)

续表

名称	代号	类型名称	代号	特性代号	产品名称	代号	主参数代号名称	单位
钢筋加工机械	G(钢)	钢筋压波机	YB(压波)	—	钢筋压波机	GYB	钢筋最大公称直径	mm
		钢筋除锈机	B(除)	—	钢筋除锈机	GC	钢筋最大公称直径	
		钢筋镦头机	D(镦)	S(手)	钢筋镦头机	GDS	钢筋最大直径	
				G(固)	固定钢筋镦头机	GDG		
		钢筋扎扭机	U(扭)	—	钢筋扎扭机	GU	钢筋最大直径	
钢筋焊接机械	G(钢)	钢筋点焊机	H(焊)	—	钢筋点焊机	GH	公称容量	kVA
				D(多)	钢筋多头点焊机	GHD		
		钢筋平焊机	PH(平焊)	—	双钢筋平焊机	GPD		
		钢筋对焊机	DH(对焊)	—	钢筋对焊机	GDH		
预应力千斤顶	YD(预顶)	拉杆式	L(拉)	—	拉杆式预应力千斤顶	YDL	公称容量	kVA
		穿心式	C(穿)	—	穿心式预应力千斤顶	YDC	张拉力—最大行程	kN—mm
		锥锚式	Z(锥)	—	锥锚式预应力千斤顶	YDC		
		台座式	T(台)	—	台座式预应力千斤顶	YDT		
预应力液压泵	YB(预泵)	手动式	S(手)	—	手动液压泵	YBS	公称压力	kPa
		轴向式	Z(轴)	—	轴向式电动液压泵	YBZ	公称流量—公称压力	L/min—kPa
		径向式	J(径)	—	径向式电动液压泵	YBJ		
张拉机预应力钢筋	YL(预拉)	手动式	S(手)	—	手动钢筋张拉机	YLS	张拉力	kN
		电动式	D(电)	—	电动钢筋张拉机	YLD		
孔道成型机	K(孔)	卷管式	J(卷)	—	卷管式孔道成型机	KJ	工作量最大直径	mm
		焊管式	H(焊)	—	焊管式孔道成型机	KH		
		涂包式	T(涂)	—	涂包式孔道成型机	KT		
穿束机	CS(穿束)	牵引式	Q(牵)	—	牵引式穿束机	CSQ	牵引力	kN
		顶锥式	D(顶)	—	顶锥式穿束机	CSD	顶锥力	

图名	钢筋及预应力机械产品型号编制(二)	图号	DL3-48(二)

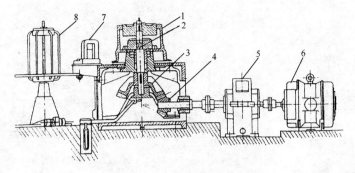

(A) 立式钢筋冷拔机
1—卷筒；2—立轴；3、4—锥形齿轮；5—变速箱；
6—电动机；7—拔丝模架；8—承料架

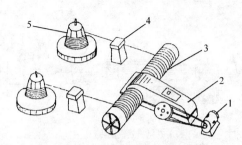

(B) 卧式双卷筒钢筋冷拔机
1—电动机；2—变速箱；3—卷筒；
4—拔丝模盒；5—承料架

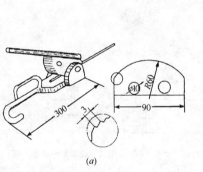

(a)

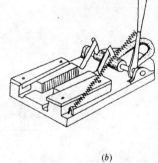

(b)

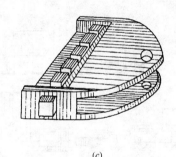

(c)

(C) 冷拉钢筋夹具
(a) 重力式偏心夹具；(b) 楔块式夹具；(c) 镦头式夹具

| 图名 | 钢筋冷拔机及其冷拔夹具 | 图号 | DL3-49 |

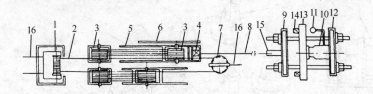

(a) 卷扬机式钢筋冷拉机

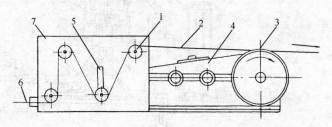

(b) 阻力轮钢筋冷拉设备

1—卷扬机；2—钢丝绳；3—滑轮组；4—夹具；5—轨道；6—标尺；
7—导向滑轮；8—钢筋；9—活动前横梁；10—千斤顶；11—油压表；
12—活动后横梁；13—固定横梁；14—台座；15—夹具；16—地锚

1—阻力轮；2—钢筋；3—绞轮；4—变速箱；
5—调节槽；6—钢筋；7—支撑架

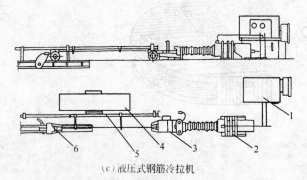

(c) 液压式钢筋冷拉机

1—泵阀控制器；2—液压冷拉机；3—前端夹具；
4—袋料小车；5—翻料架；6—后端夹具

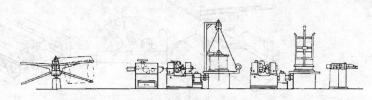

(d) 滑轮式冷扎带肋钢筋生产线

| 图名 | 钢筋冷拉机与冷轧机及生产线 | 图号 | DL3－50 |

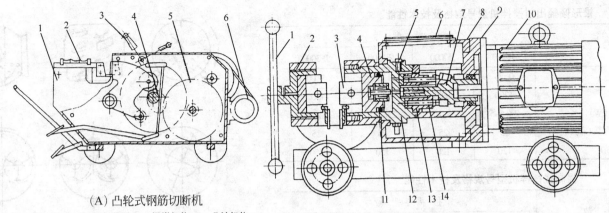

(A) 凸轮式钢筋切断机

1—机架；2—托料装置；3—操纵机构；4—凸轮机构；
5—传动机构；6—电动机

(B) 液压式钢筋切断机

1—手柄；2—支座；3—主刀片；4—活塞；5—放油阀；
6—观察玻璃；7—偏心轴；8—油箱；9—联接架；10—电动机；11—皮碗；
12—油缸体；13—油泵缸；14—柱塞

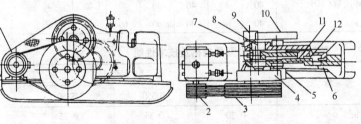

(C) 封闭式钢筋切断机

1—电动机；2—机体；3—剪切机构；
4—变速机构；5—操纵机构

(D) 开式钢筋切断机

1—电动机；2、3—三角皮带轮；4、5、9、10—减速齿轮；6—固定刀片；
7—连杆；8—偏心轴；11—滑块；12—活动刀片

| 图名 | 钢筋切断机械结构示意图 | 图号 | DL3－51 |

3.4.2.2 水泥混凝土搅拌机械

锥形倾翻出料搅拌机型号规格及技术性能

基本参数	主要型号			
	JF750	JF1000	JF1500	JF3000
出料容量(m³)	0.75	1.00	1.50	3.00
进料容量(L)	1200	1600	2400	4800
搅拌机额定功率(kW)	2×5.5	2×7.5	2×7.5	2×17
每小时工作循环次数(不小于)	25	25	25	25
骨料最大粒径(mm)	120	120	150	250

强制式搅拌机型号规格及技术性能

基本参数	主要型号						
	JQ50	JQ150	JQ250	JQ350	JQ500	JQ750	JQ1000
出料容量(m³)	0.05	0.15	0.25	0.35	0.50	0.75	1.00
进料容量(L)	80	240	400	560	800	1200	1600
搅筒额定功率(kW)		10	13	22	30	40	55
每小时工作循环次数(不少于)	40	40	40	40	40	40	40
骨料最大粒径(mm)	40	40	40	40	60	60	60

卧轴强制式搅拌机型号规格及技术性能

基本参数	主要型号		
	JD200	JD350	JS350
额定出料容量(m³)	0.20	0.35	0.35
额定进料容量(L)	360	560	560
每小时工作循环次数	>50	>50	>40
骨料最大粒径(mm)	60	40	60
搅拌轴转速(r/min)	34	29.2	36.2
料斗提升速度(m/s)	0.33	0.27	0.32

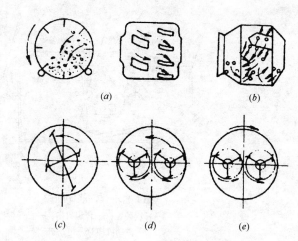

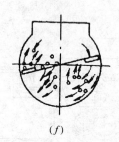

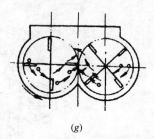

混凝土搅拌机的工作原理与类型
(a) 鼓形; (b) 锥形反转出料; (c) 涡浆式;
(d)、(e) 行星式; (f) 单卧轴式; (g) 双卧轴式

图名	水泥混凝土的类型与性能	图号	DL3—52

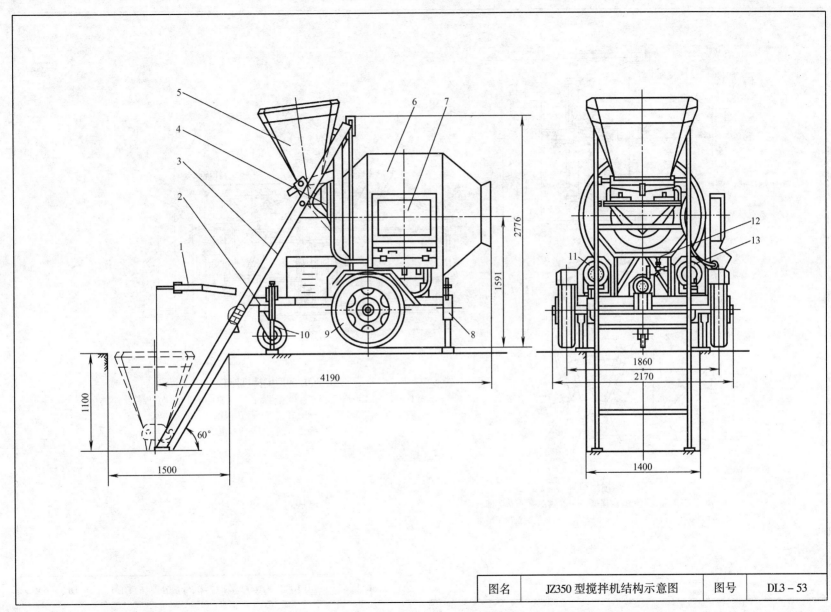

| 图名 | JZ350型搅拌机结构示意图 | 图号 | DL3-53 |

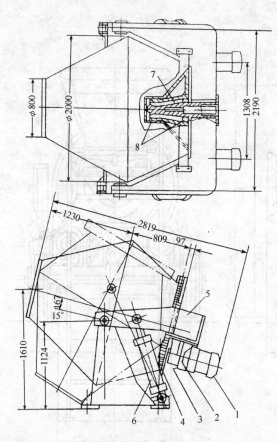

(A）JF1000型搅拌机外形图

1—电动机；2—行星摆线针轮减速机；3—小齿轮；4—大齿圈；
5—倾翻机架；6—倾翻汽缸；7—锥形轴；8—单列圆锥滚子轴承

(B）JQ1000型搅拌机外形

1—搅拌筒；2—主电动机；3—行星减速器；4—搅拌叶片总成；5—搅拌叶；
6—润滑油泵；7—出料门；8—调节手轮；9—水箱；
10—水泵及五通阀；11—水泵电动机

图名	JF1000、JQ1000型搅拌机外貌图	图号	DL3－54

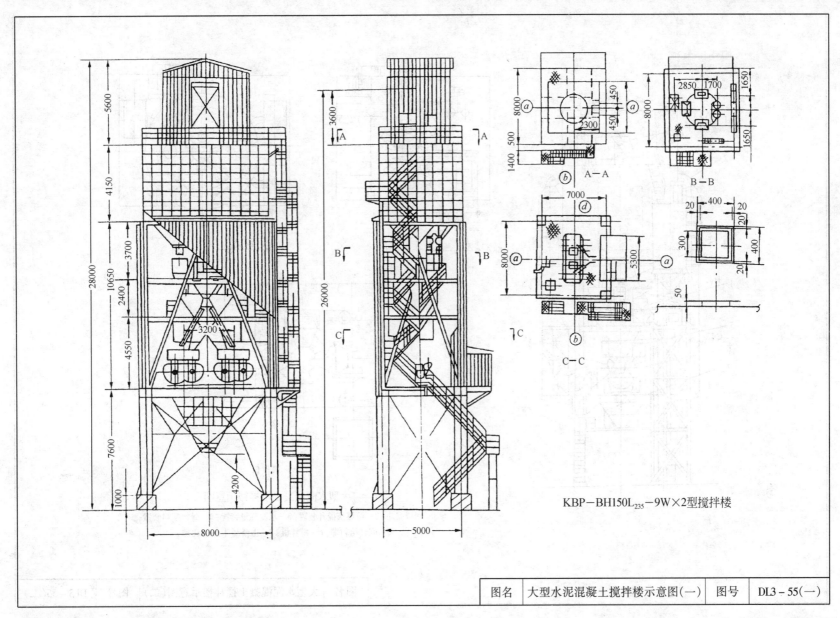

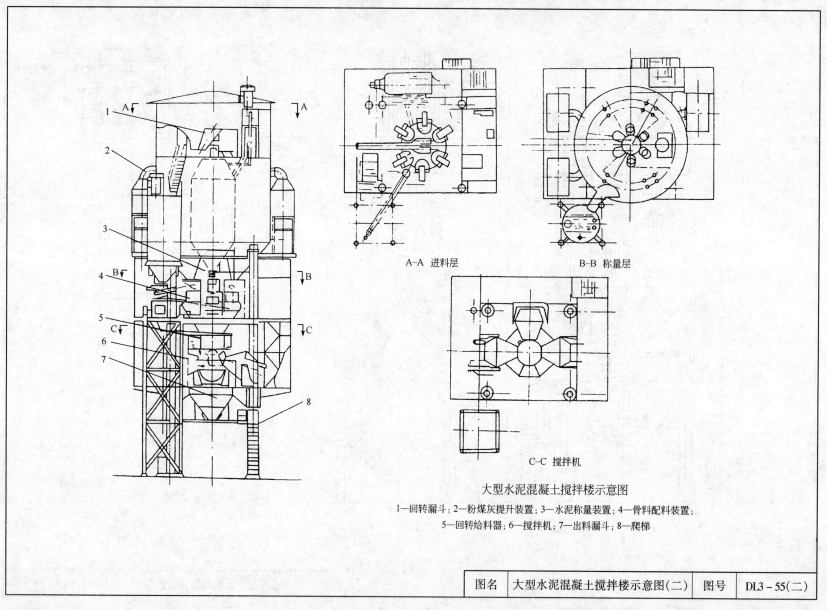

A-A 进料层

B-B 称量层

C-C 搅拌机

大型水泥混凝土搅拌楼示意图

1—回转漏斗；2—粉煤灰提升装置；3—水泥称量装置；4—骨料配料装置；
5—回转给料器；6—搅拌机；7—出料漏斗；8—爬梯

| 图名 | 大型水泥混凝土搅拌楼示意图(二) | 图号 | DL3-55(二) |

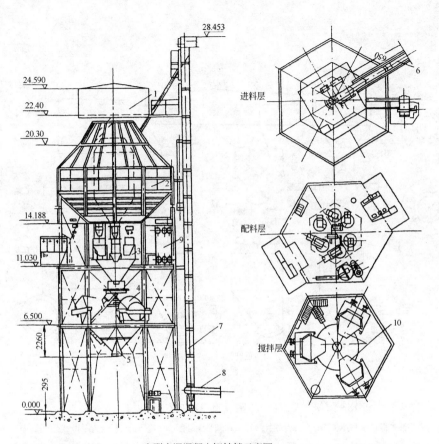

大型水泥混凝土搅拌楼示意图

1—进料层；2—储料层；3—配料层；4—搅拌层；5—出料层；6—胶带输送机；
7—斗式提升机；8—螺旋输送机；9—吸尘器；10—搅拌机

| 图名 | 大型水泥混凝土搅拌楼示意图(三) | 图号 | DL3-55(三) |

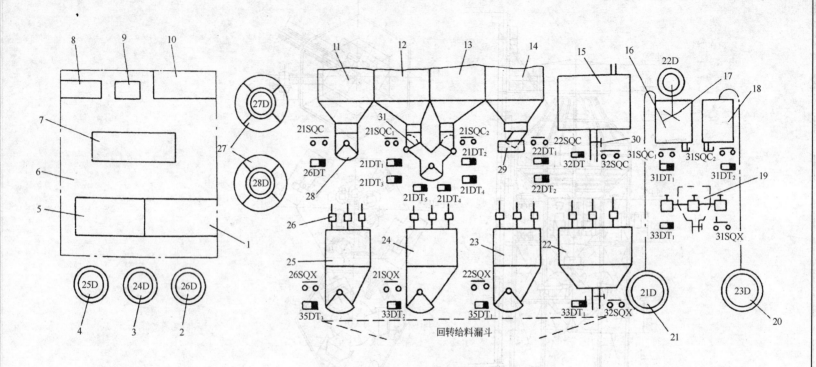

SQX—限位开关；DT—电磁气阀；D—电动机

1—称量柜；2、4—离心通风机；3—布袋滤尘器；5—1号配电箱；6—配料层控制室；7—2号操纵台；8—稳压器；9—电话；10—工具箱；11—细石等储料箱；12—1号水泥储料箱；13—2号水泥储料箱；14—特大石储料箱；15—水箱；16—塑化剂；17—搅拌器；18—加气剂；19—塑加剂；20—加气剂泵；21—塑化剂泵；22、23、24、25—分别为水、特大石、水泥、细石等的电子秤斗；26—电子秤传感器；27—轴流通风机；28—气控弧门；29—倾翻溜槽；30—气控阀门；31—气控翻板门

图名	大型水泥混凝土搅拌楼配料系统图	图号	DL3-56

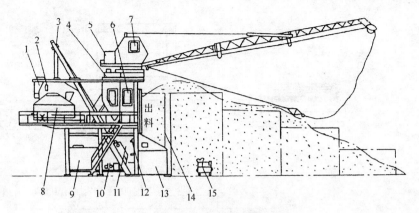

(A) 双阶移动式混凝土搅拌站

1—水泥秤；2—示值表；3—料斗卷扬机；4—回转机构；5—拉铲绞车；6—主操作室；7—拉铲操作室；8—搅拌机；
9—水箱；10—水泵；11—提升料斗；12—电磁气阀；13—骨料秤；14—分壁柱；15—空气压缩机

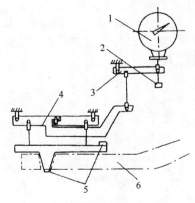

(B) 骨料称量秤

1—表头；2—油缓冲器；3—二级杠杆；4—一级杠杆；5—秤盘；6—轨道

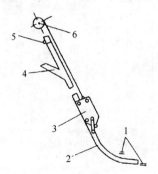

(C) 骨料提升装置

1—秤盘；2—轨道；3—提升料斗；4—叉道；5—安全装置；6—提升卷扬机

| 图名 | 双阶移动式水泥混凝土搅拌站 | 图号 | DL3－57 |

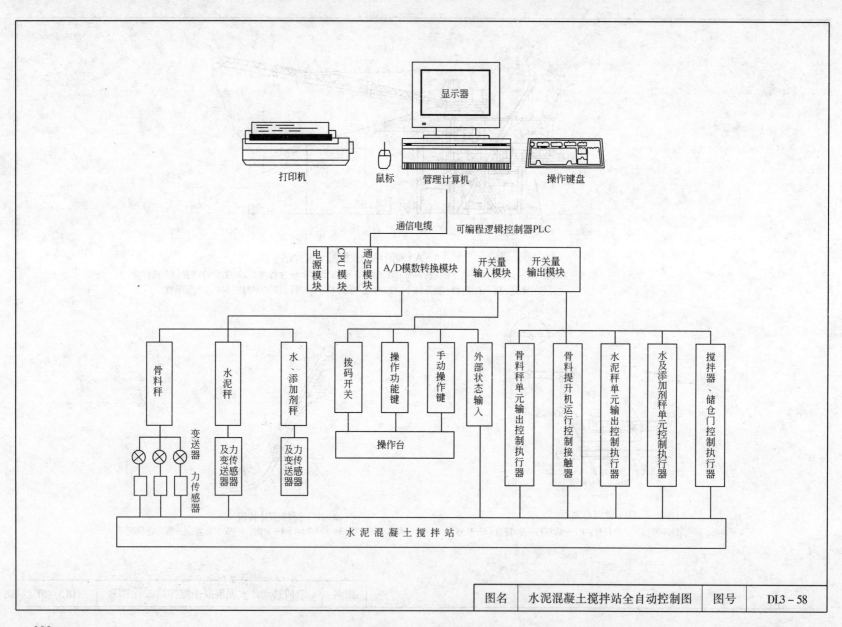

3.4.2.3 水泥混凝土搅拌输送车与泵车

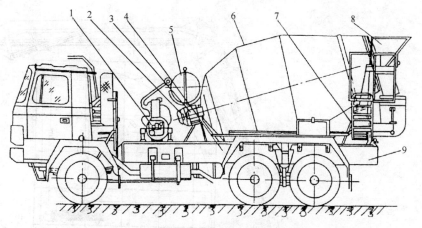

混凝土搅拌输送车
1—泵连接组件；2—减速机总成；3—液压系统；4—机架；5—供水系统；
6—搅拌筒；7—操纵系统；8—进出料装置；9—底盘车

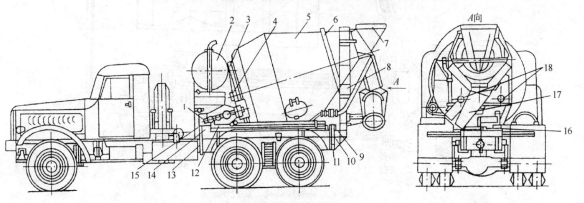

混凝土搅拌输送车
1—减压操纵杆；2—水箱；3—被动链轮；4—搅拌筒主轴承；5—搅拌筒；6—滚圈；7—进料装置；
8—梯子；9—离合器操纵杆；10—燃油供给操纵杆；11—减速器逆转机构操纵杆；12—机架；13—底盘；
14—检测器具；15—搅拌筒驱动减速器；16—卸料槽回转装置；17—卸料槽；18—支重滚轮

| 图名 | 水泥混凝土搅拌输送车示意图 | 图号 | DL3-59 |

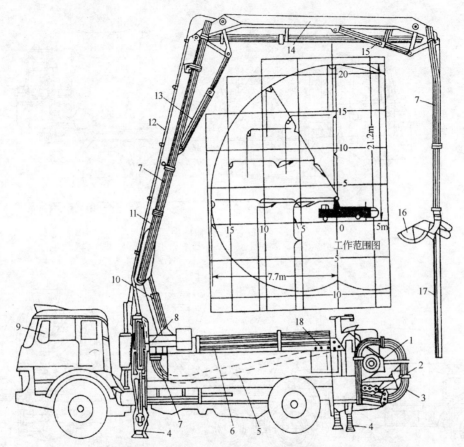

混凝土泵车外形及工作范围

1—料斗及搅拌器；2—混凝土泵；3—Y形出料管；4—液压外伸支腿；5—水箱；6—备用管段；
7—进入旋转台的导管；8—支撑旋转台；9—驾驶室；10、13、15—折叠臂的油缸；
11、14—臂杆；12—油管；16—橡胶软管弯曲支架；17—软管；18—操纵柜

| 图名 | 水泥混凝土泵车外形与工作范围 | 图号 | DL3－60 |

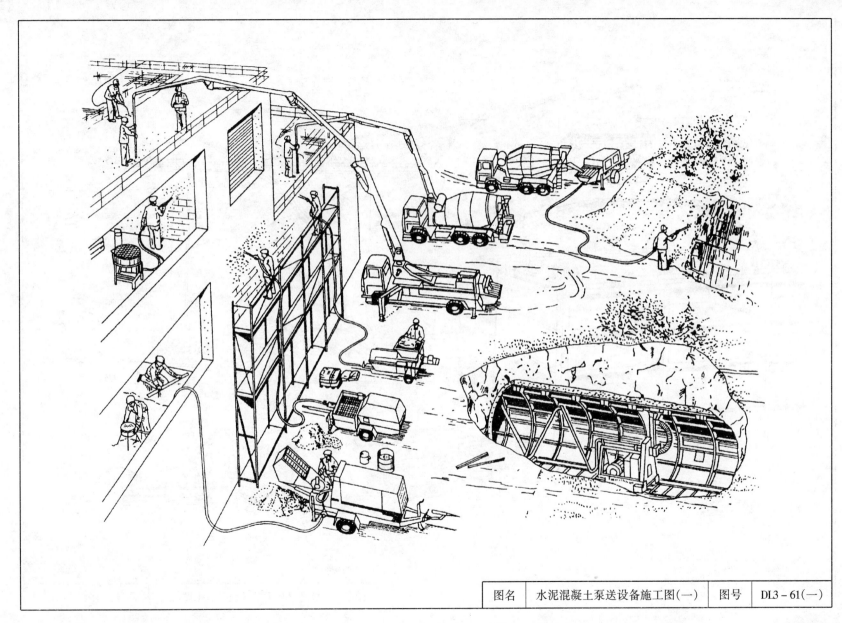

| 图名 | 水泥混凝土泵送设备施工图(一) | 图号 | DL3-61(一) |

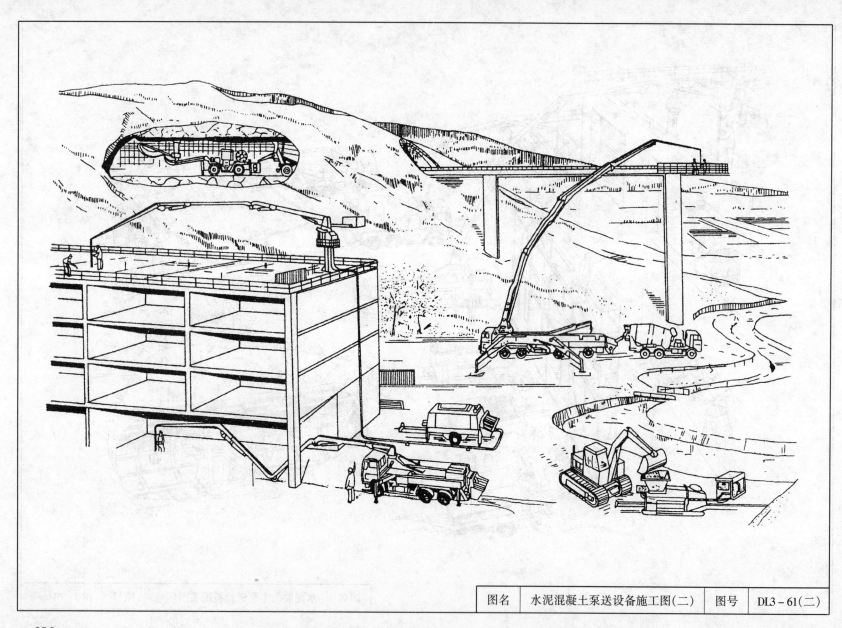

| 图名 | 水泥混凝土泵送设备施工图(二) | 图号 | DL3-61(二) |

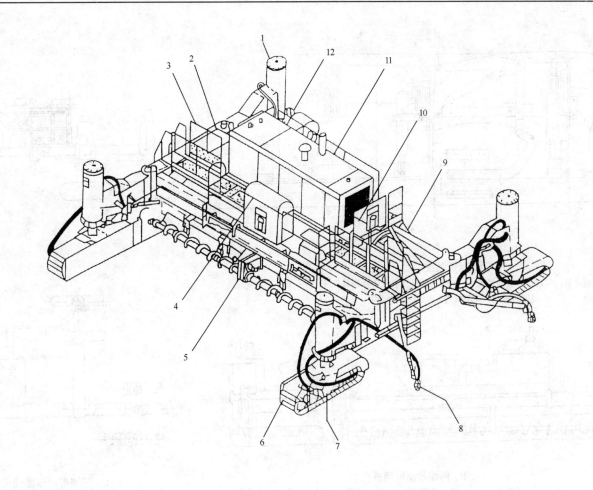

1—浮动支腿；2—喷洒水系统；3—固定机架；4—操作控制台；5—摊铺装置；
6—行走转向装置；7—自动转向系统；8—自动找平系统；9—伸缩机架；
10—人行通道；11—动力系统；12—传动系统

图名	滑模式水泥混凝土摊铺机结构图	图号	DL3-62

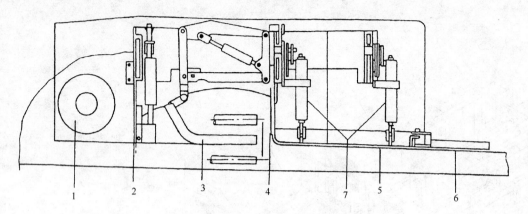
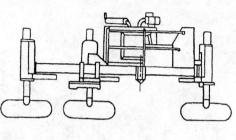

（A）摊铺装置
1—螺旋分料装置；2—计量装置；3—内部振捣装置；4—外部振捣装置；
5—成型装置；6—定型抹光装置；7—调拱装置

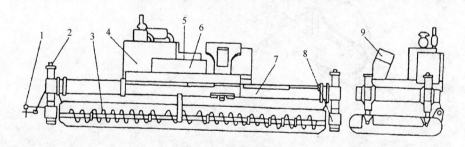

（B）两履带滑模摊铺机
1—找平和转向自动控制系统；2—立柱浮动支撑系统；3—工作装置；4—动力装置；5—传动装置；
6—辅助装置；7—机架；8—行走及转向装置；9—电液控制和操纵装置

（C）三履带滑模摊铺机

| 图名 | 两履带和三履带滑模式摊铺机 | 图号 | DL3-63 |

3.4.3 刚性路面施工工艺

3.4.3.1 轨道式水泥路面施工

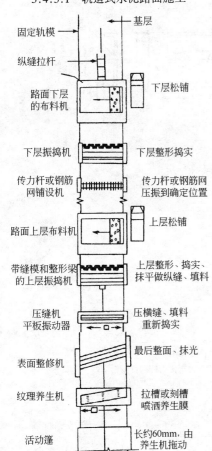

国外生产的轨道式水泥混凝土摊铺设备

国别	公司	型号	最大摊铺宽度(m)	最大摊铺厚度(cm)	最高摊铺速度(m/min)	功率(kW)	质量(t)
德国	ABG	BV590NASS12 TITAN410S NAS512	12.00 12.00	45.0 45.0	2.5 3.0	32.48 32.88	13~38 13~15
德国	VöGELE	J S	4.50 9.00	30.0 40.0	— —	14 25	6 10
美国	CURBMASTER	CMSF PA1700 PA2000	9.14 6.40 8.53	61.0 61.0 61.0	4.0 4.0 2.0	82 42 69	11 6 8
美国	METAL FORMS	SUP SUP	18.30 18.30	35.6 35.6	— —	6 3	— —
美国	GOMACO	C-450X	9.00	—	3.87	32	3.2
美国	POWER CURBER	440-XL 607-W 57-W PC-150	0.45 0.30 0.30 0.30	30.0 30.0 30.0 30.0	0.5 0.2 0.2 0.2	15 10 9 9	0.4 0.4 0.3 0.3
美国	RAYGO	Roodster120	3.66	20.3	5.4	26	4
比利时	SGME	RCL VRK RCG	5.00 8.50 13.25	25.0 50.0 50.0	— — —	8 30 45	4 14 25
日本	KAWASAKI	KCS75A KCB75A KCF75A KCL75A	7.5 7.5 7.5 7.5	30.0 30.0 30.0 30.0	2.3 2.3 2.3 2.3	33 57 33 18	7 16 11 5
日本	汽车制造	CF-S	3.0~7.5	—	—	15	6.5
日本	住友机械	HC-45	3.5~4.5	—	—	22.4	—

国产轨道式摊铺机主要技术性能

生产厂及型号	主要技术参数与功能
江阴交通工程机械工业厂 S型	(1) 刮板式匀料机，18kW，刮板向左、右匀料。 (2) 振捣机 25kW，由复平刮梁/整形机组成。 (3) 再度修整机组 13kW，配有纵向修整梁以保证平整度，整机摊铺宽度 3~9m，摊铺厚度为 300mm，行走速度为 2.5m/min，整机质量10t
江苏建筑机械厂 C-450X型	由螺旋式摊铺机、插入式振捣机组、整平滚筒和浮动拖板等组成。整机采用三点式整平原理，施工平整度在 3.66m 内不大于3mm，摊铺宽度 3~9m，最大可达42.7m，功率23.5kW，整机质量2.31（标准型）
平山机械厂 SLHX型	(1) 匀料机(SLHY)横向移动21.85m/min，旋转 8.28r/min，垂直调整 300mm，行走速度13.65~27.3m/min。 (2) 摊铺机(SLHX)插入式振捣器 2×1.1kW，主振动梁15kW，次振动梁1.5kW，行走速度1m/min，生产率 40~60m/h，整机质量6t
山西省公路局山西省交通科研所 J型	(1) 匀料机 功率为14.2kW，其转速1800r/min。 (2) 摊铺机 功率为22kW，其转速2800r/min。 (3) 精整器 摆动幅度为50~80mm，抹光梁升高度为30mm，摊铺宽度 3~4.5m，最大铺厚300mm，摊铺速度1~1.5m/min，整机质量7t

图名	轨道式摊铺施工工艺及设备技术性能	图号	DL3-64

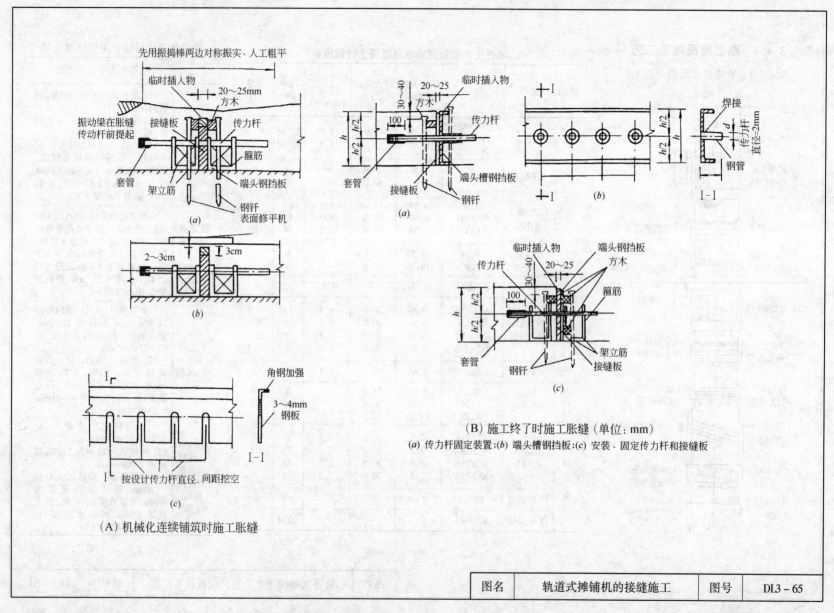

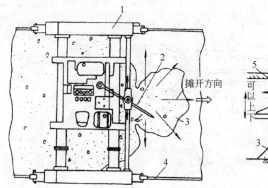

(A) 刮板式摊铺机的作业

1—刮板式摊铺机；2—刮板；3—混凝土；4—轨道；5—导轨

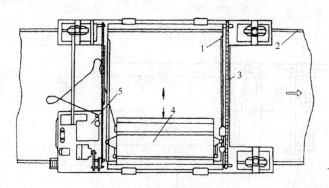

(B) 箱型摊铺机的作业

1—料仓行走轨道；2—轨道（模板）；3—链条；4—料仓；
5—驱动系统；6—混凝土；7—混凝土排口

松铺系数与坍落度的关系

坍落度(cm)	1	2	3	4	5
松铺系数	1.25	1.22	1.19	1.17	1.15

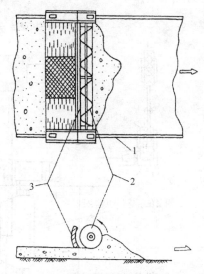

(C) 螺旋式摊铺机的作业

1—轨道（模板）；2—螺旋；3—刮平板

图名	水泥轨道式摊铺作业方式	图号	DL3－66

3.4.3.2 滑模式水泥路面施工

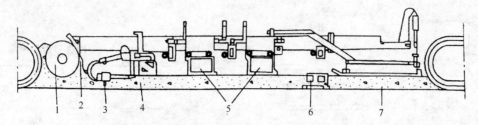

(A) 滑模式摊铺机摊铺工艺过程图

1—螺旋摊铺器；2—刮平器；3—振捣器；4—刮平板；5—振动振平板；6—光面带；7—混凝土面层

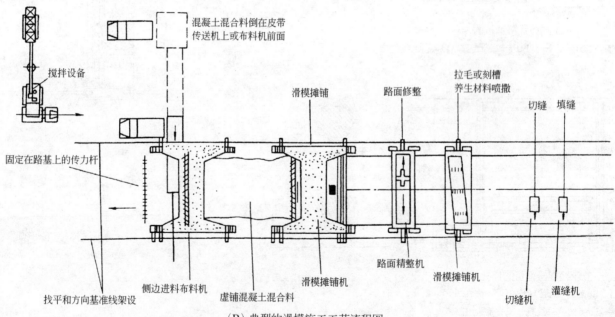

(B) 典型的滑模施工工艺流程图

| 图名 | 滑模式摊铺机施工工艺流程 | 图号 | DL3-67 |

| 图名 | 滑模式水泥混凝土摊铺列车施工 | 图号 | DL3-68 |

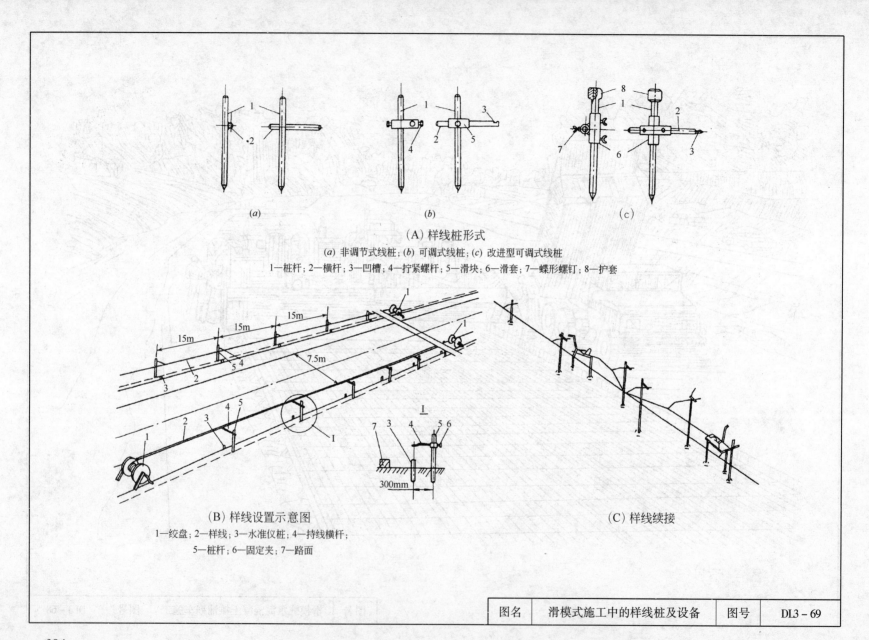

3.4.3.3 水泥混凝土路面接缝施工

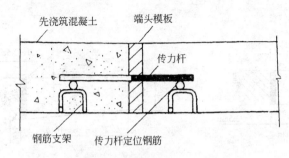

(A) 预制定位支架固定传力杆示意图

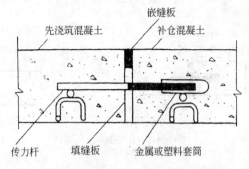

(B) 预制支架固定传力杆套筒示意图

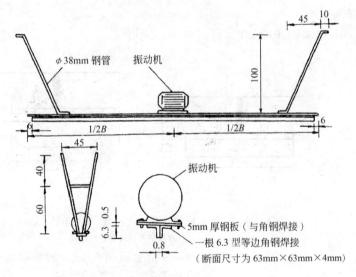

(C) 振动压缝板（单位：cm）
B = 混凝土板宽 − 2cm

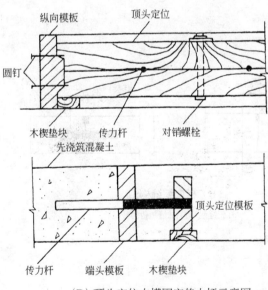

(D) 顶头定位木模固定传力杆示意图

图名	水泥混凝土路面接缝施工示意图	图号	DL3－70

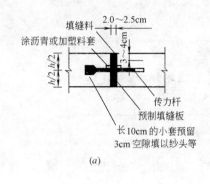 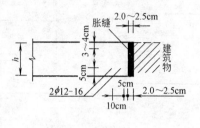 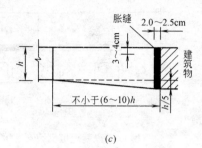

(a) (b) (c)

（A）胀缝构造

(a) 传力杆（滑动型）；(b) 边缘钢筋型；(c) 厚边型

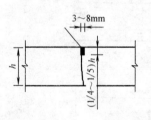 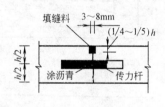 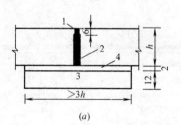 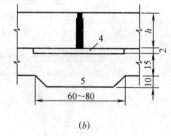

(a) (b)

（B）横向缩缝构造

(a) 假缝型；(b) 加缝加传力杆型

（C）胀缝的枕垫式构造（尺寸单位：cm）

(a) 枕垫式；(b) 基层枕垫式

1—沥青填缝；2—油毛毡；3—10号水泥混凝土预制枕垫；

4—沥青砂；5—炉渣石灰土枕垫

| 图名 | 水泥路面胀缩缝的构造示意图 | 图号 | DL3－71 |

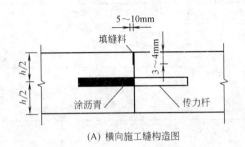
(A) 横向施工缝构造图

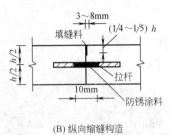
(B) 纵向缩缝构造

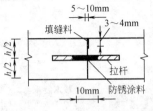
(C) 纵向施工缝构造

拉杆尺寸及间距

板宽(m)	板厚(cm)	直径d_s(mm)	最小长度(cm)	最大间距(cm)	板宽(m)	板厚(cm)	直径d_s(mm)	最小长度(cm)	最大间距(cm)
3.00	≤20	12	60	90	3.75	≤20	12	60	70
	21~25	14	70	90		21~25	14	70	70
	26~30	16	80	90		26~30	16	80	70
3.50	≤20	12	60	80	4.50	≤20	12	60	60
	21~25	14	70	80		21~25	14	70	60
	26~30	16	80	80		26~30	16	80	60

传力杆的尺寸及间距表

板厚h(cm)	直径d_s(mm)	最小长度(cm)	最大间距(cm)
20	20	40	30
21~25	25	45	30
26~30	30	50	30

| 图名 | 纵向缝构造及拉、传力杆尺寸 | 图号 | DL3-72 |

接缝板和填缝料的种类与技术要求

(1) 接缝板的种类与技术要求	材料品种	可做接缝板的材料有：杉木板、纤维板、泡沫橡胶板、泡沫树脂板等				
	技术要求	试验项目	接缝板种类			备注
			木材料	塑料泡沫类	纤维类	
		压缩应力(MPa)	5.0~20.0	0.2~0.6	2.0~10.0	吸水后不应小于不吸水的90%
		复原率(%)	>55	>90	>65	
		挤出量(mm)	<5.5	<5.0	<4.0	
		弯曲荷载(N)	100~400	0~50	5~40	
(2) 加热施工式填缝料的种类和技术要求	种类	主要有沥青橡胶类、聚氯乙烯胶泥类和沥青玛琋脂类等				
	技术要求	试验项目	低弹性型		高弹性型	
		针入度(锥针法)(mm)	<5		<9	
		弹性(复原率%)	>30		>60	
		流动度(mm)	<5		<2	
		拉伸量(mm)	>5		>15	
		注：低弹性填缝料适用于公路等级较低的混凝土路面的接缝和公路等级较高的混凝土路面的缩缝；高弹性填缝料适用于公路等级较高的混凝土路面的胀缝和高速公路混凝土路面的接缝				
(3) 常温施工式填缝料的种类和技术要求	种类	主要有聚氨酯焦油类、氯丁橡胶类、乳化沥青橡胶类等				
	技术要求	试验项目	技术要求			
		灌入稠度(s)	<20			
		失粘时间(h)	6~24			
		弹性(复原率%)	>75			
		流动度(mm)	0			
		拉伸量(mm)	>15			

图名	接缝板和填缝料的种类与技术要求	图号	DL3-73

接缝料的施工工艺

	项目	工 艺 内 容
（1）接缝板的施工工艺	施工前的准备工作	1）胀缝板施工前要按设计图加工成板材，长度应与混凝土板块宽度相等。原则上不允许两块板拼接，个别需要拼接时，锯成齿状用乳胶或其他胶粘结牢固，搭接处要无缝隙，以避免水泥砂浆进入； 2）采用软质木板作为接缝板时，如白松、杉木、纤维板等需事先在煤油中进行防腐处理，煤焦油的温度应大于100℃，浸泡时间一般不小于1h，达到板内全部变黄无夹心为止； 3）对于设传力杆的胀缝，接缝板事先应根据传力杆间距及直径钻好孔洞，以便传力杆插入
	接缝板施工技术及要求	1）先用地板胶或建筑沥青等粘结在灌筑好的板面接缝一侧，粘结要牢固，接缝要严密。接缝板底面应与混凝土板底平齐，接缝底面不能脱空，脱空部分必须用找平层材料填实； 2）接缝板接头以及接缝板与传力杆之间的间隙必须用沥青或其他填缝材料填实抹平，在接缝板的上部还应粘好嵌缝条，经验收合格后方可浇筑另一侧混凝土，施工中要注意保护安放好的接缝板； 3）采用泡沫树脂类等弯曲强度和抗压强度较低的接缝板，粘贴后应在侧面用建筑沥青和编织袋布贴成两油两布的保护层

	项目	施 工 工 艺 要 点
（2）填缝料的施工工艺	清缝	在填缝前必须做清缝工作，做法是用铁钩钩出缝内砂石等杂物，也可用砂轮片或旧金刚石刀片等机械清缝，然后用至少2.5MPa压力的水把缝内灰尘自高处向低处冲洗干净，晒干后即可填缝
	填缝 加热施工式填缝料	1）填缝料的灌注深度宜为3～4cm。当缝槽大于3～4cm时，可填入多孔柔性衬底材料，参见下图。填缝料的灌注高度，夏天宜与板面平，冬天宜稍低于板面； 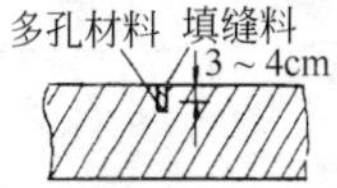 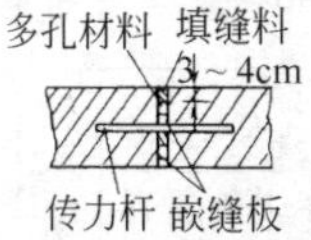 2）加热施工式填缝料，如聚氯乙烯胶泥、橡胶沥青类等要求均匀加热的填缝料，应采用双层锅加热，加热时应不断搅拌均匀，直至规定的灌入温度。聚氯乙烯胶泥的灌入温度为130～140℃，橡胶沥青为100～170℃，滤去渣物即可倒入已预热的填缝机或其容器里； 3）灌缝时可采用灌主漏斗，也可采用填缝机。填缝机工作时，前进速度与出料速度必须协调，使其均匀出料并灌到规定高度。在填缝的同时，边填边用铁钩来回钩动，使缝壁上残存少量灰尘掺入填缝中以增加与混凝土的粘结性； 4）施工完毕，应仔细检查填缝料与缝壁粘结情况，再有脱开处，应用喷灯小火烘烤，使其粘结紧密
	常温施工式填缝料	1）施工时一般可用灌注漏斗或专用型施工枪（厂商一般有配套供应）； 2）填缝深度一般为2.5～3cm，切割过深的接缝可用塑料泡沫或油麻绳塞垫底，以节约材料； 3）缝料灌填以后随着用铁钩快速轻轻来回钩动一次，起调平及增加粘结作用； 4）施工中，要保持板面整洁，不慎溢洒在板面外边的材料要及时铲除干净，再洒些水泥擦干，尽量与板面颜色一致

| 图名 | 接缝板和填缝料的施工工艺 | 图号 | DL3－74 |

3.4.3.4 刚性路面质量验收与标准

1. 水泥混凝土路面养护质量标准(JTJ 073—96)

评价指标		单位	高速、一级公路	其他等级公路
平整度	平整度仪(σ)	mm	2.5	3.5
	3m 直尺(h)		5	8
路面状况指数 PCI			60 分以上	50 分以上
抗滑系数			0.30	0.40

2. 水泥混凝土路面损坏分类分级

损坏类型	损坏特征	分级标准		计量单位
纵向、横向、斜向裂缝	面板断裂成2块	轻	缝隙宽小于3mm的细裂缝	米和块
		中	边缘有中等或严重碎裂,高度小于13mm错台的裂缝,缝宽小于25mm的裂缝	
		重	13mm以上错台或缝宽大于25mm的裂缝	
破碎板或交叉裂缝	面板破裂分为3块以上	轻	板被裂分为3~4块	米和块
		重	板被裂分为5块以上,或被中等裂缝分为3块以上	
板角断裂	裂缝垂直通底,并从角隅到断裂两端的距离等于或小于板边长的一半	轻	缝隙宽小于3mm的细裂缝	米和块
		中	边缘有中等或严重碎裂,高度小于13mm错台的裂缝,缝宽小于25mm的裂缝	
		重	13mm以上错台或缝宽大于25mm的裂缝	
错台	接缝或裂缝两边出现高差	轻	错台量6~12mm	处
		重	错台量>12mm	
唧泥	荷载通过时板发生弯沉,接缝或裂缝附近有污染或沉积着基层材料	不分等级		条

续表

损坏类型	损坏特征	分级标准		计量单位
边角剥落	邻近接缝60cm内,或板角15cm内,混凝土开裂或成碎块	轻	剥落发生在边角附近8cm之内	处
		中	剥落范围大于8cm,碎块松动,但不影响行车安全或不易损害轮胎	
		重	影响行车安全或极易损害轮胎	
接缝材料破损	填缝料剥落、挤出、老化和缝内无填缝料	轻	约1/3缝长出现损坏,水和杂物易渗入或进入	条
		重	2/3缝长出现损坏,水和杂物可以自由进入,需立即更换填缝料	
坑洞	面板表面出现直径为2.5~10cm、深为1.2~5cm的坑洞	不分等级		块
修补损坏	面板损坏修补后,重新又损坏	轻	修补功能尚好,四周有轻微剥落	块
		中	四周有中等剥落,且内部有裂缝	
		重	四周严重剥落,修补已损坏,需重新修补	
拱起	横缝两侧的板体发生明显抬高	不分等级		处
表面裂纹与层状剥落	路面表层有网状浅而细的裂纹或层状剥落	轻	面积小于等于20%板块面积	块
		重	面积大于20%板块面积	

3. 水泥混凝土路面破损评价标准

评价指标	优	良	中	差
路面状况指数(PCI)	≥85	≥70~<85	≥50~<70	<50
平整度(σ)	≤2.5	>2.5~≤3.5	>3.5~≤4.5	>4.0
抗滑系数(F)	≥55	≥48~<55	≥38~48	<38
路面综合评定指标(SI)	≥8.5	≥6.9~<8.5	≥4.5~<6.9	<4.5

图名	刚性路面的质量评价与养护	图号	DL3—75

分项工程质量检验评定表

分项工程名称：水泥混凝土面层　　　　施工单位：　　　　　　　　监理单位：　　　　　　　　桩号 2+800～4+800

基本要求			合　格													
	项次	检查项目	规定值或允许偏差(单位)	实测值或实测偏差											质量评定			
				1	2	3	4	5	6	7	8	9	10	11	12	平均、代表值	合格率(%)	规定分	实得分
实测项目	1	弯拉强度	5MPa	5.15	5.2	5.0	5.1	5.05	4.95	5.2	5.15	4.9	5.1	5.25	5.15	5.08	100	30	30
	2	路面板厚度	−10mm	−10	−9	−10	−5	−8	−7	−6	−5	−8	−7	−9	−10		100	20	20
	3	平整度	5mm	2.5	3.5	3.0	3.5	4.0	2.7	2.9	3.5	4.0	3.2	3.0	3.0		100	15	15
	4	抗滑构造深度	0.6mm	0.6	0.5	0.7	0.6	0.4	0.7	0.6	0.5	0.5	0.6	0.5	0.7		75	8	6.0
	5	相邻板高差	3mm	2.0	3.0	2.1	2.5	4.0	3.0	3.8	3.5	3.0	3.2	3.0	2.8		67	8	5.3
	6	纵横缝顺直度	10mm	10	10	12	10	10	13	10	10	10	10	10	10		83	3	2.5
	7	中线平面偏位	20mm	20	18	17	21	20	17	19	22	20	19	18	20		83	3	2.5
	8	路面宽度	±20mm	20	21	22	−5	−8	−10	21	−18	−16	15	16	18		75	5	3.8
	9	纵断高程	±15mm	+9.8	+15	+12	−10	−9	+10	+17	+12	+17	−10	−9	−8		83	3	2.5
	10	横坡(%)	±0.25	0.24	0.26	0.23	0.24	0.26	0.23	0.20	0.18	0.23	0.2	0.24	0.26		75	5	3.8
合　计																		100	91.4

外观鉴定	××处有脱皮裂缝	减分	5分	监理意见	该项目工程可评为优良
质量保证资料	齐　全	减分	0分		
工程质量等级评定	得分 91.4−5=86.4分　质量等级评为优良				

检验负责人：　　　　　检测：　　　　　记录：　　　　　复核：　　　　　年　月　日

图名	分项工程质量检验评定表(一)	图号	DL3-76(一)

分项工程质量检验评定表

分项工程名称：水泥混凝土路面　　施工单位：　　监理单位：　　桩号：2+800~4+800

施工单位	分 项 工 程					备　注
	工程名称	质 量 评 定				
		实得分数	权　值	加权得分	等　级	
××处一工程队	水泥混凝土面层	86.4	2	172.8	优良	
	石灰土基层	92.5	2	185.0	优良	
××处二工程队	石灰土底基层	89.0	1	89.0	优良	
	路缘石	82.1	1	82.1	合格	
	合　计	350	6	528.9		
加权平均分	528.9/6＝88.15分				质量等级	优　良
评定意见	该项目工程可评为优良					

检验负责人：　　　　　　　计算：　　　　　　　复核：　　　　　　　年　月　日

单位工程质量检验评定表

单位工程名称：
路线名称：
施工单位：
所属建设项目：
工程地点桩号：
监理单位：

施工单位	分 部 工 程					备　注
	工程名称	质 量 评 定				
		实得分数	权　值	加权得分	等　级	
	合　计					
加权平均分					质量等级	
评定意见						

检验负责人：　　　　　　　计算：　　　　　　　复核：　　　　　　　年　月　日

图名	分项工程质量检验评定表(二)	图号	DL3－76(二)

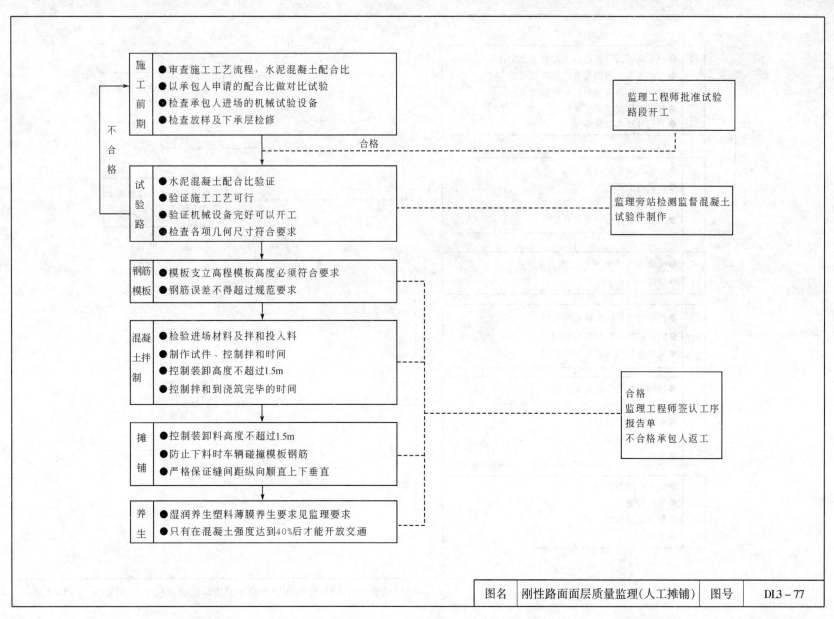

| 图名 | 刚性路面面层质量监理(人工摊铺) | 图号 | DL3－77 |

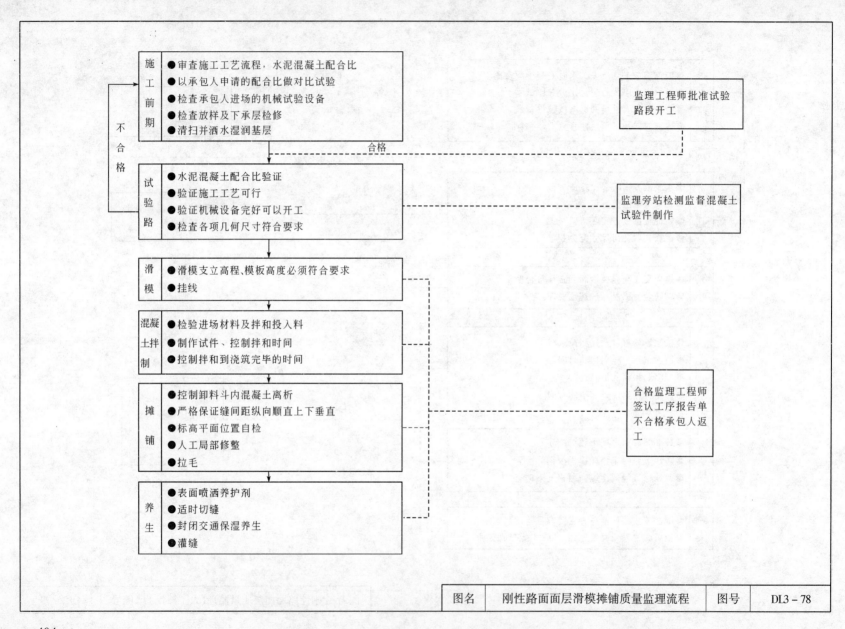

质量控制的项目、频度和质量标准

工程类别	项目		频度	质量标准	达不到要求时的参考处理措施	备注
无结合料基层或底基层	含水量		据观察,异常时随时试验	最佳含水量 -％ ~ +2％	含水量多时晾晒过干时补充洒水	开始碾压时及碾压过程中进行
	级配		据观察,异常时随时试验	在规定范围内	调查原材料,按需要修正现场配合比	在料场和施工现场进行。含土集料应用湿筛分法
	均匀性		随时观察	无粗细集料离析现象	局部填加所缺集料,补充拌和或换填新料	在摊铺、拌和整平过程中进行
	压实度		每一作业段或不大于2000m²检查6次以上	96％以上填隙碎石以固体体积率表示不小于83％	继续碾压。局部含水量过大或材料不良地点,挖除并换填好料	以灌砂法为准。每个点受压路机的作用次数力求相等
	塑性指数		每1000m²一次,异常时随时试验	小于规定值	塑性指数高时,掺加砂或石屑,或用石灰、水泥处治	在料场和施工现场进行。塑限用标准搓条法试验
	承载比		每300m²一次,据观察异常时随时增加试验	不小于规定值	废除,换合格的材料或采取其他措施	在料场和施工现场进行,取样进行室内试验
石灰工业废渣	配合比		每2000m² 1次	石灰-1％以内		按用量控制
	级配		每2000m² 1次	在规定范围内		整平过程中取样,指级配集料
	含水量		据观察,异常时随时试验	最佳含水量±1％（二灰土为±2％）	含水量多时,进行晾晒;过干时摊开洒水	拌和过程中,开始碾压时及碾压过程中检验
	拌和均匀性		随时观查	无灰条灰团,色泽均匀,无离析现象	充分拌和,处理粗集料窝和粗集料带	
	压实度	二灰土	每一作业段或不超过2000m²检查6次以上	一般公路93％以上一级和高速公路95％以上	继续碾压,局部含水量过大或材料不良地点,挖除并换填好的混合料	以灌砂法为准。每个点受压路机的作用次数力求相等
		其他含粒料的石灰工业废渣		一般公路底基层95％、基层97％高速和一级公路底基层96％与基层98％		

图名	刚性路面施工质量控制与验收（一）	图号	DL3-79(一)

续表

工程类别	项目		频 度	质量标准	达不到要求时的参考处理措施	备 注
水泥或石灰稳定及石灰水泥综合稳定土	级 配		每2000m²1次	在规定范围内	调查原材料,按需要修正现场比	指稳定中粒土和粗粒土,在现场摊铺整平过程中取样
	集料压碎值		据观察异常时随时试验	不超过规定值	废除,换合格的材料	在料场和施工现场进行
	水泥或(石灰)剂量		每2000m²1次至少6个样品	−1.0%	查明原因,进行调整	在摊铺、拌和和整平过程中进行
	含水量	水泥稳定土	据观察,异常时随时试验	最佳含水量1%~2%	含水量多时,进行晾晒;过干时补充洒水	拌和过程中,开始碾压时和碾压过程中检验。注意水泥稳定土规定的延迟时间
		石灰稳定土		最佳含水量±1%		
	拌和均匀性		随时观查	无灰条灰团,色泽均匀,无离析现象	充分拌和,处理粗集料窝和粗集料带	拌和过程中,随时检查其质量
	压实度	稳定细粒土	每一作业段或不超过2000m²检查6次以上	一般公路93%以上一级和高速公路95%以上	继续碾压,局部含水量过大或材料不良地点,挖除并换填好的混合料	以灌砂法为准。每个点受压路机的作用次数力求相等
		稳定中粒土和稳定粗粒土		一般公路底基层95%、基层97%高速和一级公路底基层96%、基层98%		
水泥或石灰稳定及石灰水泥综合稳定土	抗压强度		稳定细粒土每2000m²6个试件;稳定中粒和粗粒土,每2000m²分别为9个和13个试件	符合规定要求	调查原材料,按需要增加结合料剂量,改善材料颗粒组成或采用其他措施(如提高压实度等)	整平过程中随机取样一处一个样品不应混合,制件时不在拌和,试件密实度与现场达到的密实度相同
	延迟时间		每个作业段1次	不超过规定	适当处理,改进施工方法	仅指水泥稳定和综合稳定土。记录从加水拌和到碾压结束的时间

| 图名 | 刚性路面施工质量控制与验收(二) | 图号 | DL3-79(二) |

水泥混凝土面板质量验收允许误差

验收标准		质量标准和允许误差	检验要求		检验方法
			范围	点数	
抗弯拉强度		不小于规定强度	每天或每200m³(400m³) 每1000~2000m³	2组增一组	1. 小梁抗弯拉实验 2. 现场钻圆柱体试件校核
纵缝顺直度		15(10)mm	100m缝长	1	拉20m线量取最大值
横缝顺直度			20条缩缝	2条	沿板宽拉线量取最大值
板边垂直度		±5mm,胀缝板边垂直度无误差	100mm	2	沿板边垂直拉线量取最大值
平整面	路面宽<9m	5mm	50m	1	用3m直尺连量三次,取最大三点平均值或用平整度仪测(高速公路≤2.5mm)
	路面宽9~15m	5mm	50m	2	
	路面宽>15m	5mm	50m	3	
	高速公路	3mm			
相邻板高差		±3(2)mm	每条胀缝	2	用尺量
			20条胀缝抽2条	2	
纵坡高差		±10(5)mm	20m	1	用水准仪测量
横坡	路面宽<9m	±0.25%	100m	3	用水准仪测量
	路面宽9~15m	±0.25%	100m	5	用水准仪测量
	路面宽>15m	±0.25%	100m	7	用水准仪测量
	高速公路	±0.15%			用水准仪测量
板厚度		±10(5)mm	100m	2	用尺量或现场钻孔
板宽度		±20mm	100m	2	用尺量
板长宽		±20(10)mm	100m	2	用尺量
板面纹理	拉毛压槽深度	1~2mm	100m	2块	用尺量
	纹理深度	≥0.6mm	100m	2块	砂铺法

注：括号内数值为高速公路的允许误差。

图名	刚性路面质量验收标准	图号	DL3-80

4 道路工程的附属设施

A 首器工程的例属炎疏

4.1 道路护栏与隔离设施

1. 道路护栏及附属设施的作用、类型及特点

(1) 为了保证车辆的安全、舒适、畅通和高速、快速行驶，建立和设置有效的道路交通管理设施，是极其必要的。从狭义上来讲，道路交通管理设施主要指的是设置在道路的路面、路口以及道路两旁，用来实施道路交通管理的各种专门设施，如固定设置于道桥上的交通标志、标线、信号灯以及护栏与隔离设施等。本章主要介绍护栏与隔离设施。

(2) 护栏设施与一般道路上的护栏和桥上的栏杆不同。护栏设施主要用于高速公路，一级汽车专用公路、城市快速道路、主干道路、立交工程等，一则护栏车辆，免致越出；二则拦阻人、畜，防止钻人。而一般桥梁上的栏杆，当设于人行道上时，主要作用是提供行人安全感，遮拦行人，防止其掉入桥下；当无人行道时，桥上的栏杆虽也有时起防止行人跌落桥下外，其主要作用与高填路堤或危险路段所设护栏相仿，用以视线诱导，起到一些轮廓标的作用，使车辆尽量在路幅之内行驶，并给驾驶员以安全感。

(3) 隔离设施有分隔之意，有道路本身分隔和路内路外分隔之别。道路本身之分隔，是利用分隔带把道路分成若干块板，使车辆分向行驶或分流行驶，也可采用车道分界标线来分隔同向行驶的交通流。路内路外分隔是指道路两侧实行封闭式的隔离，在高速公路和汽车专用一级公路沿线两侧，均应实行封闭，以防止人畜和非机动车辆等钻或闯入公路与非法侵占公路用地，这也是确保行车安全、排除横向干扰、充分发挥道路效能的重要措施。因此，就某种意义上讲，护栏与分隔是互为补偿、相辅相成而难以严格区分其含义与差异的。

(4) 介绍的护栏设施主要指用以封闭沿线两侧，不使人、畜与非机动车辆闯入公路的隔离设施，以及区别于普通栏杆和护栏的能够吸收碰撞能量、迫使失控车辆改变方向并有恢复到原有行驶方向趋势，防止其越出路外或跌落桥下的防撞护栏。所介绍的隔离设施，主要指的是封闭道路沿线两侧的隔离设施，车道上的分隔带，以及分隔带处的防撞护栏。简言之，即一般所谓的分隔带、防撞护栏和隔离设施。分隔带有车行道的分隔带、机动车与机动车道的分隔带和机动车与非机动车道的分隔带等。

(5) 防撞护栏有道路上的波形梁护栏、缆索护栏、混凝土护栏和桥梁护栏等，按防撞性能又有刚性护栏、半刚性护栏和柔性护栏之分。刚性护栏是一种基本不变形的护栏结构，它的主要代表形式是混凝土护栏，有的城市道路也有采用铸铁护栏者。半刚性护栏是一种连续的梁柱结构，具有一定的刚度和柔性，波形梁护栏是半刚性护栏的主要形式，管梁护栏、箱梁护栏也都属于半刚性护栏。柔性护栏是一种具有较大缓冲能力的韧性结构，其主要代表形式有金属网，金属网又可分为织网、焊接网、拧花网等多种，埋设条件是缆索护栏。隔离设施按构造形式分有金属网、钢板网、刺铁丝和常青绿设置于土中和混凝土中两种。

2. 护栏的设置原则与要求

护栏作为道路上的基本安全设施，从开始应用至今已经历了近80年的历程，将其看成一种障碍物，它的设置也是有条件的，现对路侧护栏、中央分隔带护栏和桥梁护栏分别说明如下。

(1) 路侧护栏

路侧护栏用于路侧有危险的路段，危险路段的两侧可以通过设置护栏来保护。危险路段的危险源，一则来自道路本身，一则来自路边或路旁的障碍物，有无必要设置护栏保护行车（有的障碍物如标志、信号和其他建筑物等，尚需利用路侧护栏保护其免遭行车撞击而破坏），需要视具体情况而定。

1) 凡符合下列条件之一者，必须设置路侧护栏：
① 道路边坡坡度 i 和路堤高度 h 在下图的阴影范围内的路段；
② 与铁路、公路相交，车辆有可能跌落到相交铁路或其他公路上的路段上；
③ 高速公路或汽车专用一级公路，在距路基坡脚 1.0m 范围内有江、河、湖、海、沼泽等水域，车辆掉入会有极大危险的路段；
④ 高速公路互通式立体交叉进、出口匝道的三角地带，以及匝道的小半径弯道外侧。

2) 凡符合下列情况之一者，应设置路侧护栏：
① 道路边坡坡度 i 和路堤高度 h 在下图中的虚线以上区域内的路段；

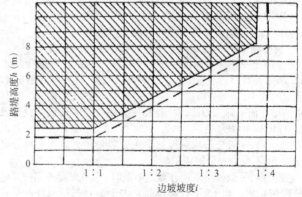

边坡、路堤高度与设置护栏的关系图

| 图名 | 护栏设施的作用、类型与设置原则（一） | 图号 | DL4-1（一） |

②高速公路或汽车专用一级公路，在距土路肩边缘1.0m范围内，有门架结构、紧急电话、上跨桥的桥墩或桥台等构造物时；

③与铁路、公路平行，车辆有可能闯入相邻铁路或其他公路的路段；

④路基宽度发生变化的渐变段；曲线半径小于一般最小半径的路段；

⑤服务区、停车区或公共汽车路侧停车处的变速车道区段；

⑥大、中、小桥两端或高架构造物两端与路基连接部分；

⑦导流岛、分隔岛处认为需要设置护栏的地方。

3) 凡符合下列情况之一者，可设置路侧护栏：

①高速公路或汽车专用一级公路，在距土路肩边缘1.0m范围内，存在下列危险或障碍物时：粗糙的石方开挖断面；大孤石；重要标志柱、信号灯柱、可变标志柱、照明灯柱或路堑支撑壁、隔音墙等设施；高出路面30cm以上的混凝土基础、挡土墙。

②道路纵坡大于4%的下坡路段；

③路面结冰、积雪严重的路段、多雾地区；

④隧道入口附近及隧道内需保障养护人员安全的路段。

4) 路侧护栏的最小设置长度为70m，两段路侧护栏之间相距不到100m时，宜在该两路段之间连续设置，夹在两填方区段之间长度小于100m的挖方区段，也应和两端填方区段的护栏相连之。最小设置长度的规定，主要是基于护栏整体作用考虑的，只有当护栏较长连续时才能很好发挥其整体效果，如设置，长度较短，不仅影响美观，而且难以发挥其导向功能，增加了碰撞的危险性。短距离的护栏间隔，易使驾驶人员视觉突然或急剧变换而引起不适之感，对行车安全不利，有必要使之连通而不留空档。

(2) 中央分隔带护栏

中央分隔带设置护栏，其目的是为了防止车辆越过分隔带闯入对向车道，因为车辆闯入对向车道所酿成的事故一旦发生，其后果将是非常严重的。而此种情况的产生，又与分隔带的构造和宽度(尤其是宽度)有关，其机率随着分隔带的增宽而下降。因此，我国《高速公路交通安全设施设计及施工技术规范》(JTJ 074—94)规定：

1) 高速公路、一级公路均应设置中央分隔带护栏。当中央分隔带宽度大于10m时，可不设中央分隔带护栏。

2) 高速公路、一级公路采用分离式断面时，靠中央带一侧按路侧护栏设置中央分隔带护栏。当上、下行路基高差大于2m时，可只在路基较高一侧设置。

3) 高速公路、一级公路的中央分隔带开口处，原则上应设置活动护栏。设置于分隔带开口处的活动护栏既能起到护栏车辆，保证行驶安全的功能，又因其可以移动，也能使事故处理车辆和急救抢险车辆紧急通过。目前较为普遍使用的活动式护栏是插装式护栏。

(3) 桥梁护栏

1) 在一般情况下，桥梁的外侧危险程度明显高于道路。车辆越出桥外会造成车毁人亡的重大恶性事故，愈是等级高的公路车速愈高，车辆越出桥外的事故严重程度愈大。因此，对于高速公路、一级公路等高等级公路上的特大桥、大桥和中桥，均应无条件的设置桥梁护栏，一般公路的特大、大、中桥在条件许可的情况下也应设置桥梁护栏；

2) 高速公路、一级公路上的小桥、涵洞，由于跨径较短，所设桥梁护栏本身不能满足护栏最短长度规定的要求，如与两头路线交叉的护栏形式不一，破坏了护栏整体的连续性，既不和谐又不美观，因而在不降低桥涵区段的安全性前提下，对小桥、涵洞的护栏可按路段护栏的要求设置。

3) 在有人行道的桥梁上，虽然路缘起到了护轮带、防止车辆跌落桥下的功能，但难免车辆碰撞行人和非机动车辆的严重事故的发生。因此，为保护行人和非机动车辆，同时把机动车和非机动车在平面上分隔开，提高车辆与行人的安全性，应按实际需要在人行道和行车道分界处设置汽车行人分隔护栏。

路基护栏防撞等级、适用范围与设计条作

设置地点	防撞等级	适用范围	设计条件				
			车辆碰撞速度(km/h)	车辆质量(t)	碰撞角度(°)	车辆加速度(g)	最大冲入距离(m)
							立柱埋于土中 / 立柱埋于混凝土中
路侧	A	高速公路、一级公路	60	10	15	<4g	<1.2 / <0.3
	S	路侧特别危险，需要加强保护的路段	80				
中央分隔带	A_m	高速公路、一级公路	60	10	15	<4g	<1.2 / <0.3
	S_m	中间带内有重要构造物，需加强保护的路段	80	10	15	<4g	<1.2 / <0.3

图名	护栏设施的作用、类型与设置原则(二)	图号	DL4-1(二)

波形梁护栏的分类

安装位置	防撞等级	构造特征	埋置方式	立柱标准中心间距	护栏代号
路侧	A	无防阻块	土中	4.0m	$G_r - A - E$
		有防阻块			$G_{rb} - A - E$
		无防阻块	混凝土中	4.0m	$G_r - A - B$
		有防阻块			$G_{rb} - A - B$
	S	无防阻块	土中	2.0m	$G_r - S - E$
		有防阻块			$G_{rb} - S - E$
		无防阻块	混凝土中	2.0m	$G_r - S - B$
		有防阻块			$G_{rb} - S - B$
中央分隔带 分设型	A_m	无防阻块	土中	4.0m	$G_r - A_m - E$
		有防阻块			$G_{rb} - A_m - E$
		无防阻块	混凝土中	4.0m	$G_r - A_m - B$
		有防阻块			$G_{rb} - A_m - B$
	S_m	无防阻块	土中	2.0m	$G_r - S_m - E$
		有防阻块			$G_{rb} - S_m - E$
		无防阻块	混凝土中	2.0m	$G_r - S_m - B$
		有防阻块			$G_{rb} - S_m - B$
中央分隔带 组合型	A_m	无防阻块	土中	4.0m	$G_{rd} - A_m - E$
		有防阻块			$G_{rd} - A_m - B$
	S_m	无防阻块	混凝土中	2.0m	$G_{rd} - S_m - E$
		有防阻块			$G_{rd} - S_m - B$

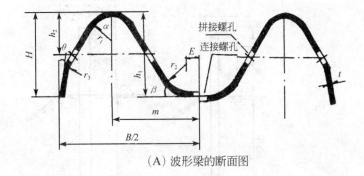

(A) 波形梁的断面图

波形梁几何参数

代号	B	m	H	h_1	h_2	E	r_1	r_2	r_3	α	β	θ	t
尺寸(mm)	310	96	85	83	39	14	27	24	10	55°	55°	10°	3

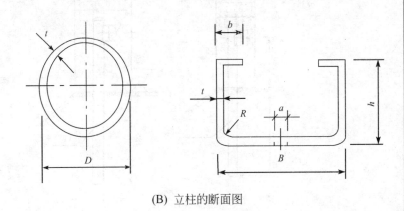

(B) 立柱的断面图

图名	波形梁护栏的分类与断面图	图号	DL4-2

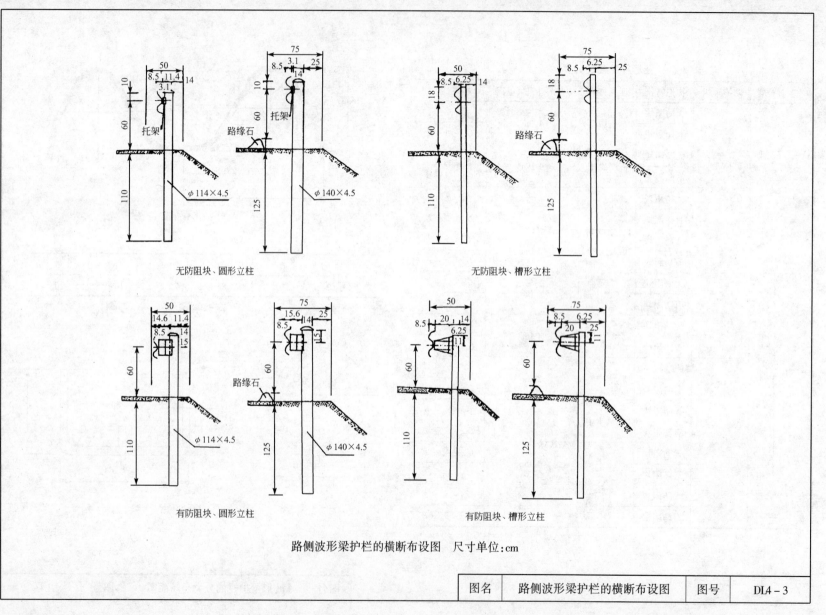

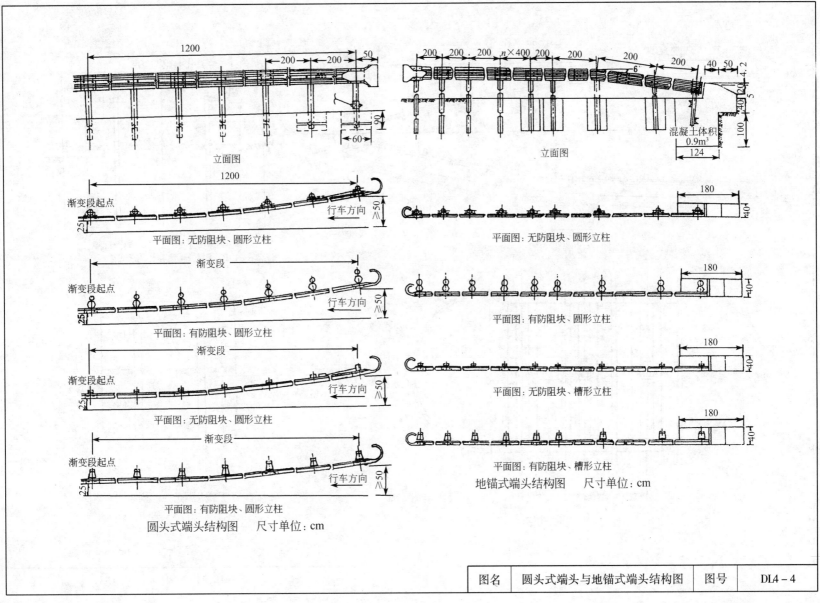

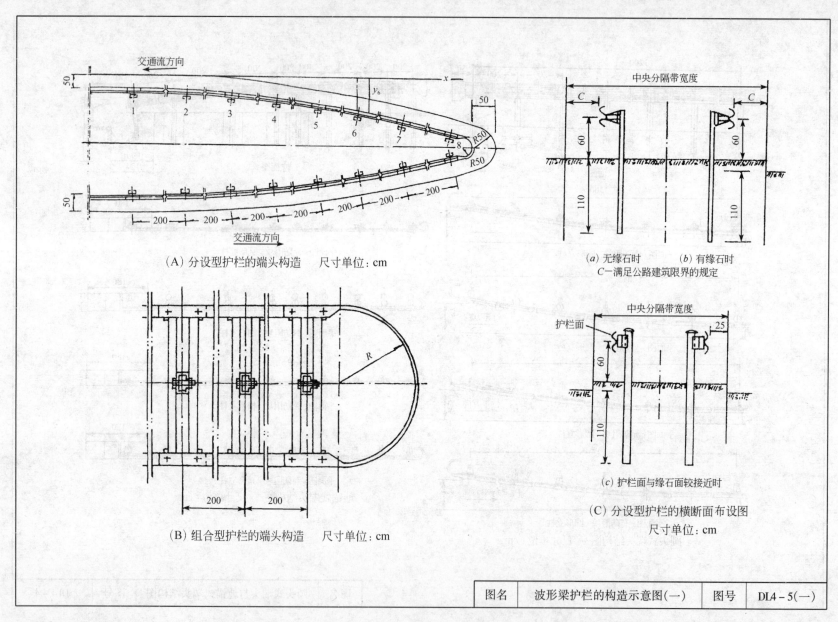

波形梁护栏的结构构造主要由波形梁、立柱和防阻块等组成。在波形梁和立柱间加设防阻块后有许多好处，增强了波形护栏的护栏与防撞作用：

（1）防阻块本身是一个吸能机构，可以使护栏在受碰撞后逐渐变形，有利于能量吸收，减少司乘人员伤亡。

（2）使波形梁从立柱上悬置出来，当失控车辆一旦与护栏发生碰撞时，便不会因波形梁紧靠立柱而使前轮在立柱处绊阻。

（3）参与护栏整体作用，使碰撞力分配到更多跨结构上，从而使护栏受力更加均匀，碰撞轨迹更加圆滑顺适，有利于车辆的导向和增加护栏的整体强度。

（4）有路缘石路段可使波形梁与缘石面的距离减小，减轻甚至消除由于失控车辆碰到缘石后跳起产生对护栏的不利影响。防阻块可以用各种形状的型钢来制造，其构造形式分别如图所示。其中A型适用于槽型或其他型钢立柱。B型适用于圆形立柱。

活动护栏是在中央分隔带开口处，为方便特种车辆如交通事故处理车、急救车等，在紧急情况下临时开启放行的设施，不同的设计适用于不同的使用要求。作为公路一侧因事故关闭时，用于疏导交通的临时开口，可采用一种如图(b)所示的活动护栏，它采用钢管焊接，比较容易拆装，在正常情况下又具有一定的隔离和防撞的能力，已在我国多条高速公路上使用。活动护栏的设置高度，应与中央分隔带波形梁护栏的设置高度保持一致。

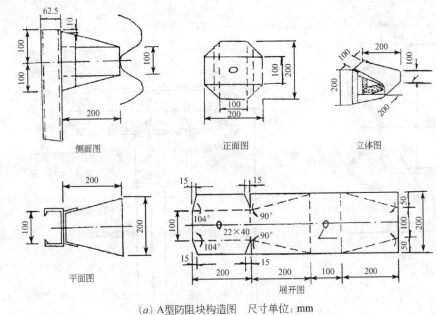

(a) A型防阻块构造图　尺寸单位：mm

注：采用3mm厚的钢板焊接成型，虚线为折边线

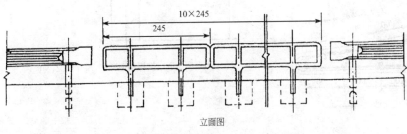

(b) 活动护栏构造图　尺寸单位：cm

| 图名 | 波形梁护栏的构造示意图(二) | 图号 | DL4－5(二) |

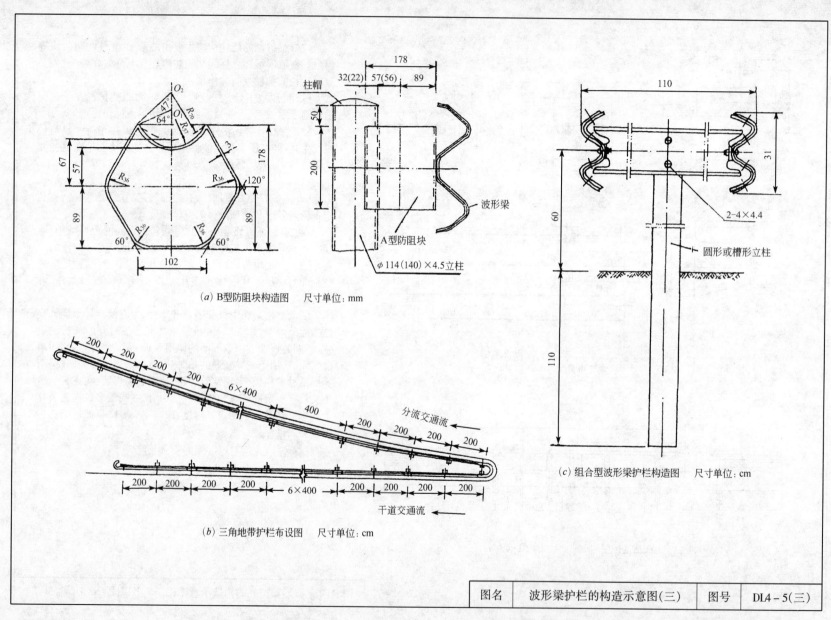

| 图名 | 波形梁护栏的构造示意图(三) | 图号 | DL4-5(三) |

1. 缆索护栏的概述

(1) 缆索护栏是一种以数根施加初张力的缆索固定于立柱上而组成的柔性护栏,它主要依靠缆索的拉应力来抵抗车辆的碰撞,吸收碰撞能量,是一种具有较大缓冲能力的韧性护栏结构。缆索护栏具有重复使用、容易修复、立柱间距灵活、受不均匀沉陷影响较小、积雪区对扫雪障碍稍小,以及美观等特优点,因此在不均匀下沉路段、有积雪路段、有美观要求的路段和长直线路段上,采用缆索护栏最为合适。

(2) 缆索护栏按设置地点可分为路侧护栏和中央分隔带护栏两类,按防撞等级路侧护栏分为 A 级和 S 级。S 级属加强级,适用于危险路段。中央分隔带缆索护栏的防撞等级为 A_m 级。缆索护栏的分类应符合下表的规定,各级路侧缆索护栏适用的公路等级如下表所示。考虑到车辆碰撞缆索时产生的最大位移应满足规定值110cm,A 级采用5根缆索,S 级采用6根缆索。

缆索护栏的分类

设置位置	防撞等级	埋置方式	护栏代号
路侧	A	土中	$G_c - A - E$
		混凝土中	$G_c - A - B$
	S	土中	$G_r - S - E$
		混凝土中	$G_c - S - B$
中央分隔带	A_m	土中	$G_c - A_m - E$
		混凝土中	$G_r - A_m - B$

各级路侧缆索护栏适用的公路等级

护栏级别	适用公路等级	设计碰撞速度(km/h)	护栏级别	适用公路等级	设计碰撞速度(km/h)
A	高速公路、一级公路	60	S	路侧特别危险,需要加强保护的路段	80

2. 缆索护栏的构造

(1) 路侧缆索护栏部立柱,系承受缆索张拉力和失控车辆碰撞力的主要结构,由三角形支架、底板和混凝土基础组成。

(2) 路侧护栏的装配如右图所示,端部立柱如下图所示,各部尺寸如下表所示,图中 h、L_3 应根据端部结构的地上高度来决定。至于端部立柱各部构造和尺寸,则应符合下表和下图的规定。

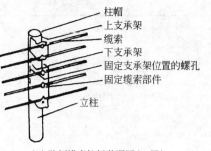

(a) 路侧缆索护栏装配图(A级)

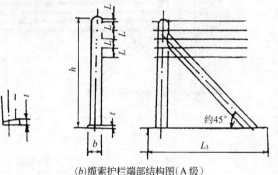

(b) 缆索护栏端部结构图(A级)

路侧缆索护栏端部结构各部尺寸

种类	项目	A 级	B 级
L	孔间距(mm)	130	130
L_1	离柱顶距离(mm)	50	50
L_2	立柱位置(mm)	200	200
b	宽度(mm)	200	250
t	板厚(mm)	9	9

图名	缆索护栏的分类及其尺寸	图号	DL4-6

路侧缆索护栏端部立柱各部构造和尺寸

防撞等级	端部立柱埋置方式	端部立柱			混凝土基础				最下一根缆索的高度(cm)	最大立柱间距,土中/混凝土中(cm)
		外径(mm)	地面以上高度(cm)	埋入深度(cm)	形式	深度(cm)	长度(cm)	宽度(cm)	体积(m^3)	
A	埋入式	φ165	100	50	三角形	150	420	70	4.4	43	700/400
	装配式	φ165	100	6.0		150	420	70	4.4	43	700/400
B	埋入式	φ190	113	55	三角形	160	500	70	5.6	43	700/400
	装配式	φ190	115.8	3.2		160	500	70	5.6	43	700/400

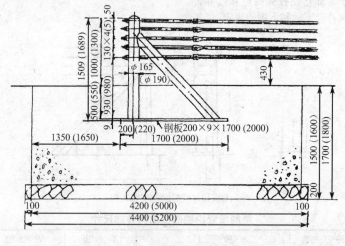

埋入式端部结构图　　尺寸单位:mm

注:括号外数据为 A 级,括号内数据为 S 级;无括号时,A、S 级公用

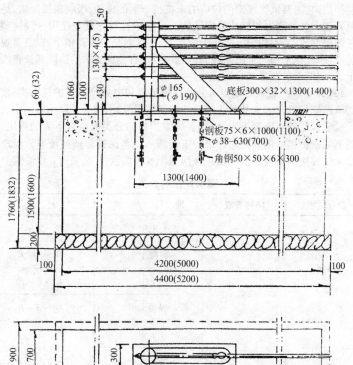

装配式端部结构图　　尺寸单位:mm

注:括号外数据为 A 级,括号内数据为 S 级;无括号时,A、S 级公用

| 图名 | 缆索护栏的构造示意图(一) | 图号 | DL4-7(一) |

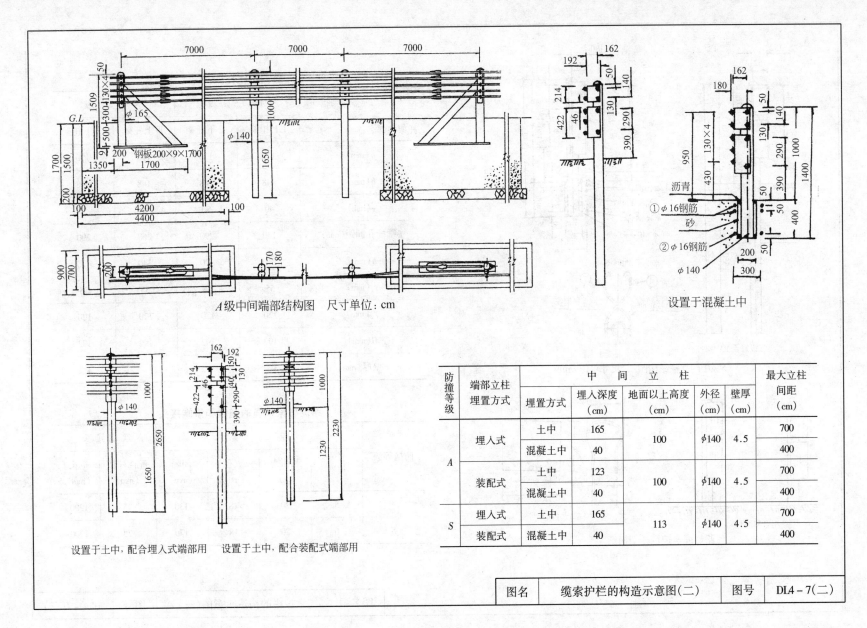

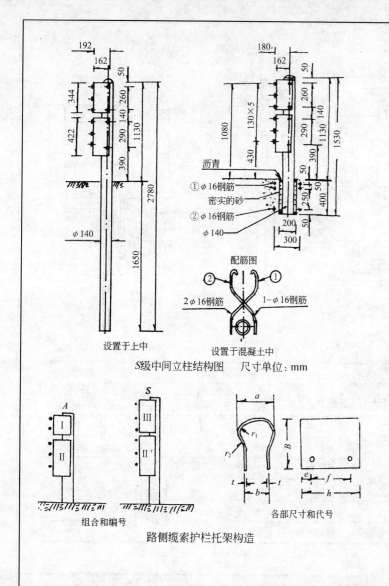

路侧护栏托架尺寸

类型 托架各部名称	A 级		S 级	
	I 上托架	II 下托架	III 上托架	II' 下托架
a(mm)	170	170	170	170
b(mm)	148	148	148	148
e(mm)	40	50	40	50
f 螺栓孔间距(mm)	130	290	260	290
h(mm)	210	420	340	420
r_1(mm)	55	55	55	55
r_2(mm)	120	120	120	120
B(mm)	192	192	192	192
t 壁厚(mm)	3.2	3.2	3.2	3.2

路侧栏索护缆的缆索和索端接头

防撞等级	缆索				索端接头	
	根数	初张力(t)	直径(mm)	间隔(mm)	配件杆径(mm)	全长(mm)
A	5	20	18	130	25	1200
S	6	20	18	130	25	1200

图名	缆索护栏的构造示意图(三)	图号	DL4-7(三)

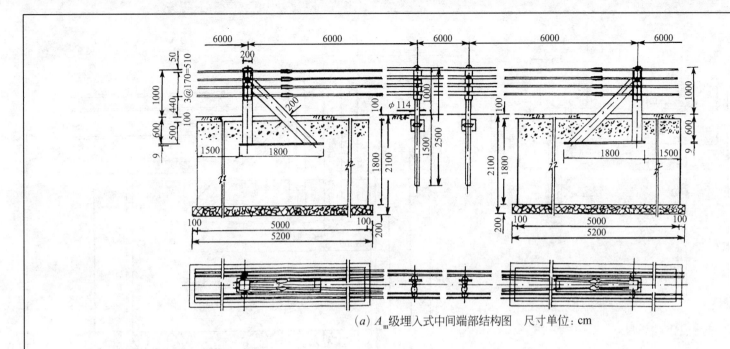

(a) A_m 级埋入式中间端部结构图　尺寸单位：cm

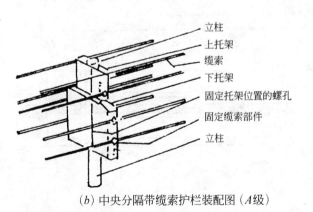

(b) 中央分隔带缆索护栏装配图（A级）

立柱
上托架
缆索
下托架
固定托架位置的螺孔
固定缆索部件
立柱

中央分隔带端部结构尺寸

项目	类别	A_m	项目	类别	A_m
L	孔间距(mm)	170	b	宽度(mm)	200
L_1	距柱顶距离(mm)	50	t	板厚(mm)	9
L_2	立柱位置(mm)	200			

图名	缆索护栏的构造示意图（四）	图号	DL4-7（四）

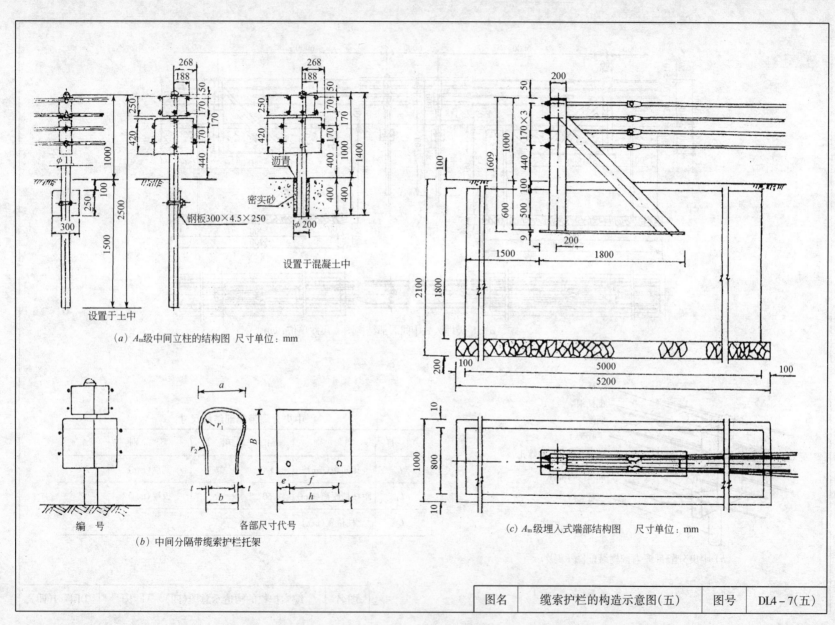

(a) A_m 级中间立柱的结构图 尺寸单位：mm

(b) 中间分隔带缆索护栏托架

(c) A_m 级埋入式端部结构图 尺寸单位：mm

| 图名 | 缆索护栏的构造示意图(五) | 图号 | DL4-7(五) |

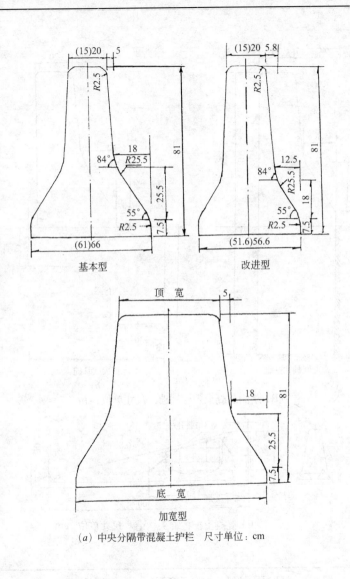

(a) 中央分隔带混凝土护栏　尺寸单位：cm

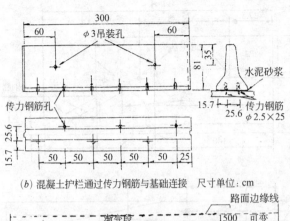

(b) 混凝土护栏通过传力钢筋与基础连接　尺寸单位：cm

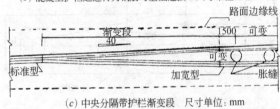

(c) 中央分隔带护栏渐变段　尺寸单位：mm

混凝土护栏的分类

安装位置	防撞等级	构造特征	基础处理方式	护栏代号
中央分隔带	A_m	基本型	嵌锁在基层中	$G_{wb}-A_m-E_m$
			钢筋连接	$G_{wb}-A_m-R$
		改进型	嵌锁在基层中	$G_{wm}-A_m-E_m$
			钢筋连接	$G_{wm}-A_m-R$
路侧	A	基本型	埋置在基层中	$G_{wb}-A-E_1$
			与下面构造物连接	$G_{wb}-A-E_2$

图名	混凝土护栏的构造示意图(一)	图号	DL4-8(一)

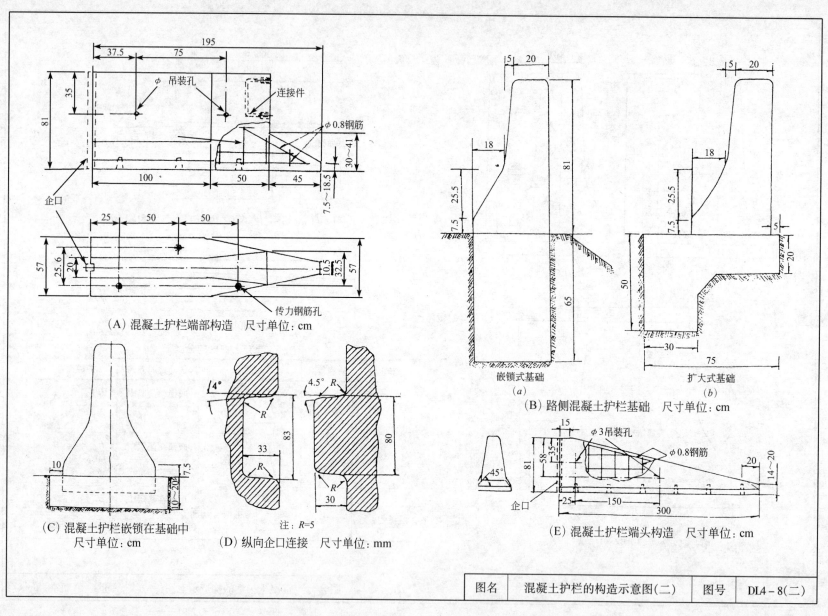

| 图名 | 混凝土护栏的构造示意图(二) | 图号 | DL4-8(二) |

隔离设施分类

序号	构造形式		埋设条件	隔离设施代号
1	金属网	编织网	土中	$F-W_n-E$
			混凝土中	$F-W_n-B$
		焊接网	土中	$F-W_w-E$
			混凝土中	$F-W_w-B$
		花网	土中	$F-W_{cl}-E$
			混凝土中	$F-W_{cl}-B$
	钢板网		土中	$F-E_m-E$
			混凝土中	$F-E_m-B$
	刺铁网		土中	$F-B_w-E$
			混凝土中	$F-B_w-B$
2	常青绿篱		土中	$F-H_{1d}-E$

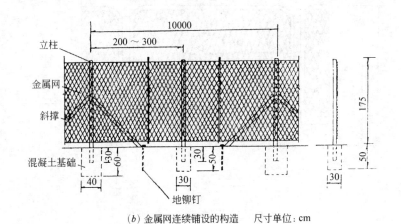

(a) 金属网连续铺设,加刺铁丝的构造　尺寸单位:cm

(b) 金属网连续铺设的构造　尺寸单位:cm

(c) 圈状端头焊接网构造　尺寸单位:cm

| 图名 | 道路隔离设施的构造示意图(一) | 图号 | DL4-9(一) |

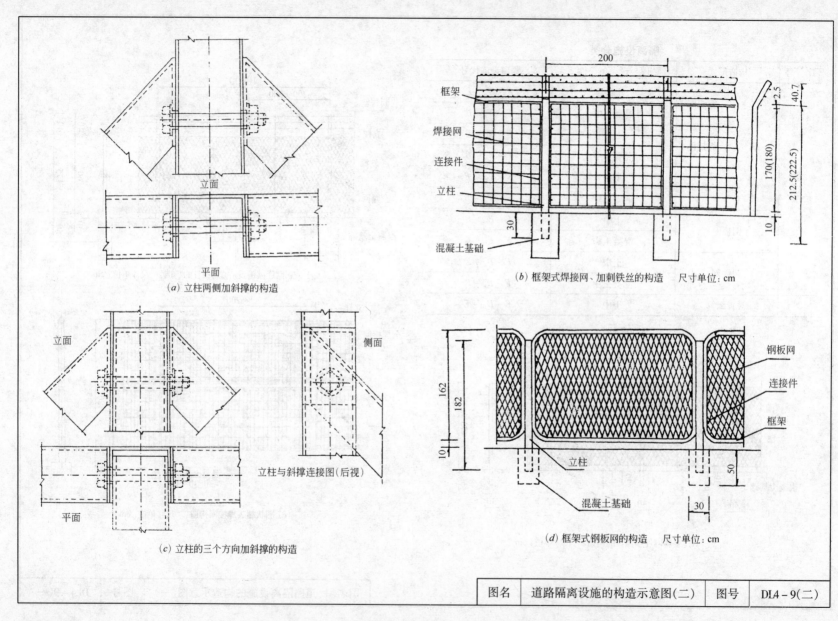

金属网的规格尺寸

种 类	线 号（BWG）	钢丝直径（mm）	网格尺寸（mm）
编织网	12	2.8	100×50
			150×75
	10	3.5	160×80
			150×75
			100×50
	8	4.0	160×80
			150×75
			100×50
电焊网	14	2.2	50×50
			100×50
	12	2.8	50×50
			100×50
			150×75
	10	3.5	75×75
			100×50
			150×75
拔花网	12	2.8	孔距22
			孔距25
	10	3.5	孔距32
			孔距38
	8	4.0	孔距50
拧花网	18	1.2	孔距50
	16	1.6	孔距50
	14	2.2	孔距50

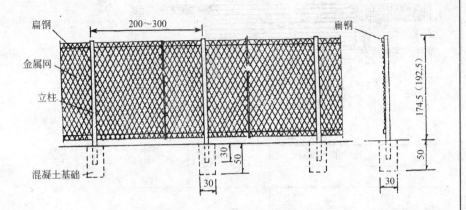

(a) 金属网连续铺设，用扁钢固定的构造　尺寸单位：cm

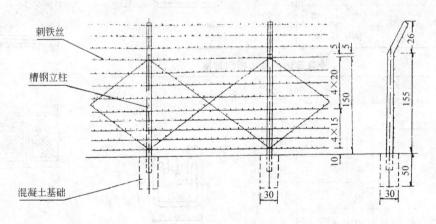

(b) 槽钢立柱刺铁丝网的构造　尺寸单位：cm

图名	道路隔离设施的构造示意图(三)	图号	DL4-9(三)

429

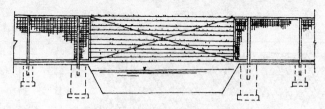

(a) 隔离设施直接跨沟渠示意图

冷弯等边槽钢的规格

序号	尺寸（mm）			图样
	h	b	d	
1	40	50	2.5	
2	40	50	3.0	
3	56	50	2.5	
4	56	50	3.0	
5	80	50	2.5	
6	80	50	3.0	

冷弯等边内卷边槽钢规格

序号	尺寸（mm）						图样
	h	b	c	f	g	d	
1	40	40	5	11	14	2.5	
2	40	40	5	11	14	3.0	
3	50	50	8	16	18	2.5	
4	50	50	8	16	18	3.0	

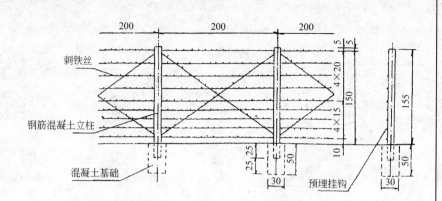

(b) 钢筋混凝土立柱刺铁丝网的构造　尺寸单位：cm

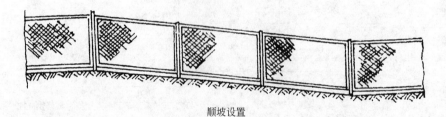

(c) 起伏地段的隔离设施设置方案

图名	道路隔离设施的构造示意图（四）	图号	DL4-9（四）

4.2 道路标志、标线及视线诱导

国际安全色标准中安全色及其含义

颜色	含义	用途举例
红色	停止,禁止	停止信号,禁止、紧急停止装置
		用于消防、消防器材及其位置
蓝色	强制必须遵守	必须佩戴个人防护用具
黄色	注意、警告	危险的警告(防火、防爆、防毒等),注意台阶、低门楣等
绿色	安全	太平门,安全通道,急救站,行人和车辆通行标志

我国国家标准安全色的含义和用途

颜色	含义	用途举例
红色	禁止,停止	禁止标志,停止信号,机器、车辆上的紧急停止手柄或按钮以及禁止人们触动的部位
	表示防火	消防器材及其位置
蓝色	指令必须遵守的规定	指令标志,如必须佩戴个人防护用具,交通上指引车辆和行人行进方向的指令
黄色	警告,注意	警告标志,警戒标志,如厂内危险机器和坑池周围的警戒线,车行道中心线,安全帽,机器齿轮箱内部
绿色	提示,安全状态,通行	提示标志,车间内安全通道,行人和车辆通行信号色,消防设备和其他安全防护设备的位置

注:1. 蓝色须与几何图形同时使用;
2. 为了不与邻近树木绿色相混淆,交通上用的提示标志为蓝色而非绿色。

指示标志不同形状的尺寸同计算行车速度的关系

计算行车速度(km/h)	>100	90~70	60~40	<30
圆形标志的直径(cm)	120	100	80	60
正方形标志的边长(cm)	120	100	80	60
长方形标志的边长(cm)	190×140	160×120	140×100	
单行线标志(长方形边长 cm)	120×60	100×50	80×40	60×30
会车先行标志(正方形边长 cm)			80	60

禁令标志尺寸与计算行车速度的关系

	计算行车速度(km/h)	>100	90~70	60~40	<30
圆形标志	标志外径 D(cm)	120	100	80	60
	红边宽度 a(cm)	12	10	8	6
	红杠宽度 b(cm)	9	7.5	6	4.5
三角形标志	三角形边长 a(cm)			90	70
	红边宽度 b(cm)			9	7

警告标志尺寸与计算行车速度的关系

计算行车速度(km/h)	>100	90~70	60~40	<30
三角形边长 a(cm)	130	110	90	70
黑边宽度 b(cm)	9	7	6	5
黑边圆角半径 R(cm)	6	5	4	3

图名	国内外标准安全色的含义与各种关系(一)	图号	DL4-10(一)

不同速度对交通标志认读距离试验统计表

标志类别	警告					禁令					指示				
速度(km/h)	步行	40	60	80	100	步行	40	60	80	100	步行	40	60	80	100
平均认读距离(m)	316	272	239	212	179	390	336	307	276	239	493	435	411	374	326
认读距离递减率(%)	0	14	24	33	43	0	14	21	29	39	0	12	17	24	34
视角(分)	4.35	5.05	5.75	6.49	7.68	3.53	4.09	4.48	4.98	5.75	2.79	3.16	3.35	3.68	4.22

不同阿拉伯数字字体误读率的比较

字形 \ 误读率(%) 认读距离(f_t)m	(25) 7.62	(30) 9.144	(35) 10.668	(40) 12.1920
0 1 2 3 4 5 6 7 8 9	5.2	12.5	30.6	38.7
0 1 2 3 4 5 6 7 8 9	1.9	5.3	12.5	22.5

间隔条纹标志的含义和用途

颜色	含义	用途举例
红色与白色	禁止越过	交通及道桥上的防护栏杆
黄色与黑色	警告危险	道路与铁路交叉口的防护栏杆,工厂企业内部的防护栏杆

交通标志的几何图形

几何图形	含义
⊘	禁止
△	警告
○	指令
▭ ▭	提示

安全色使用对比规定

安全色	相应的对比色	安全色	相应的对比色
红色	白色	黄色	黑色
蓝色	白色	绿色	白色

文字尺寸和行车速度的关系

设计速度(km/h)	>100	90~70	60~40	<30
文字高度(cm)	40	30	20	15~10

图名	国内外标准安全色的含义与各种关系(二)	图号	DL4-10(二)

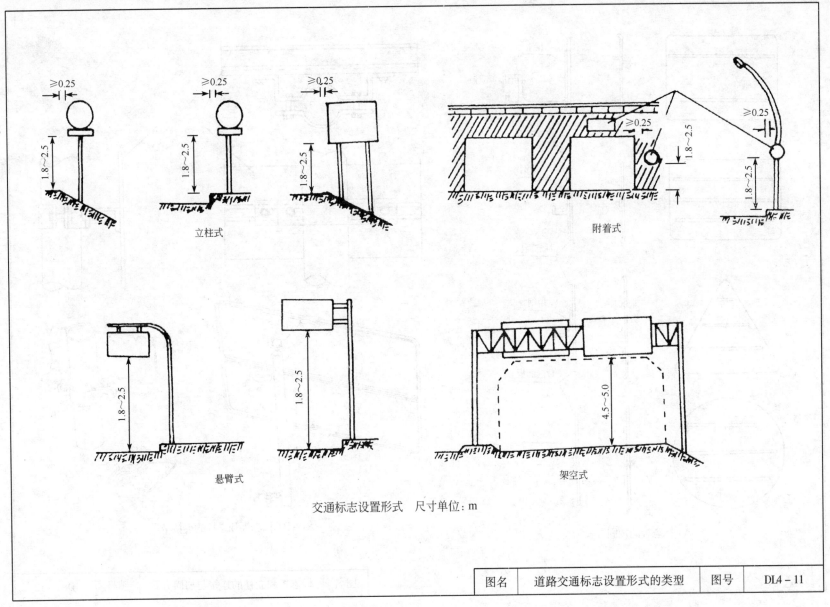

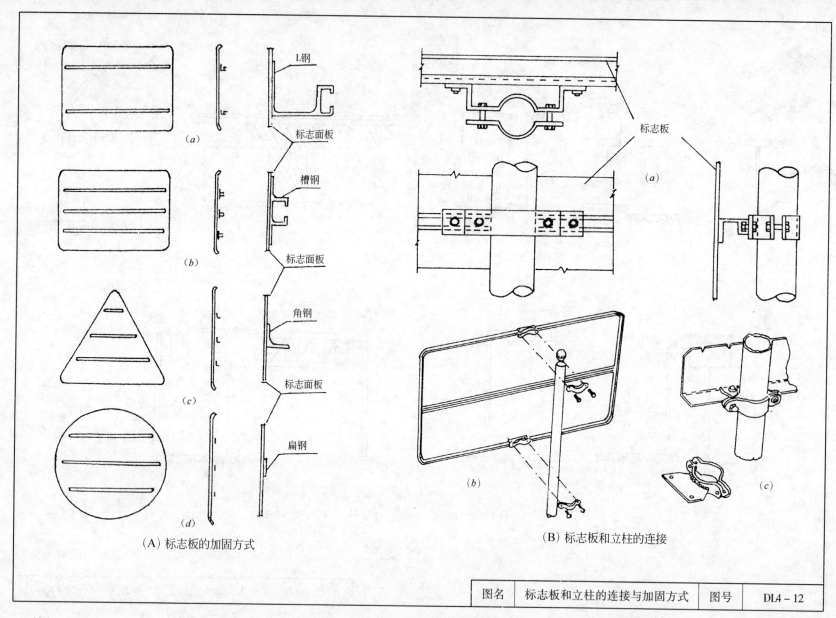

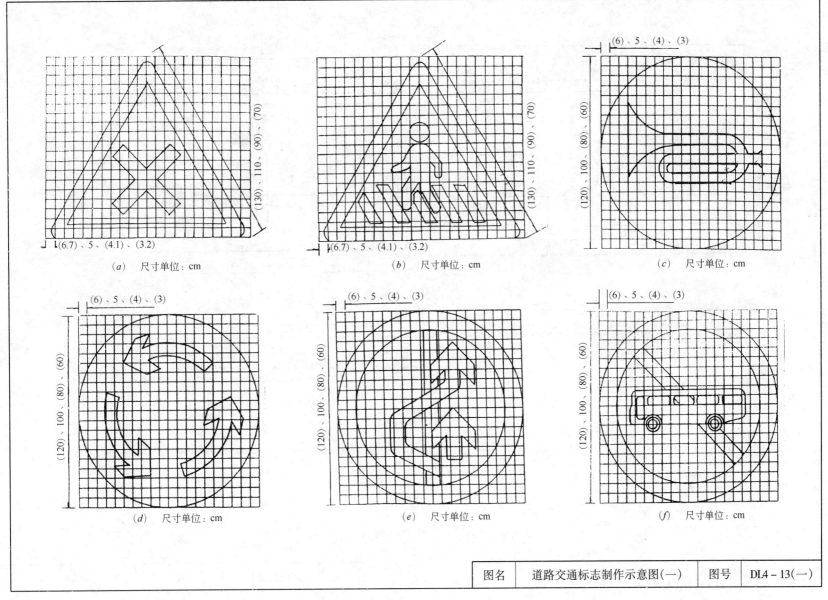

道路交通标志制作示意图(一) 图号 DL4-13(一)

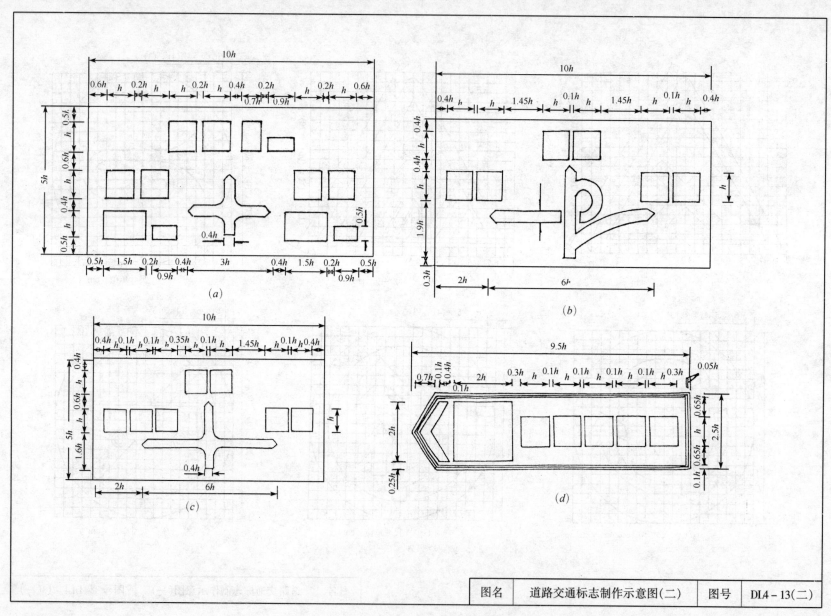

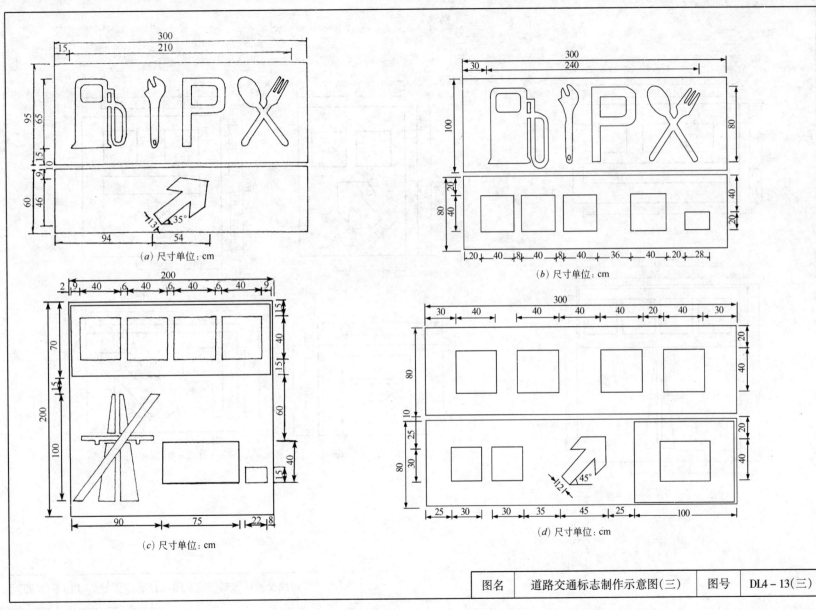

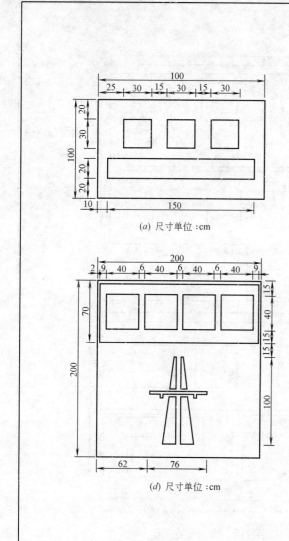
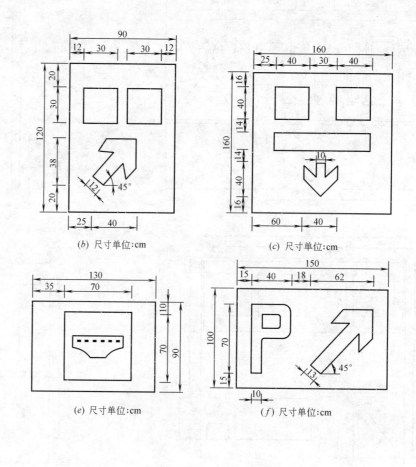

| 图名 | 道路交通标志制作示意图(四) | 图号 | DL4-13(四) |

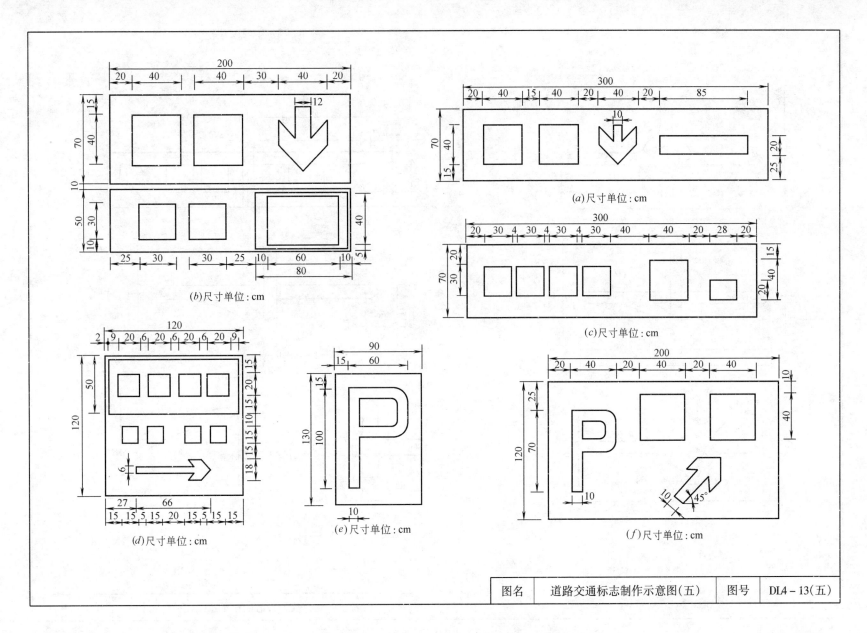

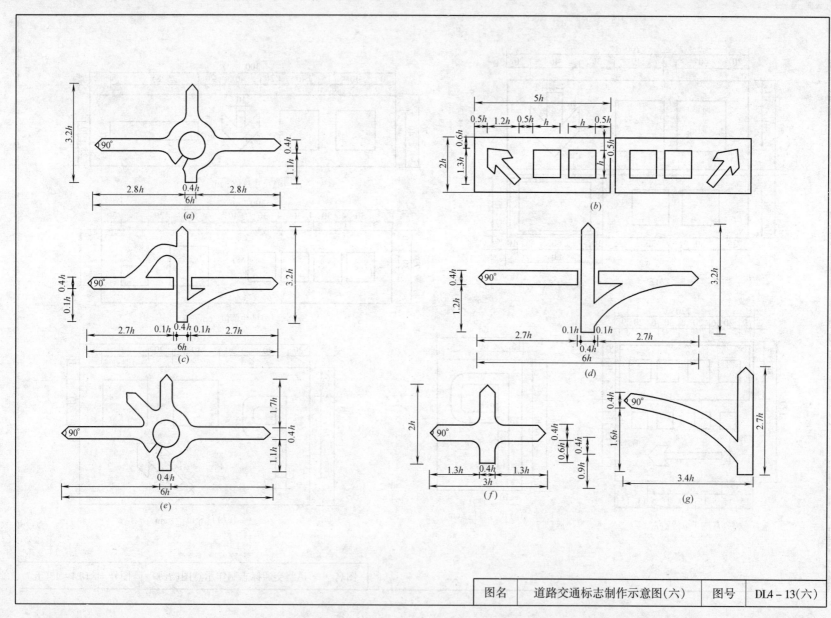

| 图名 | 道路交通标志制作示意图(六) | 图号 | DL4-13(六) |

(a) 向左急弯路

(b) 向右急弯路

计算行车速度(km/h)	>100	90~70	60~40	<30
三角形边长 a(cm)	130	110	90	70
黑边宽度 b(cm)	9	7	6	5
黑边圆角半径 R(cm)	6	5	4	3

(c) 警告标志(黄底、黑边、黑图案)尺寸与行车速度的关系

(d) 反向弯路

(e) 连续弯路

(f) T形交叉

(g) 十字交叉

(h) 注意危险

(i) 上陡坡

(j) 下陡坡

(k) T形交叉

(l) T形交叉

(m) 两侧变窄

(n) 右侧变窄

(o) 环型交叉

(p) Y形交叉

(q) 施工

图名	道路交通警告标志示意图(一)	图号	DL4-14(一)

(a) 左侧变窄

(b) 双向交通

(c) 渡口

(d) 傍山险路

(e) 堤坝路

(f) 注意行人

(g) 注意儿童

(h) 过水路面

(i) 村庄

(j) 隧道

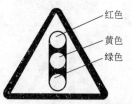
(k) 注意信号灯

(l) 注意落石

(m) 驼峰桥

(n) 注意横风

(o) 易滑

(p) 铁路道口

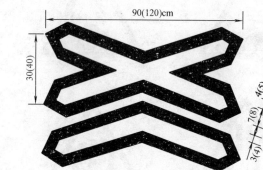
(q) 叉形符号(白底红边)

| 图名 | 道路交通警告标志示意图(二) | 图号 | DL4-14(二) |

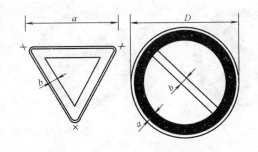

(a) 禁止驶入

(b) 禁止机动车通行

(c) 禁止通行

	计算行车速度 km/h	>100	90~70	60~40	<30
圆形标志	标志外径 D(cm)	120	100	80	60
	红边宽度 a(cm)	12	10	8	6
	红杠宽度 b(cm)	9	7.5	6	4.5
三角形标志	三角形边长 a(cm)			90	70
	红边宽度 b(cm)			9	7

(d) 禁令标志及其尺寸与行车速度的关系

(e) 禁止载货汽车通行

(f) 禁止后三轮摩托车通行

(g) 禁止大型客车通行

(h) 禁止汽车与拖挂车通行

(i) 禁止拖拉机通行

(j) 禁止自行车下坡

(k) 禁止畜力车车通行

(l) 禁止人力车通行

图名	道路交通禁令标志示意图(一)	图号	DL4-15(一)

(a) 禁止停车

(b) 禁止非机动车停车

(c) 禁止超车

(d) 解除禁止超车

(e) 禁止鸣喇叭

(f) 禁止掉头

(g) 限制质量

(h) 限制速度

(i) 限制宽度

(j) 限制高度

(k) 禁止向左转弯

(l) 禁止向右转弯

(m) 禁止行人通行

(n) 禁止手拖拉机通行

(o) 禁止摩托车通行

图名	道路交通禁令标志示意图(二)	图号	DL4-15(二)

(a) 立交直行和右转弯行驶　　(b) 向左和向右转弯　　(c) 靠左侧道路行驶　　(d) 靠右侧道路行驶　　(e) 立交直行和左转弯行驶

(f) 非机动车道　　(g) 单向行驶（向左或向右）　　(h) 直行和向左转弯　　(i) 直行和向右转弯　　(j) 环岛行驶

(k) 鸣喇叭　　(l) 机动车道　　(m) 步行街　　(n) 直行　　(o) 向左转弯

| 图名 | 道路交通指示标志示意图 | 图号 | DL4－16 |

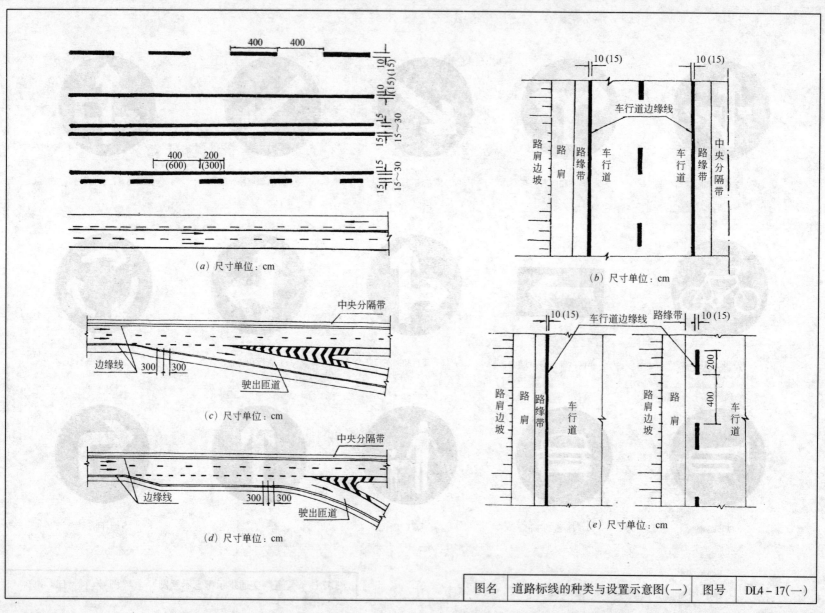

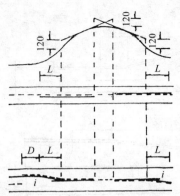

计算行车速度$V>60$km/h，$L\geqslant 100$mm，$D=40$m，$i\geqslant 1:50$
计算行车速度$V\leqslant 60$km/h，$L\geqslant 50$mm，$D=20$m，$i\geqslant 1:20$

(a) 车行道中心线划法　尺寸单位：cm

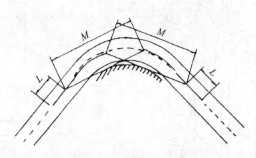

计算行车速度$V>60$km/h，$L\geqslant 100$mm
计算行车速度$V\leqslant 60$km/h，$L\geqslant 50$mm

(b) 车行道中心线划法

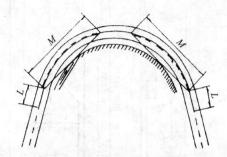

计算行车速度$V>60$km/h，$L\geqslant 100$mm
计算行车速度$V\leqslant 60$km/h，$L\geqslant 50$mm

(c) 车行道中心线划法

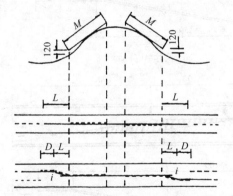

计算行车速度$V>60$km/h，$L\geqslant 100$mm，$D=40$m，$i\geqslant 1:50$
计算行车速度$V\leqslant 60$km/h，$L\geqslant 50$mm，$D=20$m，$i\geqslant 1:20$

(d) 车行道中心线划法　尺寸单位：cm

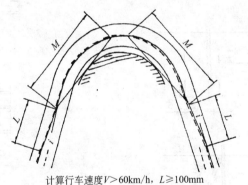

计算行车速度$V>60$km/h，$L\geqslant 100$mm
计算行车速度$V\leqslant 60$km/h，$L\geqslant 50$mm

(e) 车行道中心线划法

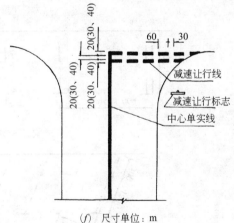

(f) 尺寸单位：m

| 图名 | 道路标线的种类与设置示意图（二） | 图号 | DL4-17（二） |

447

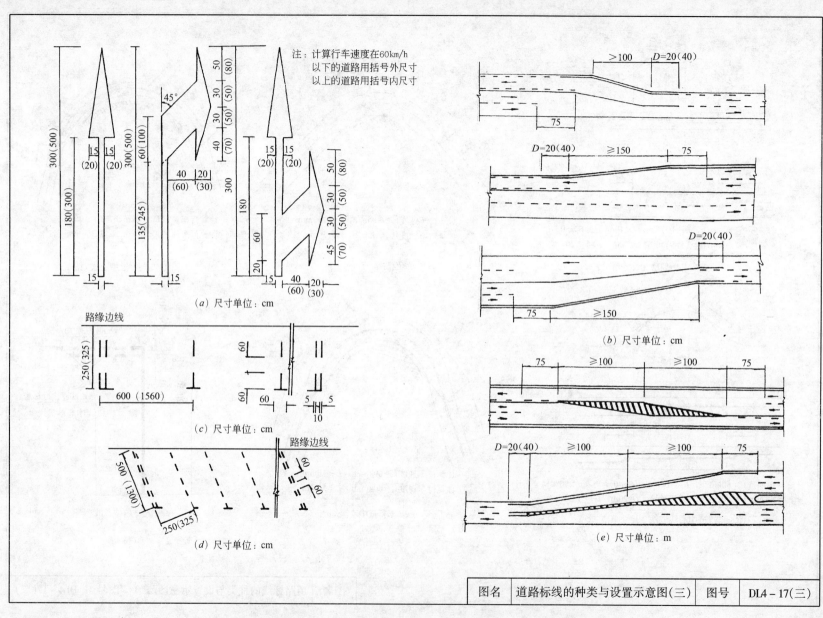

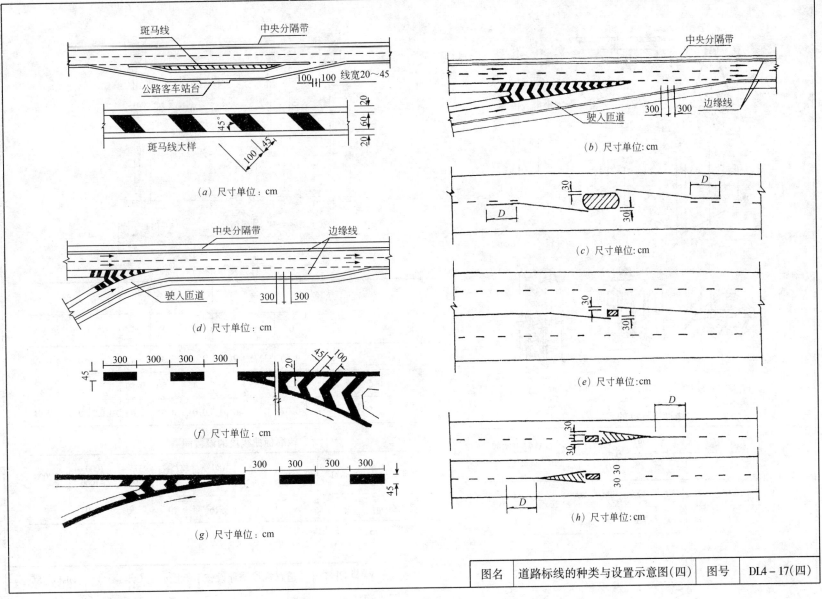

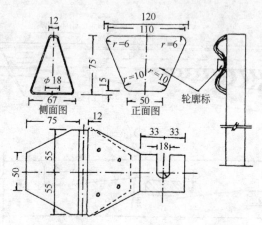

(a) 轮廓标附着于波形梁护栏中间的槽内 尺寸单位：mm

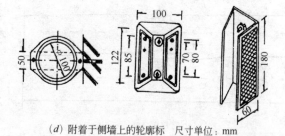

(d) 附着于侧墙上的轮廓标 尺寸单位：mm

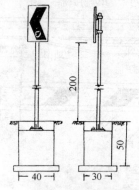

(b) 埋置于混凝土中的线形诱导标 尺寸单位：cm

(c) 附着于护栏的线形诱导标

线形诱导标的尺寸

类别	尺寸(mm)						计算行车速度 (km/h)
	A	B	C	C'	D	E	
I	600	800	30	300	400	300	>100
II	220	400	100	120	200	15	<100

反射强度(cd/lx)

颜色	白色			黄色			红色		
入射角 观察角	0°	10°	20°	0°	10°	20°	0°	10°	20°
0.2°	4.65	3.75	2.80	2.90	2.35	1.75	1.15	0.95	0.70
0.5°	2.25	1.85	1.30	1.45	1.20	0.80	0.55	0.45	0.35
1.5°	0.07	0.06	0.04	0.04	0.04	0.03	0.02	0.01	0.01

轮廓标曲线段的设置间隔

曲线半径(m)	<30*	30~89*	90~179*	180~274	275~374	375~999	1000~1990	≥2000
设置间隔(m)	4	8	12	16	20	30	40	50

* 一般指互通立交匝道曲线半径。

图名	道路视线诱导设施示意图(一)	图号	DL4-18(一)

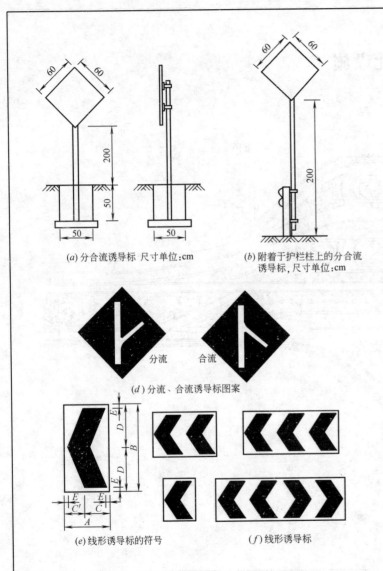
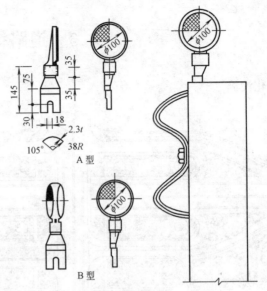
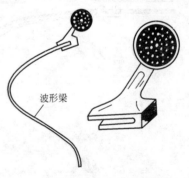

(a) 分合流诱导标 尺寸单位：cm

(b) 附着于护栏柱上的分合流诱导标，尺寸单位：cm

(c) 轮廓标安装于波形梁护栏立柱上 尺寸单位：mm

(d) 分流、合流诱导标图案

(e) 线形诱导标的符号

(f) 线形诱导标

(g) 固定于波形梁上缘的轮廓标

视线诱导设施分类

类别	埋设条件	代号
轮廓标	土中	$V_g - D_L - E$
	附着	$V_g - D_L - A$
分流诱导标	土中	$V_g - D_v - E$
	附着	$V_g - D_v - A_t$
合流诱导标	土中	$V_g - C_v - E$
	附着	$V_g - C_v - A_t$
指示性线形诱导标	土中	$V_g - G_{ca} - E$
警告性线形诱导标	土中	$V_g - W_{ca} - E$

图名	道路视线诱导设施示意图(二)	图号	DL4-18(二)

4.3 道路绿化设施

4.3.1 城市立交绿化设施

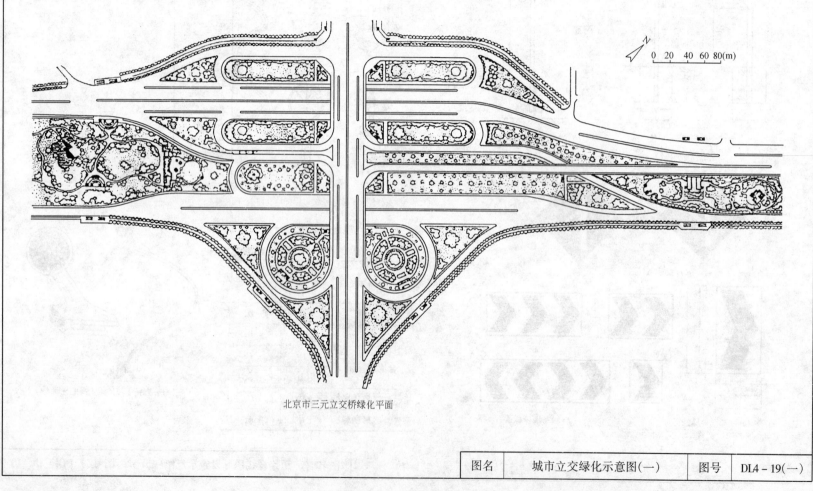

北京市三元立交桥绿化平面

| 图名 | 城市立交绿化示意图(一) | 图号 | DL4－19(一) |

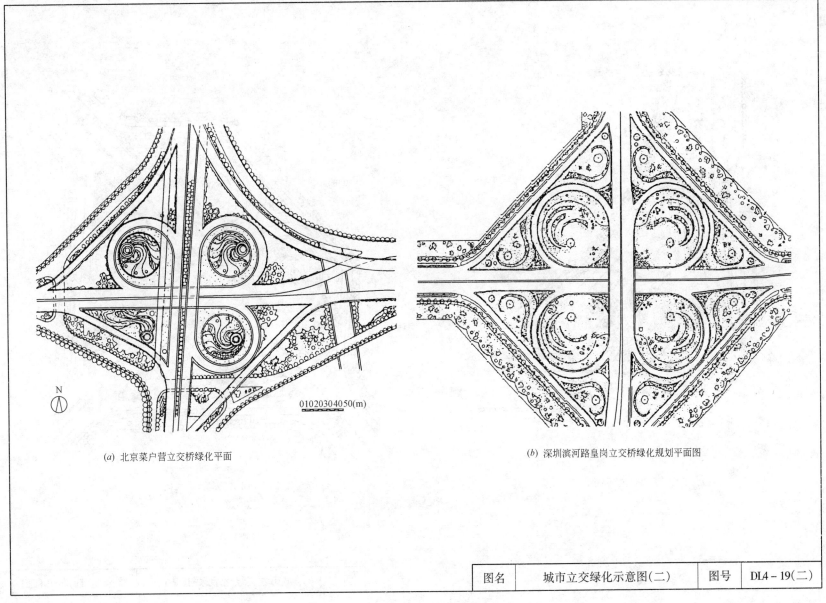

(a) 北京菜户营立交桥绿化平面

(b) 深圳滨河路皇岗立交桥绿化规划平面图

| 图名 | 城市立交绿化示意图(二) | 图号 | DL4-19(二) |

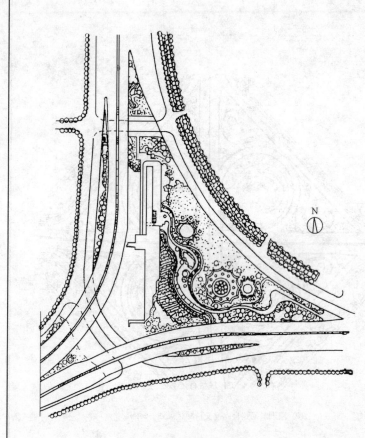

(a) 北京西便门绿化带平面图

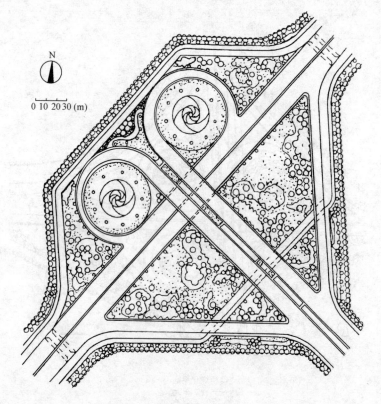

(b) 北京市分钟寺立交桥绿化平面图

| 图名 | 城市立交绿化示意图(三) | 图号 | DL4-19(三) |

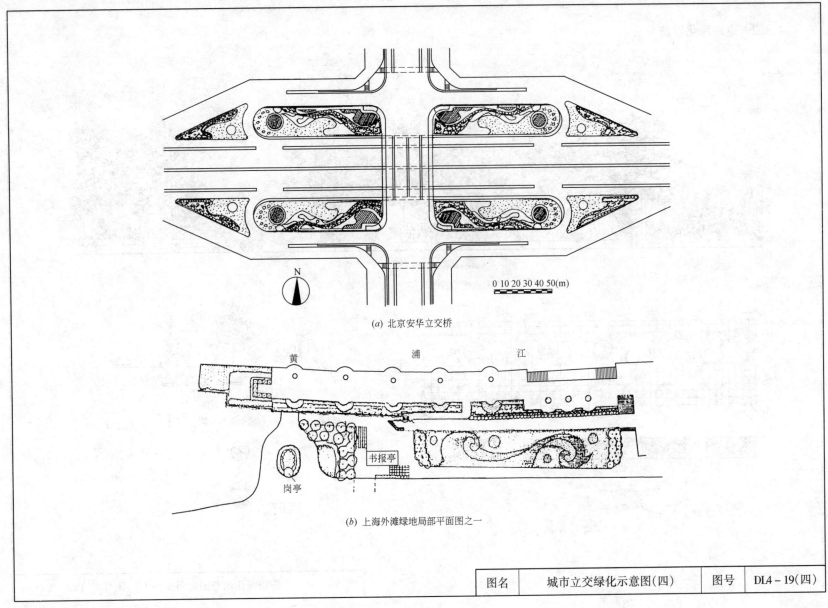

(a) 北京安华立交桥

(b) 上海外滩绿地局部平面图之一

| 图名 | 城市立交绿化示意图(四) | 图号 | DL4-19(四) |

4.3.2 道路绿化设施

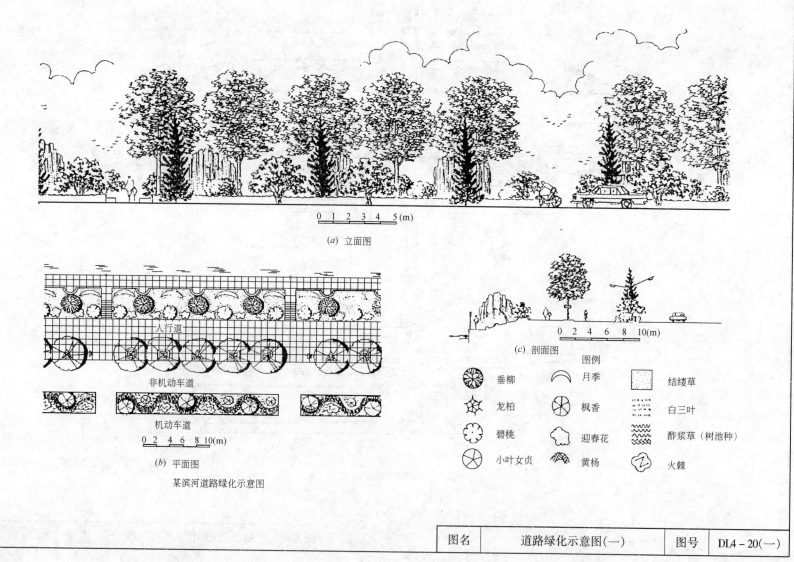

某滨河道路绿化示意图

| 图名 | 道路绿化示意图(一) | 图号 | DL4-20(一) |

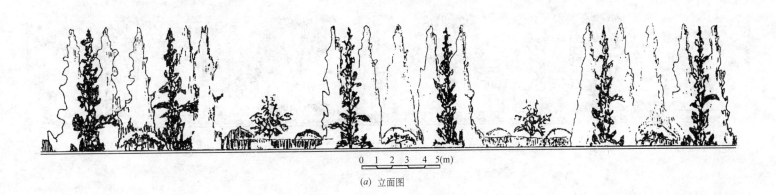

(a) 立面图

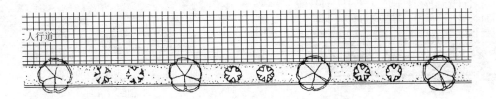

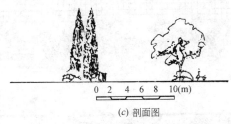

(c) 剖面图

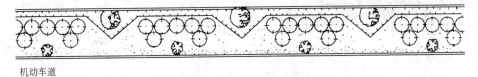

(b) 平面图

某道路绿化之一示意图

图例

 榉树   碧桃

 龙柏   马尼拉

 紫叶李

| 图名 | 道路绿化示意图(二) | 图号 | DL4-20(二) |

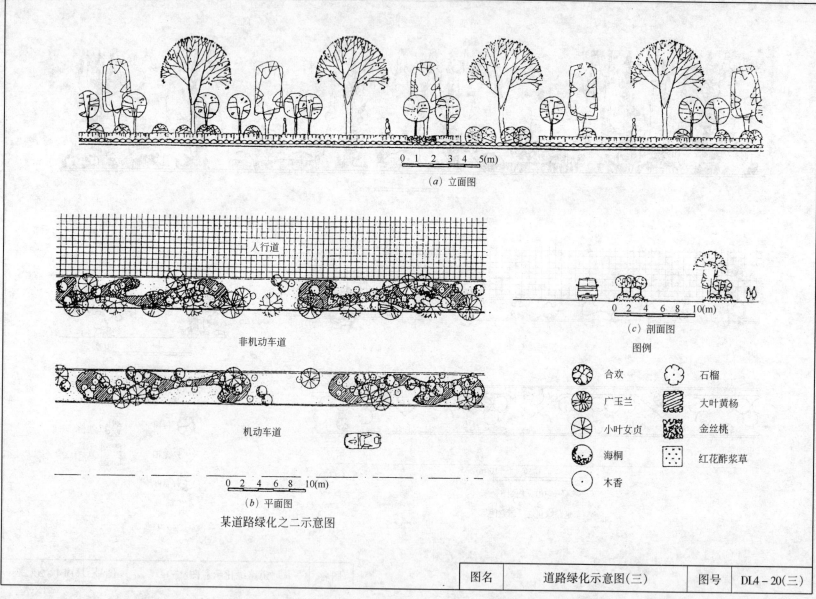

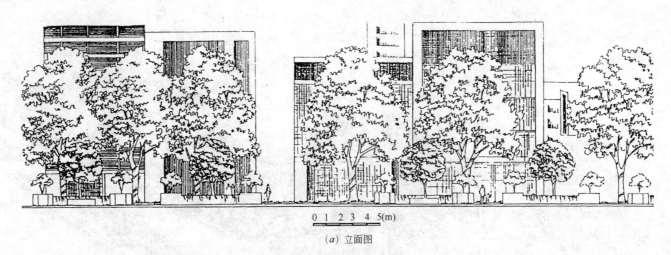

(a) 立面图

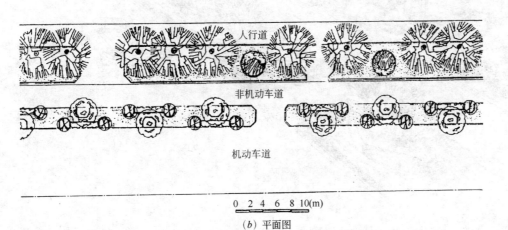

(b) 平面图

某道路绿化之三示意图

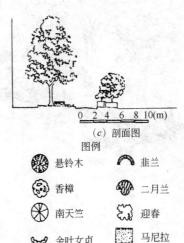

(c) 剖面图

图例
- 悬铃木
- 韭兰
- 香樟
- 二月兰
- 南天竺
- 迎春
- 金叶女贞
- 马尼拉

| 图名 | 道路绿化示意图(四) | 图号 | DL4-20(四) |

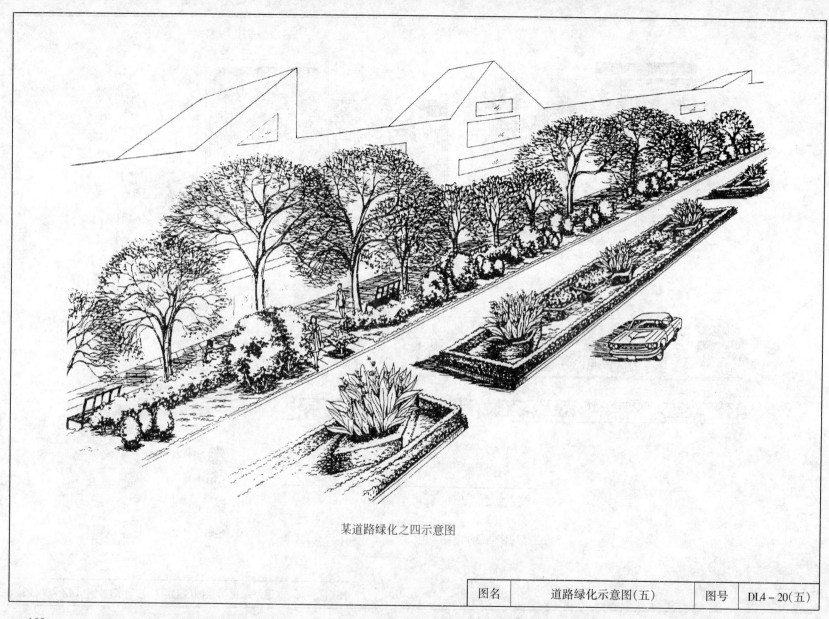

某道路绿化之四示意图

| 图名 | 道路绿化示意图(五) | 图号 | DL4-20(五) |

某道路绿化之五示意图

| 图名 | 道路绿化示意图(六) | 图号 | DL4-20(六) |

4.4 道路交通控制系统

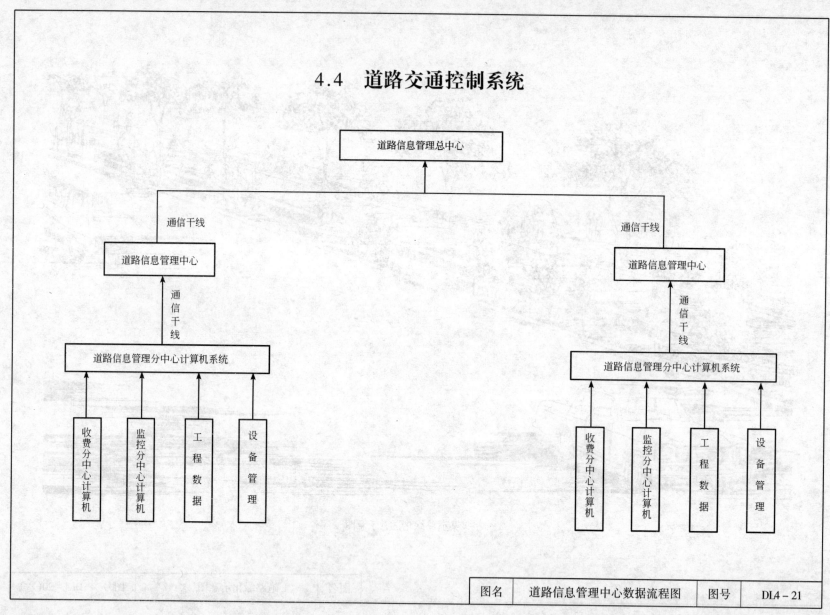

| 图名 | 道路信息管理中心数据流程图 | 图号 | DL4-21 |

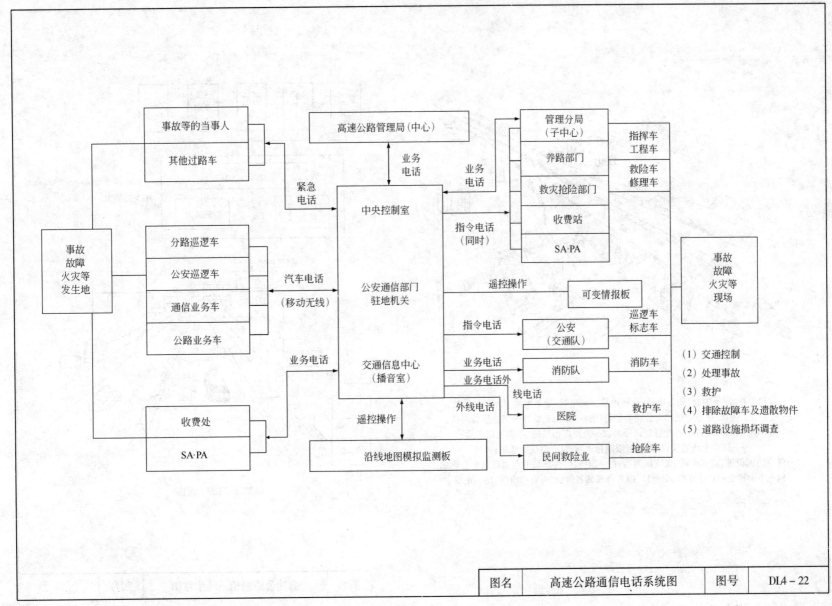

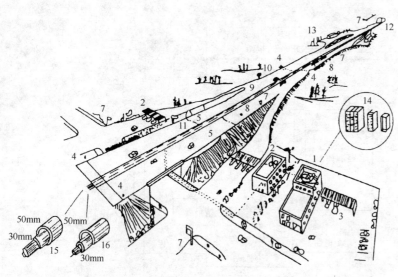

高速公路通信系统

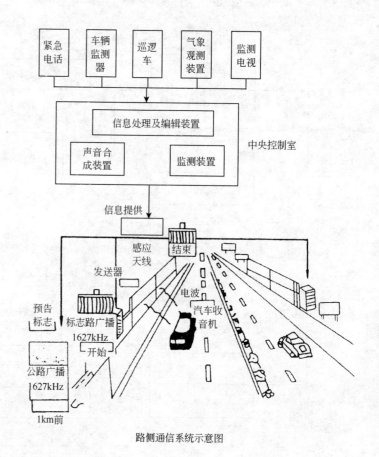

路侧通信系统示意图

1—管理中心(或子中心)调度电话、业务电话监测电视、业务电视、传真、计算机；
2—收费处：传真、业务电话；3—公路养护部门；4—紧急电话；5—交通量监测器；
6—气象监测系统；7—各种可变情报板；8—公路广播系统、路侧通信广播；
9—移动无线通信；10—速度限制标志牌；11—电视摄像机；
12—隧道防灾设施、监测电视、火灾探测器；13—服务区、停车场的交通信息中心终端；
14—中央控制室：计算机、交换机、声音合成装置等；15—对称电缆；16—光缆

| 图名 | 高速公路通信系统示意图 | 图号 | DL4-23 |

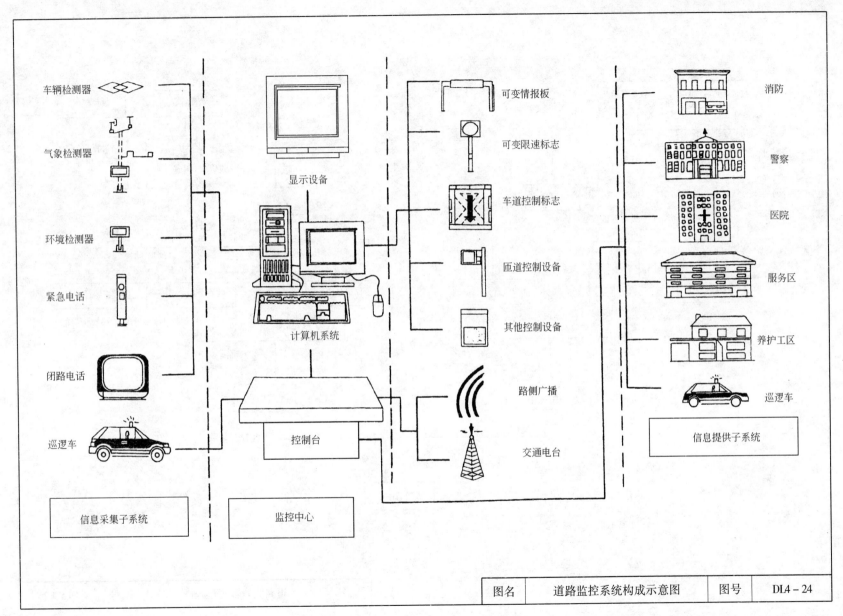

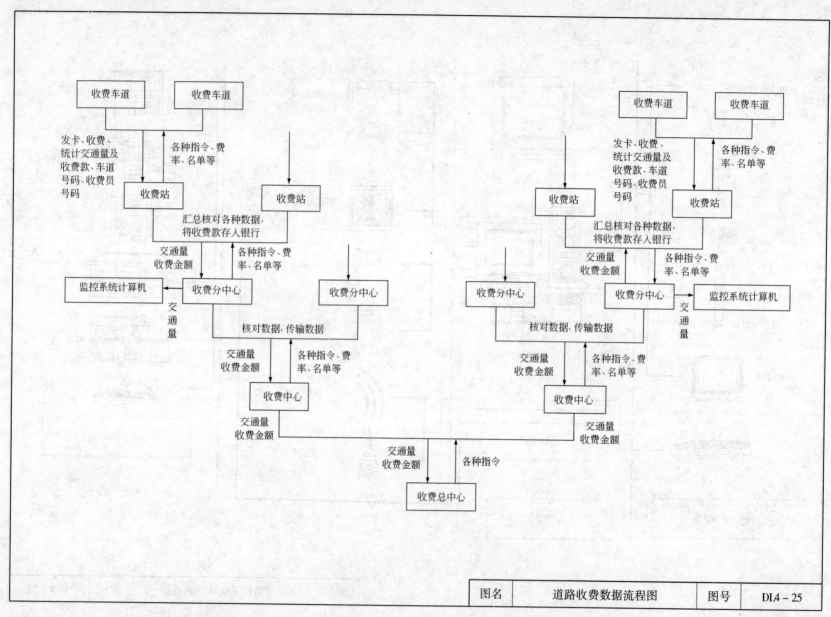

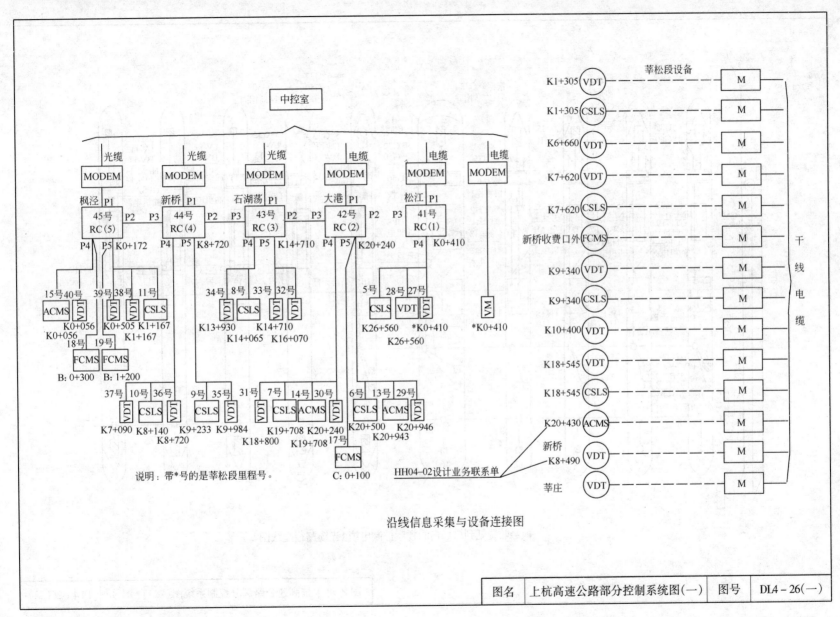

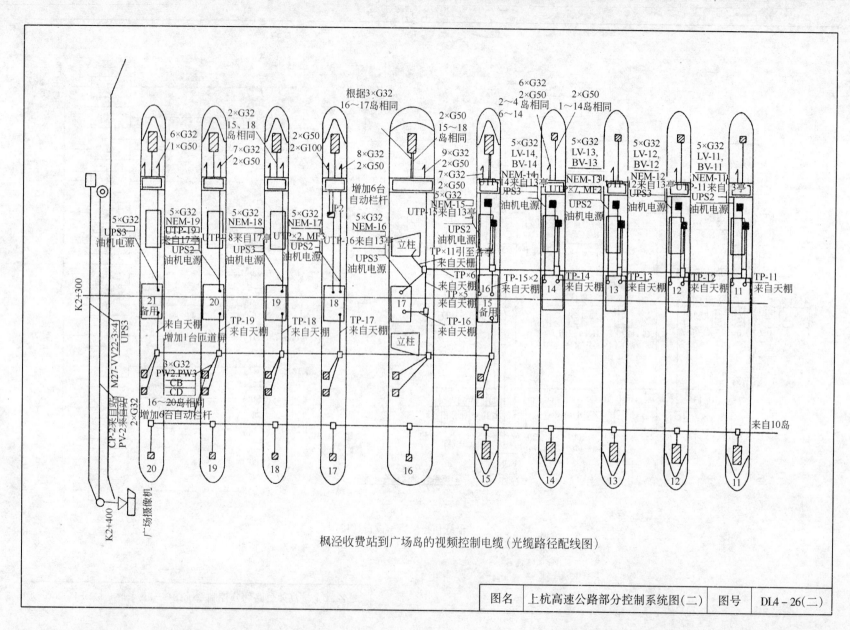

枫泾收费站到广场岛的视频控制电缆（光缆路径配线图）

| 图名 | 上杭高速公路部分控制系统图(二) | 图号 | DL4-26(二) |